FACHRECHNEN IM GASTGEWERBE

Grundstufe und Fachstufen

von Studiendirektor Dipl.-Gwl. F. Jürgen Herrmann
unter Mitarbeit von
Dipl.-Ökonom Helmut Klein

22., bearbeitete Auflage

Bestell-Nr.: 04291

Autor
F. Jürgen Herrmann, Dresden
Mitarbeit Helmut Klein, Dresden

Verlagslektorat
Benno Buir

22. Auflage 2014

Druck 5 4 3 2

Alle Drucke derselben Auflage sind parallel einsetzbar, da sie bis auf die Behebung von Druckfehlern unverändert sind.

ISBN 978-3-8057-0699-5

© 2014 by Fachbuchverlag Pfanneberg GmbH & Co. KG, 42781 Haan-Gruiten
http://www.pfanneberg.de

Illustrationen
Bernd Ringel Kommunikationsdesign, Dresden

Umschlaggestaltung
Michael Maria Kappenstein, 60594 Frankfurt/M.

Layout, Grafik, Satz
Tutte Druckerei & Verlagsservice GmbH, 94121 Salzweg

Druck
Konrad Triltsch Print und digitale Medien GmbH, 97199 Ochsenfurt-Hohestadt

Vorwort

Wer im **Gastgewerbe** erfolgreich sein will, muss gut rechnen können. Die unterschiedlichsten Arbeitsaufgaben im Berufsalltag erfordern den Umgang mit Zahlen und setzen spezielle Rechenfertigkeiten voraus, die im Fachunterricht entwickelt, vertieft oder gefestigt werden. Damit bildet das Fachrechnen ein wichtiges Werkzeug zur exakten Lösung von gastronomischen Praxisaufgaben.

Innerhalb der **Ausbildung** werden fachliche Sachverhalte im Fachrechnen mit Zahlen belegt und dadurch einsichtiger. Demzufolge trägt das Fachrechnen auch zum besseren Verständnis technologischer, wirtschaftlicher und ernährungsphysiologischer Ausbildungsinhalte bei.

Das vorliegende Rechenbuch ist nach einem modernen methodisch-didaktischen Konzept erarbeitet worden. Es wendet sich an Lernende in der Berufsausbildung und in der Erwachsenenqualifizierung.

Das Lehrbuch ist ein Arbeits- und Übungsbuch für die gastronomische Ausbildung.

In den **Grundlagen** werden die mathematischen Grundlagen mit ausführlichen berufsbezogenen Übungsaufgaben behandelt.

Daran anschließend folgen in Anlehnung an die **gastronomischen Lernfelder** als thematische Sachgebiete zusammengefasst:

Berechnungen in der Küche
Berechnungen im Service und bei der Restaurantorganisation
Berechnungen in der Warenwirtschaft und im Wirtschaftsdienst
Berechnungen im Hotel und beim Marketing

Den Abschluss bilden **Prüfungsaufgabensätze** zur Übung und Fertigung in Vorbereitung auf Zwischen- und Abschlussprüfungen.

In der vorliegenden Auflage wurden Aktualisierungen hinsichtlich der veränderten Rechtsbestimmungen vorgenommen. Lohn- und Gehaltsrechnungen sind an das geltende Recht angepasst. Das betrifft insbesondere die Krankenversicherung.

Im Sinne der Gesundheitserziehung sind Berechnungen der Blutalkoholkonzentration (Promille) aufgenommen worden.

Vorschläge und konstruktive Kritik zur Verbesserung des Lehrbuches werden auch weiterhin gern entgegengenommen.

Allen Lernenden und Lehrenden wünsche ich viel Erfolg im Umgang mit dem Rechenbuch.

Zusatzmaterial, z.B. aktualisierte Lohnsteuertabelle mit angepassten Aufgaben, ist bei Bedarf auf unserer Homepage (www.pfanneberg.de) bei diesem Titel abrufbar.

F. Jürgen Herrmann
Dresden 2014

Inhaltsverzeichnis

Grundlagen

Berechnungen in der Küche

Berechnungen im Service und in der Restaurantorganisation

Berechnungen in der Warenwirtschaft und im Wirtschaftsdienst

Leitfaden durch das Rechenbuch

Bei der Arbeit mit dem Lehrbuch sollten Lernende und Lehrende beachten:

- **Grundlegende Rechenarten** werden zunächst wiederholt und durch Übungen gefestigt. Das betrifft die Abschnitte 1 bis 5, in denen Rechenarten aus der allgemein bildenden Schule behandelt und mit einfachen Aufgaben aus der gastronomischen Praxis geübt werden. Dieser Teil ist demzufolge gegliedert nach: Grundrechenarten, Bruchrechnung, Längen-, Flächen- und Körperberechnung, Dreisatz, Prozentrechnung.

- **Spezielle Berechnungen aus dem Gastgewerbe** thematisch geordnet nach Sachgebieten werden ab Abschnitt 10 durchgeführt. Dabei erhält der Lernende Verweise auf die grundlegenden Rechenarten.

Beispiel:
Zinsrechnung
Rechenart Prozentrechnung

- **Kopfrechnen** gehört zu den praxisbezogenen Tätigkeiten, denn oft gibt es im Arbeitsprozess weder Gelegenheit noch Zeit, um erst nach Schreibzeug oder Taschenrechner zu greifen. Mitunter genügt es dann, Näherungswerte zu ermitteln. Durch Kopfrechnen können Rechenfertigkeiten besonders gut ausgeprägt werden.

- **Überschlagsrechnungen** gehen den Aufgabenlösungen voraus. Das Ergebnis jeder Fachrechenaufgabe sollte zunächst geschätzt oder überschlagen werden. Dadurch lassen sich unrealistische Ergebnisse von vornherein ausschließen.

Beispiel:
Der Küchenchef verlangt, aus 1,300 kg pariertem Rinderfilet Portionsstücke à 200 g gleichmäßig zu schneiden. Im Kopf wird ermittelt, dass 6 Portionsstücke hergestellt werden können – mit einem Rest von 100 g.

- Auf **Rechenregeln** und bewährte **Rechenvorteile** wird im Text besonders verwiesen.

Anschaulichkeit im Lehrbuch soll das Lernen erleichtern. Durch Symbole und grafische Gestaltungselemente erhält der Lernende einen roten Faden beim Arbeiten mit dem Rechenbuch.

Besonders gekennzeichnet sind:

- Beispiele, Beispielaufgaben: **Beispiel**
- Herausstellung von Rechenregeln und Zusammenfassungen in Merksätzen: **Merke**
- Hinweise auf bereits bekannte Rechenarten, z. B.: **Prozentrechnung**
- Hinweise auf Rechenvorteile: **Rechenvorteile**
- **Übungsaufgaben**
- **Schwierigkeitsgrade** im Lösungsheft mit bis zu drei Punkten unter der Aufgabennummer

Merke:
- Führen Sie vor jeder Berechnung eine **Überschlagsrechnung** oder Ergebnisschätzung durch.
- Schnelles Rechnen ist nur dann wertvoll, wenn richtig gerechnet wird.
- Ständige Übung führt zur Ausbildung von rechnerischen Fertigkeiten.
- Schreiben Sie ordentlich und **unterstreichen** Sie mit Lineal.
- Vergessen Sie niemals Komma und Maßeinheit.
- Notieren Sie Nebenrechnungen gesondert.
- **Runden** Sie erst am Ende einer Berechnung.
- Zur Lösung einer Sachaufgabe gehört der **Antwortsatz**.
- **Endergebnisse** werden doppelt unterstrichen.
- Für **Rechenproben** verwenden Sie einen anderen Rechenweg.

1 Grundrechenarten

In der gastronomischen Praxis lassen sich die meisten Aufgaben mit einfachen rechnerischen Mitteln lösen. Für viele Fachrechenaufgaben genügt es, die Regeln der **vier Grundrechenarten** zu beherrschen. Früher erworbene Schulkenntnisse müssen vorher zunächst wiederholt und vertiefend geübt werden. Danach kann mit Hilfe des **Taschenrechners** die Rechenzeit verkürzt werden. Neben dem schriftlichen Rechnen ist **Kopfrechnen** erforderlich.

1.1 Addieren (Zusammenzählen)

Beispielaufgabe:

Koch Stefan soll den Gesamtbestand an Frühstückseiern ermitteln. Er zählt auf den Platten insgesamt 60 Eier und in einer Schüssel weitere 19 Stück. Welchen Gesamtbestand an Frühstückseiern ermittelt Stefan?

Lösungsweg:

60 Eier	plus	19 Eier	=	79 Eier
60	+	19	=	79

Der Gesamtbestand an Frühstückseiern beträgt 79 Stück.

Rechenregel: Summand plus Summand gleich Summe

Merke:
- Schreiben Sie die Zahlen beim Zusammenzählen **genau untereinander**: jeweils Einer unter Einer, Zehner unter Zehner usw.
- Addieren Sie zuerst **von unten nach oben**, dann kontrollieren Sie die Addition in umgekehrter Richtung.
- Jede Textaufgabe hat einen **Antwortsatz**, andere Ergebnisse werden doppelt unterstrichen.

Übungsaufgaben Addieren

1 Ermitteln Sie durch Kopfrechnen die Summen und kontrollieren Sie die Ergebnisse.

1.1	93 +12	**1.3**	132 + 35	**1.5**	184 +232	**1.7**	142 +985	**1.9**	93 217 +176 430
1.2	23 +56	**1.4**	672 +124	**1.6**	243 +734	**1.8**	873 +2 456	**1.10**	172 300 +228 700

2 Der Kontrollstreifen einer Ladenkasse weist im Einzelnen die nachstehenden Euro-Beträge auf. Addieren Sie die fünf Zahlenblöcke und ermitteln Sie jeweils die Gesamteinnahmen.

2.1	**2.2**	**2.3**	**2.4**	**2.5**
16,71	26,61	0,63	126,89	17,12
12,70	12,87	5,98	67,90	4,50
6,70	3,89	12,70	0,89	0,75
3,20	1,75	236,90	65,03	120,10
124,50	22,33	432,19	65,98	7,10
27,91	98,87	8,70	7,12	23,10
11,23	5,55	2,10	91,12	22,98
14,50	231,20	55,91	64,12	87,11
32,10	88,16	8,19	12,30	15,20
2,30	1,20	6,90	11,12	1,00

3 Addieren Sie. Schreiben Sie dazu die entsprechenden Zahlen genau untereinander und achten Sie auf die Maßeinheiten.

3.1   2,05 € + 3,10 € + 1,34 € + 0,23 € + 1,25 €

3.2   3,21 € + 85 Cent + 0,25 € + 456 Cent + 0,06 €

3.3   3,24 m + 234 cm + 2581 mm + 1,34 m + 67 mm

3.4   1,5 kg + 652 g + 125 g + 45,523 kg + 34 g

4 Ein Gastwirt hat sich für technische Neuanschaffungen von vier Lieferfirmen Angebote eingeholt.

Gegenstand	Angebot 1	Angebot 2	Angebot 3	Angebot 4
Mikrowellengerät	2 400 €	2 650 €	2 500 €	2 650 €
Trommeltrockner	800 €	900 €	850 €	950 €
Spülmaschine	1 200 €	1 350 €	1 250 €	1 350 €

Ermitteln Sie das preislich günstigste Angebot.

5 Vier Restaurantfachleute einer Speisegaststätte verzeichnen folgende wöchentliche Umsätze in €:

Tag	Restaurantfachleute			
	A	B	C	D
Montag	432	534	286	370
Dienstag	354	243	354	369
Mittwoch	frei	432	243	440
Donnerstag	543	frei	432	435
Freitag	423	324	frei	452
Sonnabend	564	612	874	850
Sonntag	823	724	879	frei

Ermitteln Sie den höchsten und niedrigsten Gesamtumsatz.

6 Die Übersicht spiegelt den Bierausschank eines Ausflugslokals für eine Woche wider:

Bierausschank in Litern

Tag	Pilsner	Export	Alt	Bock
Montag	32	34	21	26
Dienstag	34	43	15	54
Mittwoch	25	32	12	24
Donnerstag	53	25	15	32
Freitag	42	24	14	21
Sonnabend	54	42	11	24
Sonntag	23	24	21	26

6.1 Ermitteln Sie den Wochenumsatz der genannten Biersorten.

6.2 Errechnen Sie den gesamten Bierumsatz je Tag.

6.3 Errechnen Sie den wöchentlichen Gesamtumsatz an Bier.

7 Franz benötigt bei Ausbildungsbeginn als Koch folgende Berufs- und Hygienekleidung:

3 Kochmützen   36,45 €   3 Kochhosen   76,50 €

3 Kochjacken   102,00 €   2 Schürzen, weiß   21,45 €

3 Halstücher   12,83 €   1 Schürze, blau   21,00 €

Wie viel € muss Franz für die Berufs- und Hygienebekleidung bezahlen?

8 Gerd muss bei Lehrbeginn als Restaurantfachmann folgende Berufsbekleidung kaufen:

1 schwarzen Anzug	160,00 €	7 weiße Taschentücher	13,30 €
7 weiße Hemden	101,50 €	4 Paar dunkle Socken	12,00 €
2 schwarze Binder	14,00 €	2 Paar schwarze Schuhe	78,00 €

Wie viel € muss Gerd für die Berufsbekleidung bezahlen?

9 Restaurantfachfrau Silke erstellt den Rechnungsbetrag.

2 Tagesmenü	17,80 €
2 Gläser Bier	3,70 €
2 Flaschen Mineralwasser	2,50 €
2 Eisbecher	6,95 €
2 Tassen Kaffee	2,50 €

Welchen Gesamtbetrag hat Silke errechnet?

1.2 Subtrahieren (Abziehen)

Beispielaufgabe:

Koch Stefan hat aus einer Schüssel mit 26 Eiern 7 Eier entnommen.
Wie viele Eier liegen noch in der Schüssel?

Lösungsweg: 26 Eier   minus   7 Eier   =   19 Eier
26   –   7   =   19
In der Schüssel liegen noch 19 Eier.

Rechenregel: Minuend minus Subtrahend gleich Differenz

Merke:
- Schreiben Sie die Zahlen ebenso wie beim Zusammenzählen **genau untereinander**: jeweils Einer, Zehner, Hunderter usw.
- Führen Sie eine **Probe** durch, indem Sie Differenz und Subtrahenden zusammenzählen.
- Jede Textaufgabe hat einen **Antwortsatz**, andere Ergebnisse werden doppelt unterstrichen.

Übungsaufgaben Subtrahieren

1 Subtrahieren Sie im Kopf und kontrollieren Sie die Ergebnisse.

1.1	93	**1.3**	132	**1.5**	384	**1.7**	1 142	**1.9**	93 217
	−12		−35		−232		−985		−17 643
1.2	73	**1.4**	672	**1.6**	943	**1.8**	873	**1.10**	12 354
	−56		−124		−734		−246		−11 239

2 Subtrahieren Sie. Schreiben Sie dazu die entsprechenden Größen genau untereinander und achten Sie auf die Maßeinheiten.

2.1   22,05 € – 3,10 € – 1,34 € – 0,23 € – 1,25 €
2.2   543,21 € – 85 Cent – 0,25 € – 33,22 € – 2,06 €
2.3   233 m – 34 cm – 2 581 mm – 1,34 m – 67 mm
2.4   46 kg – 750 g – 125 g – 40,5 kg – 200 g

3 Von 3,800 kg frischen Möhren stehen nach der Vorbereitung noch 3,130 kg zur Verfügung. Ermitteln Sie den Putzverlust in kg.

4 Im Konservenlager ergeben sich folgende Bestandsänderungen:

Konservenart	Bestand am Ersten d. M.	Bestand am Letzten d.M.
Junge Erbsen	264 Stück	25 Stück
Brechbohnen	143 Stück	142 Stück
Spargel	86 Stück	53 Stück

Ermitteln Sie die jeweiligen Bestandsänderungen in Stück.

5 Das Hotel „Goldener Stern" mit einer Bettenkapazität von 86 Betten hat in einer Woche folgende Belegung:

Wochentag	Belegung	Wochentag	Belegung
Montag	64 Übernachtungsgäste	Freitag	78 Übernachtungsgäste
Dienstag	73 "	Sonnabend	83 "
Mittwoch	45 "	Sonntag	28 "
Donnerstag	52 "		

Ermitteln Sie die freien Betten jedes Tages.

6 Ermitteln Sie durch Kopfrechnen den Betrag, den der Gast zurückerhält.

	6.1	6.2	6.3	6.4	6.5
Rechnungsbetrag:	65,85 €	13,95 €	145,80 €	805,00 €	153,20 €
Der Gast zahlt mit:	70,00 €	50,00 €	200,00 €	1 000,00 €	200,00 €

7 Ein Café hat im vergangenen Geschäftsjahr einen Gesamtumsatz in Höhe von 826 164,65 € erzielt. Die Gesamtkosten beliefen sich auf 715 747,20 €.
Wie viel € blieben dem Caféinhaber am Ende des Geschäftsjahres?

8 Restaurantfachfrau Silke hat im Restaurant eine Stunde nach Arbeitsbeginn folgende Beträge abkassiert:
4,85 €, 3,50 €, 17,20 €, 46,10 €, 7,10 €, 75,20 €,
140,00 €, 2,50 €, 17,30 €, 2,20 €, 9,40 €, 54,90 €.

Bei Arbeitsbeginn hatte sie 80 € Wechselgeld.
8.1 Wie viel € hat die Bedienung in ihrer Kasse?
8.2 In der Kasse sind 531,29 €. Ermitteln Sie das Trinkgeld, das die Bedienung erhielt.

9 Drei Auszubildende schälen Spargel.

Auszubildender	Spargel ungeschält	Putzverlust
A	6,750 kg	1,280 kg
B	8,250 kg	1,730 kg
C	7,120 kg	1,450 kg

9.1 Errechnen Sie die Menge an geputztem Spargel je Auszubildendem.
9.2 Ermitteln Sie den gesamten Putzverlust, der beim Schälen von Spargel anfiel.

10 Wie viel € bekommen die Hotelmitarbeiter ausgezahlt, wenn jeweils vom Bruttogehalt folgende Sozialabgaben und Steuern abgezogen werden?

	10.1	10.2	10.3	10.4	10.5
Bruttolohn:	1 750,00 €	2 300,00 €	2 680,00 €	3 458,00 €	3 800,00 €
Sozialabgaben/ Steuern:	520,00 €	745,00 €	923,00 €	1 311,00 €	1 525,00 €

11 Ein Restaurant bezieht vom benachbarten Fleischerfachgeschäft Wurstspezialitäten. Im Monat Januar wurden Lieferungen mit folgendem Materialwert bezogen:

Liefertermin	Materialwert
02.01.	123,18 €
05.01.	253,23 €
09.01.	165,19 €
13.01.	87,28 €
18.01.	312,00 €
24.01.	136,20 €
29.01.	230,00 €

Abschlagszahlungen erfolgten am 06.01., 13.01. und 24.01. mit jeweils 400 €.

11.1 Ermitteln Sie die Differenz zwischen Materialwert und Abschlagszahlung am 06.01.

11.2 Welche Differenz ist am Monatsende auszugleichen?

1.3 Multiplizieren (Malnehmen)

Beispielaufgabe:

Koch Stefan soll für 5 Gäste Omeletts aus je 3 Eiern herstellen. Wie viele Eier benötigt er insgesamt?

Lösungsweg:

5 Gäste	mal 3 Eier	=	15 Eier oder
3 Eier	mal 5 Gäste	=	15 Eier
5	x 3	=	15
3	x 5	=	15

Stefan benötigt insgesamt 15 Eier.

Rechenregel: | Faktor | mal Faktor | gleich | Produkt

Merke:
- Die Faktoren können untereinander **vertauscht** werden.
- Beim Multiplizieren von **Dezimalzahlen** wird gerechnet, als ob es sich um ganze Zahlen handelt.
- Vom Ergebnis werden von rechts nach links durch Komma so viele Stellen abgetrennt, wie sie die **multiplizierten Zahlen zusammen** hinter den Kommastellen enthalten.
- Jede Textaufgabe hat einen **Antwortsatz,** andere Ergebnisse werden doppelt unterstrichen.

Multiplizieren mit 10, 100, 1 000, 10 000 usw.

Rechenvorteile:

Beim Multiplizieren mit 10 wird eine Null angehängt
100 werden zwei Nullen angehängt
1 000 werden drei Nullen angehängt usw.

Beispiel:

7	x	10	=	70
7	x	100	=	700
7	x	1 000	=	7 000 usw.

Kommasetzung bei Dezimalstellen

Beim Multiplizieren von Dezimalzahlen rechnet man zunächst mit ganzen Zahlen. Danach zählt man die Stellen nach dem Komma bei beiden Faktoren zusammen und trennt diese beim Ergebnis von rechts beginnend durch Komma ab.

Beispiel: 85,3 x 2,750
                  234,5750

1. Faktor: 1 Stelle nach dem Komma   234,5 750
2. Faktor: 3 Stellen nach dem Komma, zusammen
4 Stellen, **von rechts** abgezählt

Übungsaufgaben Multiplizieren

1 Multiplizieren Sie die Zahlen 24 654   9 781   14,3   12,45   1 876,1   0,34   0,0012 jeweils mit:
   1.1 10   **1.2** 100   **1.3** 1 000   **1.4** 10 000

2 Multiplizieren Sie die Zahlen 14   5,3   10,74   11,04   29,98   1436,006 jeweils mit:
   2.1 11   **2.2** 12   **2.3** 13   **2.4** 17   **2.5** 21

3 Multiplizieren Sie schriftlich.
   3.1   4 x 2,5   3,3 x 8   2,3 x 7,3   2 345,23 x 1,2397
   3.2   2 x 7,3   2,5 x 9   9,5 x 5,2   9 875,24 x 8,0035
   3.3   5 x 5,5   7,3 x 2   5,5 x 6,6   1 235,76 x 3,3333

4 Ermitteln Sie im Einzelnen die verbrauchten Lebensmittelmengen in kg.

Portionsmenge	4.1 Portionszahl	4.2 Portionszahl	4.3 Portionszahl
25g	26 Portionen Butter	32 Portionen Butter	13 Portionen Butter
40g	23 Portionen Brot	30 Portionen Brot	20 Portionen Brot
20g	46 Portionen Schinken	60 Portionen Schinken	21 Portionen Schinken
10 g	64 Portionen Lyoner	58 Portionen Lyoner	42 Portionen Lyoner

5 Verarbeitet werden:
   4,735 kg Rinderkeule   je kg zu 13,86 €
   3,250 kg Rinderfilet   je kg zu 23,69 €
   Ermitteln Sie den Materialwert des gesamten Verarbeitungsfleisches in €.

6 Ermitteln Sie die Gesamtmenge des jeweiligen Getränks in Litern.
   251 Gläser Vollbier je Glas   0,4 l
   162 Gläser Pilsner je Glas   0,2 l
    64 Karaffen Wein je Karaffe 0,25 l
   213 Gläser Wein   je Glas   0,2 l
    25 Gläser Cognac je Glas   0,04 l

7 Berechnen Sie den gesamten Materialwert des Frischfleisches in €.
   Rinderfilet   4,230 kg   je kg   18,93 €
   Kalbsfrikandeau   3,860 kg   je kg   16,10 €
   Schweinehals   9,230 kg   je kg   3,87 €
   Lammkeule   2,355 kg   je kg   4,60 €

8 Von einer Wandergruppe wurden 7 Gläser Cola, 5 Gläser Mineralwasser und 11 Gläser Limonade zum Preis von je 1,20 € bestellt. Der Wanderleiter bezahlte für die gesamte Gruppe.
   Ermitteln Sie durch Kopfrechnen, wie viel € der Wanderleiter insgesamt zu zahlen hatte.

9 Ermitteln Sie die Rechnungssumme folgender Lieferung des benachbarten Fleischerfachgeschäftes:

Menge	Lebensmittel	Preis je Einheit
0,500 kg	Bündner Fleisch	zu 4,10 €/100g
5,000 kg	Schwarzwälder Schinken	zu 11,80 €/kg
4,500 kg	Kochschinken	zu 11,05 €/kg
2,000 kg	Lyoner	zu 6,20 €/kg

1.4 Dividieren (Teilen)

Beispielaufgabe:

In einer Woche wurden 28 Omeletts verkauft. Restaurantfachfrau Silke rechnet den durchschnittlichen Verkauf je Tag aus.
Wie viele Omeletts wurden täglich im Durchschnitt verkauft?

Lösungsweg:

28 Omeletts geteilt durch 7 Tage = 4 Omeletts
28 : 7 = 4
Im Durchschnitt wurden täglich 4 Omeletts verkauft.

Rechenregel: Dividend geteilt durch Divisor gleich Quotient

Merke:
- Beim Dividieren können **Brüche** oder **Dezimalzahlen** entstehen.
- Wird eine ganze Zahl durch eine größere Zahl geteilt, dann entsteht ein Bruch oder eine Bruchzahl.
- Wird eine ganze Zahl durch eine kleinere ganze Zahl dividiert, dann muss beim Ergebnis ein Komma gesetzt werden, wenn die letzte Ziffer der zu teilenden Zahl überschritten wird.
- Solange noch ein zu teilender Rest bleibt, muss beim Weiterrechnen jeweils eine 0 angefügt werden.
- Zur **Kontrolle** wird multipliziert: Quotient mal Divisor gleich Dividend.
- Jede Textaufgabe hat einen **Antwortsatz,** andere Ergebnisse werden doppelt unterstrichen.

Übungsaufgaben Dividieren

1 Ermitteln Sie durch Kopfrechnen.

1.1	64 : 8	81 : 9	36 : 6	225 : 25
1.2	144 : 12	585 : 13	300 : 12	182 : 14
1.3	220 : 11	432 : 18	255 : 17	234 : 13

2 Berechnen Sie schriftlich.

2.1	76 254 : 23	8 743 : 132	99 852 : 321
2.2	1 234,6 : 12	8 732 : 312	98 522 : 876
2.3	8,5 : 2,4	12,3 : 1,5	54,29 : 12,8

3 Die Speisegaststätte „Markgräfler Hof" bezieht badisches Obstwässerle direkt von der Brennerei in Ballons zu 3,9 Liter. Für den Ausschank füllt man den Obstbrand in Flaschen mit 0,7 Liter Inhalt um. Wie viele Flaschen lassen sich von zwei Ballons abfüllen?

4 Der Rechnungsbetrag einer zehnköpfigen Herrenrunde lag bei 387,25 €. Er sollte zu gleichen Teilen bezahlt werden.
Wie viel € musste jeder der Gäste zahlen?

5 Eine Flasche Nordhäuser Doppelkorn kostet im Einkauf 9,20 €.
Berechnen Sie den Materialwert für ein Glas, wenn insgesamt 32 Gläser ausgeschenkt werden.

6 Aus einem 75-Liter-Fass Bier werden 250 Gläser gezapft. Ermitteln Sie den Glasinhalt in Litern.

7 In einer Betriebskantine werden monatlich (22 Tage) 7 810 Stammessen zu je 2,85 € verkauft.

7.1 Berechnen Sie die Anzahl der täglichen Essensteilnehmer.

7.2 Berechnen Sie die Anzahl der Essen je Woche (5 Tage).

8 Für eine Ausflugsgesellschaft von 30 Gästen soll Steinbutt zubereitet werden. 6 kg Steinbutt werden beim Fischhändler bestellt.
Überprüfen Sie, ob die bestellte Menge für 30 Portionen ausreicht.

9 Von der Brauerei werden 12 Kästen Bockbier mit je 20 Flaschen bezogen. Der Gesamtpreis beträgt 153,60 €.

9.1 Berechnen Sie den Kastenpreis.

9.2 Berechnen Sie den Preis der Einzelflasche.

10 Der Jahresumsatz im Straßenverkauf eines Stadtcafés betrug 67 300 €. Das Café hatte an 308 Tagen im Jahr geöffnet.

10.1 Wie hoch waren die durchschnittlichen Tageseinnahmen im Straßenverkauf?

10.2 Wie hoch waren die durchschnittlichen Wocheneinnahmen (44 Wochen) im Straßenverkauf?

11 Berliner Pfannkuchen werden nach folgender Rezeptur hergestellt:

Weizenmehl	1,000 kg
Vollmilch	0,450 kg
Margarine	0,120 kg
Backhefe	0,075 kg
Zucker	0,120 kg
Eier (3 Stück)	0,150 kg
Salz	0,015 kg

Ermitteln Sie die übrigen Rezepturbestandteile in kg, wenn 9,500 kg Weizenmehl verwendet werden.

12 Nach Abschluss einer Hochzeitsfeier erhalten 5 Restaurantfachleute ein Trinkgeld in Höhe von insgesamt 361,75 €.
Berechnen Sie den Anteil eines jeden.

13 3 Aushilfsbedienungen erzielten bei einem Straßenfest einen Gesamtumsatz von 8 221 €.
Ermitteln Sie den Umsatzanteil einer Aushilfsbedienung.

Merke:	Kommen in einer Aufgabe unterschiedliche Grundrechenarten vor, dann gilt: **Punktrechnung** (Multiplikation, Division) vor **Strichrechnung** (Addition, Subtraktion).

2 Bruchrechnung

In der Gastronomie hat die Bruchrechnung eine unterge-
ordnete Bedeutung. Manchmal werden bei Rezepturen
Mengenangaben in Form von Brüchen dargestellt. Im Allgemeinen rechnet der Gastronom jedoch mit Dezimalzahlen.

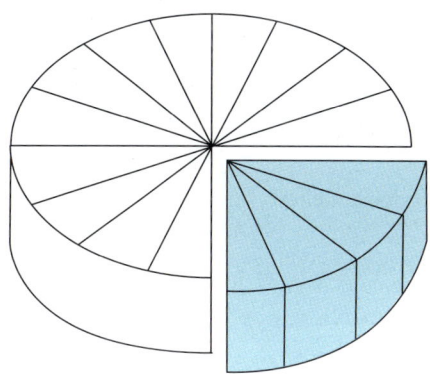

Ein Bruch entsteht, wenn ein Ganzes in gleiche Teile zerlegt
wird und dann vom Ganzen nur noch ein oder mehrere Teile betrachtet werden.

$1 : 4 = \dfrac{1}{4}$ **Der Bruchstrich ersetzt
das Teilungszeichen.**

2.1 Arten von Brüchen

Man unterscheidet gemeine Brüche und Dezimalbrüche.

Gemeine Brüche

Gemeine Brüche sind Teile eines Ganzen, deren Wert durch zwei Zahlen und einen **Bruchstrich** dargestellt
wird. Die Zahl über dem Bruchstrich zählt die Anzahl der vorhandenen Teile = **Zähler**.
Die Zahl unter dem Bruchstrich nennt die Anzahl der Teile, in die ein Ganzes geteilt ist = **Nenner**.

Beispiel:

$\dfrac{1}{10}$ → Zähler: Anzahl der Bruchteile
       → Bruchstrich: bedeutet Division (:)
       → Nenner: Anzahl der Teile eines Ganzen

$\dfrac{1}{10}$ $= 1 : 10 =$ zehnter Teil eines Ganzen

Merke: Gemeine Brüche werden mit Hilfe eines Bruchstrichs dargestellt:

$$\dfrac{7}{10} \quad \dfrac{3}{4} \quad \dfrac{6}{8} \quad \dfrac{8}{9} \quad \dfrac{9}{10} \quad \dfrac{4}{7} \quad \dfrac{1}{2} \quad → \quad \dfrac{\text{Zähler}}{\text{Nenner}}$$

Brüche bestehen
- aus dem Zähler (über dem Bruchstrich), der die Anzahl der Teile angibt,
- aus dem Bruchstrich, der geteilt durch (:) bedeutet,
- aus dem Nenner (unter dem Bruchstrich), der besagt, in wie viele Teile das Ganze zerlegt
  wurde.

Innerhalb der gemeinen Brüche unterscheidet man:

Echte Brüche:	Sie sind kleiner als ein Ganzes. Der Zähler ist deshalb kleiner als der Nenner.	$\frac{1}{2}$ $\frac{1}{4}$ $\frac{3}{4}$
Scheinbrüche:	Der Wert entspricht einer ganzen Zahl, Zähler und Nenner sind gleich groß oder der Zähler ist ein Vielfaches des Nenners.	$\frac{3}{3}$ $\frac{4}{2}$ $\frac{21}{7}$
Unechte Brüche:	Sie sind größer als ein Ganzes. Der Zähler ist größer als der Nenner.	$\frac{5}{4}$ $\frac{8}{5}$ $\frac{12}{7}$
Gemischte Zahlen:	Sie bestehen aus einer ganzen Zahl und einem echten Bruch.	$2\frac{1}{4}$ $5\frac{3}{4}$

Dezimalbrüche

Dezimalbrüche (Dezimalzahlen) sind Teile ganzer Zahlen, deren Zahlenwert nach dem Zehnersystem ausgedrückt werden kann (Zehntel, Hundertstel). Dezimalzahlen sind Zahlen mit einem Komma. Ganze Zahlen werden vom Dezimalbruch durch Komma getrennt.

Beispiel:

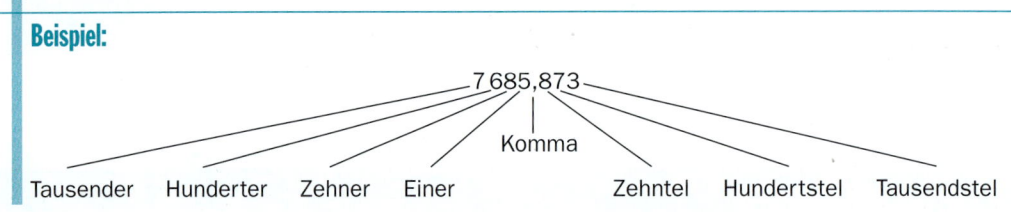

				Komma			
Tausender	Hunderter	Zehner	Einer		Zehntel	Hundertstel	Tausendstel

2.2 Erweitern und Kürzen von Brüchen

Beim Erweitern und Kürzen bleibt der Wert eines Bruches unverändert.

Beispiel:

$\frac{1}{3}$ erweitert mit 4 $=$ $\frac{4}{12}$

$\frac{4}{12}$ gekürzt mit 4 $=$ $\frac{1}{3}$

Erweitern

Brüche mit verschiedenen Nennern lassen sich nur dann addieren oder subtrahieren, wenn sie vorher auf den gleichen Nenner gebracht wurden. Dies geschieht durch Erweitern.

Beispiel: $\frac{1}{6}$ muss erweitert werden, im Nenner soll 12 stehen.

6 mal 2 ist 12. Zähler und Nenner müssen demzufolge mit 2 erweitert werden.

$\frac{1}{6} \times \left[\frac{2}{2}\right] = \frac{2}{12}; \ \frac{1 \times 2}{6 \times 2} = \frac{2}{12}$

Merke: Ein Bruch wird erweitert, indem Zähler und Nenner mit der gleichen Zahl multipliziert werden.

Kürzen

Bei Bruchrechenaufgaben können als Ergebnis Brüche entstehen, die noch gekürzt werden müssen. Aus unechten Brüchen werden dann ganze oder gemischte Zahlen.

Beispiele: $\frac{4}{2} = 2$ $\frac{5}{4} = 1\frac{1}{4}$ $\frac{6}{4} = 1\frac{1}{2}$

Es kann aber auch der Fall eintreten, dass Zähler und Nenner eines Bruches durch eine gemeinsame Zahl teilbar sind.

Beispiele: $\frac{28}{56}$ Zähler und Nenner geteilt durch 28 = $\frac{1}{2}$

$\frac{3}{6}$ Zähler und Nenner geteilt durch 3 = $\frac{1}{2}$

Merke: Ein Bruch wird gekürzt, indem Zähler und Nenner durch die gleiche Zahl dividiert werden.

2.3 Umwandeln von Brüchen

Jeder gemeine Bruch lässt sich auch als Dezimalbruch darstellen. Andererseits kann jeder Dezimalbruch auch als gemeiner Bruch geschrieben werden.

Umwandlung eines **gemeinen Bruchs**
in einen Dezimalbruch: $\frac{1}{2}$ oder 1 : 2 = 0,5

Umwandlung einer **Dezimalzahl**
in einen gemeinen Bruch: $0,5 = \frac{5}{10} = \frac{1}{2}$

Beispiele:

Umwandlung eines gemeinen Bruchs in einen Dezimalbruch

$\frac{1}{4}$ von einer Liter-Flasche Weißwein = 0,25 l Weißwein

1 : 4 = 0,25

Dezimalbruch (Dezimalzahl) 0,25

Umwandlung eines Dezimalbruchs in einen gemeinen Bruch

0,5 Liter Weißwein = $\frac{1}{2}$ Liter Weißwein

$0,5 = \frac{5}{10} = \frac{1}{2}$

Gemeiner Bruch $\frac{1}{2}$

Merke: Mit Dezimalzahlen rechnet man wie mit ganzen Zahlen.

Übungsaufgaben Erweitern, Kürzen, Umwandeln von Brüchen

1 Erweitern Sie die Brüche mit 3 durch Kopfrechnen.

1.1 $\frac{1}{3}$ **1.3** $\frac{2}{5}$ **1.5** $\frac{8}{10}$ **1.7** $\frac{12}{123}$

1.2 $\frac{1}{4}$ **1.4** $\frac{4}{7}$ **1.6** $\frac{13}{45}$ **1.8** $\frac{32}{210}$

2 Erweitern Sie durch Kopfrechnen.

2.1 $\frac{1}{2}$ in Viertel   **2.3** $\frac{9}{5}$ in Zehntel

2.2 $\frac{3}{4}$ in Achtel   **2.4** $\frac{4}{3}$ in Neuntel

3 Formen Sie die gemischten Zahlen durch Kopfrechnen in unechte Brüche um, erweitern Sie diese danach mit 2.

3.1 $1\frac{1}{2}$ **3.3** $3\frac{1}{6}$ **3.5** $5\frac{2}{3}$ **3.7** $45\frac{1}{2}$

3.2 $2\frac{1}{4}$ **3.4** $6\frac{1}{3}$ **3.6** $12\frac{3}{5}$ **3.8** $36\frac{5}{4}$

4 Kürzen Sie durch Kopfrechnen.

4.1 $\frac{2}{4}$ $\frac{4}{8}$ $\frac{9}{3}$ $\frac{12}{4}$ **4.4** $\frac{9}{81}$ $\frac{9}{63}$ $\frac{173}{17}$ $\frac{162}{18}$

4.2 $\frac{8}{16}$ $\frac{11}{22}$ $\frac{66}{44}$ $\frac{12}{144}$ **4.5** $\frac{3}{6}$ $\frac{6}{8}$ $\frac{10}{15}$ $\frac{100}{150}$

4.3 $\frac{2}{8}$ $\frac{6}{36}$ $\frac{19}{38}$ $\frac{99}{22}$ **4.6** $\frac{9}{6}$ $\frac{350}{700}$ $\frac{17}{340}$ $\frac{500}{1000}$

5 Kürzen Sie die unechten Brüche, bilden Sie danach gemischte Zahlen.

5.1 $\frac{1000}{400}$ **5.2** $\frac{15}{10}$ **5.3** $\frac{700}{300}$ **5.4** $\frac{16}{12}$ **5.5** $\frac{35}{5}$ **5.6** $\frac{49}{14}$

6 Wandeln Sie die Brüche in Dezimalzahlen um. Gegebenenfalls runden Sie die dritte Dezimalstelle.

6.1 $\frac{1}{2}$ **6.3** $\frac{13}{36}$ **6.5** $2\frac{2}{7}$ **6.7** $17\frac{7}{45}$

6.2 $\frac{7}{9}$ **6.4** $\frac{27}{39}$ **6.6** $8\frac{1}{3}$ **6.8** $123\frac{26}{83}$

7 Wandeln Sie die Dezimalzahlen in Brüche bzw. gemischte Zahlen um. Kürzen Sie, soweit möglich.

7.1 0,4   **7.3** 0,12   **7.5** 0,125   **7.7** 123,72

7.2 0,3   **7.4** 0,35   **7.6** 12,62   **7.8** 312,124

8 Wandeln Sie die Brüche in Prozentzahlen um.

8.1 $\frac{1}{1}$ **8.2** $\frac{1}{2}$ **8.3** $\frac{1}{4}$ **8.4** $\frac{3}{4}$ **8.5** $\frac{2}{1}$ **8.6** $1\frac{1}{2}$

9 Wandeln Sie die Prozentzahlen in Brüche um.

9.1 25 %   **9.2** 50 %   **9.3** 75 %   **9.4** 20 %   **9.5** 1 %   **9.6** 5 %

10 Ermitteln Sie durch Kopfrechnen. Wie viel Gramm sind von einem Kilogramm Butter:

10.1 $\frac{1}{10}$ **10.2** $\frac{2}{10}$ **10.3** $\frac{3}{10}$ **10.4** $\frac{4}{10}$ **10.5** $\frac{6}{10}$ **10.6** $\frac{7}{10}$

11 Rechnen Sie im Kopf. Wie viel Milliliter sind von einem Liter Milch (Angaben als Dezimalzahlen):

11.1 $\frac{1}{2}$ **11.2** $\frac{1}{4}$ **11.3** $\frac{1}{8}$ **11.4** $\frac{3}{4}$

2.4 Addieren und Subtrahieren von Brüchen

Beispielaufgabe:
Mürbeteig wird aus $\frac{1}{4}$ kg Zucker, $\frac{1}{2}$ kg Butter und $\frac{3}{4}$ kg Mehl hergestellt. Errechnen Sie die Gesamtmenge.

Lösungsweg: $\frac{1}{4} + \frac{1}{2} + \frac{3}{4}$

Hauptnenner 4

$\frac{1}{4} + \frac{2}{4} + \frac{3}{4} = \frac{6}{4}$

Die Gesamtmenge beträgt $\frac{6}{4}$ kg oder besser gekürzt $1\frac{1}{2}$ kg.

Beim Ermitteln des Hauptnenners kann das Erweitern eines Bruches erforderlich sein.

> **Merke:**
> - Für Addition und Subtraktion müssen Brüche **gleichnamig** sein, d. h., die Nenner müssen gleich sein.
>   Bei ungleichen Brüchen ist zuerst ein gemeinsamer Nenner, ein **Hauptnenner** zu ermitteln.
> - Der Hauptnenner stellt den kleinsten gemeinsamen Nenner der betreffenden Brüche dar.

Rechenregel:
Gleichnamige Brüche, also Brüche mit gleichem Nenner, werden **addiert oder subtrahiert**, indem die **Zähler addiert oder subtrahiert, die Nenner dabei jedoch beibehalten werden.**

Ermitteln des Hauptnenners
Nicht immer ist der Hauptnenner, wie bei der Beispielaufgabe, leicht im Kopf zu ermitteln ($\frac{1}{2}$ entspricht $\frac{2}{4}$).

Dann ergeben sich folgende Rechenschritte:
- Alle Nenner werden in kleinstmögliche Faktoren zerlegt.
- Nenner, die in einem anderen Nenner als Vielfaches enthalten sind, werden vernachlässigt.
- Die übrigen Nenner ergeben miteinander multipliziert den Hauptnenner.
- Alle Brüche werden auf den gefundenen Hauptnenner erweitert. Der Erweiterungsfaktor für den Bruch ergibt sich bei der Teilung des Hauptnenners durch den jeweiligen Nenner.

Beispiel:

$\frac{1}{2} + \frac{2}{8} + \frac{5}{3} + \frac{3}{12} =$

Nenner	Faktoren	
2	(2)	Faktor kommt in der 8 vor.
8	2 x 2 x 2 =	8
		x
3	3 =	3
12	(2 x 2 x 3)	Faktoren kommen in der 8 und in der 3 vor.

Hauptnenner 8 x 3 = **24**

Erweitern

$\frac{12}{24} + \frac{6}{24} + \frac{40}{24} + \frac{6}{24} = \frac{64}{24} = \frac{16}{6} = 2\frac{4}{6} = 2\frac{2}{3}$

Übungsaufgaben Addieren und Subtrahieren von Brüchen

1 Ermitteln Sie die Summen durch Kopfrechnen.

1.1 $\frac{1}{2} + \frac{1}{4} + \frac{3}{4} + \frac{1}{2}$ **1.3** $\frac{1}{3} + \frac{6}{3} + \frac{2}{6}$

1.2 $1\frac{1}{2} + 2\frac{1}{4} + 5\frac{1}{2}$ **1.4** $2\frac{1}{8} + 1\frac{3}{8} + 1\frac{4}{8} + 3\frac{2}{8}$

2 Ermitteln Sie die Summen.

2.1 $\frac{1}{25} + \frac{3}{5} + \frac{1}{10} + \frac{2}{15} + \frac{1}{20}$ **2.3** $2\frac{1}{3} + 5\frac{1}{7} + 6\frac{1}{14} + 12\frac{3}{6}$

2.2 $\frac{4}{5} + \frac{1}{3} + \frac{2}{15} + \frac{3}{10} + \frac{4}{6}$ **2.4** $62\frac{1}{8} + 3\frac{2}{4} + 8\frac{23}{3} + \frac{96}{24}$

3 Addieren Sie.

3.1 $\frac{56}{300} + \frac{285}{600}$ **3.3** $\frac{47}{480} + \frac{12}{10}$ **3.5** $\frac{5}{8} + \frac{58}{18}$

3.2 $\frac{13}{48} + \frac{39}{112}$ **3.4** $\frac{6}{9} + \frac{22}{36}$ **3.6** $\frac{123}{27} + \frac{222}{9}$

4 Addieren Sie.

4.1 $3\frac{2}{9} + \frac{2}{6}$ **4.3** $6\frac{7}{10} + \frac{5}{6}$ **4.5** $5\frac{13}{15} + 4\frac{5}{6}$

4.2 $4\frac{11}{18} + \frac{14}{3}$ **4.4** $7\frac{4}{5} + \frac{11}{12}$ **4.6** $12\frac{1}{9} + 6\frac{3}{4}$

5 Ermitteln Sie die Differenzen durch Kopfrechnen.

5.1 $\frac{21}{25} - \frac{14}{25}$ **5.3** $\frac{34}{42} - \frac{16}{42}$ **5.5** $\frac{12}{30} - \frac{9}{30}$

5.2 $\frac{24}{36} - \frac{18}{36}$ **5.4** $\frac{27}{13} - \frac{14}{13}$ **5.6** $\frac{39}{7} - \frac{11}{7}$

6 Subtrahieren Sie und wandeln Sie die Brüche in Dezimalzahlen um. Gegebenenfalls runden Sie die dritte Dezimalstelle.

6.1 $1\frac{1}{4} - \frac{1}{4} - \frac{3}{4}$ **6.2** $\frac{3}{4} - \frac{1}{2} - \frac{1}{4}$ **6.3** $-\frac{1}{3} + \frac{3}{3} - \frac{1}{3}$ **6.4** $-\frac{2}{5} - \frac{1}{5} - \frac{7}{5}$

7 Subtrahieren Sie.

7.1 $\frac{16}{20} - \frac{2}{5}$ **7.3** $\frac{3}{4} - \frac{4}{9}$ **7.5** $\frac{3}{4} - \frac{1}{6} - \frac{1}{3}$ **7.7** $3\frac{1}{2} - \frac{4}{10} - 1\frac{7}{5}$

7.2 $\frac{9}{10} - \frac{2}{4}$ **7.4** $\frac{5}{6} - \frac{2}{5}$ **7.6** $\frac{21}{4} - \frac{3}{20} - \frac{1}{2}$ **7.8** $-7\frac{1}{4} + 12\frac{3}{6} - \frac{24}{3}$

8 Änderungen des Lagerbestandes.

Folgender Lagerbestand wurde ermittelt: Verbraucht wurden davon:

$4\frac{1}{2}$ kg Rinderfilet $\frac{3}{4}$ kg Rinderfilet

$10\frac{3}{4}$ kg Kalbfleisch $2\frac{1}{2}$ kg Kalbfleisch

$25\frac{1}{4}$ kg Schweinekeule $8\frac{1}{2}$ kg Schweinekeule

Ermitteln Sie den aktuellen Lagerbestand (Ergebnisse als Dezimalbrüche).

9 Schreiben Sie die Ergebnisse als gemeine Brüche.

9.1 $\frac{1}{4} + 0,5 + 3,5 + \frac{3}{6} + \frac{3}{4}$ **9.3** $7,5 - \frac{1}{2} + \frac{3}{4} - 2\frac{1}{5} + 4$

9.2 $\frac{3}{4} + 0,25 + 1\frac{1}{2} + \frac{1}{10} + 12,4$ **9.4** $12\frac{1}{2} - 3,7 + 1\frac{1}{12} - 6\frac{5}{9} + 4\frac{2}{9}$

2.5 Multiplizieren von Brüchen

Beispielaufgabe:

In einer Rezeptur für vier Portionen ist die Verwendung von $\frac{1}{4}$ Liter Milch vorgeschrieben.

Es soll die benötigte Milchmenge für 12 Portionen ermittelt werden.

Lösungsweg: $\frac{1}{4} \times 3 = \frac{1}{4} \times \frac{3}{1} = \frac{3}{4} = 0,75\ l$

Für 12 Portionen sind 0,75 l Milch erforderlich.

Merke:
- Ein **Bruch** wird **mit einem anderen Bruch** multipliziert, indem Zähler mit Zähler und Nenner mit Nenner multipliziert werden.
- **Gemischte Brüche** sind zunächst in unechte Brüche umzuwandeln.
- Brüche werden **mit ganzen Zahlen** multipliziert, indem man sie in Scheinbrüche (z.B. $\frac{8}{1}$, $\frac{12}{1}$, $\frac{2}{1}$) umwandelt, oder einfach, indem man den Zähler mit der ganzen Zahl multipliziert.

Übungsaufgaben Multiplizieren von Brüchen

1 Multiplizieren und kürzen Sie.

1.1 $\frac{1}{3} \times \frac{3}{5}$ **1.2** $\frac{1}{2} \times \frac{4}{5}$ **1.3** $\frac{24}{7} \times \frac{67}{11}$ **1.4** $\frac{37}{95} \times \frac{111}{29}$

2 Multiplizieren und kürzen Sie.

2.1 $\frac{2}{3} \times \frac{1}{4} \times \frac{1}{5}$ **2.2** $\frac{2}{3} \times \frac{7}{25} \times \frac{3}{8}$ **2.3** $\frac{5}{7} \times \frac{3}{5} \times 11$ **2.4** $\frac{1}{4} \times 12\frac{1}{4} \times \frac{2}{7}$

3 Multiplizieren und kürzen Sie.

3.1 $4\frac{1}{2} \times 1\frac{1}{4} \times 2\frac{1}{3}$ **3.2** $10\frac{1}{3} \times 3\frac{2}{9} \times 4\frac{2}{3}$ **3.3** $11\frac{4}{6} \times 7\frac{8}{4} \times 9\frac{6}{4}$

4 Wie viel € sind von 56,30 €:

4.1 $\frac{1}{4}$ **4.2** $\frac{1}{2}$ **4.3** $\frac{1}{5}$ **4.4** $\frac{1}{3}$ **4.5** $\frac{1}{8}$

5 Wie viel g sind von 3,6 kg:

5.1 $\frac{1}{10}$ **5.2** $\frac{1}{4}$ **5.3** $\frac{3}{4}$ **5.4** $\frac{1}{5}$ **5.5** $\frac{1}{3}$

6 Errechnen Sie jeweils den Gesamtpreis von:

6.1 $2\frac{1}{4}$ kg Lyoner zu 9,00 €/kg **6.2** $1\frac{1}{8}$ kg Jagdwurst zu 8,00 €/kg

7 Der Umsatz eines Restaurants lag im vergangenen Jahr bei 576 300 €. In diesem Jahr wird wegen Modernisierungsmaßnahmen mit einem Umsatz gerechnet, der $\frac{1}{4}$ niedriger ist. Welcher Umsatz wird angenommen?

8 Ein Touristen-Reisebus fährt mit einer Durchschnittsgeschwindigkeit von $70\frac{1}{2}$ km pro Stunde. Welche Reisestrecke wird in $2\frac{3}{4}$ Stunden zurückgelegt?

9 Beim Hausschlachten findet eine Schweinehälfte folgende Verwendung:

$\frac{2}{5}$ Brat- und Schmorfleisch, $\frac{1}{6}$ Pökelfleisch, $\frac{1}{3}$ Wurstfleisch.

9.1 Welchen Anteil macht der Rest aus?

9.2 Ermitteln Sie das Gesamtgewicht der Schweinehälfte, wenn der Rest 5,5 kg betrug.

9.3 Ermitteln Sie die Anteile für jede Verarbeitungsart in kg.

2.6 Dividieren von Brüchen

Merke: Ein Bruch wird durch einen anderen Bruch geteilt, indem man den ersten Bruch mit dem Kehrwert des zweiten Bruches multipliziert.

Ein Bruch wird durch eine ganze Zahl geteilt, indem man den Zähler durch die ganze Zahl teilt oder den Nenner mit der ganzen Zahl multipliziert.

Ganze Zahlen kann man auch in unechte Brüche verwandeln (Eintel: $\frac{6}{1}, \frac{7}{1}, \frac{8}{1}$ usw.).

Übungsaufgaben Dividieren von Brüchen

1 Dividieren und kürzen Sie.

1.1 $\frac{5}{12} : \frac{5}{7}$　　**1.2** $\frac{7}{8} : \frac{3}{4}$　　**1.3** $\frac{2}{3} : \frac{1}{8}$　　**1.4** $\frac{4}{5} : \frac{4}{5}$　　**1.5** $\frac{1}{2} : \frac{1}{4}$

2 Dividieren und kürzen Sie.

2.1 $\frac{3}{4} : 3$　　**2.2** $\frac{6}{5} : 10$　　**2.3** $\frac{7}{16} : 4$　　**2.4** $6 : \frac{3}{4}$　　**2.5** $8 : \frac{4}{3}$　　**2.6** $13 : \frac{1}{6}$

3 Dividieren und kürzen Sie.

3.1 $4\frac{5}{7} : \frac{10}{21}$　　**3.2** $3\frac{2}{3} : \frac{2}{15}$　　**3.3** $1\frac{1}{2} : \frac{2}{16}$　　**3.4** $4\frac{5}{12} : \frac{1}{5}$　　**3.5** $1\frac{1}{7} : 3\frac{4}{8}$

4 Dividieren und kürzen Sie.

4.1 $20\frac{5}{8} : 3\frac{1}{10}$　　**4.2** $6\frac{2}{3} : 5\frac{1}{2}$　　**4.3** $4\frac{5}{12} : 2\frac{1}{24}$　　**4.4** $66\frac{3}{17} : 7\frac{2}{34}$　　**4.5** $21\frac{1}{2} : 3\frac{2}{5}$

5 Dividieren und kürzen Sie.

5.1 $17\frac{15}{45} : 17\frac{2}{6}$　　**5.2** $15\frac{5}{8} : 16\frac{4}{5}$　　**5.3** $17\frac{10}{12} : 12\frac{2}{6}$　　**5.4** $3\frac{3}{4} : 2\frac{4}{8}$　　**5.5** $5\frac{1}{5} : 7\frac{1}{12}$

6 Dividieren und kürzen Sie.

6.1 $3\frac{3}{4} : 5$　　**6.2** $4\frac{1}{2} : 3$　　**6.3** $6\frac{1}{4} : 4$　　**6.4** $7\frac{3}{4} : 2$　　**6.5** $6\frac{3}{8} : 11$　　**6.6** $1\frac{1}{4} : 7$

7 Wie viele Beutel Kirschwasserstäbchen zu $\frac{1}{8}$ kg kann der Patissier aus einer Gesamtmenge von $3\frac{1}{2}$ kg abpacken?

8 $12\frac{1}{4}$ kg Original Thüringer Rotwurst sollen für den Straßenverkauf in Dosen abgefüllt werden. Wie viele Dosen können bei folgendem Fassungsvermögen je Dose abgefüllt werden?

8.1 $\frac{1}{8}$ kg　　**8.2** $\frac{1}{4}$ kg　　**8.3** $\frac{1}{5}$ kg　　**8.4** $\frac{1}{2}$ kg

9 Teilen Sie 4 durch $\frac{1}{3}$, das Ergebnis durch $\frac{1}{2}$, dieses Ergebnis durch $\frac{1}{6}$ und dieses Ergebnis durch $\frac{1}{10}$.

10 Ein Stück Kalbsfrikandeau wiegt $4\frac{1}{2}$ kg. Daraus sollen Tranchen zu $\frac{1}{8}$ kg geschnitten werden. Wie viele Stücke erhält man?

3 Gewichte und Maße

Gewichtsberechnungen sind in der Gastronomie sehr wichtig. Jede **Kalkulation, Nährstoff- oder Energieberechnung** beruht auf genauen Gewichtsangaben.

Längen-, Flächen- und Körperberechnungen werden in der Gastronomie ebenfalls fachbezogen durchgeführt. Längenmessungen sind bei der Planung von Einrichtungen erforderlich. Gleiches gilt für Flächenberechnungen. Am wichtigsten sind jedoch die Raumberechnungen, die bei der Ermittlung des Luftraumes, insbesondere aber bei Gefäßvolumen, durchgeführt werden.

3.1 Mathematische Größen

Beim Rechnen in der Fachpraxis werden fast ausschließlich mathematische Größen verwendet. Darunter sind die **Messzahl** (Zahlenwert) zusammen mit der **Maßeinheit** zu verstehen.

Beispiel:	**120**	€
	Messzahl	Maßeinheit
	5 Stück Eier, 2 Stunden, 120 km/h, 230V	

> **Merke:** Mathematische Größen bestehen stets aus **Messzahl** (Zahlenwert) und **Maßeinheit.**

Als Maßeinheiten dienen verschiedene Grundeinheiten (z.B, Meter, Gramm), die international einheitlich sind (Systeme International d'Unites – Internationales Einheitensystem SI).
Allerdings können diese Einheiten nach Bedarf als Teile oder als Vielfaches eingesetzt werden.
Dann erhalten die Grundeinheiten eine nähere Bezeichnung:

Beispiel:	Grundeinheit	: **Meter**
	Teil der Grundeinheit	: **Zenti**meter
	Vielfaches der Grundeinheit	: **Kilo**meter

Teile und Vielfache der Grundeinheiten

Teile der Grundeinheit	Zahl	Potenz- schreibweise	Symbol
Zehntel	0,1	10^{-1}	d (Dezi)
Hundertstel	0,01	10^{-2}	c (Zenti)
Tausendstel	0,001	10^{-3}	m (Milli)
Millionstel	0,000 001	10^{-6}	µ (Mikro)
Milliardstel	0,000 000 001	10^{-9}	n (Nano)

Vielfache der Grundeinheit	Zahl	Potenz- schreibweise	Symbol
Zehnfaches	10	10^1	dk (Deka)
Hundertfaches	100	10^2	h (Hekto)
Tausendfaches	1 000	10^3	k (Kilo)
Millionenfaches	1 000 000	10^6	M (Mega)
Milliardenfaches	1 000 000 000	10^9	G (Giga)

In der Gastronomie sind als Maßeinheiten besonders verbreitet:
Kilogramm, Gramm, Liter, Hektoliter, Deziliter, Stück, Bund, Meter, Stunden, Tage, Monate, Nächte.

3.2 Gewichtsberechnungen (Masseberechnungen)

In der Umgangssprache spricht man allgemein von Gewichten, meint jedoch eigentlich Massen.
Das Gewicht ist in Abhängigkeit von der Erdbeschleunigung auf der Erde veränderlich, die Masse dagegen bleibt stets konstant. **Die Grundeinheit für die Masse ist das Kilogramm**. Davon abgeleitet werden Massen in Gramm, Milligramm oder Tonnen gemessen.

Merke: Übliche **gesetzliche Grundeinheit** für die Masse ist das Kilogramm (kg). Davon abgeleitet sind die Masseeinheiten Tonne (t), Gramm (g) und Milligramm (mg).

Umrechnung der Gewichtseinheiten

1 t = 1 000 kg = 1 000 000 g = 1 000 000 000 mg
   1 kg = 1 000 g = 1 000 000 mg
      1 g = 1 000 mg

Merke: Umrechnungszahl für Gewichtsein- heiten ist die 1 000.

Ältere Gewichtseinheiten
Veraltete Gewichtseinheiten werden mitunter im täglichen Sprachgebrauch noch verwendet. Das sind insbesondere Zentner und Pfund. Jeder sollte zumindest diese Gewichtseinheiten kennen und umrechnen können.

1 Pfund (Pfd.)	=	0,5 kg	1 Dekagramm (dkg) =	0,01 kg
1 Zentner (Ztr.)	=	50 kg	1 Lot =	0,0175 kg
1 Doppelzentner (dz)	=	100 kg	1 altes Pfund =	0,560 kg (= 32 Lot)
1 Dezitonne (dt)	=	100 kg		

Angloamerikanische Gewichtseinheiten
Durch den internationalen Charakter der Gastronomie fanden auch englische und amerikanische Gewichtsbezeichnungen Eingang in die Fachberechnungen.
Sie haben beispielsweise Bedeutung bei Konserven und Fertigpackungen. Typisch sind die Gewichtsangaben bei Kaviarpackungen, die stets in oz aufgeführt werden.

ton (tn, t)   hundredweight (cwt)   quarter (qr)   pound (lb)   ounce (oz)

1 tn = 20 cwt =
      1 cwt = 4 qr
         1 qr = 28 lb (englisch)
            = 25 lb (amerikanisch)
               1 lb = 16 oz
                  1 oz = 28,35 g

3.3 Längenberechnungen

Längenmaß

Die Grundeinheit bildet das Meter, der 40-millionste Teil des Erdumfangs. Das Urmeter ist ein Platin-Iridium-Stab, der in Paris aufbewahrt wird.

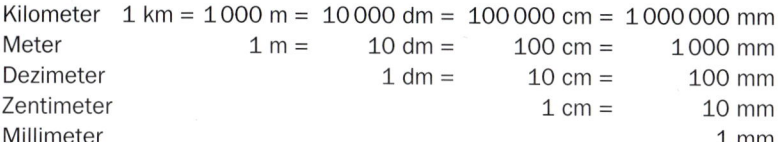

> **Merke:** Längen haben nur **eine** Ausdehnung (Dimension), deshalb ist die Umrechnungszahl für Längenmaße 10 (**eine** 0).

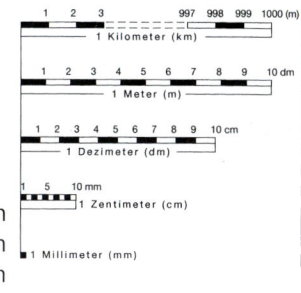

Umrechnen von Längenmaßeinheiten

Kilometer	1 km = 1 000 m =	10 000 dm =	100 000 cm =	1 000 000 mm
Meter	1 m =	10 dm =	100 cm =	1 000 mm
Dezimeter		1 dm =	10 cm =	100 mm
Zentimeter			1 cm =	10 mm
Millimeter				1 mm

Nicht metrische und ältere Längenmaße

In englischsprachigen Ländern gelten andere Längenmaße. Englische Längenmaße sind für uns wichtig, da Englisch in der Gastronomie als Touristen- und Handelssprache von Bedeutung ist.
In Großbritannien und den USA gilt das 1872 weltweit eingeführte metrische System für Maße und Gewichte nicht.

Englische Längenmaße

1 in (inch)	=			2,54 cm
1 ft (foot)	=	12 inches	=	30,48 cm
1 yd (yard)	=	3 feet	=	91,44 m
1 mile	= 1 760 yards		=	1 609,34 m

Ältere und andere ausländische Längenmaße

1 Werst (russisch) = 1 500 Arschin = 1 065 m

3.4 Flächenberechnungen

Flächenmaß

> **Merke:** Flächen haben **zwei** Ausdehnungen (Dimensionen), deshalb ist die Umrechnungszahl für Flächenmaße 100 (**zwei** Nullen).

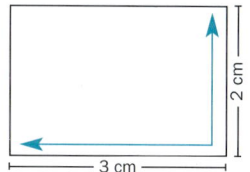

Die Grundeinheit bildet der Quadratmeter. Davon abgeleitet werden Quadratkilometer, Quadratdezimeter, Quadratzentimeter und Quadratmillimeter verwendet.

Umrechnung von Flächenmaßeinheiten

$$1\ km^2 = 100\ ha$$
$$1\ ha = 100\ a$$
$$1\ a = 100\ m^2$$
$$1\ m^2 = 100\ dm^2$$
$$1\ dm^2 = 100\ cm^2$$
$$1\ cm^2 = 100\ mm^2$$

Nicht metrische und ältere Flächenmaße

1 sq in	(square inch)	=	6,452 cm²	1 sq mi	(square mile) =	2,59 km²
1 sq ft	(square foot)	=	929,029 cm²	1 ac	(acre) =	40,47 a
1 sq yd	(square yard)	=	0,836 m²			

Berechnung des Flächeninhaltes und des Flächenumfangs

Flächeninhalt = Länge x Breite
$$A = a \times b$$

Quadrat
a = Seitenlänge
Fläche
$A = a \times a = a^2$
Umfang
$U = a + a + a + a = 4a$

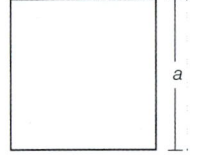

Dreieck
a, b, c = Seitenlängen
h = Höhe
Fläche
$A = \frac{1}{2} \times c \times h = \frac{c \times h}{2}$
Umfang
$U = a + b + c$

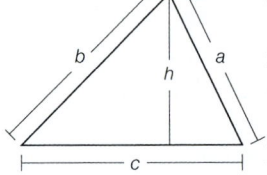

Rechteck
a, b = Seitenlängen
Fläche
$A = a \times b$
Umfang
$U = a + b + a + b = 2a + 2b$

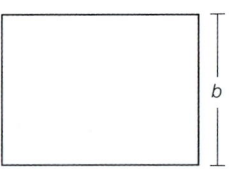

Trapez
a, b, c, d = Seitenlängen
h = Höhe
Fläche
$A = \frac{1}{2}(a + c) \times h = \frac{a + c}{2} \times h$
Umfang
$U = a + b + c + d$

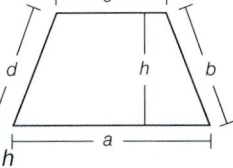

Parallelogramm
a, b = Seitenlängen
h = Höhe
Fläche
$A = a \times h$
Umfang
$U = a + b + a + b = 2a + 2b$

Kreis
r = Radius   d = Durchmesser
Fläche
$A = \pi r^2 = \pi \times \frac{d^2}{4}$ ($\pi = 3{,}14$)
Umfang
$U = 2\pi r$

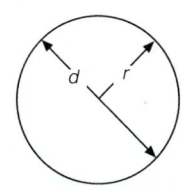

3.5 Raumberechnungen und Hohlmaße

Raummaß

 **Merke:** Räume haben **drei** Ausdehnungen (Dimensionen), deshalb ist die Umrechnungszahl für Raummaße (Volumen) 1000 (**drei** Nullen).

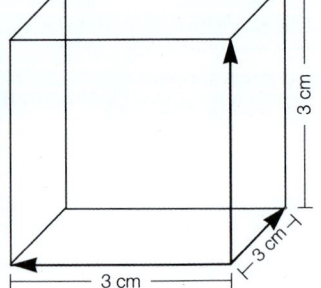

Die Grundeinheit bildet der Kubikmeter. Davon abgeleitet werden Kubikdezimeter, Kubikzentimeter und Kubikmillimeter verwendet.

Umrechnung von Raummaßeinheiten

$1\ m^3 = 1\,000\ dm^3$

$\quad\quad 1\ dm^3 = 1\,000\ cm^3$

$\quad\quad\quad\quad 1\ cm^3 = 1\,000\ mm^3$

Hohlmaße

Bei der Raumberechnung (Volumenberechnung) von Flüssigkeiten ist die Bezeichnung Hohlmaß üblich. Maßeinheit für das Hohlmaß im Geschäftsleben ist der Liter (l). Davon abgeleitet dienen als weitere Maßeinheiten Hektoliter (hl), Deziliter (dl), Zentiliter (cl) und Milliliter (ml).

1 hl	=	100 l	=	1 000 dl	=	10 000 cl	=	100 000 ml	=	100 000 cm³	1 000 l	= 1 m³
	1 l	=	10 dl	=	100 cl	=	1 000 ml	=	1 000 cm³		1 l	= 1 dm³
						1 ml	=	1 cm³			

Nicht metrische und ältere Raummaße

1 Imp.gal. (Imperial gallon)	=	4,546 l	1 Scheffel =	50 l
1 US-gallon	=	3,785 l	1 Metze =	3,44 l

Berechnung des Rauminhaltes und der Körperoberfläche

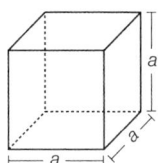

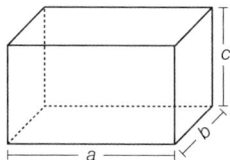

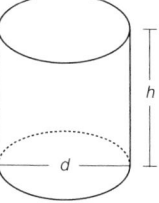

Würfel
a = Seitenlänge

Volumen
$V = a \times a \times a = a^3$

Oberfläche
$O = 6 \times a \times a = 6a^2$

Quader
a, b, c = Seitenlängen

Volumen
$V = a \times b \times c$

Oberfläche
$O = 2(a \times b) + 2(a \times c) + 2(b \times c)$

Zylinder
r = Radius
h = Höhe
d = Durchmesser

Volumen
$V = \pi \times \dfrac{d^2}{4} \times h = \pi \times r^2 \times h$

Oberfläche
$O = 2 \times \pi \times r^2 + 2 \times \pi \times r \times h$
$\quad 2 \times \pi \times r(r + h)$

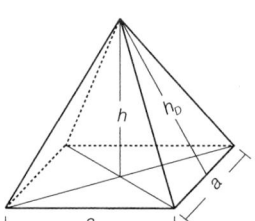

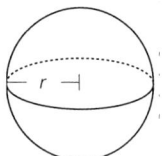

Pyramide mit quadratischer Grundfläche
a = Seitenlänge
h_D = Seitenhöhe
h = Körperhöhe

Volumen
$V = \dfrac{1}{3} \times a \times a \times h = \dfrac{1}{3}\, a^2 h$

Oberfläche
$O = a \times a + 4 \times \dfrac{a \times h_D}{2}$
$\quad = a^2 + 2(a \times h_D)$

Kegel
r = Radius
s = Mantellinie
h = Körperhöhe

Volumen
$V = \dfrac{1}{3} \times \pi \times r^2 \times h$

Oberfläche
$O = \pi \times r^2 + \pi \times r \times s;$
$O = \pi \times r(r + s)$

Kugel
r = Radius

Volumen
$V = \dfrac{4}{3} \times \pi \times r^3$

Oberfläche
$O = 4 \times \pi \times r^2$

3.6 Runden von Ergebnissen

Rundungen werden stets erst am Ende einer Berechnung durchgeführt und sachbezogen nach den mathematischen Größen vorgenommen.

Rundungsregeln für Euro-Beträge
- Bei € wird auf drei Stellen gerechnet und auf **zwei Stellen** gerundet.
- **Abrunden**, wenn die auf die Rundungsstelle folgende Ziffer eine 0, 1, 2, 3, 4 ist.
- **Aufrunden**, wenn die auf die Rundungsstelle folgende Ziffer eine 5, 6, 7, 8, 9 ist.

Beispiele:

12,654 €	=	12,65 €
24,875 €	=	24,88 €
86,996 €	=	87,00 €

Rundungsregeln für Gewichte
- Bei Kilogramm (kg) wird auf vier Stellen gerechnet und auf **drei Stellen** gerundet.
- Es gelten dieselben Ab- und Aufrundungsregeln wie bei €.

Beispiele:

45,2654 kg	=	45,265 kg
1,1278 kg	=	1,128 kg
0,9995 kg	=	1,000 kg

Rundungsregeln für Lebensmittelmengen
- Materialbedarf stets aufrunden,
- Erzeugniseinheiten stets abrunden.

Beispiele:

Laut Rezeptur werden benötigt:

12,8 Stück Därme = 13 Stück Därme

aber:

Nach der Rezeptur entstehen:

26,6 Portionen = 26 Portionen

Merke: Rundungen werden stets erst am Ende einer Berechnung durchgeführt.

Übungsaufgaben Gewichte und Maße

Maße und Größen

1 Wandeln Sie um in Kilogramm.

   500 g   30g   120 g   7 g   5,43 t

2 Wandeln Sie folgende Gewichte in g um:

   2,5 kg $3\frac{1}{2}$ kg $12\frac{3}{4}$ kg   7,8 kg

3 Eine Packung Malossol-Kaviar hat die Gewichtsbezeichnung $1\frac{3}{4}$ oz. Ermitteln Sie das Gewicht in Gramm.

4 Wandeln Sie 1 lb (Pound) in Gramm um.

5 Wandeln Sie um in Meter.

   3 nm   5 µm   17 mm   23 cm   7 dm   14 km

6 Wandeln Sie um in Liter.   3 hl   5 ml   23 cl   0,4 hl

7 Wandeln Sie um in Jahre.   360 Tage   180 Tage   540 Tage

Flächen

8 Berechnen Sie den Flächeninhalt und den Umfang der Flächen.
Quadrat: $a = 3$ cm   Dreieck: $a = 5$ cm, $b = 10,77$ cm, $c = 13$ cm, $h = 4$ cm
Rechteck: $a = 3$ cm, $b = 4$ cm   Kreis: $r = 8$ cm

9 Eine Arbeitsplatte hat eine Fläche von 5,7 m² und eine Breite von 6 m.
Berechnen Sie die Länge.

10 5 Holzteller mit einem Radius $r = 30$ cm sollen mit einer Stoffborte umgeben werden.
Wie viele laufende Meter Borte sind erforderlich?

11 Ein Kühlraum mit den Maßen Länge: $a = 5,2$ m und Breite: $b = 2,5$ m soll mit quadratischen Bodenplatten zu einem Stückpreis von 4,65 € ausgelegt werden. Die Kantenlänge der Bodenplatten beträgt
15 cm.
11.1 Ermitteln Sie die Größe der Bodenfläche.
11.2 Ermitteln Sie den Materialpreis für den Plattenbelag, wenn man Materialverschnitt usw. unberücksichtigt lässt.

12 Ein Dienstleistungsbetrieb reinigt das Schaufenster (6 m x 2,60 m) eines Eiscafés zweimal wöchentlich.
Die Firma berechnet 1,05 € je Quadratmeter.
Wie viel € müssen für die monatliche Reinigung bezahlt werden?

13 Ein Hotelzimmer mit den Abmessungen 4,30 m x 5,20 m soll mit einem neuen Teppichboden ausgelegt und mit einer neuen Sockelleiste aus demselben Material versehen werden. Die Tür bleibt unberücksichtigt.
13.1 Errechnen Sie die erforderliche Materialmenge in m².
13.2 Errechnen Sie die laufenden Meter Sockelleiste.
13.3 Bestimmen Sie die Gesamtkosten, wenn für das Verlegen des Teppichs je m² 36,86 € und für
den laufenden Meter Sockelleiste 8,25 € zu bezahlen sind.

14 Ein quadratischer Hotelraum mit einer Seitenlänge von 5,30 m soll mit einem neuen Fußbodenbelag
versehen werden. Ein 6 cm hoher Sockel soll gleichfalls neu verlegt werden. Die Tür bleibt unberücksichtigt.
14.1 Berechnen Sie den Fußbodenbelag in m², der für den Hotelraum insgesamt benötigt wird.
14.2 Wie viele laufende Meter Sockel hat der Raum?
14.3 Ermitteln Sie den Gesamtpreis (ohne Mehrwertsteuer) für das Auslegen des Hotelraums, wenn
der Materialpreis einschließlich Verlegen je m² Fußbodenbelag 32,99 € beträgt und für die
Sockelverkleidung inklusive Material und Verlegen je laufendem Meter 17,86 € verlangt werden.

15 Ein runder Tisch mit einem Durchmesser von 2,10 m soll für 8 Gäste eingedeckt werden.
15.1 Wie viel Platz stände für einen Gast zur Verfügung?
15.2 Beurteilen Sie das zur Verfügung stehende Platzangebot.

16 Ein Gästezimmer soll bis zu einer Höhe von 2,10 m getäfelt werden. Der Raum ist 9,35 m lang und
6,15 m breit. Im Raum befinden sich zwei Fenster, die 1 m über dem Fußboden beginnen und je 2,85 m
breit sind, sowie eine 1,75 m breite Tür. Wie viel Quadratmeter Holztäfelung sind zu bestellen?

17 5 Bäder auf einer Hoteletage, die bis zur Decke neu gefliest werden sollen, haben folgende Abmes-
sungen: Länge 4,10 m, Breite 5,40 m, Höhe 3,10 m.
Folgende Flächen bleiben ungefliest:
Tür 2,10 m x 95 cm,   Wanne 2,10 m x 50 cm Längsfront,
Fenster 1, 40 m x 90 cm,   0,50 m x 85 cm Querfront.
Errechnen Sie die zu fliesende Gesamtfläche in m².

18 Ein Gesellschaftszimmer soll neu tapeziert werden. Die Maße des Raumes sind:

Länge 7,20 m, Breite 5,60 m, Höhe 3,20 m.

18.1 Ermitteln Sie den Umfang des Raumes in m.

18.2 Wie viele Tapetenbahnen sind bei einer Breite von 50 cm erforderlich, wenn die Türen und Fenster unberücksichtigt bleiben?

18.3 Wie viele Bahnen können aus einer Tapetenrolle von 10 m geschnitten werden?

18.4 Wie viele Tapetenrollen werden insgesamt benötigt?

19 Aus einem 66 cm breiten und 98 cm langen Blechkuchen „Dresdner Eierschecke" sollen Stücke von der Größe 8 cm x 12 cm geschnitten werden. Zunächst ist der Kuchenrand von 1 cm Breite an allen vier Seiten abzuschneiden. Ermitteln Sie die Anzahl der Portionsstücke.

20 Ein runder Tisch mit einem Durchmesser von 2,55 m wird eingedeckt. Wie viele Personen können daran platziert werden, wenn man je Person mit 0,80 m rechnet?

Volumen

21 Berechnen Sie die Volumen und Oberflächen folgender Körper:

Würfel	Quader	Zylinder	Pyramide mit quadratischer Grundfläche	Kegel	Kugel
$a = 3{,}5$ cm	$a = 3{,}5$ cm $b = 4{,}6$ cm $c = 5{,}2$ cm	$r = 4$ cm $h = 6$ cm	$a = 4$ cm $h = 8$ cm	$r = 3$ cm $h = 5$ cm $s = 5{,}8$ cm	$r = 5$ cm

22 Berechnen Sie das Fassungsvermögen eines zylinderförmigen Eimers mit einer Höhe und einem Durchmesser von jeweils:

22.1 27 cm   **22.2** 22 cm   **22.3** 18 cm

23 Berechnen Sie das Volumen einer Wurst (Zylinderform) mit einem Durchmesser von 2,6 cm und einer Länge von 48 cm.

24 6 kg Salat (Dichte entspricht der des Wassers) werden in Kunststoffschalen mit den Abmessungen 8 cm mal 6 cm mal 4 cm abgepackt.

24.1 Wie viel Gramm enthält eine Schale?   **24.2** Wie viele Schalen werden zum Abfüllen benötigt?

25 Ein Hotelschwimmbecken hat folgende Maße: Länge 14,20 m, Breite 8,25 m, Höhe 1,55 m.

25.1 Ermitteln Sie das Fassungsvermögen des Beckens, wenn es bis 20 cm unter dem Rand gefüllt ist.

25.2 Errechnen Sie die gefliese Fläche des Beckens in m².

26 Der Kartoffelkeller einer Landgaststätte ist 5,08 m lang, 4,89 m breit und 3,30 m hoch.

26.1 Berechnen Sie das Volumen des Kellers.

26.2 Wie viel dz Kartoffeln können bei einer Schütthöhe von durchschnittlich 40 cm gelagert werden? Beachten Sie: 1 m³ fasst etwa 7,8 dz und 1,50 m der angegebenen Breite wird nicht als Lagerfläche genutzt.

27 Eine Küche hat folgende Abmessungen: Länge 14,30 m, Breite 9,26 m und Höhe 3,60 m. 7,97 m³ des Raumes werden durch Arbeitsmittel und andere Einrichtungsgegenstände ausgefüllt.

27.1 Wie viel m³ Luft kann der Küchenraum aufnehmen?

27.2 Beurteilen Sie die Arbeitsbedingungen für die 12 in der Küche arbeitenden Mitarbeiter, wenn je Person bei schwerer körperlicher Arbeit 18 m³ Luft gefordert sind.

28 Ein Fritteusegefäß ist 28 cm hoch und bis 5 cm unterhalb der Oberkante mit Frittierfett gefüllt. Das Gefäß ist 42 cm lang und 24 cm breit. Berechnen Sie die enthaltene Menge Frittierfett in Litern.

29 Ermitteln Sie den Nutzraum einer Kühltruhe mit den Innenmaßen: Länge 2,15 m, Breite 65 cm, Höhe 0,85 m.

30 Das Kühlschrankvolumen wird meist in Litern angegeben. Welche Höhe müsste ein 135-Liter-Kühlschrank mit einer Grundfläche von 47 cm x 39 cm haben?

31 Ein Spülbecken mit quadratischer Grundfläche ist 42 cm tief. Die Seitenlänge der Grundfläche beträgt 37 cm.

31.1 Ermitteln Sie das Fassungsvermögen des Spülbeckens in cm³.

31.2 Wie viel Liter Wasser befinden sich in dem zu $\frac{2}{3}$ gefüllten Spülbecken?

32 Eine Torte von 26 cm Durchmesser soll eine Marzipandecke von 0,3 cm Stärke erhalten.

32.1 Wie viel cm³ Marzipanauflage ergibt das?

32.2 Errechnen Sie das Gewicht der Marzipanauflage, wenn 200 g Marzipan ein Volumen von 240 cm³ haben.

33 Ein Landgasthof erhält eine Lieferung von 12 t Kartoffeln. Im Vorjahr wurde für die Einlagerung von 7,5 t Kartoffeln bei einer Schütthöhe von 0,8 m eine Fläche von 13,13 m² benötigt. Wie viel m² Lagerfläche sind für die Einlagerung der gelieferten Kartoffeln bei einer Schütthöhe von 0,5 m erforderlich?

34 Ein Fischbassin hat folgende Ausmaße: Länge 2,1 m, Breite 1,3 m und Höhe 1,25 m. Es soll bis 15 cm unter den Rand mit Wasser gefüllt werden.

34.1 Berechnen Sie das Fassungsvermögen des Fischbassins in Litern.

34.2 Ermitteln Sie die Füllmenge in Litern.

35 Ein Gastro-Norm-Behälter hat ein Volumen von 46 875 cm³. Die Länge beträgt 62,5 cm und die Breite 50 cm. Berechnen Sie die Höhe in mm.

36 Ein Schwimmbecken hat folgende Maße: 12 m Länge, 8 m Breite und 2 m Tiefe. Der Wasserpreis beträgt 2,85 €/m³. Ermitteln Sie die Kosten in € für eine Füllung des Schwimmbeckens.

37 Ein Fischbassin soll mit Salzwasser gefüllt werden. Je Liter Wasser werden 4 g Kochsalz aufgelöst. Das Bassin ist 1,30 m lang, 55 cm breit und soll bis zu einer Höhe von 60 cm gefüllt werden. Errechnen Sie die Kochsalzmenge in kg, die insgesamt aufgelöst werden muss.

Runden

38 Nennen Sie die gerundeten Ergebnisse in €.

38.1 2,357 €   10,111 €   17,8765 €   12,365 €   987,246 €

38.2 76,98 Cent   7 843,8 Cent   126,376 Cent   87,555 Cent   188,999 Cent

39 Nennen Sie die gerundeten Ergebnisse in kg.

39.1 1,2346 kg   45,2761 kg   12,2504 kg   187,2255 kg   0,7555 kg

39.2 12 387 g   9 876,52 g   276,435 g   12,155 g   1,2765 g

40 Der Taschenrechner zeigt folgende Werte an:

12.44   876.444   876.9871   111.5667   12.879876   4.8765890

40.1 Nennen Sie die gerundeten Ergebnisse in €.

40.2 Nennen Sie die gerundeten Ergebnisse in kg.

41 Ermitteln Sie den gerundeten Materialbedarf. Erforderlich sind: 12,3 Stück Eier, 5,8 Äpfel, 2,5 Dosen Ananas, 2,7 Flaschen Weißwein, 12,4 Becher Sauerrahm.

42 Für die Renovierung eines Gästezimmers wird ein Bedarf von 25,9 Rollen Tapeten errechnet. Wie viele Rollen müssen bestellt werden?

43 Für das Begrüßungsgetränk einer Gesellschaft werden 8,6 Flaschen Schaumwein benötigt. Wie viele Flaschen Schaumwein müssen bereitgestellt werden?

44 Es werden aufgeschnitten:

44.1 2,750 kg Kalbsbraten in Portionen zu 150 g   **44.2** 6,820 kg Fischfilet in Portionen zu 250 g

44.3 1,940 kg Rinderfilet in Tournedos zu 120 g   **44.4** 6,570 kg Rinderkeule in Rouladen zu 150 g

Ermitteln Sie die gerundete Portionszahl. Die Rundungsdifferenz gilt jeweils als Aufschneideverlust!

45 Der Jahresgewinn von 48 530 € soll auf drei Gesellschafter gleichmäßig aufgeteilt werden. Runden Sie den Gewinnanteil auf ganze € ab.

4 Zweisatz und Dreisatz

In der Gastronomie werden Zweisatz und Dreisatz häufig angewendet, insbesondere bei **Preisberechnungen**, bei der Berechnung von **Lebensmittelvorräten** oder bei der Ermittlung von **erforderlicher Arbeitszeit**.

Im Grunde genommen handelt es sich beim Dreisatz um ein kombiniertes Rechenverfahren, das auf den Grundrechenarten fußt. Der Zweisatz stellt dabei eine Vorstufe zum Dreisatz dar.

Zu unterscheiden sind demzufolge: • Zweisatz, • Dreisatz.

4.1 Rechnen mit dem Zweisatz

Beim **Zweisatz** schließt der Rechner in zwei Sätzen oder in zwei Schritten von einer Grundgröße auf ein Vielfaches oder auf einen Teil der Grundgröße.

Beispielaufgabe:

Dem Küchenchef wird Lyoner zum Kilopreis von 9,25 € angeboten. Wie viel € muss er für 6 Kilogramm bezahlen?

Lösungsansatz: Kilopreis mal Anzahl der Kilogramm

1 kg Lyoner kostet 9,25 €

6 kg Lyoner kosten 9,25 € x 6 kg

Merke: Bei jeder Textaufgabe wird zunächst überlegt, wie ein sinnvolles Ergebnis aussehen müsste. Notwendig ist stets eine Überschlagsrechnung.

Beispiel:

Ein kg kostet angenähert 10 €, also müssten 6 kg (6 x 10) angenähert 60 € kosten.

Lösungsweg: 9,25 € x 6 kg = 55,50 €

Der Küchenchef muss 55,50 € bezahlen.

Merke: Der Gesamtpreis ergibt sich aus dem Preis je Einheit, multipliziert mit der Anzahl der Einheiten:

Gesamtpreis = Preis je Einheit x **Anzahl** der Einheiten.

4.2 Rechnen mit dem Dreisatz

Beim Dreisatz geht der Rechner von einem Vielfachen der Grundgröße aus, schließt auf die Grundgröße und von dieser dann auf ein neues Vielfaches.

Zu unterscheiden sind:

• Dreisatz im geraden Verhältnis, • Dreisatz im umgekehrten Verhältnis, • erweiterter Dreisatz.

Rechnen mit dem Dreisatz im geraden Verhältnis

Ein gerades Verhältnis liegt vor, wenn 2 Größen zueinander direkt proportional sind.

> **Merke:** Eine Vergrößerung der einen Größe führt auch zur Vergrößerung der anderen Größe. Die Verkleinerung der einen Größe hat ebenfalls die Verkleinerung der anderen zur Folge.

Je mehr, desto mehr
Beispiel:
Je mehr Fleisch,
umso mehr Portionen.

Je weniger, desto weniger
Beispiel:
Je weniger Fleisch,
umso weniger Portionen.

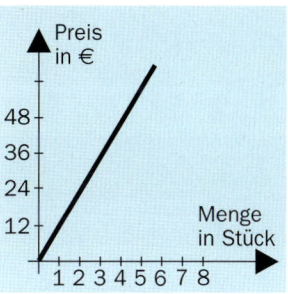

Beispielaufgabe:

4 kg Lyoner kosten 57,00 €.	**Bedingungssatz**
Wie viel € kosten 3 kg Lyoner?	**Fragesatz**

Lösungsweg:
4 kg Lyoner kosten 57 €
1 kg Lyoner kostet 57 € : 4 kg
3 kg Lyoner kosten 57 € : 4 kg x 3 kg

Vielfaches der Grundgröße
4 kg = 57,00 €

neues Vielfaches der
Grundgröße
3 kg
57 € : 4 kg x 3 kg

Grundgröße
1 kg
57 € : 4 kg

3 kg Lyoner kosten 42,75 €.　　　　　　**Schlusssatz**

Rechnen mit dem Dreisatz im umgekehrten Verhältnis

Ein umgekehrtes Verhältnis liegt vor, wenn 2 Größen zueinander umgekehrt proportional sind.

> **Merke:** Eine Vergrößerung der einen Größe führt zu der Verringerung der anderen Größe. Die Verkleinerung der einen Größe führt zur Vergrößerung der anderen.

Ein Kunde kauft für 30 € ein. Je höher der Kilopreis (€/kg),
umso weniger bekommt er an Warenmenge (kg).

Je mehr, desto weniger
Beispiel:
Je mehr Arbeitskräfte
umso weniger Arbeitszeit.
Je teurer die Ware, umso geringer die Menge
für einen bestimmten Geldbetrag (s. Grafik).

Je weniger, desto mehr
Beispiel:
Je weniger Arbeitskräfte,
umso mehr Arbeitszeit.

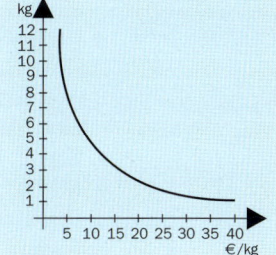

Beispielaufgabe:

Für die Herstellung von kalten Platten benötigen	**Bedingungssatz**
3 Köche 2 Stunden.	
Wie viele Stunden sind bei 4 Köchen erforderlich?	**Fragesatz**

Lösungsweg: 3 Köche brauchen 2 Stunden; 4 Köche brauchen x Stunden

4 Köche brauchen $2x \frac{3}{4}$

Vielfaches der Grundgröße

3 Köche – 2 Stunden

neues Vielfaches der Grundgröße

4 Köche benötigen den 4. Teil der Arbeitszeit eines Kochs.

$\frac{2 \times 3}{4}$

Grundgröße 1

1 Koch

1 Koch braucht 3 mal mehr Zeit als 3 Köche.

2 x 3

4 Köche brauchen 1,5 Stunden. **Schlusssatz**

Merke: Zur Lösung einer Dreisatzaufgabe im geraden oder im umgekehrten Verhältnis wird der Ansatz folgendermaßen gebildet:

1. Bedingungssatz (Behauptungssatz),
2. Schlusssatz auf 1 (Einheit),
3. Fragesatz (gesuchte Mehrheit).

Rechnen mit dem erweiterten Dreisatz

Beim bisher behandelten Dreisatz waren **zwei Größen bekannt** und eine **dritte Größe gesucht**.

Der erweiterte Dreisatz setzt sich im Unterschied dazu aus zwei oder mehr Dreisätzen zusammen, die im geraden oder im umgekehrten Verhältnis zueinander stehen können und in einem Rechengang gelöst werden sollen.

Zur Lösung des erweiterten Dreisatzes werden die gleichen Überlegungen und Lösungswege, die vom einfachen Dreisatz her bekannt sind, angewandt.

Beispiel: Wurde beim Dreisatz bisher entweder die Anzahl der Arbeitskräfte bei gleich bleibender Zeit oder die Arbeitszeit bei gleich bleibender Anzahl an Arbeitskräften berechnet, können sich beim erweiterten Dreisatz sowohl die Anzahl der Arbeitskräfte als auch die Arbeitszeit ändern.

Beispielaufgabe:

In einer Restaurationsküche werden erfahrungsgemäß mit der gesamten Küchenbrigade von 8 Mitarbeitern in 90 Minuten 180 Speisen à la carte bereitgestellt. Am Wochenende stehen nur 6 Mitarbeiter zur Verfügung. Wie viele Speisen könnten diese in 150 Minuten bereitstellen?

Lösungsweg: Ansatz: 8 Mitarbeiter – 90 Minuten – 180 Speisen

6 Mitarbeiter – 150 Minuten – x Speisen

Die Aufgabe wird vereinfacht, indem die Herstellungszeit der Speisen (der Mittelsatz) zunächst unberücksichtigt bleibt.

8 Mitarbeiter fertigen 180 Speisen

6 Mitarbeiter fertigen x Speisen

$\frac{180 \times 6}{8}$

1. Schritt: 8 Mitarbeiter – 180 Speisen
2. Schritt: 1 Mitarbeiter – den 8. Teil
3. Schritt: 6 Mitarbeiter – 6-mal so viel

Nun wird die Aufgabe durch Einfügung der Zeitangaben vervollständigt. Der Bruch bezieht sich auf die Zeit von 90 Minuten.

$\frac{180 \times 6}{8}$

In einer Minute wird also der 90te Teil gefertigt. In 150 Minuten schließlich die 150fache Menge.

$135 \times \frac{150}{90} = 225$

6 Mitarbeiter könnten in 150 Minuten 225 Speisen bereitstellen.

Übungsaufgaben zum Dreisatz

1 Räucheraal kostet 36 € je kg. Errechnen Sie die Materialkosten für eine Portion von 150 g (200 g).

2 Ein Liter Spätburgunder-Weißherbst kostet im Einkauf 4,25 €. Errechnen Sie die Materialkosten für ein Viertel (Glas mit 0,25 l).

3 10 kg Tomaten kosten 11,70 €. Wie viel € sind für 16 kg zu bezahlen?

4 Konserven „Feine Erbsen" mit einer Nettoeinwaage von 560 g kosten 1,35 €. Ermitteln Sie die Materialkosten für eine Gemüsebeilage von 80 g.

5 Eine Flasche Doppelkorn mit 0,75 l Inhalt kostet im Einkauf 9,30 €. Errechnen Sie den Materialwert für ein Glas mit 4 cl Inhalt.

6 Aus einem Roastbeef wurden 32 Rumpsteaks zu je 200 g geschnitten. Wie viele Portionsstücke zu je 180 g lassen sich aus dem gleichen Roastbeef schneiden?

7 Aus einem Fass Pilsner werden 162 Gläser zu je 0,3 l gezapft. Wie viele Gläser zu 0,4 l ergibt das Fass?

8 Aus einem Fass Rotwein werden 602 Literflaschen abgefüllt. Wie viele Weinflaschen mit je 0,75 l können aus dem gleichen Fass abgefüllt werden?

9 Der Preis einer Dose Himbeeren mit 450 g Inhalt beträgt 2,43 €. Berechnen Sie den Materialwert in € für:

   9.1 100 g   **9.2** 500 g   **9.3** 130 g   **9.4** 1,200 kg

10 Bei Kabeljaufilet werden je Portion 220 g Rohgewicht gerechnet. Ermitteln Sie die Materialmenge für 112 Portionen in kg.

11 Bei einem Empfang für 38 Gäste sind je Gast 2 Gläser Wein à 0,2 l vorgesehen. Wie viele Weinflaschen (0,75 l) sind erforderlich. Rechnen Sie ohne Schankverlust und runden Sie auf ganze Flaschen auf.

12 Eine Schwarzwälder Kirschtorte mit 12 Stücken kostet beim Bezug vom Konditor 22,50 €. Für eine Gesellschaft werden 96 Stück benötigt. Ermitteln Sie den Materialpreis in € je Stück und insgesamt.

13 In der Küche wird Kaffeepulver zum Preis von 12,10 €/kg verwendet. Ermitteln Sie die Materialkosten in € je Kännchen bei einem Materialeinsatz von 16 g je Kännchen.

14 Junge Erbsen kosten je Dose mit 800 g Nettoeinwaage 1,05 €. Wie viel € kostet eine Portion von 150 g?

15 125 Gäste einer Reisegesellschaft erhalten je ein Kännchen Kaffee mit 0,3 l Inhalt. Ermitteln Sie die Menge Kaffeemehl in kg, die benötigt wird, wenn je Liter Wasser 50 g Kaffeemehl kalkuliert werden.

16 Je Kilo Grapefruit werden 560 g Saft gewonnen. Für eine Veranstaltung werden 56 Gläser zu 0,2 l benötigt. Ermitteln Sie die Menge Grapefruit in kg, die ausgepresst werden muss.

17 Der Heizölvorrat eines Cafés reicht bei täglichem Verbrauch von 76 Litern 125 Tage.

   17.1 Wie lange reicht der Heizölvorrat, wenn bei günstiger Witterung täglich nur 67 l verbraucht werden?

   17.2 Wie lange reicht das Öl, wenn nach einem Kälteeinbruch der tägliche Heizölverbrauch auf 98 l steigt?

18 Die Lebensmittellieferung eines Bergrestaurants reicht für 36 Berggäste 30 Tage. Wie lange reicht die Lieferung, wenn nur 21 Gäste angereist sind?

19 Im Café bedienen 5 Serviererinnen in 15 Min. 50 Gäste. Am Wochenende rechnet man mit einem verstärkten Gästestrom. Wie viele Serviererinnen müsste man für 120 Gäste in gleicher Zeit einplanen?

20 Durchschnittlich werden je Tag 12 Flaschen Wein verkauft. Der Lagerbestand würde danach 36 Tage reichen. Wie viele Tage reicht der Bestand, wenn täglich 16 Flaschen verkauft würden?

21 Ein Gastronom bezahlt seinen 4 Hilfskräften für vierzehntägige Saisonarbeit insgesamt 2 300 €. Wie viele Tage könnte er bei gleicher Bezahlung 5 Hilfskräfte mit 3 000 € beschäftigen?

22 Anlässlich einer Werbeaktion werden den Gästen Kostproben angeboten. Im Vorjahr wurden dafür innerhalb von 12 Stunden 6 kg Wurst verbraucht, wobei stündlich 60 Proben verteilt wurden. Die neue Aktion soll 24 Stunden dauern, bei 80 Proben pro Stunde. Wie viel kg Wurst müssen bereitgestellt werden?

23 4 Köche benötigen für die Zubereitung von 160 Sandwiches eine halbe Stunde. Wie lange brauchen 3 Köche für die Zubereitung von 240 Sandwiches?

24 Wenn 9 Köche für die Aufstellung eines kalten Büfetts $1\frac{3}{4}$ Stunden benötigen, wie viele Minuten hätten zur völlig gleichen Aufstellung 11 Köche benötigt?

25 5 Gärtner graben in 7 Stunden genau $\frac{1}{4}$ ha um. Wenn 12 Gärtner in der gleichen Zeit umgraben, wie viele ha Grabeland schaffen diese?

26 In 4 Backöfen werden stündlich insgesamt 5 160 Brote gebacken. Wie viele Brote können in der gleichen Zeit in 3 Backöfen gebacken werden?

27 12 Restaurantfachleute benötigen zum Eindecken von 32 Tafeln exakt $1\frac{1}{4}$ Stunden. Wie lange hätten 15 Restaurantfachleute für die gleiche Aufgabe benötigt?

28 Ein Hotel beansprucht für einen Parkplatz, worauf 60 Autos Platz finden, die Fläche von $\frac{1}{5}$ ha. Wenn nur Platzbedarf für 40 Autos bestünde, wie viel ha müssen dann geplant werden?

29 Bei einer Tapetenbreite von 55 cm werden folgende Rollenmengen zum Tapezieren gebraucht:
– für ein Standardzimmer 21 Rollen
– für ein Businesszimmer 25 Rollen.
Wie viele Rollen sind bei einer Tapetenbreite von 70 cm erforderlich?

30 Für das Fliesen eines Lagerraumes werden 1 750 Fliesen mit 15 cm/15 cm gebraucht. Wie hoch ist der Bedarf an Fliesen bei der Verwendung einer Stückgröße von 32 cm/32 cm?

31 Bei einem durchschnittlichen Verbrauch von 1,4 l je Tag reicht der Speiseölvorrat zum Garen ca. 30 Tage. Wie viele Tage würde der Vorrat reichen, wenn bei sparsamerem Verbrauch täglich nur 1,1 l erforderlich wären?

32 Bei vollständiger Anwesenheit des Etagenpersonals eines Hotels (10 Mitarbeiter) sind die Gästezimmer nach 3 Stunden in Ordnung. Wie viel zeitlicher Mehraufwand (in Stunden) ist nötig, wenn zwei Arbeitskräfte wegen Krankheit fehlen und sich ein Mitarbeiter im Urlaub befindet?

33 Das Schwimmbecken eines Hotels ist, wenn alle vier Wasseranschlüsse gleichen Durchmessers in Betrieb sind, in 22 Minuten gefüllt. Wie viel Zeit wäre erforderlich, wenn ein Anschluss ausfällt?

34 Der regionale Gastwirteverband will zum Stadtjubiläum an zwei Tagen drei Verkaufsstände betreiben. Dafür werden Standgebühren im Werte von 540 € verlangt. Nachdem sich die Konzeption geändert hat, will man an 4 Tagen zwei Stände betreiben.
Wie viel € müssten für Gebühren bezahlt werden?

35 Ein regionales Touristik-Unternehmen führt während der dreimonatigen Urlaubssaison Tagesfahrten mit vier Reisebussen, die überwiegend ausgebucht sind, durch. Im Saisondurchschnitt nahmen daran insgesamt 3 800 Urlaubsgäste teil.
Wie viel Gäste könnten monatlich befördert werden, wenn das Touristik-Unternehmen einen weiteren Bus einsetzt?

36 In einem Bistro sind 30 Glühlampen zu 100 Watt in Betrieb. Die monatlichen Stromkosten dafür betragen durchschnittlich 117 €.
Wie hoch wären die Energiekosten bei gleichen Einschaltzeiten, wenn die Lampen durch 16 Leuchtstoffröhren zu je 60 Watt ersetzt werden?

37 Zwei Hotelmitarbeiter benötigen für die Monatsinventur 3 Arbeitstage mit je 8 Stunden.
In wie viel Tagen könnten drei Arbeitskräfte, die täglich je 4 Stunden arbeiten, die gleiche Inventur durchführen?

38 Ein Zimmermädchen arbeitet an 12 Tagen im Monat je 5,5 Stunden. Ihr monatliches Entgelt beträgt 528 €.
Mit welchem Verdienst kann sie rechnen, wenn sie künftig 14 Tage mit je 6 Stunden arbeitet?

5 Prozentrechnung und Promillerechnung

5.1 Prozentrechnung

Die Prozentrechnung gehört zu den wichtigsten Rechenverfahren in der gastronomischen Praxis. Angewandt wird die Prozentrechnung zum Beispiel bei Lohn- und Gehaltsberechnungen und bei betriebswirtschaftlichen Rechnungen.

Beispielaufgabe:

In dem Restaurant „Deutsche Eiche" arbeitet die Bedienung Elvira. Sie erzielte bei der Wochenabrechnung einen Umsatz von 1 156,80 €, wobei der Gesamtumsatz 3 856 € betrug. In der vorangegangenen Woche hatte sie bei einem Gesamtumsatz von 4 398 € noch 1 539,30 € eingenommen.

Elvira möchte gern wissen, ob ihr Anteil am Gesamtumsatz gegenüber der vorhergehenden Woche gestiegen oder gefallen ist.

Elvira könnte die erbrachte Leistung sehr einfach beurteilen, wenn in beiden Wochen genau die gleichen Gesamtumsätze erzielt worden wären. Nun kommt das aber praktisch nicht vor, demzufolge muss eine Vergleichbarkeit erst geschaffen werden.

Eine Lösung wird möglich, wenn man die Zahlenwerte zu einer Vergleichszahl in Beziehung setzt. Diese Vergleichszahl soll in unserem Beispiel 100 sein!

Lösungsweg mit dem Dreisatz in zwei Schritten:

1.　3 856 € Gesamtumsatz =　　1 156,50 € Umsatz
　　 100 € Gesamtumsatz =　　　　x^1 € Umsatz　x = 30,00 €
　　 In der Woche hat Elvira von 100 € Gesamtumsatz 30,00 € anteilig erzielt.

2.　4 398 € Gesamtumsatz =　　1 539,30 € Umsatz
　　 100 € Gesamtumsatz =　　　　x^1 € Umsatz　x = 35,00 €
　　 In der vorangegangenen Woche hatte Elvira von 100 € Gesamtumsatz 35,00 € anteilig, also einen höheren Umsatzanteil als in der folgenden Woche, erzielt.

Werden Zahlenwerte zu der Vergleichszahl 100 in Beziehung gesetzt, dann bezeichnet man diese Rechenoperation als Prozentrechnung.
30 von 100 = 30 von Hundert = 30 v. H. = 30 %
35 von 100 = 35 von Hundert = 35 v. H. = 35 %

Die Bezeichnung Prozent (lat. pro centum) bedeutet von Hundert. Geschrieben wird also 30 v. H. oder 30 % und 35 v. H. oder 35 %.

100 %	100 %
30 %	35 %

---

[1] Als Symbol für die gesuchte Größe wird üblicherweise der Buchstabe x gewählt. Es kann auch das Fragezeichen eingesetzt werden.

> **Merke:** Die Prozentrechnung ist eine Vergleichsrechnung, bei der die Zahl 100 als Vergleichszahl dient. Für Prozent schreibt man abgekürzt von Hundert (v.H.) oder üblicherweise das Zeichen %.

Bei der Prozentrechnung werden drei Größen unterschieden:

Grundwert	Prozentsatz	Prozentwert
das Ganze, also 100 %	Teile von 100, also %	Teil des Grundwertes, also des Ganzen

Beispielaufgabe (Probe):

3 856 € davon 30 % ergibt 1 156,80 €
4 398 € davon 35 % ergibt 1 539,30 €

Zwei der genannten Größen müssen stets vorhanden sein, damit die **dritte Größe berechnet** werden kann. Wir errechnen also: • Prozentwert, •Prozentsatz, • Grundwert.

Berechnen des Prozentwertes

Sind der **Grundwert** und der **Prozentsatz** gegeben, dann kann der **Prozentwert** berechnet werden.

Beispielaufgabe:

Berechnen Sie den Abfall in Gramm bei einem Putzverlust von 28 %, wenn 3 kg Spargel geschält werden.

Lösungsweg:

$$100 \% \triangleq 3 \text{ kg}$$
$$28 \% \triangleq x \text{ kg}$$
$$x = \frac{28 \times 3}{100} = 0{,}840 \text{ kg}$$

Der Abfall beträgt 840 g.

Man berechnet den Prozentwert, indem man den Grundwert durch 100 dividiert (also das Komma um zwei Stellen nach links versetzt) und mit dem Prozentsatz multipliziert.

$$\textbf{Prozentwert} = \frac{\text{Grundwert} \times \text{Prozentsatz}}{100}$$

Rechenvorteile nutzen!

Bequeme Prozentsätze erleichtern die Berechnung des Prozentwertes. Sollen beispielsweise 50 % Koch- und Ausbeinverlust von 23 kg Suppenhühnern ermittelt werden, dann werden Sie sicher nicht den oben beschriebenen herkömmlichen Rechenweg wählen, sondern die Hälfte durch Teilen mit 2 ermitteln.

$50 \% = \frac{1}{2}$ ➜ 50 % von 23 kg = 23 : 2 = 11,5 kg gegartes Geflügelfleisch

Verschiedene bequeme Prozentsätze sind leicht zu merken:

$1 \% = \frac{1}{100}$	$5 \% = \frac{1}{20}$	$25 \% = \frac{1}{4}$
$2 \% = \frac{1}{50}$	$10 \% = \frac{1}{10}$	$50 \% = \frac{1}{2}$
$4 \% = \frac{1}{25}$	$20 \% = \frac{1}{5}$	$75 \% = \frac{3}{4}$

Übungsaufgaben Prozentwert

1   Berechnen Sie im Kopf: 1 % von   200,00 €   4 % von   58,00 g

                                         2 % von   700,00 kg   10 % von   8 245,20 €

2   Berechnen Sie im Kopf: 20 % von   76 200 €   50 % von   32 000 €

                                         25 % von   320 €   75 % von   245 600 €

3   Errechnen Sie 50 % von 48 kg Rindfleisch.

4   In der Übersicht sind ungeputzte Gemüsemengen und die prozentualen Putzverluste zusammenge-
     stellt. Ermitteln Sie die jeweiligen Putzverluste in kg.

ungeputztes Gemüse	2,760 kg	5,180 kg	9,230 kg	1,250 kg
Putzverlust	13 %	9,5 %	21 %	5,5 %

5   In einer Betriebskantine werden 40 kg Kartoffeln geschält. Der Schälverlust liegt bei durchschnittlich
     23% Ermitteln Sie den Schälverlust in kg.

6   Eine Küchenmaschine wird als Auslaufmodell um 24 % im Preis gesenkt. Sie kostete bisher 3 700 €.
     Ermitteln Sie die Preisminderung und den neuen Preis.

7   Der Preis für eine Auslandsreise war mit 3 200 € ausgeschrieben. Durch Kostensteigerung erhöht er
     sich um 4 %.
     Berechnen Sie die Preiserhöhung und den neuen Gesamtpreis.

8   Im Weizenbrot sind durchschnittlich 37,9 % Wasser enthalten.
     Berechnen Sie den Wasseranteil insgesamt in zwei Weizenbrotscheiben zu je 30 g

9   Hotelfachfrau Christina möchte ihr Erspartes in Höhe von 8 500 € günstig anlegen. Sie vergleicht da-
     zu die Angebote der Sparkasse, die je nach Laufzeit 2,5 %, 3,5 %, 5 %, 6,5 %, 6,8 % betragen.
     Ermitteln Sie jeweils den Zinsunterschied zum niedrigsten Zinssatz.

10   Der Schmorverlust für Kalbskeule beträgt 24 %.
     Wie viel gegartes Fleisch kann von 2 kg Kalbskeule erwartet werden?

11   Kirscheis soll 20 % Fruchtanteil enthalten. Wie viel Liter Fruchtmark sind für 4,2 Liter Eismix bereit-
     zustellen?

Berechnen des Prozentsatzes

$$\text{Prozentsatz} = \frac{\text{Prozentwert x 100}}{\text{Grundwert}}$$

Man berechnet den Prozentsatz, indem man den Prozentwert mit 100 multipliziert und durch den Grundwert dividiert.

Beispielaufgabe:

Hotelboy Jan hört, dass im gerade abgelaufenen Monat 210 Übernachtungen registriert wurden. Er weiß vom Empfangschef, dass im Vormonat insgesamt 203 Übernachtungen gezählt wurden. Nun rechnet er
sich die prozentuale Steigerung gegenüber dem zu Ende gegangenen
Monat aus.

Lösungsweg: 203 Übernachtungen $\triangleq$ 100 %

                      210 Übernachtungen $\triangleq$ x %

$$x = \frac{210 \times 100}{203} = 103,4 \%$$

Bei den Übernachtungen war eine Steigerung von ca. 3 % zu verzeichnen.

Übungsaufgaben Prozentsatz

1 Verwandeln Sie die Brüche (Teile eines Grundwertes) in %.

$$\frac{1}{2} \qquad \frac{1}{4} \qquad \frac{1}{3} \qquad \frac{1}{8} \qquad \frac{1}{5} \qquad \frac{1}{10} \qquad \frac{1}{20} \qquad \frac{1}{25}$$

2 Berechnen Sie in Prozent: 3 von 30 \qquad 50 von 100 \qquad\qquad 16 von 40

4 von 20 \qquad 15 von 75 \qquad\qquad 24 von 48

3 Von 2 300 Schülern einer Berufsschule gehören 632 zur Abteilung Gastronomie/Nahrung. Wie viel Prozent der Berufsschüler erlernen einen Gastronomie- oder Nahrungsberuf?

4 Ein Schinken wiegt 9,400 kg. Der Knochenanteil beträgt 1,100 kg. Berechnen Sie den prozentualen Knochenanteil.

5 Eine Küchenmaschine kostet 2 800 €. Der Händler gewährt eine Preisminderung von 120 €. Berechnen Sie den prozentualen Preisnachlass.

6 Beim Gemüseputzen von 4 260 g ungeputztem Gemüse fallen Putzabfälle von 960 g an. Berechnen Sie den prozentualen Putzverlust.

7 Auf ein Bausparguthaben von 25 300 € wurden im letzten Jahr 1 012 € Zinsen gezahlt. Wie viel Prozent beträgt der Zinssatz?

8 5,200 kg Salami verlieren beim Reifen 1,090 kg. Berechnen Sie den prozentualen Reifeverlust.

9 Der Preis einer Studienreise nach Italien hat sich gegenüber dem Vorjahr um 210 € erhöht und die Reise kostet nun 3 500 €. Wie viel Prozent betrug die Preiserhöhung?

10 Eine Gemüsekonserve hat bisher 0,88 € gekostet und wird neuerdings für 1,12 € verkauft. Ermitteln Sie die prozentuale Preissteigerung.

Berechnen des Grundwertes

Zu unterscheiden sind:
• vermehrter Grundwert und
• verminderter Grundwert.

$$\text{Grundwert} = \frac{\text{Prozentwert x 100}}{\text{Prozentsatz}}$$

Vom **vermehrten Grundwert** spricht man, wenn der Grundwert höher als 100 % ist, weil ihm bereits bestimmte Beträge zugerechnet wurden. Vom **verminderten Grundwert** spricht man, wenn der Grundwert kleiner als 100 % ist, da vom Grundwert bestimmte Beträge bereits abgezogen wurden.

Vermehrter Grundwert

Beispielaufgabe:

Das Monatsgehalt einer Restaurantleiterin wurde um 3 % erhöht und beträgt jetzt 1 834 € brutto. Wie viel € hat sie vorher verdient?

Lösungsweg:

103 % ≙ 1 834,00 €

100 % ≙ \qquad x \quad €

$$x = \frac{100 \times 1\,834}{103} = 1\,780,58\ €$$

Die Restaurantleiterin hat vor der Gehaltserhöhung 1 780,58 € verdient.

Verminderter Grundwert

Beispielaufgabe:

Kalbfleisch ist gegenüber dem Vormonat um 5 % im Ladenpreis gefallen. 1 kg Kalbsfrikandeau kostet jetzt 18,25 €. Wie viel € kostete das Kilogramm vor der Preissenkung?

Lösungsweg:

$$95 \% \triangleq 18,25 \text{ €}$$

$$100 \% \triangleq x \quad \text{€}$$

$$x = \frac{100 \times 18,25}{95} = 19,21 \text{ €}$$

Das Kilogramm Kalbfleisch kostete vor der Preissenkung 19,21 €.

Übungsaufgaben Grundwert

1 Ein Kantinenchef ist mit 9,6 % am Umsatz beteiligt und erhielt im letzten Monat 2 630 €. Ermitteln Sie den Monatsumsatz.

2 Ein Grundstück ist mit einer Hypothek von 62 800 € belastet, das sind 18 % des Gesamtwertes. Berechnen Sie den Wert des Grundstücks.

3 Eine Eisverkäuferin erhält eine Umsatzbeteiligung von 2 %.
Berechnen Sie die Umsätze, wenn sie folgende Umsatzbeteiligungen ausgezahlt bekommt:
164 €, 199,44 €, 672 €, 168 €.

4 Ermitteln Sie die Rechnungsbeträge.
2 % Skonto ergeben 2,72 €.   3 % Skonto ergeben 13,02 €.   3 % Skonto ergeben 116,00 €.

5 Eine Gehaltserhöhung von 3,2 % führt zu monatlichen Mehreinnahmen von 102,40 €, 51,20 €, 172,80 €. Ermitteln Sie die Gehälter vor der Erhöhung.

6 In der Übersicht sind die Gewichte unterschiedlicher geputzter Gemüse zusammengestellt. Zugeordnet ist jeweils der prozentuale Putzverlust.
Berechnen Sie das jeweilige Gewicht der ungeputzten Gemüse.

geputztes Gemüse	3,230 kg	2,520 kg	0,420 kg	6,010 kg
Putzverlust in %	23 %	11 %	27 %	16 %

7 Verschiedene Sparguthaben sind nach der Zinsgutschrift auf folgendem Stand:

Sparguthaben mit Zinsen	5 630 €	570 €	21 345 €	4 582 €
Zinssatz	2 %	2,5 %	4,5 %	6 %

Ermitteln Sie das jeweilige Guthaben vor der Zinsgutschrift.

8 Eine Küchenmaschine kostet nach 6%iger Preissenkung 4 265 €. Wie hoch war der Verkaufspreis ursprünglich?

9 Für ein kaltes Büfett sollen 5,500 kg Kalbsbraten hergestellt werden. Der Garverlust beträgt durchschnittlich 33 %. Berechnen Sie die erforderliche Rohfleischmenge.

10 Eine Dauerwurst hat einen Reifungsverlust von 24 % (32 %, 13 %) und wiegt nach der Reifung 14,400 kg. Berechnen Sie das Gewicht der ungereiften Dauerwurst.

11 Ein geräucherter Schinken wiegt 6,800 kg. Während der Herstellung verlor er 19 % an Gewicht. Wie viel kg wog er vorher?

12 Ein Mikrowellenherd ist nach einer 20 %igen Preissenkung für 2 400 € erhältlich.
Wie hoch war der Preis vor der Preissenkung?

13 Theaterkarten werden im Hotel mit einem Vermittlungsaufschlag von 15 % verkauft. Wie viel € würden die für 23 €, 28,75 €, 57,50 € und 69 € angebotenen Karten an der Theaterkasse kosten?

14 Der Umbau eines Cafes kostete 214 500 €. Damit wurde die veranschlagte Summe um 21 % überschritten.
Mit welchen Baukosten hatte man ursprünglich gerechnet?

5.2 Berechnen von Promille

Das Promillerechnen erfolgt nach den gleichen Regeln wie das Prozentrechnen. Die Vergleichszahl ist allerdings 1000 anstatt 100.

$$1 \text{ Promille ist } \frac{1}{1\,000} = 1 \text{ ‰}$$

Beispiele:

$$2 \text{ ‰} = 2 \text{ von } 1\,000 \qquad 5 \text{ ‰} = 5 \text{ von } 1\,000$$

Die Promillerechnung wird angewendet, wenn sich Werte ergeben, die kleiner als 1 % sind. Das ist beispielsweise im Versicherungswesen der Fall. Deshalb werden **Versicherungsprämien** auch in Promille der Versicherungssumme angegeben.
Eine allgemein bekannte Anwendung findet die Promilleberechnung beim Ermitteln des **Blutalkoholgehalts**.

Beispielaufgabe:
Bei einem angetrunkenen Gast, dem die Polizei wegen einer Ordnungswidrigkeit eine Blutprobe entnommen hatte, wurde ein Blutalkoholgehalt von 1,2 ‰ festgestellt. Was bedeutet dieses Ergebnis?
Lösungsweg: 1,2 ‰ sind 1,2 von 1 000
In 1 000 ml Blut sind 1,2 ml Alkohol enthalten.

Wie bei der Prozentrechnung werden auch bei der Promillerechnung drei Größen unterschieden:

$$\text{Grundwert} = \frac{\text{Promillewert x } 1\,000}{\text{Promillesatz}}$$

Promillewert = 1 ‰ des Grundwertes x Promillesatz
Promillesatz = Promillewert : 1 ‰ des Grundwertes

Übungsaufgaben Promille

1 Berechnen Sie:
1.1 0,2 ‰ von 45 580 € **1.2** 0,7 ‰ von 21 000 €

2 Ein Küchenmeister hat eine private Hausratversicherung abgeschlossen. Die jährliche Versicherungsprämie beträgt 322 € oder 2,3 ‰. Berechnen Sie die Versicherungssumme in €.

3 Der Inhaber eines Bistros bezahlt für die Feuerversicherung eine jährliche Prämie von 627 €.
In welcher Höhe ist das Geschäft einschließlich der Wirtschaftsräume versichert, wenn die Versicherungsprämie 11 ‰ der Versicherungssumme beträgt?

4 Der Mitarbeiter im Außendienst eines gastronomischen Versorgungsbetriebes erhält als jährliche Sonderzuwendung $3\frac{1}{2}$ ‰ des Jahresumsatzes, der im vergangenen Jahr 645 000 € betrug.
Wie hoch war die Sonderzuwendung?

6 Zinsrechnung

Bei der Zinsrechnung werden die Rechenverfahren der Prozentrechnung angewandt. Deshalb kann die Zinsberechnung sowohl mit Hilfe des Dreisatzes als auch mit speziellen Zinsformeln durchgeführt werden.

Beispiel:

Für die Modernisierung der Kücheneinrichtung nimmt ein Gastwirt von seiner Hausbank ein Darlehen mit einjähriger Laufzeit über 78 000 € in Anspruch. Dafür muss er Zinsen in Höhe von 8,2 %, das sind 6 396 €, bezahlen.

Vergleich der Zinsrechnung mit der Prozentrechnung am genannten Beispiel:

Prozentrechnung	Grundwert	Prozentsatz	Prozentwert	
	↓	↓	↓	
	78 000 €	8,2 %	6 396 €	**1 Jahr**
	↑	↑	↑	↑
Zinsrechnung	**Kapital (K)**	**Zinssatz (p)**	**Zinsen (Z)**	**Zeit (t)**

Merke:
- Bei der Zinsberechnung wird im Gegensatz zur Prozentrechnung die **Zeit** berücksichtigt.
- **Zinsen** sind der Preis für das geliehene Kapital.
- **Kapital** ist der zur Nutzung überlassene Geldbetrag. Als Grundwert wird er mit 100 % angesetzt.
- Der **Zinssatz** sagt aus, wie viel Zinsen ein Kapital von 100 € in einer bestimmten **Zeit** erbringt. Der Zinssatz bezieht sich stets auf ein Jahr, wenn nicht ausdrücklich anders angegeben (z.B. Monat, Tag).
- **Zinseszinsen** bleiben bei den folgenden Berechnungen unberücksichtigt.

Von den **vier Größen Kapital, Zinssatz** (auch als **Zinsfuß** bezeichnet), **Zinsen und Zeit** müssen jeweils **drei Größen gegeben** sein, damit die vierte Größe mittels Dreisatz oder Formel berechnet werden kann:

1. gegeben: Kapital,   Zinssatz,   Zeit   – gesucht: **Zinsen**
2. gegeben: Zinssatz,   Zinsen,   Zeit   – gesucht: **Kapital**
3. gegeben: Kapital,   Zinsen,   Zeit   – gesucht: **Zinssatz**
4. gegeben: Kapital,   Zinssatz,   Zinsen – gesucht: **Zeit**

6.1 Berechnen von Jahreszinsen, Monatszinsen, Tageszinsen

Zinsen werden üblicherweise für ein Jahr, mitunter auch für Monate oder für einzelne Tage, errechnet.

Berechnen von Jahreszinsen
Gegeben: Kapital, Zinssatz, Zeit in Jahren
Gesucht: Zinsen

Beispielaufgabe:

Ein Hotelangestellter leiht sich für den Kauf einer Eigentumswohnung bei seiner Hausbank für 2 Jahre 92 000 €. Er muss 7,2 % Zinssatz bezahlen. Wie viel Zinsen fallen in 2 Jahren an?

Gegeben: Kapital: 92 000 €, Zinssatz: 7,2 %, Zeit: 2 Jahre
Gesucht: Zinsen: x €

Lösungweg:

100 € kosten jährlich	7,20 €
1 € kostet jährlich	7,20 € : 100
92 000 € kosten jährlich	7,20 € : 100 x 92 000 €
92 000 € kosten in 2 Jahren	7,20 € : 100 x 92 000 € x 2

$$x = \frac{7{,}20 \times 92\,000 \times 2}{100} = 13\,248 \text{ € Zinsen}$$

In zwei Jahren fallen 13 248 € Zinsen an.

Die Faktoren können beliebig vertauscht werden, demzufolge kann allgemein geschrieben werden:

$$\text{Jahreszinsen} = \frac{\text{Kapital x Zinssatz x Jahre}}{100}$$

$$Z = \frac{K \times p \times t}{100} \qquad t = \text{Zeit in Jahren}$$

Erklärung der Abkürzungen:

K = Kapital
p = Prozentsatz/Zinssatz
  (lat. pro centum – für 100)
t = Zeit (lat. tempo – Zeit)
Z = Zinsen

Berechnen von Monatszinsen

Gegeben: Kapital, Zinssatz, Zeit in Monaten
Gesucht: Zinsen

Beispielaufgabe:

Ein Pensionär legt 65 000 € für die Zeit vom 30.04. bis 30.06. als Festgeld an. Seine Sparkasse verzinst das Termingeld mit 6 %.
Mit wie viel Zinsen kann der Pensionär insgesamt rechnen?

Gegeben:	Kapital	65 000 €
	Zinssatz	6 %
	Zeit	2 Monate
Gesucht:	Zinsen	x €

Lösungweg:

100 € bringen in 12 Monaten	6 €
1 € bringen in 12 Monaten	6 € : 100
65 000 € bringen in 12 Monaten	6 € : 100 x 65 000
65 000 € bringen in 1 Monat	6 € : 100 x 65 000 : 12
65 000 € bringen in 2 Monaten	6 € : 100 x 65 000 : 12 x 2

$$x = \frac{65\,000 \times 6 \times 2}{100 \times 12} = 650 \text{ €}$$

Das Festgeld bringt in 2 Monaten 650 € Zinsen.

$$\text{Monatszinsen} = \frac{\text{Kapital x Zinssatz x Monate}}{100 \times 12} \qquad Z = \frac{K \times p \times t}{100 \times 12} \qquad t = \text{Zeit in Monaten}$$

Berechnen von Tageszinsen

Gegeben: Kapital, Zinssatz, Zeit in Tagen
Gesucht: Zinsen

Beispielaufgabe:

Ein Gastwirt kauft Waren im Werte von 5 320 €. Die gesetzte Zahlungsfrist wird von ihm um 53 Tage überschritten. Dafür berechnet ihm der Lieferant 7 % Verzugszinsen.
Um welchen Betrag erhöht sich seine Rechnung?

Gegeben:	Kapital	5 320 €
	Zinssatz	7 %
	Zeit	53 Tage
Gesucht:	Zinsen	x €

Lösungsweg:

100 € kosten in 360 Tagen	7 €
1 € kostet in 360 Tagen	7 € : 100
5 320 € kosten in 360 Tagen	7 € : 100 x 5 320
5 320 € kosten für einen Tag	7 € : 100 x 5 320 : 360
5 320 € kosten in 53 Tagen	7 € : 100 x 5 320 : 360 x 53

$$x = \frac{5\,320 \times 7 \times 53}{100 \times 360} = 54,83 \text{ €}$$

Der Betrag erhöhte sich um 54,83 €.

Tageszinsen $= \dfrac{\text{Kapital x Zinssatz x Tage}}{100 \times 360}$ $\qquad Z = \dfrac{K \times p \times t}{100 \times 360} \qquad$ t = Zeit in Tagen

---

Merke: **Tageberechnung: Privatpersonen** und **Behörden** berechnen das Jahr mit 365 Tagen und die Monate jeweils mit der genauen Tageszahl (z.B. 28, 30, 31).

Geschäftsleute berechnen das Jahr dagegen stets mit 360 Tagen und alle Monate mit 30 Tagen.

Der **Einzahlungstag** bleibt bei der Zinsberechnung unberücksichtigt.

Beispielaufgabe:

Die 1. Hausdame Hella hat versehentlich ihr Gehaltskonto vom 17.05. bis 12.08. um 2 000 € überzogen. Um die Überziehungszinsen selbst berechnen zu können, ermittelt Hella zunächst die Zinstage.

Lösungsweg:

17.05. bis 30.05.	=	+ 14 Tage
Juni und Juli	=	+ 60 Tage
01.08. bis 12.08.	=	+ 12 Tage
abzüglich Einzahlungstag	=	− 1 Tag
Zinstage	**=**	**85 Tage**

Längerfristige Geldanlagen

Merke: Bei **längerfristigen Geldanlagen** sind **Zinsvergleiche** besonders ratsam, da die Zinsunterschiede erheblich sein können.

Lässt Restaurantfachfrau Ulrike beispielsweise ihre Ersparnisse über 30 000 € für ein Jahr auf dem Gehaltskonto (Girokonto), für das der Zinssatz bei 0,5 % liegt, dann beträgt die jährliche Zinseinnahme 150 € (vgl. Übersicht). Sie könnte bei einem günstigeren Zinssatz jedoch bis zu 1 650 € mehr Zinsen erhalten.

In Abhängigkeit von der Geldmarktlage können bei längeren Kündigungsfristen auch noch höhere Zinseinnahmen als aufgeführt angenommen werden.

Beispiel: Die Jahreszinsen für 30 000 € betragen bei einem Zinssatz von:

%	0,5	1	1,5	2	2,5	3	3,5	4	4,5	5	5,5	6
€	150	300	450	600	750	900	1 050	1 200	1 350	1 500	1 650	1 800

6.2 Berechnen von Kapital

Gegeben: **Zinsen, Zinssatz, Zeit**
Gesucht: **Kapital**

$$\text{Kapital} = \frac{\text{Zinsen x 100}}{\text{Zinssatz x Zeit}} \qquad K = \frac{Z \times 100}{p \times t}$$

Vertiefung
Ableitung der Grundformel (Kap. 6.1):

Umstellung der Formel nach K:

$$Z = \frac{K \times p \times t}{100}$$

- Ziel: Kapital (K) muss auf einer Seite allein stehen.
- Man geht davon aus, dass eine Gleichung richtig bleibt, wenn man auf beiden Seiten mathematisch Gleiches tut.
- Zunächst wird die gesamte Gleichung durch p und t geteilt. Dadurch kommen p und t links in den Nenner und rechts kann gekürzt werden:

$$\frac{Z}{p \times t} = \frac{K}{100}$$

- Jetzt entfernt man die 100 im Nenner rechts, indem man die ganze Gleichung mit 100 multipliziert. Links kommt dadurch die 100 in den Zähler:
- Üblicherweise schreibt man die gesuchte Größe nach links und kommt so zu der oben angegebenen Formel.

$$\frac{Z \times 100}{p \times t} = K$$

Beispielaufgabe:

Ein Feinkosthändler erhält am 31.10. für eine offene Rechnung eine Forderung über 139,05 € Verzugszinsen. Der Lieferant hat mit einem Zinssatz von 6 % gerechnet. Die Rechnung wäre am 31.07. fällig gewesen. Über welchen €-Betrag lautete die Rechnung?

Gegeben: Zinsen   139,05 €

Zinssatz   6 %

Zeit   3 Monate (31.07.–31.10.)

Gesucht: Kapital   x €

Lösungsweg: $\text{Kapital} = \dfrac{\text{Zinsen x 100}}{\text{Zinssatz x Zeit}} = \dfrac{Z \times 100}{p \times t} \qquad t = \text{Jahre}$

Zeit: 31.07. bis 31. 10. = 3 Monate = 0,25 Jahre

$$\text{Kapital} = \frac{139{,}05 \times 100}{6 \times 0{,}25} = 9\,270 \ €$$

Die Rechnung lautete über 9 270 €.

6.3 Berechnen des Zinssatzes

Für den Begriff Zinssatz wird mitunter auch die Bezeichnung Zinsfuß gebraucht.

Gegeben: **Zinsen, Kapital, Zeit**
Gesucht: **Zinssatz**

$$\text{Zinssatz} = \frac{\text{Zinsen x 100}}{\text{Kapital x Zeit}} \qquad p = \frac{Z \times 100}{K \times t}$$

Vertiefung
Ableitung der Grundformel (Kap. 6.1):

$$Z = \frac{K \times p \times t}{100}$$

Umstellung der Formel nach p:

- Ziel: Zinssatz (p) muss auf einer Seite allein stehen.
- Man geht davon aus, dass eine Gleichung richtig bleibt, wenn man auf beiden Seiten mathematisch Gleiches tut.

- Man teilt die gesamte Gleichung durch K und t. Dadurch kommen K und t links in den Nenner und rechts kann gekürzt werden: $\dfrac{Z}{K \times t} = \dfrac{p}{100}$

- Jetzt entfernt man die 100 im Nenner rechts, indem man die ganze Gleichung mit 100 multipliziert. Links kommt dadurch die 100 in den Zähler: $\dfrac{Z \times 100}{K \times t} = p$

- Üblicherweise schreibt man die gesuchte Größe nach links und kommt so zu der oben angegebenen Formel.

Beispielaufgabe:

Ein Bistroinhaber zahlt am 01.01. ein Darlehen einschließlich Zinsen von 12 979,20 € zurück, das er am 01.07. in Höhe von 12 480 € aufgenommen hatte. Zu welchem Zinssatz hatte der Bistroinhaber das Darlehen aufgenommen?

Gegeben:	Zinsen	499,20 € (12 979,20 – 12 480)
	Kapital	12 480 €
	Zeit	0,5 Jahre (01.07. – 01.01.)
Gesucht:	Zinssatz	x %

Lösungsweg: $\text{Zinssatz} = \dfrac{\text{Zinsen} \times 100}{\text{Kapital} \times \text{Zeit}} = \dfrac{Z \times 100}{K \times t}$

Zinsen = 12 979,20 € – 12 480 € = 499,20 €. Zeit = 01.07. bis 01.01. = 0,5 Jahre

$\text{Zinssatz} = \dfrac{499,20 \times 100}{12 480 \times 0,5} = 8\ \%$

Das Darlehen wurde zu einem Zinssatz von 8 % aufgenommen.

6.4 Berechnen der Zinszeit

Gegeben: **Zinsen, Zinssatz, Kapital**
Gesucht: **Zeit**

$$\text{Zeit} = \frac{\text{Zinsen} \times 100}{\text{Kapital} \times \text{Zinssatz}} \qquad t_j = \frac{Z \times 100}{K \times p}$$

$$\text{Zeit} = \frac{\text{Zinsen} \times 100 \times 360}{\text{Kapital} \times \text{Zinssatz}} \qquad t_T = \frac{Z \times 100 \times 360}{K \times p}$$

$t_j = \text{Zeit in Jahren} \qquad t_T = \text{Zeit in Tagen}$

Vertiefung
Ableitung der Grundformel (Kap. 6.1):

$Z = \dfrac{K \times p \times t}{100}$

Umstellung der Formel nach t:

- Ziel: Zeit (t) muss auf einer Seite allein stehen.
- Man geht davon aus, dass eine Gleichung richtig bleibt, wenn man auf beiden Seiten mathematisch Gleiches tut.
- Man teilt die gesamte Gleichung durch K und p. Dadurch kommen K und p links in den Nenner und rechts kann gekürzt werden: $\dfrac{Z}{K \times p} = \dfrac{t}{100}$

- Danach wird die 100 im Nenner rechts entfernt, indem man die ganze Gleichung mit 100 multipliziert. Links kommt dadurch die 100 in den Zähler: $\dfrac{Z \times 100}{K \times p} = t$

- Üblicherweise schreibt man die gesuchte Größe nach links und kommt so zu der oben angegebenen Formel.

Beispielaufgabe:

Ein Lieferant hat einem Imbissinhaber am 15.06. eine Rechnung in Höhe von 3 800 € gestundet. Dafür berechnet der Lieferant einen Zinssatz von 7,3 %. Der Rückzahlungsbetrag erhöhte sich durch die Zinsen um 138,70 €.

1. Wie viele Tage wurde der Rechnungsbetrag gestundet?
2. Ermitteln Sie das genaue Datum der Rückzahlung.

Gegeben:	Kapital	3 800 €
	Zinssatz	7,3 %
	Zinsen	138,70 €
Gesucht:	Zeit	x Tage

Lösungsweg: $\text{Zeit} = \dfrac{\text{Zinsen x 100}}{\text{Kapital x Zinssatz}} = \dfrac{Z \times 100}{K \times p}$

$\text{Zeit} = \dfrac{138{,}70 \times 100}{3\,800 \times 7{,}3} = 0{,}5 \text{ Jahre}$

1 Jahr = 360 Tage
0,5 Jahre = **180 Tage**
15.06. + 0,5 Jahre = 15.12.
Der Rechnungsbetrag wurde am 15.12. zurückgezahlt und damit 180 Tage gestundet.

6.5 Kosten beim Ratenkauf

Kostenberechnungen beim Ratenkauf sind angewandte Zinsberechnungen.

Beim Ratenkauf werden Waren erst nach dem Erwerb vollständig bezahlt. Damit können Waren gekauft werden, auch wenn das erforderliche Geld zum Zeitpunkt des Einkaufs noch nicht oder noch nicht vollzählig vorhanden ist.

Eine solche Entscheidung zum Ratenkauf erfordert Überlegung und Verantwortungsgefühl, Vorzüge und Nachteile sollte der Käufer gründlich abwägen.

Nicht selten kommt es vor, dass die meist nicht geringen Zinszahlungen im Moment des Kaufs ungenügend bedacht werden, bzw. dass sich im Zeitraum der Abzahlungen die wirtschaftlichen Verhältnisse des Käufers, z.B. durch Arbeitslosigkeit, negativ verändern können. Andererseits kann beispielsweise der Ratenkauf eines Autos zum günstigen Zinssatz dann vorteilhaft sein, wenn dadurch neben Zeitersparnis auch Einsparungen bei den bisherigen Fahrtkosten möglich werden.

Beispielaufgabe:

Beim Kauf eines Messerkoffers unterbreitet der Fachhändler dem Koch Andreas folgende Angebote:
1. Sofortzahlung 580 €, abzüglich 3 % Skonto.
2. 100 € Anzahlung und 6 bequeme Monatsraten zu je 100 €.
Wie viel € spart Andreas bei Sofortzahlung?
Berechnen Sie die Mehrkosten in Prozent.

Lösungsweg: 1. 97 % von 580 € = 562,60 €
2. 100 € x 7 Raten = 700,00 €

580 € $\triangleq$ 100 %
120 € $\triangleq$ x %   x = 20,7 %
1. Die Ersparnis beträgt 137,40 €.
2. Bei Ratenzahlung entstehen Mehrkosten von 20,7 %.

700,00 €
– 562,60 €
_____
Ersparnis 137,40 €

700,00 €
– 580,00 €
_____
Kosten 120,00 €

Übungsaufgaben Zinsrechnung

Jahreszinsen

1 Berechnen Sie die Jahreszinsen im Kopf.

	1.1	1.2	1.3	1.4	1.5	1.6	1.7
Kapital in €:	300	1 000	2 000	800	750	10 000	12 000
Zinssatz in %:	2	3	3,5	4	5	8	10

2 Ein Darlehen über 6 540 € wird mit 8,5 % verzinst. Berechnen Sie den Jahreszins in €.

3 Berechnen Sie die Jahreszinsen.

	3.1	**3.2**	**3.3**	**3.4**	**3.5**
Kapital in €:	800	3 000	17 000	430	20
Zinssatz in %:	3,5	4,5	7,0	8,2	7,0
Zeit in Jahren:	1	3	5	10	20

4 Auf einem Konto sind zum Jahresbeginn 6 520 €.
Wie viel € Zinsen werden am Jahresende gutgeschrieben, wenn der Zinssatz 2,5 % beträgt?

5 Ein Hotelmitarbeiter legt seine Ersparnisse in Höhe von 55 000 € bei seiner Hausbank für zwei Jahre mit einem vereinbarten Zinssatz von 6 % an. Er will lediglich jährlich die Zinsen abheben.
Wie viel € an Zinsen stehen ihm im Jahr zur Verfügung?

6 Zum Umbau seines Tagescafés nimmt ein Gastronom bei seiner Hausbank ein einjähriges Darlehen in Höhe von 85 000 € auf. Die Bank berechnet ihm einen Zinssatz von 7,4 % und eine Bearbeitungsgebühr von 2 %. Was kostet das einjährige Darlehen?

7 Ein Reisebüro hat bei einer Hotelkette seit 2 Jahren eine Restschuld von 3 230 €.
Wie viel € Zinsen sind angefallen, wenn das Darlehen mit 10,2 % verzinst werden muss?

8 Ein Pensionsinhaber hat zur Finanzierung eines Erweiterungsbaus einen Kredit in Höhe von 320 000 € aufgenommen. Die Laufzeit beträgt 5 Jahre und der Zinssatz $8\frac{1}{4}$ %.
Berechnen Sie den Gesamtaufwand an Zinsen.

9 Ein Küchenchef lässt sich in seiner Hausbank über längerfristige Anlagemöglichkeiten für eine Erbschaft in Höhe von 25 000 € beraten. Er vergleicht die Zinssätze für verschiedene Spareinlagen.

Gesetzliche Kündigungsfrist 3 % 24-monatige Kündigungsfrist 5 %
6-monatige Kündigungsfrist 3,5 % 36-monatige Kündigungsfrist 6 %
12-monatige Kündigungsfrist 4 % 48-monatige Kündigungsfrist 6,5 %

9.1 Wie viel € Jahreszinsen erhält er bei der gesetzlichen Kündigungsfrist?
9.2 Ermitteln Sie die Unterschiedsbeträge bei allen anderen Kündigungsfristen gegenüber der gesetzlichen Kündigungsfrist.
9.3 Dem Küchenchef wird außerdem ein Festgeld mit jährlicher Laufzeit zum Zinssatz von 5 % angeboten. Wie hoch wäre sein Kapital bei dieser Sparform nach einem Jahr?
9.4 Der Küchenchef entscheidet sich schließlich für einen Sparbrief mit zweijähriger Laufzeit und einer Verzinsung von 6,5 %.
Mit welchem Zinsertrag kann er dabei jährlich rechnen?

10 Eine Pensionsinhaberin hat für Modernisierungsmaßnahmen einen Bankkredit über 25 000 € zu einem Zinssatz von 8,5 % aufgenommen. Die Bankabrechnung erfolgt halbjährlich.
Wie viel € Zinsen muss die Pensionsinhaberin halbjährlich zahlen?

Monatszinsen

11 Berechnen Sie die Monatszinsen.

	11.1	**11.2**	**11.3**	**11.4**	**11.5**
Kapital in €:	700	3 000	17 000	430	2 220
Zinssatz in %:	3,5	4,5	2,5	8,2	7,0
Zeit in Monaten:	1	4	5	8	11

12 Wie viel € Zinsen sind für ein Darlehen von 4 600 € bei einem Zinssatz von 8,2 % in 9 Monaten zu zahlen?

13 Errechnen Sie die Zinsen, die ein mit einem Zinssatz von 5,5 % verzinstes Festgeld (Kapital) von 7 320 € in 7 Monaten bringt.

14 Berechnen Sie die Zinsen, die 850 €, zu 8,25 % ausgeliehen, in 3 Monaten bringen.

15 Eine Bausparkasse nimmt für ein Bauspardarlehen einen Zinssatz von 5 %.
    15.1 Berechnen Sie den monatlichen Zinsanteil bei einem Darlehen über 50 000 €.
    15.2 Wie viel € Zinsen sind im Quartal (4. Teil des Jahres) zu entrichten?

16 Für die Generalüberholung einer Urlaubspension wird eine Hypothek über 115 000 € aufgenommen, die mit 7,9 % zu verzinsen ist.
    16.1 Berechnen Sie den monatlichen Zinsaufwand.
    16.2 Berechnen Sie die monatliche Ersparnis bei einer Zinssenkung um 0,1 %.

17 Ein Großhändler liefert Waren für 3 210 € an einen Freizeitpark zu folgenden Bedingungen: Anzahlung 20 % der Rechnungssumme, Restzahlung nach 6 Monaten einschließlich 6,2 % Zinsen.
Ermitteln Sie die Höhe der Restzahlung nach 6 Monaten.

18 Der Inhaber eines Imbisswagens hat die Stundung einer Rechnung über 2 500 € zu folgenden Zahlungsbedingungen erreicht: Verzugszinsen $7\frac{3}{4}$ %, Laufzeit 5 Monate.
Welchen Betrag hat er nach 5 Monaten zu überweisen?

19 Ein Hotelier legt 72 000 € für die Zeit vom 31.10. bis 31.07. des Folgejahres als Termingeld mit einem Zinssatz von 4,5 % an.
Errechnen Sie die Höhe des Gesamtguthabens am Ende der Laufzeit.

20 Errechnen Sie den Auszahlungsbetrag in €, wenn die Bank bei den folgenden Darlehen die Zinsen im Voraus berechnet und einbehält.
    20.1 Darlehen 123 800 €, Zinssatz 9,2 %, Laufzeit 8 Monate
    20.2 Darlehen   34 700 €, Zinssatz 6,8 %, Laufzeit 3 Monate

21 Ein Hoteldirektor hat sich einen neuen Pkw für 63 800 € gekauft. Davon zahlt er 40 000 € bar. Den restlichen Betrag finanziert er für 10 Monate bei seiner Hausbank mit einem Zinssatz von 10,5 %. Die Zinsen sind am Ende der Laufzeit zusammen mit dem Kredit fällig.
Ermitteln Sie die Gesamtkosten für das Auto.

Tageszinsen

22 Ermitteln Sie die Zinstage aus den folgenden Zeitangaben:
    22.1 01.10. – 27.10.   **22.3** 03.05. – 10.06.   **22.5** 11.09. – 10.03.
    22.2 12.08. – 29.08.   **22.4** 15.08. – 14.11.

23 Berechnen Sie die Tageszinsen.

	23.1	**23.2**	**23.3**	**23.4**	**23.5**
Kapital in €:	22 700	3 000	17 000	200 000	1 500
Zinssatz in %:	3,5	4,5	2,5	8,2	7,0
Zeit in Tagen:	21	30	5	7	53

24 Die am 20.04. fällige Lieferantenrechnung an ein großes Stadthotel über 3 420 € wurde durch ein Versehen der Hotelbuchhaltung nicht termingerecht bezahlt. Am 10.05. erfolgte eine Mahnung, in der der Lieferant 6 % Verzugszinsen und eine Schreibgebühr von 6 € verlangt.
Welchen €-Betrag enthält die Mahnung insgesamt?

25 Ein Saisonbetrieb kauft Waren im Wert von 4 823 €. Die Zahlung ist bis zum 30.10. vereinbart. Die Waren werden erst am 06.12. bezahlt. Der Lieferant berechnet Verzugszinsen in Höhe von 7,5 %.
Errechnen Sie die geforderte Rechnungssumme.

26 Ein Feinkostgeschäft überprüft am 29.08. seine Kundenkonten und stellt fest, dass ein Stadtrestaurant eine am 20.04. fällige Rechnung über 721 € immer noch nicht beglichen hat.
Schreiben Sie eine Mahnung aus und berücksichtigen Sie dabei Verzugszinsen von 8,7 %.

27 Ein Imbissinhaber benötigt einen Überbrückungskredit von 4 500 € vom 03.01. bis 26.02. Berechnen Sie die anfallenden Kosten bei einem Zinssatz von 4,8 %.

28 Ein Sparguthaben, das zu Jahresbeginn 1 500 € aufwies, wird mit einem Zinssatz von 2,5 % verzinst. Am 20.02. werden weitere 1 000 € eingezahlt. Errechnen Sie die Zinsen, die am 31.12. gutgeschrieben werden.

29 Koch Andreas zahlt am 03.11. einen Betrag von 1 400 € auf sein Sparbuch mit einem Zinssatz von 3,5 % ein. Auf welchen Betrag wächst sein Guthaben bis zum 01.12. des Jahres an?

30 Errechnen Sie den Kapitalzuwachs, den ein Festgeld von 80 000 €, das mit 7 % verzinst wird, in 36 Tagen bringt.

31 Restaurantfachfrau Ulrike überzieht ihr Gehaltskonto vom 15. Juni bis zur Gehaltsüberweisung am 30. Juni um 915,20 €. Die Überziehungszinsen werden mit 14 % berechnet. Ermitteln Sie die fällig werdenden Sollzinsen.

32 Ein Ausflugsrestaurant soll modernisiert werden. Deshalb nimmt der Inhaber einen Bankkredit über 223 000 € zu einem Zinssatz von 6,8 % auf. Bereits nach 14 Tagen zahlt er 70 000 € zurück. Wie viel € spart er durch die vorzeitige Rückzahlung?

Kapitalberechnung

33 Berechnen Sie das Kapital.

	33.1	33.2	33.3	33.4	33.5
Zinsen in €:	227	30	170	20 000	1 500
Zinssatz in %:	3,5	4,5	2,5	8,2	9,5
Zeit:	2 Jahre	30 Tage	5 Monate	7 Jahre	53 Tage

34 Errechnen Sie das Kapital, das in 3 Monaten bei einem Zinssatz von 4 % 45 € Zinsen bringt.

35 Wie hoch ist die Darlehenssumme, für die bei einem Zinssatz von 9,2 % in 2 Monaten 312 € bezahlt werden müssen?

36 Ein Restaurant wird zum Kauf angeboten. Der durchschnittliche monatliche Reingewinn wurde mit 5 300 € veranschlagt. Für langfristig angelegtes Kapital beträgt der Zinssatz $7\frac{1}{4}$ %. Welchen Kaufpreis dürfte unter Berücksichtigung der Zinseinkünfte das Kaufobjekt nicht überschreiten?

37 Ein festverzinsliches Wertpapier brachte bei einer Verzinsung von 7,2 % insgesamt 3 240 € Zinsen. Berechnen Sie den Nennwert des Wertpapiers.

38 Ein Gastwirt möchte im Rahmen seiner Alterssicherung Kapital festverzinslich zu 6,8 % anlegen. Wie viel Geld muss er festlegen, um monatlich über 300 € verfügen zu können? Zinseszinsen und Versteuerung sollen unberücksichtigt bleiben.

39 Im Gespräch hört ein Portier, dass ein Gast bei einem Zinssatz von 9,2 % in 9 Monaten 4 140 € an Zinsen gezahlt hat. Er rechnet sich schnell aus, welchen Betrag sich der Gast geliehen hat. Zu welchem Ergebnis kam der Portier?

40 Ein Hotelier plant den Kauf eines Mietshauses. Monatliche Mieteinnahmen in Höhe von 11 200 € werden ihm vom Makler zugesichert. Als jährliche Belastungen werden 20 400 € genannt. Welcher Kaufpreis wäre höchstens akzeptabel, wenn der Hotelier bisher sein Kapital mit 6,2 % verzinst hatte?

41 Ein Hotel bezahlt für zwei Darlehen bei einer Zinsbelastung von 7,5 %
41.1 für das erste Darlehen jährlich 1 724,80 €,
41.2 für das zweite Darlehen nach 4 Jahren 4 920 €.
Errechnen Sie die Gesamthöhe der aufgenommenen Darlehen.

42 Das Restaurant „Schlesischer Hof" nimmt vor der Eröffnung von der Hausbank ein Überbrückungs-darlehen auf. Der Inhaber zahlt für dieses kurzfristige Darlehen für 93 Tage bei einem vereinbarten Zinssatz von 6,8 % insgesamt 200 €.
Wie hoch war das Darlehen?

43 Welches Kapital wächst in 320 Tagen bei einem Zinssatz von 5,5 % um 50 €?

Zinssatzberechnung

44 Berechnen Sie den Zinssatz.

	44.1	**44.2**	**44.3**	**44.4**	**44.5**
Kapital in €:	6 227	630	370	20 000	1 500
Zinsen in €:	315	35	5	12	117
Zeit:	2 Jahre	7 Monate	2 Monate	40 Tage	1 Jahr

45 Eine Rechnung über 12 800 €, fällig 28.06. wird erst am 10.07. einschließlich Verzugszinsen mit 12 889,60 € bezahlt.
Ermitteln Sie die Verzugszinsen in %.

46 In der Zeitung ist folgendes Gesuch zu lesen: Suche zur Existenzgründung für 9 Monate 12 000 €, Si-cherheiten vorhanden, Rückzahlung 13 000 €.
Ermitteln Sie den Zinssatz, der dem Gesuch zugrunde liegt.

47 Küchenmeister Sachse möchte ein historisches Speiserestaurant kaufen. Das Haus soll 650 400 € kosten. 300 000 € bringt er selbst auf. 250 000 € stellt ihm die Landesbank als erste Hypothek zu einem Vorzugszins von 5,5 % zur Verfügung. Den Restbetrag beschafft er sich als zweite Hypothek. Halbjährlich zahlt er dafür 4 819,20 €.
Errechnen Sie den Zinssatz für die zweite Hypothek.

48 Ein Koch leiht sich von einem Kollegen 120 €. Er zahlt nach 3 Monaten 150 € zurück.
Welchem Zinssatz entspricht das?

49 Wie hoch ist der Zinssatz, wenn ein Kapital von 331 200 € alle 10 Tage 80,50 € erbringt?

50 Ein Darlehen von 8 820 € wurde nach vier Monaten mit 9 246,30 € zurückgezahlt.
Wie hoch war der Zinssatz?

51 Zu wie viel Prozent wurden 2 800 € ausgeliehen, wenn sie in 6 Monaten ebenso viel Zinsen bringen wie 2 304 € in 12 Monaten bei einem Zinssatz von 4,5 %?

Zinszeitberechnung

52 Berechnen Sie die Zeit.

	52.1	**52.2**	**52.3**	**52.4**	**52.5**
Kapital in €:	6 227	630	370	20 000	1 500
Zinsen in €:	315	35	5	12	117
Zinssatz in %:	3,5	4,5	2	2,5	8

53 An welchem Tag wurde ein Kapital in Höhe von 2 100 € ausgeliehen, das am 10.10. einschließlich 10 % Zinsen mit 2 130,63 € zurückgezahlt wurde?

54 Eine Küchenhilfe hatte 2 000 € zu einem Zinssatz von 5 % geliehen.
Wie lange hatte sie das Geld geliehen, wenn sie 250 € an Zinsen zahlte?

55 Ein Büfetier hat ein Darlehen über 2 600 € zu einem Zinssatz von 7,5 % aufgenommen. Bei der Rück-zahlung musste er 2 639 € aufbringen. Wie viele Tage hatte er das Darlehen in Anspruch genommen?

56 Berechnen Sie, in wie viel Monaten 820 € bei einem Zinssatz von 7,5 % einen Zinsbetrag von 71,75 € erbringen.

57 Ein Darlehen über 80 000 € wird am 30.10. einschließlich 8 % Zinsen mit 80 177,78 € zurückgezahlt.
Wann war das Darlehen aufgenommen worden?

58 In welchem Zeitraum erbringt ein Guthaben in Höhe von 6 500 € bei einem Zinssatz von 3,5 % 341,25 € Zinsen?

59 In wie viel Monaten erbringen 9 200 € zu 6 % die gleichen Zinsen wie derselbe Betrag zu 4 % in einem Jahr?

60 In welcher Zeit erbringen 900 € bei einem Zinssatz von 4 % ebenso viel Zinsen wie 600 € bei einem Zinssatz von 5 % in 144 Tagen?

61 Ein Sparguthaben von 14 400 € wird mit 7,5 % verzinst.
Nach welcher Zeit beträgt der Kontostand 15 000 €?

Ratenzahlung

62 Beim Kauf eines Computers kann man wählen zwischen Barzahlung von 2 300 € und Ratenzahlung in 12 bequemen Monatsraten von je 212,75 €.
62.1 Ermitteln Sie den Preisunterschied in €.
62.2 Berechnen Sie die Mehrkosten in Prozent.

63 Ein Gebrauchtwagen wird für 20 000 € angeboten. Bei Barzahlung wird ein Barzahlungsrabatt von 3 % eingeräumt. Als Alternative ist eine Anzahlung von 10 000 € und die Abzahlung in 24 Monatsraten von je 480 € möglich.
63.1 Berechnen Sie den Kaufpreis bei Barzahlung.
63.2 Berechnen Sie die Mehrkosten in Prozent.

64 Eine Computerausrüstung wird für 4 480 € bei Sofortzahlung angeboten. Es ist auch möglich, das Gerät durch 24 Raten zu je 224 € zu erwerben.
64.1 Berechnen Sie die Mehrkosten in €.
64.2 Berechnen Sie die Mehrkosten in Prozent.

65 Ein Sportrad wird für 960 € angeboten. Die Bezahlung kann auch in 12 Raten zu je 90 € erfolgen.
65.1 Berechnen Sie die Mehrkosten in €.
65.2 Berechnen Sie die Mehrkosten in Prozent.

66 Sie lesen die nebenstehende Zeitungsanzeige:
66.1 Berechnen Sie die Mehrkosten in €.
66.2 Berechnen Sie die Mehrkosten in Prozent.
66.3 Beurteilen Sie dieses Angebot.

67 Dem Auszubildenden Dirk wird zur Finanzierung einer Studienreise nach Frankreich ein Ratenkredit in Höhe von 3 000 € angeboten. Dirk soll 12 gleiche Raten zu je 276 € zurückzahlen.
Errechnen Sie die Mehrkosten in € und in Prozent.

68 Beurteilen Sie das nebenstehende Angebot.
68.1 Wie hoch ist der Jahreszins?
68.2 Ermitteln Sie die Mehrkosten in €.

7 Durchschnitts-, Mischungs- und Verteilungsrechnung

In diesem Abschnitt sind Berechnungen zusammengefasst, die beim Mischen unterschiedlicher Sorten Anwendung finden.
Im Einzelnen sind das Berechnungen von
• Durchschnittswerten,   • Mischungen,   • Verteilungsmengen.

7.1 Berechnen von Durchschnittswerten

Bei der Berechnung von Durchschnittswerten, auch als Mittelwerte bezeichnet, unterscheidet man
• einfacher Durchschnitt,   • gewogener Durchschnitt.

Einfacher Durchschnitt
Der einfache Durchschnitt hat keinen Bezug zu einer bestimmten Menge.

Beispielaufgabe:

Eine Pizzeria verkaufte im Partyservice in der vergangenen Woche über die Straße:

Montag	9 Stück	Freitag	15 Stück
Dienstag	8 Stück	Samstag	23 Stück
Mittwoch	8 Stück	Sonntag	8 Stück
Donnerstag	6 Stück		

Berechnen Sie den durchschnittlichen Tagesverkauf.

Lösungsweg: Gesamtzahl der Pizzen geteilt durch die Wochentage
9 + 8 + 8 + 6 + 15 + 23 + 8 = 77
77 Pizzen : 7 Wochentage = 11 Pizzen je Wochentag
Durchschnittlich wurden je Wochentag 11 Pizzen verkauft.

Rechenschritte:
1. Addieren der betreffenden Einheiten,
2. Ermitteln der Anzahl der Verkaufstage,
3. Teilen der verkauften Einheiten durch die Anzahl der Verkaufstage.

Merke: $\text{Einfacher Durchschnitt} = \dfrac{\text{Summe der Posten}}{\text{Anzahl der Posten}}$

Gewogener Durchschnitt
Der gewogene Durchschnitt steht zu einer bestimmten Menge in Beziehung. Es entsteht ein **Durchschnitts- oder Mischungspreis**.

Beispielaufgabe:

Für das Frühstücksbüfett eines Hotelrestaurants wird während der Saison als Spezialität Schwarze Johannisbeerkonfitüre selbst hergestellt.
Auf 2 kg Früchte zu 2,66 €/kg rechnet man 1 kg Gelierzucker zu 2,12 €.
Ermitteln Sie den Materialpreis für 1 kg fertige Konfitüre.

Lösungsweg:

Menge	Bezeichnung	Einzelpreis	Gesamtpreis
2 kg	Schwarze Johannisbeeren	2,66 €	5,32 €
1 kg	Gelierzucker	2,12 €	2,12 €
3 kg	Konfitüre		7,44 €
1 kg	Konfitüre		2,48 €

Der Materialpreis für 1 kg Konfitüre beträgt 2,48 €.

Rechenschritte:

1. Preis für jeden Rezepturbestandteil ermitteln.
2. Gesamtmenge und Gesamtpreis ermitteln.
3. Von Gesamtmenge und Gesamtpreis auf den Preis je Einheit (kg) schließen.

Merke:

$$\text{Gewogener Durchschnitt} = \frac{\text{Gesamtwert}}{\text{Gesamtmenge}}$$

7.2 Berechnen von Mischungen

Die Mischungsrechnung wird angewendet, wenn man den Preis einer Mischung aus verschiedenen Zutaten ermitteln will. Mit dieser Rechnungsart kann auch das Mischungsverhältnis der Zutaten, die unterschiedlich teuer sind, bei vorgegebenem Preis einer Mischung errechnet werden.

Beim Mischungsrechnen gibt es demnach zwei Aufgabenarten:
1. Gegeben: Mischungspreis,   Gesucht: Mischungsverhältnis
2. Gegeben: Mischungsverhältnis,   Gesucht: Mischungspreis

Mischungsverhältnisse

Mischen von zwei Sorten

Beispielaufgabe:

Der Patissier soll eine Mischung aus weißen und dunklen Trüffelpralinen herstellen. 100 g der Trüffelpralinenmischung sollen 3,80 € kosten. Die weißen Trüffelpralinen kosten 4,40 €/100 g, während die dunklen für 3,40 €/100 g verkauft werden.
In welchem Verhältnis müssen die beiden Sorten gemischt werden?

Lösungsweg:

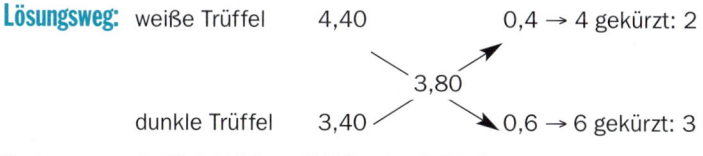

weiße Trüffel   4,40   0,4 → 4 gekürzt: 2

3,80

dunkle Trüffel   3,40   0,6 → 6 gekürzt: 3

Probe: 4,40 €/100 g x 2 Teile ≙   8,80 €
             3,40 €/100 g x 3 Teile ≙ 10,20 €
                        5 Teile ≙ 19,00 €
                        1 Teil ≙   3,80 €

Das Mischungsverhältnis beträgt 2 : 3.

Rechenschritte:

1. Preisunterschied der einzelnen Sorten zum Mischungspreis ermitteln.
2. Preisdifferenz über Kreuz (Mischungskreuz) eintragen.
3. Soweit wie möglich kürzen.

Mischen von drei und mehr Sorten

Beispielaufgabe:

Hausgemachtes Kleingebäck (Friandises) soll nach einem Festmenü zum Kaffee angeboten werden.
Fünf Sorten sollen so gemischt werden, dass ein Kilopreis von 20 € entsteht.
Welche Mengen müssen bei einer 12-kg-Kleingebäck-Mischung von jeder Sorte verwendet werden?
Preise der Einzelsorten:

	Sorte 1	Sorte 2	Sorte 3	Sorte 4	Sorte 5
Gebäck:	Buttermakronen	Schwarz-Weiß-Gebäck	Wiener Plätzchen	Flammende Herzen	Schokobogen
100 g kosten:	2,80 €	2,10 €	2,60 €	1,80 €	1,20 €

Lösungsweg: Werden mehr als zwei Sorten gemischt, so ergeben sich viele mögliche Mischungsverhältnisse. Hier wird der im beruflichen Rechnen übliche Lösungsweg beschrieben.

Prinzip beim Mischungsrechnen ist, dass sich Mischungsgewinn und Mischungsverlust ausgleichen müssen. Die Summe aller Gewinne muss durch die Summe aller Verluste ausgeglichen werden. Dieser Ausgleich ergibt sich durch die Anwendung des Mischungskreuzes. Bei nachfolgendem Verfahren haben jedoch immer alle Verlust bringenden Sorten die gleichen Mischungsanteile, ebenso die Gewinn bringenden Sorten.

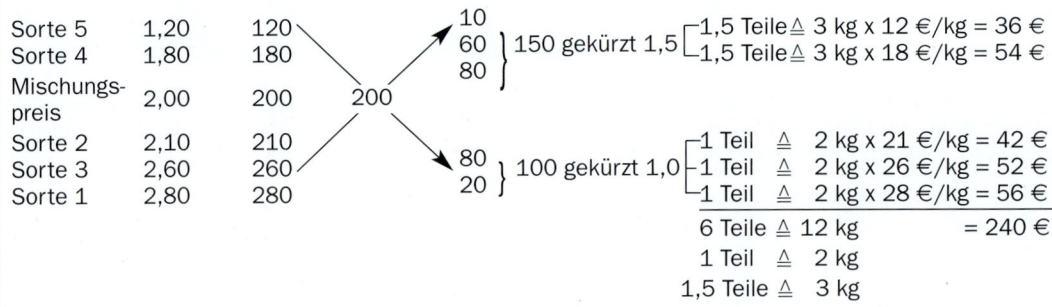

6 Teile ≙ 12 kg (gemischte Menge) → 240 € : 12 kg = 20 €/kg

Für 12 kg Kleingebäck-Mischung müssen von den Sorten 4 und 5 je 3 kg mit je 2 kg der Sorten 1, 2 und 3 gemischt werden.

Mischungsmengen

Beispielaufgabe:

Es wird Kaffee zu 12 €/kg und zu 9 €/kg so gemischt, dass eine Kaffeemischung zum Preis von 11 € je kg entsteht.
Wie viel kg muss man von der zweiten Sorte verwenden, wenn von der ersten Kaffeesorte noch 2 kg vorhanden sind?

Lösungsweg:

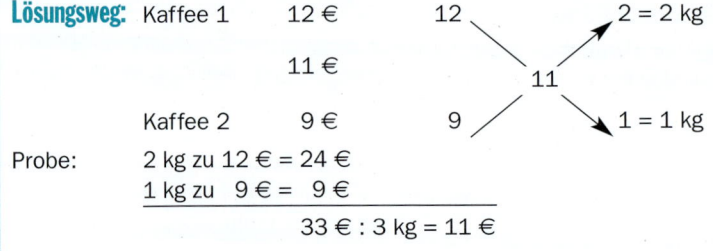

Probe:
2 kg zu 12 € = 24 €
1 kg zu 9 € = 9 €
_____
33 € : 3 kg = 11 €

Von der zweiten Sorte benötigt man 1 kg.

Rechenschritte:

1. Preisunterschied der einzelnen Sorten zum Mischungspreis ermitteln.
2. Preisdifferenz über Kreuz (Mischungskreuz) eintragen.
3. Soweit wie möglich kürzen.
4. Von der ersten Sorte stehen 2 kg zur Verfügung. Das entspricht 2 Teilen.
5. Daraus errechnet sich 1 Teil: 2 : 2 = 1 kg.
6. Von der zweiten Sorte 1 Teil, also 1 x 1 = 1 kg hinzufügen.

7.3 Verteilung von Kosten, Mengen und Gewinnen

Die Verteilungsrechnung findet dann Anwendung, wenn Waren, Gewinne oder Kosten nach einem **bestimmten Schlüssel** verteilt werden sollen.

Verteilt werden können: • Kosten auf einzelne Erzeugnisse,
  • Gewinne auf einzelne Gesellschafter,
  • Lohnanteile auf einzelne Mitarbeiter.

Die Verteilungsrechnung ermöglicht die Aufteilung einer **Gesamtmenge** mit Hilfe eines **Verteilungsschlüssels** in einzelne **Anteile**.

Beispielaufgabe:

Aus Anlass des 50-jährigen Geschäftsjubiläums zahlt ein Hotelier an treue Mitarbeiter insgesamt 10 000 €. Der Betrag wird entsprechend der Länge ihrer Betriebszugehörigkeit gezahlt. Für die Auszeichnung kommen folgende langjährige Mitarbeiter in Betracht:

A. Küchenchef   25 Jahre Betriebszugehörigkeit   D. Oberkellner   10 Jahre Betriebszugehörigkeit
B. Portier   20 Jahre Betriebszugehörigkeit   E. Konditorin   10 Jahre Betriebszugehörigkeit
C. Zimmerfrau   15 Jahre Betriebszugehörigkeit

Wie viel € erhalten die einzelnen langjährigen Mitarbeiter?

Lösungsweg:

	Aufteilungs-grund	Verteiler-schlüssel	Teile	Anteile in €
Mitarbeiter A	25 Jahre	5	3 125 €	5 x 625 €
Mitarbeiter B	20 Jahre	4	2 500 €	4 x 625 €
Mitarbeiter C	15 Jahre	3	1 875 €	3 x 625 €
Mitarbeiter D	10 Jahre	2	1 250 €	2 x 625 €
Mitarbeiter E	10 Jahre	2	1 250 €	2 x 625 €

Zuwendung 10 000 € : 16 Teile = 625 €

oder:

$$\frac{10\,000\,€}{80\,\text{Jahre Dienstzeit}} = 125\,€/\text{Dienstjahr}$$

Mitarbeiter A: 125 € x 25 Jahre ≙ 3 125 €
Mitarbeiter B: 125 € x 20 Jahre ≙ 2 500 € usw.

Probe: 3 125 €
          + 2 500 €
          + 1 875 €   **Mitarbeiter A erhält 3 125 €, Mitarbeiter B 2 500 €, Mitarbeiter C**
          + 1 250 €   **1 875 €, die Mitarbeiter D und E erhalten je 1 250 €.**
          + 1 250 €
          ─────────
           10 000 €

Übungsaufgaben zum einfachen Durchschnitt

1 Die künftige Restaurantfachfrau Saskia erhielt im Fachunterricht folgende Noten, die alle gleichwertig sind:

3, 4, 2, 5, 1, 3, 2, 2, 1.

Berechnen Sie den Notendurchschnitt.

2 In einer Köcheklasse sitzen Schüler im folgenden Alter:

10 Schüler sind 17 Jahre alt,   2 Schüler sind 16 Jahre alt,

5 Schüler sind 18 Jahre alt,   1 Schüler ist 23 Jahre alt.

2.1 Errechnen Sie das Durchschnittsalter der Klasse.

2.2 Berechnen Sie das Durchschnittsalter in Ihrer eigenen Berufsschulklasse.

3 Küchenhilfe Elsa ist sehr sparsam und zahlte im vergangenen Jahr jeden Monat einen Betrag auf ihr Sparbuch ein:

Januar	Februar	März	April	Mai	Juni
25 €	50 €	80 €	60 €	50 €	40 €
Juli	**August**	**September**	**Oktober**	**November**	**Dezember**
80 €	25 €	40 €	60 €	50 €	50 €

Wie viel € hat Elsa im Durchschnitt monatlich gespart?

4 Ein Imbissstand verkaufte in der vergangenen Woche Grillwurst mit Brötchen:

Montag	12 Portionen	Freitag	27 Portionen
Dienstag	14 Portionen	Samstag	34 Portionen
Mittwoch	8 Portionen	Sonntag	9 Portionen
Donnerstag	21 Portionen		

Berechnen Sie die durchschnittliche Portionszahl je Tag.

5 In der Schulkantine werden Pommes frites mit Ketchup und Currywurst mit Pommes frites bevorzugt. In den letzten 14 Tagen erzielte man folgenden Absatz:

Tag	1	2	3	4	5	6	7	8	9	10	11	12	13	14
Pommes frites mit Ketchup	26	30	13	16	28	12	–	15	24	26	15	28	10	–
Currywurst mit Pommes frites	13	27	12	18	34	10	–	12	26	28	16	32	8	–

5.1 Von welcher Speiseart wurde mehr verkauft?

5.2 Ermitteln Sie die durchschnittlich verkaufte Portionszahl an den Öffnungstagen Montag bis Samstag in der angegebenen Zeit.

5.3 Beurteilen Sie den Verzehr derartiger Speisen als Schulfrühstück.

6 Die nachfolgende Übersicht gibt die wöchentliche Umsatzhöhe in € von verschiedenen Bedienungen eines Restaurants wider.

Tag/Name	Meier	Müller	Schmidt	Lehmann	Weber
Montag	–	1 243,80	987,65	1 498,65	1 523,85
Dienstag	985,00	–	1 587,20	784,10	623,10
Mittwoch	823,40	1 530,15	1 147,20	879,15	699,15
Donnerstag	1 235,15	871,15	–	1 634,95	1 784,25
Freitag	1 534,95	1 278,00	1 100,05	1 178,90	1 087,00
Samstag	2 001,75	1 876,90	1 432,85	2 045,10	–
Sonntag	945,10	1 200,20	1 423,00	–	–

6.1 Ermitteln Sie den durchschnittlichen Umsatz der einzelnen Mitarbeiter in dieser Woche.

6.2 Ermitteln Sie den durchschnittlichen Umsatz je Öffnungstag.

7 In einem Feinkostgeschäft will man im Januar den durchschnittlichen Lagerbestand für das vergangene Geschäftsjahr ermitteln. Anfangslagerbestand: 21 580 €.

Januar	Februar	März	April	Mai	Juni
25 600 €	31 700 €	28 300 €	27 900 €	30 100 €	29 200 €
Juli	**August**	**September**	**Oktober**	**November**	**Dezember**
27 900 €	23 120 €	17 300 €	25 000 €	31 500 €	25 660 €

Errechnen Sie den durchschnittlichen Lagerbestand im abgelaufenen Geschäftsjahr nach folgender Bestandsformel:

$$\text{Durchschnittlicher Lagerbestand} = \frac{\text{Anfangsbestand} + \text{Lagerbestände der 12 Monate}}{13 \text{ Lagerbestände}}$$

8 Auf der 12-tägigen Kreuzfahrt um Westeuropa wurden auf einem Kreuzfahrtschiff mit einer 700 köpfigen Besatzung und mit 2 100 Passagieren folgende Proviantmengen verzehrt:

Mehl	4 500 kg	Joghurt	500 kg	Speck		600 kg	Brot, Kleingebäck	9 000 kg
Butter	1 900 kg	Zucker	1 200 kg	Grüner Salat	1 400 kg			
Milch	4 000 l	Eier	50 000 Stück	Obst		13 000 kg		

Welche Lebensmittelmengen wurden täglich je Person verzehrt (Angaben in g, ml und Stück)?

9 Ein Pilsener mit 0,4 l wird in den Ausflugsgaststätten der Region zu unterschiedlichen Preisen angeboten:

in 3 Gaststätten zu 1,60 €   in 3 Gaststätten zu 1,30 €   in 5 Gaststätten zu 1,70 €

in 1 Gaststätte zu 1,55 €   in 1 Gaststätte zu 1,75 €

Ermitteln Sie den durchschnittlichen Preis für 0,4 l Pilsener in der Region.

10 In einem Hotel wurden im Juni und Juli jeweils 845 Übernachtungen gezählt, im August waren es 734, im September 453, im Oktober 564, im November 243 und im Dezember 123.

Errechnen Sie die durchschnittliche Anzahl an Übernachtungen monatlich im zweiten Halbjahr.

11 Das Hotel „Wettiner Hof" mit einer Bettenkapazität von 92 Betten hat in einer Woche folgende Belegung:

Montag	74 Übernachtungsgäste	Freitag	78 Übernachtungsgäste
Dienstag	79 Übernachtungsgäste	Samstag	92 Übernachtungsgäste
Mittwoch	85 Übernachtungsgäste	Sonntag	78 Übernachtungsgäste
Donnerstag	82 Übernachtungsgäste		

11.1 Ermitteln Sie die tägliche Durchschnittsbelegung.

11.2 Um wie viele Gäste weicht die Durchschnittsbelegung von der Bettenkapazität ab?

12 Ein Feinkostgeschäft registriert täglich die Kundenzahl, die Tageseinnahmen und den Handelswarenumsatz. Innerhalb von 10 Tagen ergab sich Folgendes:

Tag	Kundenzahl	Tageseinnahmen	Handelswarenanteil
1	123	2 345,62 €	398,54 €
2	309	5 231,62 €	673,12 €
3	187	1 786,40 €	230,12 €
4	209	2 320,10 €	310,20 €
5	324	4 120,80 €	450,10 €
6	128	3 210,70 €	321,10 €
7	276	4 120,23 €	432,12 €
8	190	2 310,90 €	321,50 €
9	401	5 420,21 €	432,10 €
10	233	3 110,44 €	213,20 €

12.1 Wie viele Kunden waren durchschnittlich je Tag im Geschäft?

12.2 Wie viel € gab jeder Kunde je Tag und im Erfassungszeitraum durchschnittlich aus?

12.3 Wie viel € gab jeder Kunde im Erfassungszeitraum durchschnittlich für Handelswaren aus?

13 Die Verbraucherzentrale ermittelt Durchschnittspreise für Dienstleistungen im Hotel- und Gaststättengewerbe. In der Leipziger Innenstadt wurden für „Wiener Schnitzel" (unterschiedliche Beilagen) in zehn gutbürgerlichen Speiserestaurants folgende Preise ermittelt:

7,65 €, 11,05 €, 9,35 €, 12,05 €, 7,10 €, 7,10 €, 7,50 €, 8,40 €, 11,50 €, 9,90 €

Ermitteln Sie den Durchschnittspreis, mit dem ein Tourist rechnen muss.

Übungsaufgaben zum gewogenen Durchschnitt

14 Für ein Frühstücksbüfett mischt Köchin Regina Bio-Trockenfrüchte. Sie verwendet dafür:

Pflaumen	3,5 kg zu 3,80 €/kg		Äpfel	2,5 kg zu 8,65 €/kg
Aprikosen	2,0 kg zu 10,55 €/kg		Feigen	1,5 kg zu 3,60 €/kg
Birnen	1,5 kg zu 7,10 €/kg			

Errechnen Sie den Kilopreis für die angebotene Früchtemischung.

15 Die Kalte Küche eines Hotelrestaurants stellt eine Schinkenplatte folgendermaßen zusammen:

200 g Alemannenschinken	11,75 €/kg	300 g geräucherter Schweinebauch	5,65 €/kg
100 g Bündner Fleisch	24,00 €/kg	300 g Rindersaftschinken	8,90 €/kg
300 g Kochschinken	8,60 €/kg		

Berechnen Sie den Preis von 100 g der Schinkenplatte.

16 Für das Hausschlachten stellt Küchenfleischer Erich seine eigene Gewürzmischung zusammen:

400 g Pfeffer	4,15 €/kg	200 g Paprika	0,56 €/kg
100 g Mazis	11,00 €/kg	50 g Kardamom	7,10 €/kg

Berechnen Sie den Preis für 100 g der Gewürzmischung.

17 Errechnen Sie den Materialpreis von 1 Kilogramm Hackfleisch für Kohlrouladen, das von einer Betriebskantine folgendermaßen zusammengestellt wurde:

8 kg Schweinehackfleisch zu 6,60 €/kg   4 kg Rinderhackfleisch zu 7,40 €/kg

18 Zur Herstellung einer Erdbeerbowle werden folgende Zutaten verwendet:

12 Flaschen Weißwein (0,75 l)	je Fl. 2,60 €	3 kg Erdbeeren, leicht gezuckert je kg 1,60 €
4 Flaschen Schaumwein (0,75 l)	je Fl. 4,50 €	(als 3 Liter gerechnet)
3 Flaschen Mineralwasser (1,0 l)	je Fl. 0,43 €	

Berechnen Sie den Materialpreis für 1 Liter Bowle.

19 Eine Bremer Kaffeerösterei stellt eine Kaffeemischung folgendermaßen her:

Sorte 1	8,10 €/je kg	2,5 kg
Sorte 2	9,15 €/je kg	4,5 kg
Sorte 3	11,50 €/je kg	8,5 kg

Berechnen Sie den Preis von 500 g der Mischung.

20 4 Obstteller sollen für neu ankommende Hotelgäste als Begrüßungspräsent aus folgenden Obstmengen gleichmäßig zusammengestellt werden:

1,0 kg Äpfel	je kg 1,40 €	0,5 kg Orangen	je kg 1,10 €
1,0 kg Bananen	je kg 2,00 €	1,5 kg Weintrauben	je kg 3,45 €
0,5 kg Pfirsiche	je kg 2,70 €	0,5 kg Kiwi	je kg 1,40 €

Berechnen Sie den Preis für einen Obstteller.

21 80 Liter Rum mit einem Ethanolgehalt von 80 % vol sollen mit 100 Litern Wasser gemischt werden. Errechnen Sie den Ethanolgehalt der Mischung.

22 8 kg einer Gebäckmischung zu 17,50 € je Kilogramm werden zusammengestellt. Dazu werden drei Sorten gemischt:

Sorte 1	3 kg zu 14,00 € je kg	Sorte 2	3 kg zu 15,00 € je kg
Sorte 3	2 kg zu ? € je kg		

Ermitteln Sie den Preis, den die Sorte 3 haben muss.

23 Ein Speiserestaurant bezieht Schinken zu 13,15 €/kg, Salami zu 11,70 €/kg und Lyoner zu 6,90 €/kg. Für einen Vesperteller sollen 1 Teil Schinken und je 2 Teile Salami und Lyoner verwendet werden.

  23.1 Wie hoch ist der Materialpreis für 100 g der Mischung, wenn die Mehrwertsteuer unberücksichtigt bleibt?

  23.2 Berechnen Sie den Materialpreis für einen Vesperteller, wenn von der fertigen Mischung 220 g gereicht werden und der Wert der weiteren Zutaten insgesamt 1,05 € beträgt.

24 Aus 2 kg Salami zu 10,65 €/kg und 3 kg Cervelatwurst zu 13,70 €/kg wird eine Aufschnittmischung hergestellt.
  Berechnen Sie den Materialpreis für 1 kg Aufschnitt.

25 Ermitteln Sie den Kilopreis für folgende Kaffeemischung:
  3 kg zu 12,80 €/kg, 2 kg zu 11,90 €/kg und 5 kg zu 9,10 €/kg.

26 Aus 4,75 kg Schweinefleisch mit 33 % Fett und aus 0,250 kg Schweinefleisch mit 70 % Fett wird Hackfleisch hergestellt.
  Wie hoch ist der Fettanteil beim Hackfleisch in Prozent?

27 Für eine Hackmasse werden 3,5 kg Rinderhackfleisch zu 7,60 € je kg mit 2 kg Schweinehackfleisch zu 5,55 € je kg gemischt.
  Berechnen Sie den Kilopreis.

Übungsaufgaben zu Mischungen

28 Üben Sie sich im Mischungsrechnen und ermitteln Sie jeweils die erforderlichen Mengen in kg bzw. l.

Lebensmittel	Preis je kg bzw. l		gewünschter Preis	gewünschte Menge
	Sorte 1	Sorte 2		
Kaffee	5,65 €	9,90 €	8,15 €	7,5 kg
Wein	2,40 €	3,95 €	3,15 €	12,0 l

29 In der Patisserie soll eine Teegebäckmischung angeboten werden. Dazu mischt Konditorin Elvira folgende zwei Sorten:
  Teegebäck 1: 8,75 €/kg   Teegebäck 2: 9,80 €/kg
  In welchem Verhältnis müssen die beiden Sorten gemischt werden, um den Mischungspreis von 9,10 €/kg zu erreichen?

30 Zwei Sorten Tee sollen zu einer Hausmischung zusammengestellt werden.
  Teesorte 1 kostet 1,85 €/100 g, Teesorte 2 kostet 1,40 €/100 g.
  Wie viel Tee muss von jeder Sorte verwendet werden, damit für 250 g ein Preis von 4 € verlangt werden kann?

31 Zwei Sorten Bonbons sind so zu mischen, dass 1 kg für 7,50 € angeboten werden kann. Die erste Sorte kostet 6 € je kg und die zweite Sorte 10 € je kg.
  In welchem Verhältnis müssen die beiden Sorten gemischt werden?

32 Gemischtes Hackfleisch wird zu 7,60 € je kg verkauft.

  32.1 In welchem Verhältnis muss dazu Rinderhackfleisch mit einem Kilopreis von 11,40 € mit Schweinehackfleisch zu einem Kilopreis von 5,70 € gemischt werden?

  32.2 Berechnen Sie die Mengenanteile in kg, die zur Herstellung von 5 kg gemischtem Hackfleisch benötigt werden.

33 Aus Rindfleisch zu 6,95 €/kg und Schweinefleisch zu 4,95 €/kg soll gemischtes Gulasch zu einem Kilopreis von 6,15 € hergestellt werden.

  33.1 Ermitteln Sie das Mischungsverhältnis.

  33.2 Errechnen Sie die Mengen, die für 3,6 kg Gulasch erforderlich sind.

34 Im Café „Goldene Pforte" ist Kaffeesahne versehentlich nicht angeliefert worden. Aus Schlagsahne (30 % Fett) und Vollmilch (3,5 % Fett) soll Kaffeesahne mit einem Fettgehalt von 12 % hergestellt werden.

34.1 Ermitteln Sie das Mischungsverhältnis.

34.2 Berechnen Sie die Mengen, die für 2 l Kaffeesahne gemischt werden müssen.

35 Für eine hausgemachte Pralinenmischung soll Schwarzwälder Kirschwasser mit einem Ethanolgehalt von 60 % vol mit Zuckerlösung so gemischt werden, dass ein Ethanolgehalt von 12 % entsteht.
In welchem Verhältnis muss gemischt werden?

36 Zur Herstellung einer Gewürzmischung werden Pfeffer zum Preis von 13,08 €/kg, Curry zu 7,95 €/kg und jodiertes Kochsalz zum Preis von 0,73 €/kg verwendet. Ermitteln Sie die benötigten Mengen für insgesamt 4,500 kg Gewürzmischung, wenn der Mischungspreis 7,25 €/kg betragen soll.

37 Erdbeerkonfitüre soll selbst hergestellt werden. Früchte und Zucker sollen im Verhältnis 4 : 6 verwendet werden. Zur Herstellung stehen 4,500 kg vorbereitete Früchte zur Verfügung.
Wie viele Gläser mit 250 g Inhalt lassen sich füllen, wenn mit einem Kochverlust von 5 % gerechnet werden muss?

38 Für 32 Personen sollen als Beilage je 180 g Mischgemüse hergestellt werden. Zur Verfügung stehen Gemüse zu folgenden Preisen:

| Erbsen | 1,60 €/kg | Spargelabschnitte | 3,05 €/kg |
| Gartenmöhren | 1,25 €/kg | Bohnenstücke | 2,08 €/kg |

Die Beilage soll insgesamt 12,50 € kosten. Wie müssen die einzelnen Rohstoffe gemischt werden? Geben Sie das Mischungsverhältnis und die Mengen an.

39 In der Confiserie am Rheinufer in Basel wird eine Trüffelmischung aus 5 Sorten angeboten. Die Mischung kostet 60 sfr je Kilogramm. Sie besteht aus folgenden Sorten:

Sorte 1: Weiße Trüffel	zu 35 sfr je kg	Sorte 4: Sahnetrüffel	zu 50 sfr je kg
Sorte 2: Schwarze Trüffel	zu 45 sfr je kg	Sorte 5: Rumtrüffel	zu 65 sfr je kg
Sorte 3: Champagnertrüffel	zu 75 sfr je kg		

39.1 Berechnen Sie den Preis von 100 g in sfr und in € bei einem Ankaufkurs im Geschäft von 166 sfr (für 100 € werden 166 sfr angerechnet).

39.2 In welchem Verhältnis müssen die Sorten gemischt werden, wenn für eine Geschenkpackung 2 kg Mischung hergestellt werden sollen?

Übungsaufgaben zum Verteilungsrechnen

40 Verteilen Sie die folgenden Beträge im angegebenen Verhältnis:

40.1 14 400 € im Verhältnis 2 : 3 : 4

40.2 1 950 € im Verhältnis 1 : 2 : 5 : 7

40.3 76 000 € im Verhältnis 3 : 7 : 3 : 1 : 2

41 Als Anerkennung für eine Sonderaktion erhalten vier Mitarbeiter eine Prämie von insgesamt 2 000 €. Der Chef legt folgenden Verteilerschlüssei fest:

Mitarbeiter A: $\frac{1}{2}$ Mitarbeiter B: $\frac{1}{4}$ Mitarbeiter C und D: je $\frac{1}{8}$

Errechnen Sie die Prämienanteile der vier Mitarbeiter.

42 Eine Erbengemeinschaft verkauft ein Gästehaus für 590 000 €. Die Erben haben jeweils Anteile von 50 %, 25 % und zweimal 12,5 %. Wie viel € vom Verkaufserlös erhält jeder?

43 Am Speiserestaurant „Escoffier" in Chemnitz sind drei Gesellschafter beteiligt:
X mit 166 000 €
Y mit 220 000 €
Z mit 410 000 €
Ein Reingewinn von 102 800 € soll entsprechend der Beteiligung aufgeschlüsselt werden. Wie viel € erhält jeder der drei Gesellschafter?

44 Küchenmitarbeiter kaufen dem Küchenchef zu dessen Silberhochzeit ein Geschenk für 220 € und beteiligen sich an der Bezahlung entsprechend ihrer Einkünfte. Der Souschef verdient 4 800 €, zwei Köche je 3 000 €, ein Jungkoch 2 400 €, ein Auszubildender 600 €.
Ermitteln Sie die zu zahlenden Anteile am Geschenk in €.

45 Für eine Reisegesellschaft müssen 3 kg Aufschnitt zusammengestellt werden. Der Aufschnitt soll aus 6 Teilen Kochschinken, 2 Teilen Bierwurst, 3 Teilen ungarischer Salami und 4 Teilen pikanter Schweinebauchroulade bestehen.
Berechnen Sie, wie viel Gramm von jeder Sorte abgewogen werden müssen.

46 4 Mitarbeiter eines Hotels spielen gemeinsam Lotto und haben 3 200 € gewonnen. Der Gewinn soll nach den Spielanteilen aufgeteilt werden. Mitarbeiter 1 bezahlte 2 Spielscheine, Mitarbeiter 2 bezahlte 1 Spielschein, Mitarbeiter 3 und 4 teilten sich 3 Spielscheine.
Wie viel € bekommt jeder Spieler?

47 Der Monatsgewinn eines Theatercafés beträgt 9 300 €. Er soll nach der Geschäftseinlage der drei Eigentümer aufgeteilt werden. Eigentümer A hat eine Geschäftseinlage von 15 000 €, Eigentümer B 10 000 € und Eigentümer C 8 000 €.
Errechnen Sie die Gewinnanteile der drei Eigentümer in €.

48 Die monatlichen Betriebskosten für Kraftstoff, Steuern, Versicherung, Abschreibung u. a. von drei gleichen Lieferwagen (gleiche Bauart, Anschaffungsjahr) der Firma „Menüs auf Rädern" belaufen sich auf 3 657 €. Die drei Fahrzeuge legen monatlich folgende Strecken zurück:
Fahrzeug 1: 1 840 km   Fahrzeug 2: 1 230 km   Fahrzeug 3: 1 125 km
48.1 Ermitteln Sie die Betriebskosten je Wagen entsprechend der km-Leistung.
48.2 Errechnen Sie die durchschnittlichen Betriebskosten im Monat in € je km.

49 4 Hotel- und Gaststättenbetriebe eines Thüringer Kurorts führen eine gemeinsame Werbeaktion mit Farbprospekten durch. Die Gesamtherstellung der 2 000 Farbprospekte kostet 2 400 €, hinzu kommen 41,50 € Versandkosten.
Betrieb 1 bestellt 700 Stück,   Betrieb 3 bestellt 300 Stück,
Betrieb 2 bestellt 500 Stück,   Betrieb 4 übernimmt den Rest.
Berechnen Sie die anteiligen Kosten jedes beteiligten Betriebes in €.

50 Vier Betriebe einer regionalen Restaurantkette sollen anteilig entsprechend ihren Umsätzen mit den überbetrieblichen Verwaltungskosten in Höhe von 21 300 € belastet werden. Die erzielten Umsätze waren folgende:
Betrieb A: 161 800 € Betrieb B: 120 300 € Betrieb C: 110 100 € Betrieb D: 210 300 €
Berechnen Sie die Belastung mit Verwaltungskosten für jeden Betrieb.

51 Aufschnitt soll sich aus 6 Teilen Kochschinken, 2 Teilen Bierschinken, 5 Teilen Kalbsbraten und 3 Teilen Gewürzsalami zusammensetzen.
Ermitteln Sie die Mengenanteile jeder Aufschnittart in Gramm auf einer Aufschnittplatte für 4 Personen, wobei je Person mit einer Aufschnittmenge von 200 g gerechnet wird.

52 Drei Gastwirte kaufen Rotwein gemeinsam direkt vom französischen Winzer. Gastwirt A erhält Wein im Wert von 1 230 €, Gastwirt B im Wert von 850 € und Gastwirtin C im Wert von 1 500 €. Die Transportkosten belaufen sich auf insgesamt 260 € und werden anteilig berechnet.
Wie viel € hat jeder der Gastwirte zu zahlen?

53 Eine Hotelbuchhaltung soll Gesamtkosten in Höhe von 343 500 € auf drei Kostenstellen anteilig zuordnen. Kostenstelle A erhielt den Faktor 1,0, Kostenstelle B den Faktor 1,3 und Kostenstelle C den Faktor 1,5.
Ermitteln Sie die anteiligen Kosten für A, B und C in €.

54 Aus Mürbeteig sollen 50 Torteletts mit einem Teiggewicht von je 60 g hergestellt werden. Der Mürbeteig besteht aus Zucker, Butter und Mehl im Verhältnis 1 : 2 : 3.
Berechnen Sie die erforderlichen Rohstoffmengen.

 8 Grafische Darstellung von Fachproblemen

8.1 Grafische Darstellung statistischer Kennzahlen

Durch das **Rechnungswesen** werden Kennzahlen erarbeitet, die fundierte unternehmerische Entscheidungen ermöglichen. Die Bewertung von Kennzahlen wird zum Führungsinstrument.

Die **Betriebsstatistik** erhält als Teil des betrieblichen Rechnungswesens **Kennzahlen** aus den einzelnen Betriebsableitungen, aus internen betrieblichen Erhebungen, aus der Kosten- und Leistungsrechnung, der Finanzbuchhaltung sowie aus betriebs- oder volkswirtschaftlichen Statistiken.

Auf den **ersten Blick** ist das Verhältnis der einzelnen Kennzahlen zueinander mitunter schlecht zu erfassen.

Die **grafische Aufbereitung** durch **Diagramme** erleichtert das Erfassen und Auswerten von Kennzahlen.

Durch die Anwendung der **EDV** können Kennzahlen in entsprechenden Programmen einfach erstellt werden. Die Auswertung von solchen Kennzahlen wird durch **grafische Darstellungen** erleichtert.

Beispielsweise werden Leistungsdefizite gut sichtbar.

8.2 Verhältniszahlen

Dazu zählen **Gliederungszahlen, Beziehungszahlen und Indexzahlen**.

Gliederungszahlen: Dabei werden zwei statistische Größen ins Verhältnis gesetzt. Dazu eignen sich Prozent- und Promillerechnung.

Beziehungszahlen: Dabei wird eine Bezugszahl mit der Bezugsgrundlage verglichen.

Indexzahlen: Dabei wird aus einer Zahlenreihe eine Basiszahl, die als 100 % angenommen wird, ausgewählt.

8.3 Grafische Darstellungen

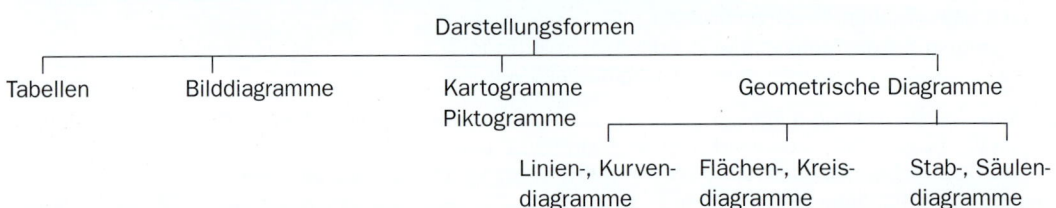

8.4 Tabellen

Zahlen lassen sich in Tabellenform ordnen und damit überschaubarer machen. Tabellen erleichtern auf diese Weise das Auffinden von Zahlenwerten oder Vergleiche der Zahlenangaben. Für die Auswertung und Aufstellung von Tabellen muss man einige Grundbegriffe kennen.

Zur Bewahrung der Übersichtlichkeit sollten Beträge möglichst **gerundet** werden.

Tabellenkopf →	Spalte	Spalte	Spalte	Spalte
Zeile				
Zeile				
Zeile	Feld			

Beispiel: **Anteile der Tagesenergiemenge (100 %) an den einzelnen Mahlzeiten**

Mahlzeit	Kinder und Erwachsene	Alte Menschen
1. Frühstück	25%	20%
2. Frühstück	10%	15%
Mittagessen	30%	30%
Zwischenmahlzeit	10%	20%
Abendessen	25%	15%

Merke: Tabellen bestehen aus waagrechten **Zeilen** und senkrechten **Spalten**. Die Fläche, die an der Kreuzstelle von Zeile und Spalte entsteht, wird **Feld** genannt.

Tabellen dienen der übersichtlichen Anordnung von Zahlen. Ist jedoch eine noch größere Überschaubarkeit erforderlich, dann werden **zeichnerische Lösungen** vorgezogen. Solche grafischen Darstellungen bezeichnet man als Schaubilder oder Diagramme.

8.5 Diagramme

Probleme, Zusammenhänge und Erkenntnisse lassen sich zeichnerisch oftmals besser veranschaulichen, erfassen und einprägen als durch Zahlen und Beschreibungen.
Dazu bieten sich verschiedene **Diagramme** an:
• Linien- und Kurvendiagramme,
• Stabdiagramme (Säulen- oder Blockdiagramme),
• Flächendiagramme (Kreis- und Rechteckdiagramme).

Liniendiagramm: verwendet bei der Darstellung zeitlicher Entwicklungen
Säulendiagramm: verwendet bei Vergleichen, wo keine stufenlose zeitliche Entwicklung gegeben ist.
Kreisdiagramm: verwendet bei der Darstellung von Teilen eines Ganzen. Die Aufteilung wird dadurch gut sichtbar.

Linien- und Kurvendiagramme
Unter Linien- oder Kurvendiagrammen versteht man Darstellungen im Koordinatensystem. Dieses ist durch zwei Achsen gekennzeichnet:
• die waagrechte Achse oder x-Achse,
• die senkrechte Achse oder y-Achse.
Mit Hilfe beider Achsen werden zwei aufeinander bezogene Größen oder Größengruppen dargestellt.

Beispiele: Umsätze je Monat, Stromverbrauch an unterschiedlichen Tageszeiten usw., Hotelübernachtungen im Jahresverlauf.

Beispielaufgabe:

Der Fleischverzehr von 2007 bis 2013 in Deutschland soll in einem Kurvendiagramm dargestellt werden.

Nahrungsmittel Fleisch

Jährlicher Pro-Kopf-Verzehr von Fleisch in Deutschland in Kilogramm

© Wolfgang Herzig, Essen

Lösungsweg:

Zunächst ist das Erstellen eines Koordinatensystems erforderlich.

Auf der waagrechten Achse (x-Achse) werden die statistischen Merkmale eingezeichnet, in diesem Fall die Jahre.

In die senkrechte Achse (y-Achse) wird demzufolge die Häufigkeit der Merkmale, also Zähl- oder Messergebnisse, hier der Pro-Kopf-Fleisch-Verzehr in kg erfasst.

Der Maßstab hängt von den dargestellten Größen ab.

Stabdiagramme

Veranschaulichung der Messwerte erfolgt hier durch **Stäbe, Säulen, Balken**. Sie stellen den unterschiedlichen Umfang bzw. die unterschiedliche Größe von Werten dar. Die Messwerte werden durch verschieden lange Stäbe veranschaulicht.

Beispielaufgabe:

Um die Zusammensetzung von ungezuckerter Kondensmilch (10 % Fett) zu veranschaulichen, soll ein Stabdiagramm angefertigt werden.

Lösungsweg:

Die Zusammensetzung für ungezuckerte Kondensmilch (10 % Fett) wird der Nährwerttabelle auf Seite 254 entnommen.

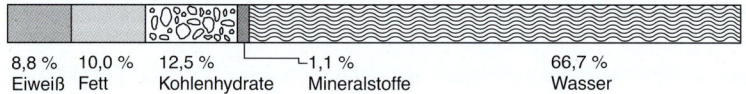

| 8,8 % | 10,0 % | 12,5 % | 1,1 % | 66,7 % |
| Eiweiß | Fett | Kohlenhydrate | Mineralstoffe | Wasser |

Ein waagrechter Balken von 15 cm Länge und 2 cm Breite wird gezeichnet. Danach sind die Nährstoffe abschnittsweise farbig einzuzeichnen.

Die Berechnung der Abschnitte geschieht folgendermaßen:

Eiweiß 8,8 %: 100 % $\triangleq$ 15 cm

$\qquad$ 8,8 % $\triangleq$ x $\qquad$ x = 1,32 cm usw.

Flächendiagramme

Sie werden dann verwendet, wenn Anteile von einem Ganzen darzustellen sind.

Zu unterscheiden sind hier **Rechteckdiagramme** und **Kreisdiagramme**. Die Häufigkeit der einzelnen Merkmale wird durch unterschiedliche Sektorengrößen oder andere Flächengrößen wiedergegeben.

Beispiel: **Fleischverzehr nach Fleischarten** (pro Kopf der Bevölkerung)

Aufteilung in Kilogramm
(gerundet)

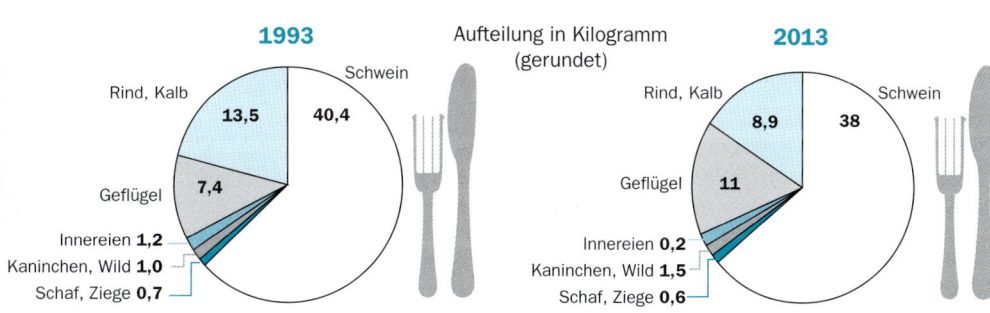

Beispielaufgabe:

Die Zusammensetzung von magerem Rindfleisch (Muskelfleisch ohne Fett) soll durch ein Kreisdiagramm veranschaulicht werden.

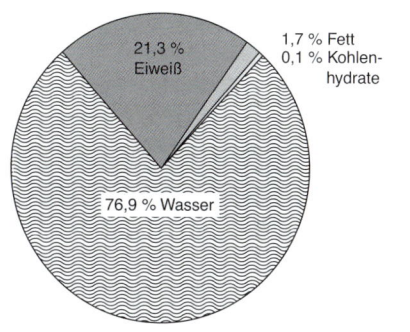

Lösungsweg: Als Arbeitsmittel werden Zirkel und Winkelmesser benötigt. In eine Kreisfläche zeichnet man die Abschnitte entsprechend dem prozentualen Anteil ein.

Die Berechnung ist am Beispiel des Eiweißanteils dargestellt.

$100\ \% \triangleq 360°$
$21,3\ \% \triangleq\ x°$

$$x = \frac{360° \times 21,3\ \%}{100\ \%} = 76,68° = 77°$$

8.6 Kartogramme und Piktogramme

In der Presse findet man immer wieder zeichnerisch aufbereitete Fachmitteilungen in Form von **Kartogrammen** und **Piktogrammen**. Statistische Angaben bilden vielfach die Grundlage dafür. Sie kommen vom Statistischen Bundesamt, von Eurostat in Luxemburg sowie von statistischen Einrichtungen der Ministerien, von Fachverbänden sowie Privateinrichtungen.

Bei Kartogrammen und Piktogrammen werden Zahlen mit zeichnerischen Darstellungen (Landkarten, anderen Abbildungen) kombiniert, um den Aussagewert und die Erfassbarkeit der Zahlenangaben zu verstärken.

Kartogramme

Kartogramme sind Veranschaulichungen von Zahlen, bezogen auf geografische Gebiete.

Beispiele: Touristenzentren in Deutschland mit jährlichen Besucherzahlen, Wetterkarte, Mostwertkarte, Tourenkarten mit Entfernungsangaben

Beispielaufgabe:

Die Wetterunterschiede in Europa sollen sichtbar gemacht werden.

Lösungsweg:

Temperaturwerte werden in eine Europakarte eingetragen. Die Schrift wird umso größer, je höher die dargestellte Temperatur ist.

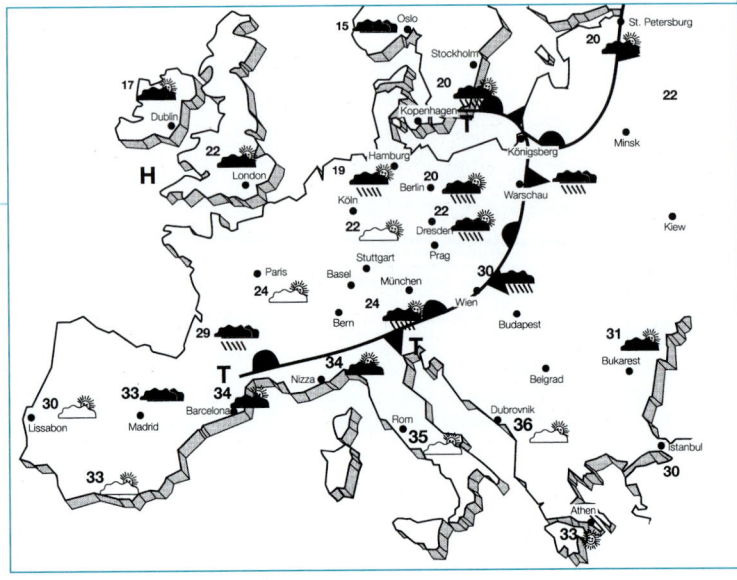

Piktogramme

Piktogramme sind Bildsymbole mit international festgelegter Bedeutung. Dabei handelt es sich vielfach um Darstellungen von Zahlenmaterial in Verbindung mit Zeichnungen und Bildern, die Sachverhalte durch die Kombination von Bildern und Zahlen leichter erfassbar machen sollen.

Beispiele: Garzeiten, Verbrauch an Nährstoffen, Verbrauch an Lebensmitteln, Verkehrsunfälle

Beispielaufgabe:

Die Kosten falscher Ernährung sollen grafisch sichtbar gemacht werden.

Lösungsweg:

Die Kosten werden durch unterschiedlich große Münzen verdeutlicht.

Kosten durch falsche Ernährung

Ernährungsbedingte Krankheiten kosteten den Staat in einem Jahr **insgesamt 42,6 Milliarden €.**

16,9 Mrd. € Herz-Kreislauf-Erkrankungen

10,3 Karies

5,0 Krebs

0,4 sonstige Erkrankungen

1,9 Diabetes

0,3 Übergewicht

1,8 Alkoholismus

0,4 Osteoporose

1,6 Leber-Erkrankungen

0,6 Gallen-Erkrankungen

1,4 Bauchspeicheldrüsen-Erkrankungen

0,6 Schilddrüsen-vergrößerung

0,7 Lebensmittel-Infektionen

0,7 Fettstoffwechsel-Störungen

8.7 Darstellungen mit dem PC

2-D-Kreisdiagramm:
Nährwert Sojabohne

3-D-Kreisdiagramm

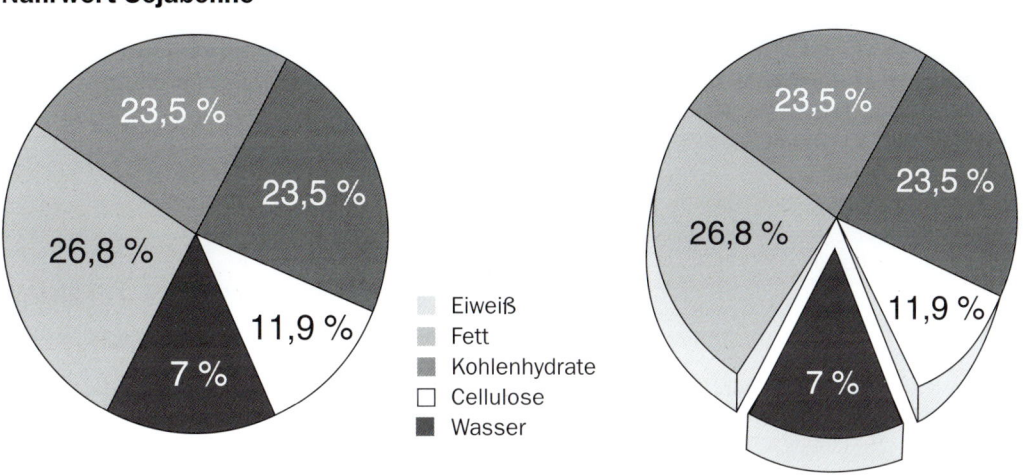

- Eiweiß
- Fett
- Kohlenhydrate
- Cellulose
- Wasser

Für die Herstellung von Säulen- und Kreisdiagrammen eignen sich insbesondere **Tabellenkalkulationsprogramme**.

Übungsaufgaben zu grafischen Fachproblemen

1 Der Bierausschank in Litern hatte in einer Woche folgenden Umfang.

Tag	Pilsener	Export	Alt	Bock
Montag	32	34	21	26
Dienstag	34	43	15	54
Mittwoch	25	32	12	24
Donnerstag	53	25	15	32
Freitag	42	24	14	21
Samstag	54	42	11	24
Sonntag	23	24	21	26

1.1 Erarbeiten Sie ein Liniendiagramm für den Ausschank der einzelnen Biersorten in einer Woche.
1.2 Zeichnen Sie ein Säulendiagramm für den Gesamtausschank der einzelnen Biersorten in einer Woche.

2 Der Getränkeumsatz in einer Ausflugsgaststätte hatte im vergangenen Jahr folgende Größen (in €):

Spirituosen	Bier	Wein	Kaffee	Fruchtgetränke	Mineralwässer
210 000	180 000	74 000	37 000	29 000	21 000

Zeichnen Sie ein Säulendiagramm über den jährlichen Umsatz der einzelnen Getränke.

3 Von 1925 bis 2005 hat sich die Schwere der Berufsarbeit grundlegend verändert, dies zeigt die folgende Tabelle:

Jahr	Leichtarbeiter	Schwerarbeiter	Schwerstarbeiter
1925	24 %	39 %	40 %
1950	58 %	21 %	21 %
1990	78 %	13 %	9 %
2005	81 %	11 %	8 %

Geben Sie diese Entwicklung anschaulich in einem Säulendiagramm wider.

4 Der Pro-Kopf-Verzehr an Fleisch stellt sich 2009 in Deutschland folgendermaßen dar:
Schweinefleisch   39,0 kg   Geflügel   11,0 kg
Rind- und Kalbfleisch 8,5 kg   Lamm u. a. 0,6 kg
Entwerfen Sie ein liegendes Säulendiagramm, in das Sie die einzelnen Fleischarten verschiedenfarbig eintragen.

5 Fertigen Sie mit Hilfe der Nährwerttabelle auf den Seiten 273 bis 283 nebeneinander stehende Säulendiagramme von folgenden Lebensmitteln an:
Schweinfleisch, mager   Vollmilch   Roggenmischbrot   Kartoffel   Apfel
Hering   Butter   Hühnerei   Sauerkraut   Banane
Verwenden Sie für die Darstellung des Eiweißgehaltes die rote Farbe, für Fett gelb und für Kohlenhydrate grün. Die Differenz zu 100 % wird als Wassergehalt betrachtet und blau gezeichnet.

6 Durch verbesserten Arbeitsschutz sind die tödlichen Arbeitsunfälle in Deutschland seit 1971 ständig zurückgegangen:
Tödliche Arbeitsunfälle auf 1 Million Erwerbstätige:

1971	185 Todesfälle
1976	129 Todesfälle
1981	96 Todesfälle
1986	55 Todesfälle
2002	26 Todesfälle
2004	14 Todesfälle

6.1 Stellen Sie diese Entwicklung in einem Kurvendiagramm dar.
6.2 Im Jahr 1993 gab es 1 395 Arbeitsunfälle und 790 Wegeunfälle. Fertigen Sie davon ein Kreisdiagramm an.

7 Ein Speiserestaurant hatte folgende Umsatzanteile:
Bier   36 %   Sekt   5 %   alkoholfreie Getränke 14 %
Wein   24 %   Spirituosen 12 %   Küchengetränke   9 %
Veranschaulichen Sie die Umsatzanteile in einem Kreisdiagramm.

8 Ein Hotel konnte innerhalb von drei Jahren folgende Anzahl an Übernachtungen verzeichnen:

Jahr	1. Quartal	2. Quartal	3. Quartal	4. Quartal
1	3 060	2 320	3 210	2 740
2	2 040	1 860	2 850	2 540
3	3 010	2 160	2 820	2 590

Stellen Sie die Übernachtungszahlen der drei Jahre in einem Kurvendiagramm dar.

9 Fertigen Sie für die geplante Kreuzfahrt von Kopenhagen nach Genua eine Karte mit Entfernungsangaben in Seemeilen und km an. 1 Seemeile entspricht 1,852 km.
Abschnitte Kreuzfahrt:

Kopenhagen	–	Kiel	146 SM	La Coruna	– Malaga	753 SM
Kiel	–	Dover	792 SM	Malaga	– Genua	803 SM
Dover	–	La Coruna	660 SM			

10 Entwerfen und gestalten Sie ein Piktogramm zu den folgenden Ethanolangaben (% vol):

Weine	8 bis 15	Vollbiere	3 bis 5
Schaumweine	8,5 bis 12	Brände	32 bis 50
Likörweine	15 bis 22	Liköre	20 bis 35

11 Im vergangenen Jahr erlitten rund 8,47 Millionen Menschen in Deutschland eine Unfallverletzung, davon 2,35 Millionen zu Hause, 2,24 Millionen in der Freizeit, 2,02 Millionen im Beruf, 1,35 Millionen in der Schule und 0,51 Millionen im Verkehr.
Entwerfen Sie zum Unfallgeschehen ein Säulendiagramm.

12 Entwerfen Sie unter Verwendung der Nährwerttabelle auf den Seiten 273 ff Kreisdiagramme für die Zusammensetzung folgender Lebensmittel:
Brathuhn, Gans, Ente, Putenfleisch.
12.1 Stellen Sie das Eiweiß-Fett-Verhältnis durch Farben heraus.
12.2 Beurteilen Sie die unterschiedlichen Geflügelarten hinsichtlich des Eiweiß-Fett-Anteils.

13 Für Wurst lassen sich 9 Fettgehaltsstufen finden:

Fettgehaltsstufe	Beispiele
5 %	magere Sülze, Putenbrust, magerer Schinken
10 %	Eisbeinsülze, Kochschinken, deutsches Cornedbeef
15 %	Bierschinken, Thüringer Rotwurst, Zwiebelleberwurst
20 %	Lyoner, Jagdwurst, Zungenroulade
25 %	Schinkenwurst, Fleischkäse, Wiener Würstchen
30 %	Teewurst, Gelbwurst, Krakauer
35 %	Hausmacher Leberwurst, grobe Mettwurst
40 %	Paprikawurst, Mettwurst, Salami
45 %	Griebenwurst, Cervelatwurst

Fertigen Sie eine Übersicht über die Fettgehaltsstufen mit Beispielen an, indem Sie liegende Balkendiagramme entwickeln.

14 Im Hotel Rheingold beliefen sich die Kosten im vergangenen Geschäftsjahr auf insgesamt 460 000 €.
Die Kostenarten (€) gliederten sich folgendermaßen auf:

Pacht/Mieten	Sachkosten	Personalkosten	Sonstige Kosten
115 000	120 000	170 000	55 000

14.1 Stellen Sie die Kostenaufteilung mittels Computer in einem 2-D-Kreisdiagramm dar.
14.2 Verdeutlichen Sie die Kostenaufteilung in einer 3-D-Computerdarstellung.

15 Im Hotel Europa mit 150 Betten ergab sich im vergangenen Geschäftsjahr folgende Bettenbelegung:

Januar	Februar	März	April	Mai	Juni	Juli	August	September	Oktober	November	Dezember
60	58	70	90	85	105	120	150	90	58	50	70

Stellen Sie die Bettenbelegung grafisch dar. Nutzen Sie dazu den Computer.

Berechnungen zur Ernährung

Für die **gesundheitsfördernde Ernährung** sind Nährstoffe und Energie im ausgewogenen Verhältnis erforderlich. Ernährungsberechnungen beziehen sich deshalb einmal auf die **Lebensmittelbestandteile** und zum anderen **auf die von den Nährstoffen gelieferte Energie.**

Nährstoffgehalt

Bei Lebensmitteln wird der Gehalt an Eiweiß, Fett, Kohlenhydraten, Vitaminen und Mineralstoffen (einschließlich Ballaststoffen) angegeben. Besondere Bedeutung haben die essenziellen Stoffe (essenzielle Aminosäuren, essenzielle Fettsäuren, Vitamine, Mineralstoffe), aber auch Cholesterin.

Energiegehalt

Wichtigste Energielieferanten sind die drei Grundnährstoffe. Der Anteil an verwertbarer Energie beträgt:

• Kohlenhydrate 17 kJ je Gramm,   • Fette 37 kJ je Gramm[1],   • Eiweißstoffe 17 kJ je Gramm.

Im geringen Maße liefern auch Ethanol (Alkohol) und organische Säuren (z. B. Essigsäure, Zitronensäure u. a.) Energie:

• Ethanol 29 kJ je Gramm,   • organische Säuren 13 kJ je Gramm.

9.1 Nährstoff- und Energiegehalt von Zutaten

Für Ihre Berechnungen verwenden Sie die Nährwerttabelle im Anhang auf den Seiten 273 bis 283.

Merke: Innerhalb der Rechnungen werden Gramm- und Kilojoule-Angaben auf zwei Stellen nach dem Komma, im Ergebnis auf ganze Zahlen gerundet.

Beispielaufgabe:

Hauswirtschafterin Michaela interessiert sich für den Energiegehalt von 200 g Vollmilchjoghurt. Die Freundinnen meinten, von Joghurt würde man genauso dick wie von Wurst.

Lösungsweg: Michaela entnimmt der Nährwerttabelle folgende Werte für 100 g Vollmilchjoghurt (3,5 % Fett):

Eiweiß: 3,3 %   Fett: 3,5 %   Kohlenhydrate: 4,0 %

Eiweiß:	200 g x 3,3 % = 6,6 g Eiweiß	
Fett:	200 g x 3,5 % = 7,0 g Fett	
Kohlenhydrate:	200 g x 4,0 % = 8,0 g Kohlenhydrate	
6,6 g Eiweiß	x 17 kJ/g = 112,2 kJ	
7,0 g Fett	x 37 kJ/g = 259,0 kJ	
8,0 g Kohlenhydrate	x 17 kJ/g = 136,0 kJ	
Gesamtenergie in 200 g Joghurt	507,2 kJ	

In dem zum Frühstück verzehrten Vollmilchjoghurt sind 507,2 kJ enthalten. Das ist weniger als die Energiemenge, die ein Wiener Würstchen liefert.

---

[1] In der Verordnung über Nährwertangaben bei Lebensmitteln vom 21.11.1991 ist der Brennwert von einem Gramm Fett mit 37 kJ angegeben. Die DGE rechnet neuerdings ebenfalls mit 37 kJ/Gramm Fett.

Fettgehalt im Käse

Der Fettgehalt i. Tr. bezieht sich nur auf die Trockenmasse des Käses. Zur Ermittlung des tatsächlichen Fettgehaltes sollen nebenstehende Zeichnungen als Anleitung dienen:

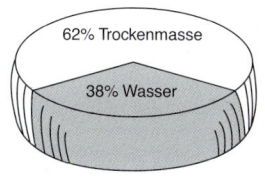
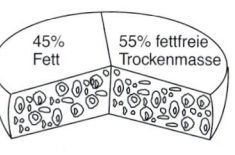

Übungsaufgabe

Aus der Übersicht gehen Trockenmasse und Fettgehalt i.Tr. von ausgewählten Käsesorten hervor:

Käsesorte	Fettgehalt	Trockenmasse	Käsesorte	Fettgehalt	Trockenmasse
Speisequark	20 % Fett i. Tr.	21 %	Camembert	45 % Fett i. Tr.	44 %
Speisequark	40 % Fett i. Tr.	21 %	Edamer	40 % Fett i. Tr.	62 %
Romadur	20 % Fett i. Tr.	35 %	Emmentaler	45 % Fett i. Tr.	62 %

Errechnen Sie den tatsächlichen Fettgehalt von jeweils 100 g der ausgewählten Sorten.
Wie viel g Fett sind in 200 g Speisequark (20 % Fett i. Tr.) enthalten?
Vergleichen Sie den Fettgehalt von 100 g Camembert und 100 g Emmentaler. Beide Käsesorten haben den gleichen Fettgehalt i. Tr. In welcher Käsesorte ist mehr Fett enthalten?

Übungsaufgaben Zutaten

1 Ermitteln Sie den Fettgehalt von jeweils 100 g der folgenden Lebensmittel:

1.1 Blutwurst **1.3** Leberpastete **1.5** Salami, deutsche **1.7** Eisbein
1.2 Bratwurst **1.4** Mettwurst **1.6** Kasseler **1.8** Kalbsleber

2 Ermitteln Sie in der Nährwerttabelle den Süßwasserfisch

2.1 mit dem höchsten Eiweißgehalt **2.5** mit dem höchsten Cholesterin-Gehalt
2.2 mit dem niedrigsten Fettgehalt **2.6** mit dem höchsten Phosphor-Gehalt
2.3 mit dem höchsten Vitamin-A-Gehalt **2.7** mit dem höchsten Calcium-Gehalt
2.4 mit dem höchsten Kalium-Gehalt **2.8** mit dem niedrigsten Eiweißgehalt

3 Ermitteln Sie das Gemüse mit dem höchsten Vitamin-C-Gehalt.

4 Errechnen Sie den Energiegehalt, den ein Schweineschnitzel mit einem Rohgewicht von 150 g liefert.

5 Ermitteln Sie den Gehalt an Grundnährstoffen und Energie von 50 g Weißbrot.

6 Wie viel Gramm Eiweiß und Fett sind in einem Rinderfiletsteak von 180 Gramm enthalten?

7 In wie viel kg gekochten Kartoffeln sind 70 g Eiweiß enthalten?

8 Errechnen Sie die Nährstoffanteile, die in einer Scheibe Roggenvollkornbrot (50 g) enthalten sind.

9 Vergleichen Sie den Energiegehalt von 100 g Räucheraal mit 100 g Bückling und 100 g geräucherter Makrele.

10 Wie viel Energie enthalten folgende Rohstoffeinsatzmengen?

10.1 100g Lachs, geräuchert **10.6** 1 Liter Vollmilch (Trinkmilch 3,5 % Fett)
10.2 100 g Bratwurst **10.7** 1 Ei (gesamt, 50 g)
10.3 1 Portion Rindergulasch (225 g, Rinderkeule) **10.8** 80 g Eierteigwaren
10.4 1 Tafel Vollmilchschokolade (100 g) **10.9** 300 g Spargel, gekocht
10.5 100 g Butter **10.10** 0,33-l-Dose Cola

11 Ermitteln Sie den Vitamin-C-Gehalt von jeweils 100 g der folgenden Lebensmittel:

11.1 Zitronensaft **11.4** Banane
11.2 Schwarze Johannisbeeren **11.5** Apfel, ungeschält
11.3 Kartoffelchips **11.6** Blattpetersilie

12 Bei der Untersuchung von 200 g geschälten Kartoffeln wurden 3,6 g Eiweißstoffe ermittelt. Ermitteln Sie durch Kopfrechnen den prozentualen Eiweißgehalt in der Kartoffel.

13 Berechnen Sie Nährstoffe und Energiegehalt von 100 g frisch geernteten Kartoffeln.

9.2 Nährstoff- und Energiegehalt von Speisen, Getränken und Mahlzeiten

Nachdem Nährstoff- und Energiegehalt von ausgewählten Zutaten berechnet wurden, sollen anschließend verschiedene Rezepturen für Speisen, Getränke oder Mahlzeiten rechnerisch beurteilt werden.

Der Nährstoff- und Energiegehalt einzelner Speisen und Getränke kann recht unterschiedlich sein (vgl. Nährwerttabelle Seite 273 ff).

Ein Vergleich des Energiegehaltes von Speisenbeispielen zeigt das eindrucksvoll:

1 Brötchen	400 kJ	1 Stück Apfelkuchen	1 040 kJ	1 Stück Christstollen	1 750 kJ
1 Tasse Tee	0 kJ	1 Glas Mineralwasser	0 kJ	1 Tasse Kakao	840 kJ

Beispielaufgabe:

Restaurantfachfrau Ulrike will den Nährstoff- und Energiegehalt ihres 1. Frühstücks berechnen, das sich folgendermaßen zusammensetzt:

1 Becher Früchtejoghurt (1,5 % Fett)   1 Glas Tee mit Zucker
1 Scheibe Roggenschrotbrot   1 Apfel
1 Portion Butter   1 Banane
1 Stück Camembert (30 % Fett i. Tr.)

Ulrike hatte in einem Fachbuch gelesen, dass man zum 1. Frühstück folgende Nährstoff- und Energiemengen aufnehmen sollte:
2 500 kJ, 16 g Eiweiß, 18 g Fett, 90 g Kohlenhydrate.

Lösungsweg:

Lebensmittel	Menge	g Eiweiß		g Fett		g Kohlenhydrate		Energie
		100 g	gew. M.	100 g	gew. M.	100 g	gew. M.	kJ
Früchtejoghurt 1,5 % Fett, gezuckert	150 g	3	**4,5**	1,3	**1,95**	13,6	**20,4**	495,45
Roggenschrotbrot	50 g	7,5	**3,75**	1,4	**0,7**	41,0	**20,5**	438,15
Butter	12 g	0,7	**0,08**	83,2	**9,98**	0,7	**0,08**	371,98
Camembert 30 % Fett i. Tr.	30 g	21,9	**6,57**	13,2	**3,96**	—	—	258,21
Tee	150 g	—	—	—	—	—	—	—
Zucker	5 g	—	—	—	—	100	**5,0**	85,00
Apfel	200 g	0,2	**0,4**	0,6	**1,2**	10,9	**21,8**	421,80
Banane	150 g	1,1	**1,65**	0,2	**0,3**	21,4	**32,1**	584,85
gesamt	—	—	**16,95 g**	—	**18,09 g**	—	**99,88 g**	2 655,44 kJ
			288,15 kJ		669,33 kJ		1 697,96 kJ	

Der Energiegehalt von Ulrikes 1. Frühstück liegt mit 2 655,44 kJ etwas über den Empfehlungen. Eiweiß und Fett (Eiweiß 17 g, Fett 18 g) entsprechen ungefähr den Empfehlungen. Der Kohlenhydratgehalt ist mit rund 100 g etwas zu hoch.

Rechenschritte: 1. Bestimmen der genauen Lebensmittelqualität und der verzehrten Mengen.

2. Aufstellen einer Übersicht und Eintragen der Nährstoffmengen von 100 g aus der Nährwerttabelle.

3. Berechnen der absoluten Mengen an Grundnährstoffen lt. Rezeptur.

4. Umrechnen der addierten Grundnährstoffmengen in die Energiemengen und Ermittlung der aufgenommenen Gesamtenergiemenge.

Übungsaufgaben zu Speisen, Getränken und Mahlzeiten

14 Berechnen Sie den Gehalt an Grundnährstoffen sowie an Energie von einem halben Liter Trinkmilch 3,5 % Fett.

15 Eine Portion Schichtkäse (20 % Fett i. Tr.) wiegt 60 g. Errechnen Sie die enthaltenen Nährstoffe in Gramm.

16 Ein Schüler isst ein Pausenbrot, das aus 50 g Roggenmischbrot, 5 g Butter und 20 g Cervelatwurst besteht.
16.1 Errechnen Sie den Energiegehalt der Mahlzeit.
16.2 Wie viel Gramm Halbbitterschokolade würden dem gleichen Energiegehalt entsprechen?

17 Berechnen Sie den Energiegehalt einer Portion Tatar: 1 Eigelb (19 g), 125 g Rindfleisch (Muskelfleisch ohne Fett), 20 g Zwiebeln, 10 g Butter, 30 g Weizenvollkornbrot.

18 Verschiedene Trockenerzeugnisse nehmen beim Zubereiten durch Quellung an Masse zu. Wichtig ist die Berücksichtigung der Wasseraufnahme bei der Energieberechnung von Teigwaren, Hülsenfrüchten und Reis. Diese Rohstoffe quellen auf das 2 bis 3fache. Ermitteln Sie den Energiegehalt der folgenden gegarten Portionsmengen, wenn sich das Rohstoffgewicht auf das 2,5fache vergrößert hat.

18.1 250 g Spaghetti, eifrei   **18.3** 240 g Vollkornnudeln   **18.5** 210 g Reis, poliert
18.2 200 g Nudeln   **18.4** 150 g Linsen   **18.6** 250 g Bohnen, weiß

19 Ein Gast hat sich folgendes Frühstück zusammengestellt:

2 Tassen Kaffee (unberechnet)	3 Weizenbrötchen zu je 40 g	60 g Schinken
8 g Zucker	45 g Butter	
10 g Kondensmilch (7,5 % Fett)	40 g Schmelzkäse, 45 % Fett i. Tr.	

19.1 Berechnen Sie den Energiegehalt der Mahlzeit.
19.2 Beurteilen Sie den ernährungsphysiologischen Wert.

20 Berechnen Sie den Energiegehalt des folgenden „Kontinentalen Frühstücks":
3 Weizenbrötchen je 30 g   20 g Bienenhonig
25 g Butter   30 g Schinken

21 Berechnen Sie den Energiegehalt des folgenden „Englischen Frühstücks":
1 Glas Grapefruitsaft, frisch (100 g)   60 g Toast
20 g Cornflakes   25 g Butter
Ham an Eggs (2 Eier je 50 g,   20 g Bitterorangenmarmelade (1 090 kJ je 100 g)
    60 g Speck, durchwachsen)

22 Berechnen Sie den Energiegehalt von ungarischem Gulasch (0,25 l), wenn es nach folgender Rezeptur (2,5 l) hergestellt wird:

Schweineschmalz	0,060 kg	Tomaten	0,300 kg
Rindfleisch (Muskelfleisch ohne Fett)	0,600 kg	Kartoffeln, roh	0,400 kg
Zwiebeln	0,600 kg	Peperoni (Paprikafrüchte, roh)	0,300 kg
Weizenmehl T 405	0,030 kg	ohne Berechnung: Fleischbrühe	3,000 kg
		Gewürze	

23 Ermitteln Sie den Energiegehalt einer Schinkenplatte:
3 Scheiben Schwarzwälder Schinken (siehe Schinken) zu je 40 g
2 Scheiben Roggenmischbrot zu je 60 g
40 g Butter
100 g Melone
1 Glas (2 cl) Korn (32 % vol) (S. 156)

24 Beurteilen Sie den folgenden Tagesspeiseplan.

1. Frühstück		Mittagessen		Abendessen	
1	Tasse Kaffe (unberechnet)	150 ml	Fleischbrühe, entfettet (unberechnet)	175 g	Leberpastete
8 g	Zucker	180 g	Kasseler	120 g	Bratkartoffeln
10 g	Kondensmilch (10 % Fett)	150 g	Sauerkraut		(Tabelle siehe
3	Weizenbrötchen je 40 g	70 g	Roggenmischbrot		Pommes frites)
45 g	Butter	50 g	Eiscreme (2 g Eiweiß, 6 g Fett,	0,5 l	Pilsner
60 g	Leberwurst, mager		11 g Kohlenhydrate)		(Lagerbier)

2. Frühstück		Vesper	
2 Frankfurter Würstchen je 50 g		2	Tassen Tee (unberechnet)
1 Weizenbrötchen zu 40 g		8 g	Zucker
0,5 l Vollmilch (3,5 % Fett)		1 Stück	Obstkuchen (2 g Eiweiß, 7 g Fett,
			37 g Kohlenhydrate)

24.1 Ermitteln Sie die Gesamtmenge an Eiweißstoffen, Fetten und Kohlenhydraten.
24.2 Berechnen Sie den Energiegehalt der einzelnen Mahlzeiten.
24.3 Berechnen Sie den Energiegehalt für den gesamten Tag.
24.4 Machen Sie Vorschläge für eine bessere Vitamin- und Mineralstoffversorgung.

25 1,5 kg Zander enthalten 230 g Eiweiß.
Berechnen Sie den Eiweißgehalt einer Portion von 180 g.

26 Tatar wird aus magerem Rindfleisch hergestellt.
Berechnen Sie den Energiegehalt einer Portion von 180 g. Aufrunden auf ganze kJ.

27 Vergleichen Sie den Energiegehalt von je einem Glas (200 g) Vollmilch (3,5 % Fett) mit dem fettarmer Milch und Magermilch (entrahmte Trinkmilch).
Ermitteln Sie die Differenz zwischen dem höchsten und dem niedrigsten Energiegehalt in kJ.

28 Ein Gast trinkt zwei 0,2-l-Gläser Weißwein (Qualitätsweißwein mit 10 % vol Ethanol).
Wie viel Energie in kJ hat er dadurch aufgenommen?

29 Ein Viertel Wein enthält 2,5 g Ethanol und 4,3 g unvergorenen Traubenzucker.
Ermitteln Sie den Energiegehalt in kJ.

9.3 Nährstoff- und Energiebedarf

Die **vollwertige Ernährung** ist eine wichtige Voraussetzung für die gesunde Entwicklung der Menschen, für ihre Leistungsfähigkeit und Lebensfreude.

Zur vollwertigen Ernährung gehört eine **angemessene Energie- und Nährstoffbedarfsdeckung**.

Die Deutsche Gesellschaft für Ernährung (DGE) bemüht sich in Deutschland um die vollwertige Ernährung. Sie veröffentlicht neue Forschungsergebnisse, gibt Ernährungsempfehlungen und andere Anleitungen für die gesundheitsfördernde Ernährung der deutschen Bevölkerung heraus. Dazu gehören Zahlenwerte über die Ernährungssituation und über Ernährungsforderungen.

Nährstoff- und Energiebedarf (DGE)

		15–18 Jahre		19–25 Jahre	
		männl.	weibl.	männl.	weibl.
Grundnährstoffe					
Eiweiß	g	60	47	48	60
essenzielle					
Fettsäuren	g	11	9	10	8
Saccharose	g	73	58	64	52
Energie	MJ	12,5	10,0	11,0	9,0
Ballaststoffe	g	30	30	30	30
Vitamine					
A	mg	1,1	0,9	1,0	0,8
D	µg	5	5	5	5
E	mg	12	12	12	12
B_1	mg	1,6	1,3	1,2	1,4
B_2	mg	1,8	1,7	1,7	1,5
B_{12}	µg	3	3	3	3
C	mg	75	75	75	75
Mineralstoffe					
Kalium	g	2–4	2–4	2–4	2–4
Calcium	g	1,2	1,2	1	1
Phosphor	g	1,6	1,6	1,5	1,5
Magnesium	mg	400	350	350	300
Eisen	mg	12	15	12	15
Jod	µg	200	200	200	200

Grundnährstoffe und Energiebedarf nach Mahlzeiten

	Energie in %	Eiweiß in %	Fett in %	Kohlenhydrate in %
Tagesbedarf	100	100	100	100

Fünf Tagesmahlzeiten

1. Frühstück	25	20	25	30
2. Frühstück	10	10	7,5	10
Mittagessen	30	30	35	25
Vesper	10	10	7,5	10
Abendessen	25	30	25	25

Drei Tagesmahlzeiten

Frühstück	30	25	30	35
Mittagessen	40	45	40	35
Abendessen	30	30	30	30

Beispielaufgabe:

Der tägliche Energiebedarf eines Erwachsenen zwischen 19 und 25 Jahren liegt bei 11 000 kJ (männlich) und 9 000 kJ (weiblich). Dieser Energiebedarf sinkt:

zwischen 33. und 55. Lebensjahr um 10 %,

zwischen 55. und 75. Lebensjahr um weitere 15 %,

nach dem 75. Lebensjahr um weitere 10 %.

Ermitteln Sie den täglichen Energiebedarf in kJ für die angegebenen Altersgruppen.

Lösungsweg: **33. bis 55. Lebensjahr:** (männlich) (weiblich)

100 % ≙ 11 000 kJ 100 % ≙ 9 000 kJ

90 % ≙ x kJ x = 9 900 kJ 90 % ≙ x kJ x = 8 100 kJ

55. bis 75. Lebensjahr:

100 % ≙ 9 900 kJ 100 % ≙ 8 100 kJ

85 % ≙ x kJ x = 8 415 kJ 85 % ≙ x kJ x = 6 885 kJ

nach dem 75. Lebensjahr:

100 % ≙ 8 415 kJ 100 % ≙ 6 885 kJ

90 % ≙ x kJ x = 7 574 kJ 90 % ≙ x kJ x = 6 197 kJ

Der Energiebedarf (männlich/weiblich) beträgt bei 33- bis 55-Jährigen 9 900/8 100 kJ, bei 55- bis 75-Jährigen 8 415/6 885 kJ und nach dem 75. Lebensjahr 7 574/6 197 kJ.

Übungsaufgaben zu Nährstoff- und Energiebedarf

30 Nach dem Ernährungsbericht der Deutschen Gesellschaft für Ernährung liegt der Tagesbedarf an Jod bei 200 Mikrogramm (200 µg). Ein Erwachsener nimmt jedoch aus unbearbeiteten Lebensmitteln täglich nur etwa 60 µg Jod auf. Bei Verwendung von jodiertem Speisesalz würde es zu einer Steigerung der Jodaufnahme um 20 µg kommen. Eine Verwendung von gewerbsmäßig mit Jod hergestellten Wurst-, Back- und Molkereierzeugnissen könnte zu einer zusätzlichen Aufnahme von etwa 80 µg Jod führen.

30.1 Zu wie viel % wird der tägliche Jodbedarf durch unbearbeitete Lebensmittel gedeckt?

30.2 Um wie viel % verbessert die tägliche Aufnahme von jodiertem Kochsalz die tägliche Jodaufnahme?

30.3 Zu wie viel % wird der Tagesbedarf an Jod gedeckt, wenn neben jodiertem Kochsalz auch gewerbsmäßig mit Jodsalz hergestellte Lebensmittel verzehrt werden?

31 Entnehmen Sie die Richtwerte für den durchschnittlichen Energiebedarf von Leichtarbeitern der folgenden Tabelle.

Alter (Jahre)	Gesamtenergiebedarf (kJ)	
	Frauen	Männer
25	9 000	11 000
45	8 500	10 000
65	7 500	9 000

31.1 Berechnen Sie die Abnahme des Energiebedarfs bei Frauen und Männern alle 20 Lebensjahre in kJ und %.

31.2 Welche Unterschiede ergeben sich im Energiebedarf bei Frauen und Männern mit gleichem Alter?

Frauen (165 cm groß, 60 kg Körpergewicht),
Männer (176 cm groß, 74 kg Körpergewicht).

32 Der Tagesenergiebedarf eines Jugendlichen beträgt durchschnittlich 12 500 kJ.

Berechnen Sie den Energiebedarf für fünf Mahlzeiten entsprechend den Regeln der DGE (S. 79).

33 100 g grüne Bohnen aus der Konserve enthalten 20 mg Magnesium. Wie viel g dieses Gemüses müsste eine 18-jährige Schülerin essen, um den Tagesbedarf an Magnesium von 350 mg zu erreichen?

34 Schlüsseln Sie folgenden Energie- und Nährstoffbedarf eines Erwachsenen auf 5 Einzelmahlzeiten auf:

Tagesbedarf: **Energie** 8 400 kJ   **Eiweiß** 74 g   **Fett** 64 g   **Kohlenhydrate** 272 g

35 Ein Vergleich zwischen dem Energieverbrauch beim Sport und der Energieaufnahme durch Verzehr von Süßigkeiten ist sehr aufschlussreich für unser Ernährungsverhalten, da der Energieverbrauch beim Sport oft überbewertet wird.

Ermitteln Sie jeweils die Menge Süßigkeiten in Gramm, die der Energiemenge entspricht, die der Körper bei einer Stunde Sport (Fernsehen zum Vergleich) verbraucht[1].

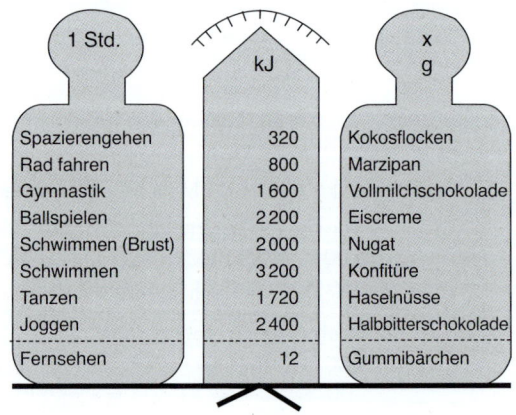

1 Std.	kJ	x g
Spazierengehen	320	Kokosflocken
Rad fahren	800	Marzipan
Gymnastik	1 600	Vollmilchschokolade
Ballspielen	2 200	Eiscreme
Schwimmen (Brust)	2 000	Nugat
Schwimmen	3 200	Konfitüre
Tanzen	1 720	Haselnüsse
Joggen	2 400	Halbbitterschokolade
Fernsehen	12	Gummibärchen

36 12 % des täglichen Gesamtenergiebedarfs einer jungen Frau sollen durch Eiweiß gedeckt werden.

Wie viel g Eiweiß muss diese Frau bei einem Tagesenergiebedarf von 9 000 kJ täglich zu sich nehmen?

37 Eine Mittagsmahlzeit von 2 700 kJ soll durch ein Gläschen Likör (0,02 l) abgerundet werden.

Um wie viel Prozent erhöht sich dadurch der Energiegehalt der Mahlzeit?

---

[1] 100 g Eiscreme liefern durchschnittlich 680 kJ.

9.4 Pro-Kopf-Verbrauch und Verzehrgewohnheiten

Beispielaufgabe:

In der täglichen Ernährung der Deutschen werden zu viel Grundnährstoffe aufgenommen, wie die Gegenüberstellung zeigt:

Eiweiß	empfohlen 49 g	tatsächlich 99 g
Kohlenhydrate	empfohlen 314 g	tatsächlich 364 g
Fett	empfohlen 71 g	tatsächlich 130 g

Ermitteln Sie, wie viel Prozent der Verbrauch der Grundnährstoffe über den Empfehlungen liegt und wie viel Energie in kJ täglich durchschnittlich zu viel aufgenommen wird.

Lösungsweg:

Eiweiß:

$49 \text{ g} \triangleq 100\,\%$

$99 \text{ g} \triangleq \quad x\,\%$ $\qquad x = 202\,\%$

Kohlenhydrate:

$314 \text{ g} \triangleq 100\,\%$

$364 \text{ g} \triangleq \quad x\,\%$ $\qquad x = 116\,\%$

Fett:

$71 \text{ g} \triangleq 100\,\%$

$130 \text{ g} \triangleq \quad x\,\%$ $\qquad x = 183\,\%$

Energie:

(50 g Eiweiß x 17 kJ)

+ (50 g Kohlenhydrate x 17 kJ)

+ (59 g Fett x 37 kJ) 3 883 kJ

Der Verbrauch an Eiweiß liegt 102 %, der Verbrauch an Kohlenhydraten 16 % und der Verbrauch an Fett 83 % über den Empfehlungen. Täglich werden durchschnittlich 3 883 kJ zu viel aufgenommen.

Übungsaufgaben zu Pro-Kopf-Verbrauch und Verzehrgewohnheiten

38 In Deutschland arbeiten mehr als 230 000 unterschiedliche Versorgungseinrichtungen für die Außer-Haus-Verpflegung, in denen jährlich 5,5 Mrd. Speisen mit einem Materialwert von ungefähr 7,5 Mrd. € hergestellt werden.

38.1 Berechnen Sie den durchschnittlichen Materialwert einer Speise.

38.2 Berechnen Sie die durchschnittlich von einer Versorgungseinrichtung hergestellten Speisen je Jahr.

38.3 Für welchen Materialwert stellt eine Versorgungseinrichtung durchschnittlich Speisen im Jahr her?

39 Ein Deutscher isst jährlich durchschnittlich 42-mal außer Haus und gibt dafür pro Jahr etwa 150 € aus.

39.1 Welche Ausgabe kommt durchschnittlich auf ein Essen außer Haus?

39.2 Wie viel € geben 80 Millionen Einwohner in Deutschland insgesamt jährlich aus?

40 In Deutschland werden (bezogen auf 80 Mio. Bundesbürger) täglich 183 Millionen Mahlzeiten eingenommen. Davon entfallen etwa 10 % auf die Speiseneinnahme außer Haus. Im Einzelnen:

Betriebskantinen:	6,1 Millionen	Gemeinschaftsverpflegung:	4,2 Millionen
Restaurants:	5,1 Millionen	Imbissverpflegung:	2,9 Millionen

40.1 Berechnen Sie den %-Anteil von Betriebskantinen, Restaurants, Gemeinschaftsverpflegungseinrichtungen und Einrichtungen für Imbissverpflegung an der täglichen Speiseneinnahme außer Haus.

40.2 Wie viele Mahlzeiten nimmt der Bundesbürger durchschnittlich am Tag ein?

41 Der Pro-Kopf-Verbrauch an Geflügel hat sich gegenüber dem Vorjahr um 9,4 % erhöht und beträgt gegenwärtig 8,1 kg. Wie hoch war der Geflügelverzehr im Vorjahr?

42 In Deutschland werden pro Kopf der Bevölkerung wöchentlich etwa 1,6 kg Gemüse verzehrt. Wie hoch liegt der jährliche Pro-Kopf-Verzehr an Gemüse in Deutschland?

43 Pro Kopf der Bevölkerung werden in Deutschland wöchentlich folgende Mengen Käse verzehrt:

Frischkäse 155 g   Schnitt- und Hartkäse 125 g   Schmelzkäse 25 g

Weichkäse 35 g   Sauermilchkäse 10 g

43.1 Geben Sie die Anteile der einzelnen Käsearten in Prozent an.

43.2 Errechnen Sie den jährlichen Gesamtkäseverzehr pro Kopf.

44 Gefrierkost wird zunehmend in Privathaushalten und Gemeinschaftsverpflegungseinrichtungen verwendet. In Deutschland werden jährlich pro Kopf der Bevölkerung durchschnittlich 20,2 kg Gefrierkost verbraucht. Wie viel kg von jeder Lebensmittelgruppe verzehrt im Durchschnitt jeder Bundesbürger im Jahr?

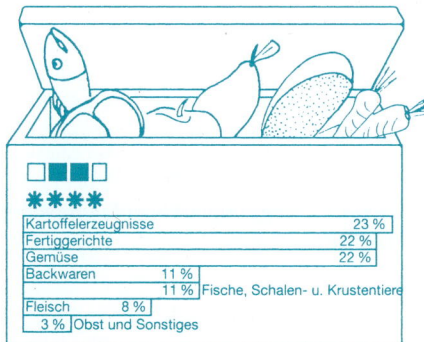

Kartoffelerzeugnisse	23 %
Fertiggerichte	22 %
Gemüse	22 %
Backwaren	11 %
Fische, Schalen- u. Krustentiere	11 %
Fleisch	8 %
Obst und Sonstiges	3 %

45 Die Tabelle stellt den heutigen Verbrauch an Lebensmitteln dem Lebensmittelverbrauch vor 50 Jahren gegenüber:

Pro-Kopf-Verbrauch (jährlich)	vor 50 Jahren	heute	Pro-Kopf-Verbrauch (jährlich)	vor 50 Jahren	heute
Kartoffeln	186 kg	73 kg	Fleisch	37 kg	63 kg
Milch	104 kg	93 kg	Zucker	29 kg	34 kg
Brot und Kleingebäck	97 kg	80 kg	Fett	21 kg	27 kg
Obst	51 kg	117 kg	Eier	160 St.	227 St.
Gemüse	50 kg	82 kg	Käse	5 kg	18 kg

45.1 Berechnen Sie jeweils die prozentualen Veränderungen des Lebensmittelverbrauchs (gerundet auf ganze Zahlen) und bewerten Sie diese aus ernährungsphysiologischer Sicht.

45.2 Ermitteln Sie den täglichen Verbrauch an Kartoffeln, Brot, Fleisch und Fett heute und vor 50 Jahren.

9.5 Genussmittelverbrauch

Bekanntlich liegt nach den Untersuchungen der Deutschen Gesellschaft für Ernährung der Genussmittelverbrauch in Deutschland zu hoch. Insbesondere **Tabak** und **Alkohol** werden in einem für die Gesundheit unzuträglichen Maße genossen.

Beispielaufgabe:

Der jährliche Pro-Kopf-Verbrauch an Bohnenkaffee liegt in Deutschland bei etwa 180 Litern. Wie viel Tassen Kaffee (0,25 l) trinkt jeder deutsche Einwohner täglich?

Lösungsweg:

180 Liter : 365 Tage x 4 Tassen/Liter ≙ 2 Tassen/Tag.

Jeder deutsche Einwohner trinkt statistisch gesehen täglich 2 Tassen Kaffee.

Übungsaufgaben zum Genussmittelverbrauch

46 In Deutschland verteilt sich der tägliche Kaffeeverbrauch nach den Tageszeiten folgendermaßen:

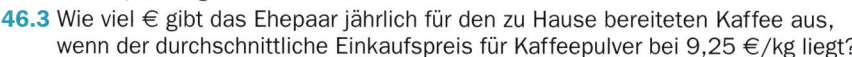

Vor dem Frühstück	5 %	Am Nachmittag	31 %
Zum Frühstück	37 %	Zum Abendbrot	5 %
Am Vormittag	12 %	Am Abend, nachts	2 %
Zum Mittag	8 %		

46.1 Stellen Sie den täglichen Kaffeeverbrauch durch ein Säulendiagramm anschaulich dar.

46.2 Wie viel Tassen Kaffee (8 g Kaffeepulver je Tasse) trinkt ein Ehepaar täglich zu Hause, wenn je Woche durchschnittlich eine 500-g-Kaffeepackung verbraucht wird?

46.3 Wie viel € gibt das Ehepaar jährlich für den zu Hause bereiteten Kaffee aus, wenn der durchschnittliche Einkaufspreis für Kaffeepulver bei 9,25 €/kg liegt?

47 Nach der Statistik trinkt ein Ehepaar jährlich 360 Liter Kaffee.

47.1 Wie viel Liter trinkt das Ehepaar jährlich zu den unterschiedlichen Tageszeiten (siehe Aufgabe 46)?

47.2 Wie viel Tassen zu $\frac{1}{8}$ Liter wären das? Runden Sie stets auf volle Tassen auf.

47.3 $\frac{1}{4}$ davon konsumiert das Ehepaar in der Gastronomie. Wie viel Tassen Kaffee sind das monatlich?

48 Die meisten Deutschen trinken den Kaffee mit Milch/Sahne. Wie viel % der Kaffeetrinker sind das?

Wie trinkt man in Deutschland seinen Kaffee?

Kaffee schwarz	Kaffee mit Milch/Sahne	Kaffee mit Zucker	Kaffee mit Milch/Sahne und Zucker	Kaffee mit Süßstoff	Kaffee mit Milch/Sahne und Süßstoff
25 %		5 %	28 %	4 %	9 %

49 Für eine 2-Liter-Brühung benötigt man 100 g gemahlenen Kaffee. Wie viel g gemahlener Kaffee kommen auf eine $\frac{1}{8}$-Liter-Tasse?

50 In einer Ausflugsgaststätte werden während der Kaffeezeit jeweils 5 Liter Kaffee gebrüht. Dafür werden 200 g Kaffeemehl verwendet. Wie viel g Kaffeemehl kommen auf eine $\frac{1}{8}$-Liter-Tasse?

51 Alle 13 Sekunden stirbt ein Raucher irgendwo auf der Welt an Lungenkrebs, Lungenüberblähung oder an einer Herzkrankheit.
Wie viele Tote durch Rauchen sind das weltweit in einer Stunde, an einem Tag, in einem Jahr?

52 Berechnen Sie den prozentualen Anteil von alkoholischen Getränken und Tabakwaren an den Gesamtausgaben für Nahrungs- und Genussmittel.

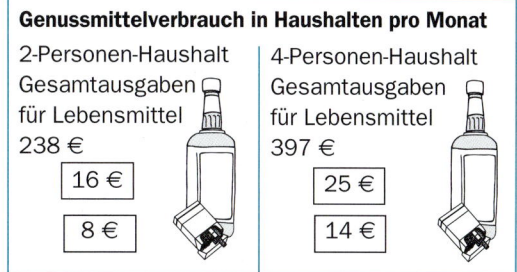

Genussmittelverbrauch in Haushalten pro Monat

2-Personen-Haushalt
Gesamtausgaben für Lebensmittel
238 €
16 €
8 €

4-Personen-Haushalt
Gesamtausgaben für Lebensmittel
397 €
25 €
14 €

9.6 Broteinheiten

Diabetiker müssen strenge Diät einhalten. Grundsätze sind dabei eine verringerte Energiezufuhr, die Verteilung der Nahrung auf mehrere kleine Mahlzeiten, die Bevorzugung cellulosehaltiger Lebensmittel und die Reduzierung der Mono- und Disaccharide in der Kost.

Wichtigster Grundsatz ist die Berechnung der verwertbaren Kohlenhydrate. Der Kohlenhydratgehalt kann in Gramm oder in Broteinheiten angegeben werden.

> 1 Broteinheit (BE) entspricht 12 g verwertbaren Kohlenhydraten.

Eine Broteinheit (BE) entspricht:					
Milch, Milcherzeugnisse		Roggenmischbrot, Roggenbrot	30 g	Mais	70 g
Milch, Joghurt, alle Fettstufen	250 g	Weißbrot	25 g	Rote Bete	140 g
Vollmilchpulver	30 g	Weizenmischbrot, -toastbrot	30 g	**Obst, Obsterzeugnisse**	
Getreide, Getreideerzeugnisse		Zwieback	15 g	Ananas	90 g
Haferflocken	20 g	**Kartoffeln, Kartoffelerzeugnisse**		Apfel mit Schale	110 g
Reis, gegart	45 g	Kartoffelknödelpulver	15 g	Apfelsaft	100 g
Weizenmehl T 405	15 g	Kartoffeln, roh	80 g	Bananen	60 g
Weizengrieß	20 g	Pommes frites, verzehrfertig	40 g	Birnen mit Schale	90 g
Stärke, alle Arten, Pudding-		**Gemüse, Pilze, Hülsenfrüchte**		Datteln, Feigen, Rosinen,	
pulver	15 g	Gemüse, Salate,	ohne	getrock.	20 g
		Pilze bis 200 g,		Grapefruit mit Schale	200 g
Teigwaren, Backteige, Backwaren		alle Sorten außer den u.g.		Orangen mit Schale	180 g
Hefeteig	30 g	Bohnen	170 g	Orangensaft	110 g
Nudeln	20 g	Erbsen	110 g	Diabetikermarmelade mit	
				Zuckeraustauschstoffen	25 g

Verschiedene Lebensmittel enthalten praktisch **keine verwertbaren Kohlenhydrate** und bleiben deshalb ohne Angabe der Broteinheiten (vgl. Nährwerttabelle S. 273 ff).

Zuckeraustauschstoffe: Fruchtzucker, Sorbit   12 g entsprechen 1 BE.

Beispielaufgabe:

100 g Weißbrot enthalten lt. Nährwerttabelle 48 g Kohlenhydrate. Ermitteln Sie die Menge Weißbrot, die 1 BE entspricht.

Lösungsweg: 48 g Kohlenhydrate in 100 g Weißbrot   12 g Kohlenhydrate ≙ 1 BE
            12 g Kohlenhydrate in   25 g Weißbrot

1 BE entsprechen 25 g Weißbrot.

Übungsaufgaben zu Broteinheiten

53 Das Frühstück eines Diabetikers besteht aus 80 g Roggenmischbrot, 15 g Butter, 100 g Vollmilchjoghurt, 15 g Diabetikerkonfitüre mit Zuckeraustauschstoffen (125 kJ), 2 Tassen Tee ohne Zucker
53.1 Berechnen Sie die insgesamt enthaltenen Broteinheiten.
53.2 Berechnen Sie die Gesamtenergiemenge des Frühstücks.

54 Berechnen Sie bei folgenden Lebensmitteln mit Hilfe der Nährwerttabelle die Broteinheiten je 100 g aus:
54.1 Weißbrot   **54.2** Äpfel, geschält   **54.3** Rosenkohl, gegart

55 Berechnen Sie anhand der Nährwerttabelle die Broteinheiten für folgendes Diabetikerfrühstück:
80 g Weizenmischbrot   15 g Diabetikerkonfitüre mit Zuckeraustauschstoffen (1 BE 25 g)
15 g Butter   100 g Kiwi (1 BE 120 g)
50 g Kochschinken   2 Tassen Kaffee, schwarz

56 Berechnen Sie mit Hilfe der Nährwerttabelle die Broteinheiten für folgende Diabetiker Mittagsmahlzeit:
100 g Putenbrust (s. in Nährwerttabelle Putenbrust frisch)   75 g Gurken   150 g Birne, roh
150 g Salzkartoffeln   75 g Tomaten   Mineralwasser
 10 g Maiskeimöl   10 g Zwiebeln

Hygiene und Arbeitsschutz

Hygiene und Arbeitsschutz bilden zwei Grundbedingungen für den geordneten, sicheren Arbeitsablauf. Sicherheit im Betrieb bedeutet dabei zum einen **Unfallschutz** und zum anderen **Schutz vor Lebensmittelvergiftungen.** Diese Sicherheit betrifft sowohl die Mitarbeiter als auch die Gäste.

10.1 Mikroorganismenwachstum und Krankheitsausbreitung

Lebensmittel bilden auf Grund ihrer Zusammensetzung zum Teil ideale Nährböden für **unerwünschte Mikroorganismen,** die die Qualität der Erzeugnisse vermindern oder durch den von ihnen verursachten Lebensmittelverderb für den Verbraucher gefährlich sein können.

Durch **strikte Hygiene** gilt es, die Vermehrung unerwünschter Mikroorganismen zu vermeiden. Unerwünscht können Bakterien, Hefen und Schimmelpilze (fachsprachlich als Keime bezeichnet) sein.

Beispielaufgabe:

Zwei Proben Obstsaft werden unter unterschiedlichen hygienischen Bedingungen erhitzt und dann abgekühlt. Der Anfangskeimgehalt der ersten Probe beträgt bei der Probeentnahme je ml 123, bei der zweiten Probe 2 310.

Die Mikroorganismen teilen sich alle 20 Minuten. Mit wie vielen Mikroorganismen ist bei den beiden Proben nach zwei Stunden zu rechnen?

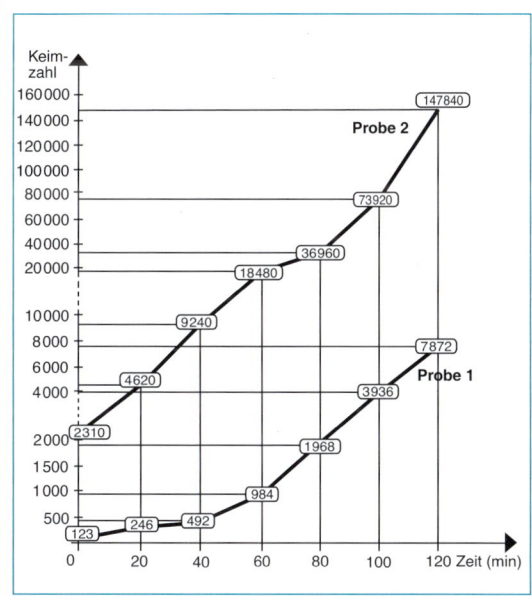

Fertigen Sie ein Kurvendiagramm an und beurteilen Sie die Ergebnisse hinsichtlich der Lebensmittelhygiene.

Lösungsweg:

Keimgehalt		Probe 1	Probe 2
	anfangs	123	2 310
nach	20 Min	246	4 620
nach	40 Min	492	9 240
nach	60 Min	984	18 480
nach	80 Min	1 968	36 960
nach	100 Min	3 936	73 920
nach	120 Min	7 872	147 840

Bei Probe 1 ist nach 2 Stunden mit 7 872, bei Probe 2 mit 147 840 Mikroorganismen zu rechnen.

Strenge Hygienemaßnahmen stellen eine Grundforderung für die Herstellung qualitativ hochwertiger Lebensmittel dar.

Übungsaufgaben Mikroorganismenwachstum

1. Mikroorganismen teilen sich unter günstigen Wachstumsbedingungen alle 20 Minuten. Wie viele Mikroorganismen entstehen dann aus einer Bakterie nach 10 Teilungen?

2. Unter ungünstigen hygienischen Bedingungen teilen sich Mikroben alle 20 Minuten. Ermitteln Sie die Anzahl Mikroben, die sich innerhalb von zwei Stunden aus anfänglich 277 Mikroben entwickelt haben.

3. Unter günstigen Lebensbedingungen teilen sich Bakterien alle 20 Minuten. Berechnen Sie die Anzahl an Mikroorganismen, die in 5 Stunden aus anfänglich 100 Mikroorganismen entstehen würde.

4. Ermitteln Sie die Menge Mikroorganismen, die sich auf einem cm^2 befinden, wenn auf einem mm^2 100 Mikroben ausgezählt wurden.

5. Berechnen sie die Anzahl von Mikroorganismen auf einem Quadratzentimeter (cm^2), wenn sich auf einem Quadratmillimeter (mm^2) 900 Keime feststellen lassen.

6. Auf einem Quadratzentimeter (cm^2) einer Arbeitsfläche lassen sich theoretisch 3 500 000 Mikroben ermitteln.
   Errechnen Sie die Mikrobenzahl, die sich dann auf einem Quadratmillimeter (mm^2) befinden würde.

7. Bei günstigen Wachstumsbedingungen verdoppelt sich die Anzahl der Mikroorganismen alle 25 Minuten.
   7.1 Berechnen Sie die Keimzahl, die sich aus einem Mikroorganismus im ungünstigen Falle von Küchenschluss 23 Uhr bis zum nächsten Arbeitstag 7 Uhr gebildet haben könnte.
   7.2 Welche Schlussfolgerungen ziehen Sie bezüglich hygienischer Maßnahmen in Ihrem Arbeitsbereich aus dem Ergebnis?

8. Auf 1 cm^2 einer schmutzigen Hand wurden 18 000 Keime gezählt. Errechnen Sie die Gesamtkeimzahl auf einer Handinnenfläche mit einer Breite von 10 cm und einer Länge von 16 cm.

9. Eine Temperatursenkung um 10 °C führt zu einer Verlängerung der Haltbarkeitsdauer um das Dreifache. Die Haltbarkeit von Fleischwurst beträgt bei einer Temperatur von + 12 °C 2 Tage.
   Mit welcher Frischhaltedauer kann man bei einer Lagertemperatur von 2 °C rechnen?

10. Bei einer bakteriologischen Untersuchung wurden je cm^2 eines Metallarbeitstisches im gereinigten Zustand 27 Mikroorganismen und im ungereinigten Zustand 153 Mikroorganismen festgestellt.
    10.1 Berechnen Sie die Gesamtanzahl der Mikroorganismen, wenn der Tisch 1,5 m breit und 2,5 m lang ist.
    10.2 Wie hoch wäre jeweils die Gesamtkeimzahl in 8 Stunden, wenn sich die Mikroorganismen alle 20 Minuten verdoppeln?

11. Hausgemachte Konfitüre hat ungekühlt eine Lagerfähigkeit von 12 Tagen. Bei Kühllagerung erhöht sich die Lagerfähigkeit um das 5,5fache. Ermitteln Sie die Haltbarkeitsdauer bei Kühllagerung.

12. Frisch gemolkene unbehandelte Kuhmilch wies je ml 373 Keime auf. Berechnen Sie den Keimgehalt nach 4 Stunden, wenn sich die Keime bei 25 °C innerhalb von 60 Minuten auf das 3,6fache vermehren.

13. Berechnen Sie die Haltbarkeit einer Poularde. Im Kühlraum kann sie bei 4 °C 4 Tage gelagert werden. Wie lange ist die Poularde mindestens lagerfähig, wenn sich durch eine Temperatursenkung von 10 °C auf – 6 °C (Lagerung im 1-Stern-Fach) eine Verlängerung der Lagerzeit um das Dreifache ergibt?

14. Ein Gramm Schlachtfleisch hat einen durchschnittlichen Anfangskeimgehalt von 10 000 Mikroorganismen.
    Welchen Keimgehalt hat das Fleisch nach 3 Stunden, wenn es ungekühlt gelagert wird und sich die Mikrooganismen dadurch alle 20 Minuten teilen?

15. Durch unsachgemäße Behandlung nahm die Keimzahl auf einem Fleischmesser innerhalb von 60 Minuten um das 3,5fache zu. Nach dieser Zeit wurden 7 200 Keime festgestellt.
    Wie hoch war der Anfangskeimgehalt?

16 In der Küchenfleischerei werden als Spezialität hausgemachte Wiener Würstchen hergestellt. Im Rahmen einer freiwilligen Kontrolle wurden während der Herstellung folgende Mikroorganismenzahlen festgestellt:

1 g Wurstbrät nach dem Kuttern   22 000 000 Keime   … Räuchern   20 000 000 Keime

              … Umröten   26 000 000 Keime   … Brühen   15 000 Keime

16.1 Berechnen Sie die prozentualen Veränderungen der Keimzahlen von Arbeitsschritt zu Arbeitsschritt.

16.2 Beurteilen Sie diese prozentualen Veränderungen.

17 Eine Gefriertruhe hat einen Gefrierraum mit den Seitenlängen 1,4 m, 0,80 m und 0,75 m. Bei einem mikrobiologischen Test wurden vor der Reinigung 1 750 Mikroben/cm^2 und nach der Reinigung noch 35 Mikroben/cm^2 festgestellt.

17.1 Welche Gesamtkeimzahl lässt sich daraus vor und nach der Reinigung errechnen?

17.2 Um wie viel Prozent verringerte sich die Mikrobenbelastung durch die Reinigung?

18 In einer Großküche ist ein Schockfroster im Einsatz, dessen Funktionsraum folgende Innenmaße hat: 0,85 m Höhe, 45 cm Tiefe, 55 cm Breite. Bei einer mikrobiologischen Probe wurden an der Innenfläche 2 100 Mikroben/cm^2 festgestellt. Der Deckel bleibt in der Berechnung unberücksichtigt.

18.1 Ermitteln Sie die vermutliche Gesamtzahl der Mikroben im Funktionsraum.

18.2 Nach dem Abtauen und der folgenden gründlichen Reinigung konnte die Keimzahl um 99 % vermindert werden.

Welche Keimzahl ist jetzt noch vorhanden?

18.3 Das Gefriergerät wird erst 40 min nach der Generalreinigung wieder in Betrieb genommen. Während dieser Zeit verdoppeln sich die verbliebenen Mikroorgansimen alle 20 min. Mit welcher Keimzahl ist bei der Inbetriebnahme zu rechnen?

19 Salmonellenerkrankungen sind in den letzten Jahren in Deutschland rückläufig. Die Anzahl der Krankheitsfälle entwickelte sich folgendermaßen:

2001: 72 386 Erkrankungen   2008: 42 921 Erkrankungen

2002: 72 379 Erkrankungen   2009: 31 408 Erkrankungen

2003: 63 066 Erkrankungen   2010: 25 310 Erkrankungen

2004: 56 976 Erkrankungen   2011: 24 520 Erkrankungen

2005: 52 267 Erkrankungen   2012: 20 863 Erkrankungen

2006: 52 602 Erkrankungen   2013: 18 986 Erkrankungen

2007: 55 408 Erkrankungen

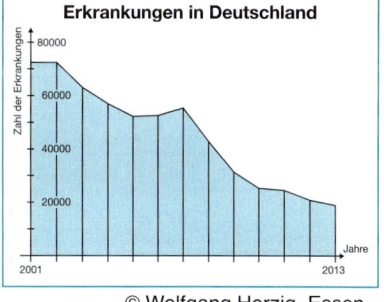

© Wolfgang Herzig, Essen

19.1 Um wie viel Prozent stieg oder sank die Zahl der Erkrankungen im Vergleich zum jeweils angegebenen Vorjahr?

19.2 Ermitteln Sie den prozentualen Rückgang der Erkrankungen von 2001 bis zum Jahr 2013.

20 Um an Salmonellose zu erkranken, ist beim gesunden Menschen die Keimaufnahme von 10^5 bis 10^6 Erregern erforderlich. Rechnen Sie die Potenzzahlen in Millionen um.

21 Staphylokokken können Vergiftungen beim Menschen auslösen, wenn sie in einer Keimkonzentration von etwa 10^5 bis 10^6 Erregern je Gramm Lebensmittel auftreten.

Berechnen Sie, wie viele Erreger in 100 g vergiftetem Lebensmittel theoretisch enthalten wären.

22 Eine Küche mit 169 m^2 Fußbodenfläche, einer Regal- und Schrankfläche von 86 m^2 und mit 136 m^2 Wandfliesen soll einer desinfizierenden Gesamtreinigung unterzogen werden.

22.1 Ermitteln Sie die zu reinigende Gesamtfläche in m^2.

22.2 Wie viel l Reinigungslösung sind erforderlich, wenn mit 1 l Lösung 4 m^2 Fläche gereingt werden können?

22.3 Zur Reinigung steht ein Konzentrat zur Verfügung, welches zu einer 2,5%igen Lösung verdünnt werden muss. Nennen Sie die benötigten Mengen an Konzentrat und Wasser in l.

10.2 Arbeitsschutz

Der umfassende Arbeitsschutz bildet eine **Grundforderung** in der gesamten Wirtschaft. Risiken am Arbeitsplatz und die Wirksamkeit von Schutzmaßnahmen lassen sich durch eine statistische Auswertung über Jahre hinweg gut vergleichen. Dadurch können Trends sichtbar gemacht werden.

Die **Berufsgenossenschaft Nahrungsmittel und Gastgewerbe** veröffentlicht in ihren Jahresberichten Entwicklungen im Unfallgeschehen und bei der Arbeitssicherheit.

Beispielaufgabe:

Aus Berichten der Berufsgenossenschaft geht hervor, dass sich bei Arbeitsunfällen im Gastgewerbe hinsichtlich der jeweils betroffenen Körperteile folgendes Bild ergibt:

Handverletzungen	46 %	Kopfverletzungen	10 %
Fußverletzungen	14 %	Verletzungen an Knöchel	
Verletzungen an Unterarm		und Unterschenkel	8 %
und Handgelenk	10 %	Sonstiges	12 %

Berechnen Sie die Anzahl der jeweiligen Verletzungsart, wenn von jährlich 48 000 Arbeitsunfällen im Gastgewerbe ausgegangen wird.

Lösungsweg:

100 % ≙ 48 000 Unfälle
46 % ≙ x Unfälle x = 22 080 Handverletzungen

100 % ≙ 48 000 Unfälle
14 % ≙ x Unfälle x = 6 720 Fußverletzungen

100 % ≙ 48 000 Unfälle
10 % ≙ x Unfälle x = 4 800 Verletzungen an Unterarm und Handgelenk
x = 4 800 Kopfverletzungen

100 % ≙ 48 000 Unfälle
8 % ≙ x Unfälle x = 3 840 Verletzungen an Knöchel und Unterschenkel

100 % ≙ 48 000 Unfälle
12 % ≙ x Unfälle x = 5 760 Sonstige Verletzungen

Probe:
22 080 + 6 720 + 4 800 + 4 800 + 3 840 + 5 760
= 48 000 Unfälle

Jährlich ist mit 22 080 Handverletzungen, 6 720 Fußverletzungen, mit 4 800 Verletzungen an Unterarm und Handgelenk, mit ebenso vielen Kopfverletzungen, mit 3 840 Knöchel- und Unterschenkelverletzungen und 5 760 weiteren Verletzungen zu rechnen.

Übungsaufgaben Arbeitsschutz

1 Im Bereich der Berufsgenossenschaft Nahrungsmittel und Gastgewerbe gab es von 2006 zu 2007 bei den Verdachtsfällen für Berufskrankheiten folgende Entwicklung:

Stellen Sie die Veränderung von 2007 zu 2006 bei den einzelnen Krankheitsarten fest.

	2006	2007
Zahnerkrankungen	193	110
Wirbelsäulenerkrankungen	250	245
Lärmschwerhörigkeit	208	220
Atemwegserkrankungen	793	842
Hauterkrankungen	2 026	2 164
Sonstige	375	390

2 Im Bereich der Berufsgenossenschaft Nahrungsmittel und Gastgewerbe gibt es 369 598 Betriebe. Das sind 1,14 % weniger als im Vorjahr. Wie viele Unternehmen gab es im Vorjahr?

3 Dargestellt ist die Entwicklung der Unfälle und Berufskrankheiten im Gaststättenwesen.

Ermitteln Sie die zahlenmäßigen und prozentualen Veränderungen zum jeweils angegebenen Vorjahr.

	1991	1995	1999	2002	2004	2007
Meldepflichtige Unfälle	54 273	52 466	54 699	53 036	47 821	40 737
Verdacht auf Berufskrankheiten	1 387	1 255	1 050	1 474	1 374	1 498

Quelle: Jahresberichte der Berufsgenossenschaft Nahrungsmittel und Gastgewerbe

4 Im vergangenen Jahr gab es im gesamten Bereich der Berufsgenossenschaft Nahrungsmittel und Gastgewerbe 82 855 meldepflichtige Unfälle. Davon waren 10 720 Wegeunfälle. Wie viel Prozent sind das?

5 In einem Speiserestaurant hatten drei Küchenmitarbeiter einen Arbeitsunfall beim Umgang mit heißem Fett. In der Küchenbrigade arbeiten insgesamt 13 Mitarbeiter.
Wie viel Prozent erlitten einen Arbeitsunfall?

6 Im Berichtsjahr ereigneten sich in Gaststätten, Hotels und Großküchen 40 737 meldepflichtige Unfälle. Davon waren 87,1 % Arbeitsunfälle, die sich folgendermaßen auf unterschiedliche Unfallschwerpunkte verteilten:

Bedienen von Werkzeugen und Geräten	51,9 %	Heben, Tragen, Schieben, Ziehen	10,4 %
		Bedienen von Maschinen	5,6 %
Gehen, Laufen, Steigen	31,1 %	Sonstiges	1,0 %

Berechnen Sie für jeden Unfallschwerpunkt die Zahl der Arbeitsunfälle.

7 Nach der statistischen Auswertung einer Hotelkette ereigneten sich in den Küchen des Unternehmens im letzten Vierteljahr 123 Arbeitsunfälle, die mit Schnittverletzungen verbunden waren. Dabei entfielen auf den unvorschriftsmäßigen Umgang mit Glas und Konservendosen allein 18,3 %.
Ermitteln Sie die durchschnittliche Anzahl von Unfällen, die monatlich vermeidbar gewesen wären.

8 Statistisch gesehen ereignen sich Arbeitsunfälle verstärkt zu Wochenbeginn und verrringern sich im Verlaufe der Woche. Nimmt man die Arbeitsunfälle in einer Woche mit 100 % an, dann ergibt sich folgende prozentuale Verteilung:

Montag	21 %	Mittwoch	19 %	Freitag	17 %
Dienstag	19 %	Donnerstag	17 %	Sonnabend	7 %

8.1 Berechnen Sie die Anzahl der Arbeitsunfälle je Wochentag bezogen auf 48 000 jährliche Arbeitsunfälle im Gaststättenwesen.

8.2 Begründen Sie die hohe Unfallhäufigkeit an Montagen.

9 Im Jahre 2007 ereigneten sich 72 135 meldepflichtige Unfälle im gesamten Bereich Nahrungsmittel und Gastgewerbe. Im Vergleich zum Vorjahr nahmen die Unfälle um 2,9 % ab. Wie viele Unfälle ereigneten sich im Jahre 2006?

10 Im Jahre 2007 wurden von 82 855 meldepflichtigen Unfällen 87,06 % als Arbeitsunfälle und 12,94 % als Wegeunfälle registriert.
Wie viele Arbeitsunfälle und wie viele Wegeunfälle gab es 2007?

11 2007 gingen bei der Berufsgenossenschaft 3 971 Anzeigen mit dem Verdacht einer Berufskrankheit ein. Das waren 3,3 % mehr als 2006. Wie viele Anzeigen waren es 2006?

12 72 % aller angezeigten Berufskrankheiten entfielen auf drei Krankheitsarten:

Atemwegserkrankungen: 1 487 Fälle
Hauterkrankungen: 907 Fälle
Wirbelsäulenerkrankungen: 684 Fälle.

Berechnen Sie die prozentualen Anteile der drei Krankheitsarten an den gesamten angezeigten Berufskrankheiten.

13 1 498 Beschäftigte im Gastgewerbe zeigen 2007 eine Berufskrankheit an.
Das waren 56 Fälle mehr als 2006.
13.1 Wie viel Prozent stiegen 2007 die Berufskrankheiten?
13.2 Wie viel Prozent der 2 142 734 Beschäftigten zeigten 2007 eine Berufskrankheit an?

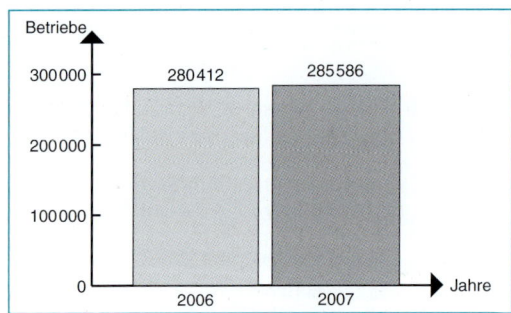

14 Im Bereich des Gaststättenwesens gab es 2006 280 412 Unternehmen. 2007 waren es 285 586 Unternehmen. Die meldepflichtigen Unfälle betrugen 2006 41 523 und im Jahre 2007 40 737.
14.1 Ermitteln Sie die Betriebszunahme absolut und in Prozent.
14.2 Um wie viel Prozent nahmen in diesem Zeitraum die Unfälle ab?
14.3 Wie viele Unfälle gab es 2007 jeweils auf 100 Unternehmen?

15 Der Berufsgenossenschaft waren 2006 968 037 Vollarbeiter im Gastgewerbe gemeldet. Im Jahre 2007 waren es 993 290 Vollarbeiter. Auf 1 000 Vollarbeiter wurden 2006 42,89 Arbeitsunfälle registriert. Im Jahre 2007 waren es 41,01 Arbeitsunfälle je 1 000 Vollarbeiter.
15.1 Berechnen Sie die Gesamtzahl der Arbeitsunfälle 2006 und 2007.
15.2 Wie viel Prozent weniger Arbeitsunfälle passierten den Vollarbeitern im Jahre 2007?

Unfälle und Berufskrankheiten

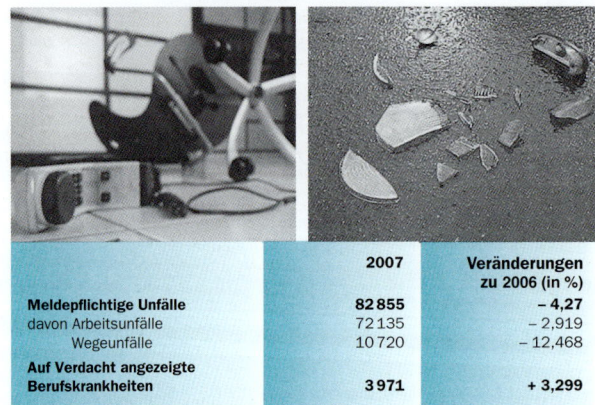

	2007	Veränderungen zu 2006 (in %)
Meldepflichtige Unfälle	**82 855**	**– 4,27**
davon Arbeitsunfälle	72 135	– 2,919
Wegeunfälle	10 720	– 12,468
Auf Verdacht angezeigte Berufskrankheiten	**3 971**	**+ 3,299**

16 Als Vollarbeitskräfte werden von der Berufsgenossenschaft Arbeitnehmer betrachtet, die jährlich 1 590 Arbeitsstunden aufweisen.
Wie viele Arbeitsstunden je Arbeitstag wären das durchschnittlich, wenn man das Arbeitsjahr mit 260 Arbeitstagen annimmt?

17 Die Tabelle zeigt das Unfallgeschehen und Angaben zu Berufskrankheiten im Bereich der Berufsgenossenschaft Nahrungsmittel und Gastgewerbe im Jahr 2006 im Vergleich zum Vorjahr.
Rechnen Sie die angegebenen Prozentwerte in die Anzahl um.

Speisenherstellung

Die Lebensmittel werden vielfach, auch um eine besondere Frische und Qualität zu sichern, als Rohstoffe direkt vom Erzeuger eingekauft.

Dadurch entsteht jedoch ein höherer Vorbereitungsaufwand. Fleisch, Geflügel und Wild müssen zunächst garfertig gemacht werden. Gleiches trifft auf die pflanzlichen Lebensmittel zu, die beim Gärtner oder Landwirt direkt gekauft werden. Die dabei entstehenden Gewichtsverluste bezeichnet man als **Vorbereitungsverluste**.

Bei der sich anschließenden Zubereitung treten meist weitere Verluste, die **Zubereitungsverluste**, auf.

Von der Höhe der Vorbereitungs- und Zubereitungsverluste ist der **Wareneinsatz** abhängig.

11.1 Vorbereitungsverluste und Wareneinsatzmengen

Die Vorbereitungsverluste sollen nach Rohstoffarten getrennt berechnet werden:
- Schlachtfleisch,
- Geflügel, Wild,
- Fisch,
- Obst, Gemüse, Kartoffeln.

Merke:	Berechnet werden	• der Vorbereitungsverlust in Gramm, • der Vorbereitungsverlust in %, • die Materialmenge vor der Vor- und Zubereitung (Einkaufsmenge) • Portionsanzahl

 Vorbereitungs-
verlust 1

→

Beispiele:
Schälen,
Putzen

 Vorbereitungs-
verlust 2

→

Beispiele:
Schneiden,
Auslösen

 Vorbereiteter
Rohstoff

Rohstoff

Beispielaufgabe 1: Koch Dirk soll 4,500 kg Spargel schälen. Der Putzverlust beträgt 25 %. Wie viele garfertige Portionen zu 300 g ergibt die Menge Spargel?

Lösungsweg:
100 % ≙ 4,500 kg Spargel
75 % ≙ x kg Spargel   x = 3,375 kg Spargel
3,375 kg : 0,300 kg/Portion = 11 Portionen

Die Menge ergibt 11 Portionen.

Beispielaufgabe 2: Koch Dirk soll 30 Portionen Rosenkohl putzen. Der Putzverlust wird mit 20 % angenommen. Dirk muss sich die Menge Rosenkohl in kg errechnen, die zu putzen ist, wenn eine garfertige Portion Rosenkohl 150 g wiegen soll.

Lösungsweg:
30 Portionen x 0,150 kg = 4,500 kg Rosenkohl
80 % ≙ 4,500 kg Rosenkohl
100 % ≙ x kg Rosenkohl x = 5,625 kg Rosenkohl

5,625 kg Rosenkohl müssen geputzt werden.

Übungsaufgaben Vorbereitungsverluste und Wareneinsatzmengen

Schlachtfleisch

1 Eine Schweinehälfte von 41,600 kg wird zerlegt. Es fallen dabei folgende Teilstücke an:

Keule mit Bein	26 %	Rückenspeck	14 %
Kotelett, Kamm, Filet	16 %	Kopf mit Backe	9 %
Bug mit Bein	13 %	Flomen mit Niere	4 %
Wamme	7 %		

Errechnen Sie die Gewichte der Teilstücke in kg.

2 Ein Rinderhinterviertel wiegt 92 kg. Nach der Zerlegung ergeben sich folgende Fleischanteile:

Hinterhesse	2,8 %	Nuss	6,1 %	Knochendünnung	6,4 %
Oberschale	9,0 %	Tafelspitz	3,6 %	Fleischdünnung	5,2 %
Schwanzstück	6,2 %	Bürgermeisterstück	1,6 %	Knochen	15,0 %
Rolle	2,8 %	Roastbeef	8,0 %	Fleischabschnitte	19,2 %
Huft	4,8 %	Filet	3,4 %	Fett, Sehnen	5,9 %

Errechnen Sie das Gewicht der einzelnen Fleischteile in kg.

3 Eine Oberschale von 7,135 kg wird zerlegt. Dabei fallen 65 % Rouladenfleisch, 15 % Bratenfleisch und der Rest als Deckel für Rollbraten an.
Berechnen Sie die einzelnen Anteile in kg.

4 Ein Mastlamm hat ein Schlachtgewicht von 13,800 kg. Davon sind 69,2 % Fleisch, 13 % Fett, 15,3 % Knochen sowie Sehnen und Zerlegeverlust.
4.1 Wie viel Prozent machen Sehnen und Zerlegeverlust aus?
4.2 Errechnen Sie die Anteile in kg.

5 Koch Dirk soll 53 Schweineschnitzel aus dem Nussstück zu je 160 g bratfertig vorbereiten.
Berechnen Sie die erforderliche Fleischmenge in kg, die Dirk dazu benötigt, wenn mit einem Parier- und Portionierverlust von 14 % gerechnet werden muss.

6 Aus 4 kg Schweinebug wird Gulasch geschnitten. Dabei entsteht ein Zuschneideverlust von 640 g.
Errechnen Sie den prozentualen Zuschneideverlust.

7 Ein Kalbsrücken von 12,135 kg wird zerlegt. 11 % vom Gesamtgewicht entfallen auf das Kalbsfilet, Fleisch- und Fettabschnitte machen 9 % aus. Schließlich muss mit einem Zerlegeverlust von 0,5 % gerechnet werden.
Errechnen Sie die anfallende Menge Kalbskotelett in kg.

8 Aus 7,350 kg Kalbskotelett sollen Kalbssteaks zu je 175 g geschnitten werden.
Wie viele Steaks erhält man, wenn die wertlosen Knochen einen Anteil von 16 % haben und 8 % Fleisch- und Fettabschnitte anfallen?

9 Ein Roastbeef wiegt nach dem Parieren 5,433 kg. Beim Aufschneiden entsteht ein Verlust von 2 %.
Wie viele garfertige Rumpsteaks zu 220 g lassen sich daraus aufschneiden?

10 Erforderlich sind 6 kg Schweinerückensteaks.
Wie viel kg Kotelett müssen ausgelöst werden, wenn der Knochenanteil 20 % beträgt?

11 Für ein Festessen werden 12 kg Pökelzunge benötigt.
Wie viel kg frische Rinderzunge muss der Küchenfleischer spritzen, wenn man beim Schnellpökeln mit einer Pökelzunahme von 8 % rechnet?

12 Gekochte Rinderpökelbrust soll als Aufschnitt hergestellt werden. Beim Auslösen der Rinderbrust fallen 24 % wertlose Knochen an. Der Pökelgewinn beträgt 9 %.
Welche Menge Rinderbrust (mit Knochen, ungepökelt) in kg muss vorbereitet werden, wenn 2,5 kg Aufschnitt von der Kalten Küche gebraucht werden und Koch- und Aufschneideverluste 19,5 % betragen?

Geflügel, Wild

13 Beim Zerlegen eines Hasen ergeben sich folgende Gewichtsanteile:
Rücken 0,840 kg, Keulen 1,030 kg, Läufchen 0,505 kg, Ragout 0,530 kg, Abschnitte 1,295 kg.
Errechnen Sie die prozentualen Anteile der einzelnen Fleischteile.

14 Ein Hase im Fell wiegt 3,950 kg. Ohne Fell wiegt der Hase noch 2,560 kg.
Errechnen Sie den prozentualen Anteil des Felles.

15 Beim Zerlegen von Rehen ergeben sich durchschnittlich folgende Anteile:
Decke, Kopf 21,5 %, Rücken 16,4 %, Keulen 32,2 %, Blätter 15,5 %, Hals 12,8 %, Parüren 1,6 %.
15.1 Ermitteln Sie die einzelnen Gewichtsanteile in kg, wenn das Reh 19,450 kg wiegt.
15.2 Beim Zerlegen eines Rehs wird der Rücken mit 3,950 kg gewogen. Stellen Sie die übrigen Gewichtsanteile in kg fest.

16 Eine Hirschkeule wiegt 7,950 kg und hat einen Knochenanteil von 23 %. Nach dem Entbeinen ergeben sich weitere 7,5 % Parierverlust.
Wie viele garfertige Portionen zu 200 g können aus dem Keulenfleisch geschnitten werden?

17 Ein vorbereiteter Fasan wiegt 1,140 kg, nach dem Füllen hat er 1,210 kg.
Berechnen Sie die Gewichtszunahme in %.

18 Eine Hirschkeule wiegt 8,100 kg und hat einen Knochenanteil von 23 %.
Beim Parieren entsteht ein weiterer Verlust von 7 %.
Wie viele garfertige Portionen zu je 170 g lassen sich aus der Hirschkeule herstellen?

Fisch

19 Für eine Fischspeise werden 12,376 kg Rotbarschfilet weiterverarbeitet. Der Filetierverlust betrug 45 %.
Wie viele garfertige Portionen zu 200 g können hergestellt werden?

20 3,500 kg frische Seezunge werden angeliefert. Daraus sollen Seezungenröllchen zu 65 g hergestellt werden.
Ermitteln Sie die Anzahl der Röllchen, wenn mit einem Gesamtverlust von 52 % gerechnet werden muss.

21 Ein Schellfisch wiegt mit Kopf 3,450 kg. Der vorbereitete Fisch hat eine Gewicht von 2,230 kg.
Berechnen Sie den Vorbereitungsverlust in %.

22 Drei Seelachse mit folgenden Gewichten werden eingekauft: 2,800 kg, 3,200 kg und 3,950 kg. Daraus entstehen nach dem Vorbereiten 40 garfertige Portionen zu 180 g.
Errechnen Sie den Vorbereitungsverlust in %.

23 Benötigt werden 18 Portionen Steinbutt mit einem Portionsgewicht von 175 g zum Dünsten.
Wie viel kg Fisch müssen bestellt werden, wenn mit einem Vorbereitungsverlust von 56 % zu rechnen ist?

24 Aus den Rezepturen einer Gaststätte geht hervor, dass beim Fischfilet für eine Vorspeise 75 g und für eine Hauptspeise 180 g als Rohstoffeinsatz gerechnet werden.
24.1 Wie viele Portionen Vorspeisen lassen sich aus 3 kg Fischfilet herstellen?
24.2 Wie viele Portionen Hauptspeisen lassen sich aus 3 kg Fischfilet herstellen?

25 Spiegelkarpfen werden mit durchschnittlich 1,500 kg Lebendgewicht angeboten. Davon verbleiben nach der Entfernung von Kopf, Innereien, Flossen u. a. etwa 900 g garfertiges Fischfleisch einschließlich Haut und Gräten.
25.1 Berechnen Sie den prozentualen Vorbereitungsverlust.
25.2 Wie viele Portionen zu 150 g lassen sich aus einem Karpfen herstellen?

26 Die Seite Räucherlachs wiegt 4,250 kg. 4,5 % Vorbereitungsverlust (Haut, Abschnitte) werden veranschlagt.
Wie viele Portionen zu 80 g lassen sich daraus schneiden?

Gemüse, Pilze, Kartoffeln, Reis, Teigwaren, Obst

27 6,500 kg Spargel werden geschält. Nach dem Schälen wiegt der Spargel 4,910 kg.
Berechnen Sie den prozentualen Schälverlust.

28 In der Wintersaison werden 26 kg Grünkohl geliefert.
28.1 Errechnen Sie die Vorbereitungsverluste in kg und %, wenn nach dem Putzen noch 18,700 kg vorhanden sind.
28.2 Wie viele Portionen mit einem Materialeinsatz von 250 g lassen sich daraus herstellen?

29 Die Vorbereitungsverluste von Frischgemüse werden folgendermaßen angenommen:

Blumenkohl	36 %	Karotten	21 %	Sellerie	30 %
Bohnen	8 %	Kohlrabi	33 %	Spargel	25 %
Chicorée	10 %	Kopfsalat	35 %	Spinat	20 %
Gemüsepaprika	22 %	Lauch (Porree)	22 %	Tomaten	5 %
Endivie	25 %	Rosenkohl	20 %	Weißkohl	23 %
Erbsen	62 %	Rotkohl	20 %	Wirsingkohl	25 %
Feldsalat	26 %	Rote Bete	24 %	Zwiebeln	6 %
Gurke	18 %	Schwarzwurzeln	40 %		

29.1 Berechnen Sie die Menge an vorbereitetem Gemüse, die von jeweils einem Kilogramm Frischgemüse zur Verfügung steht.
29.2 Berechnen Sie die Menge an vorbereitetem Gemüse, die von jeweils 5 kg Frischgemüse zur Verfügung steht.
29.3 Errechnen Sie den Putzverlust in kg, der bei jeweils 3 kg Frischgemüse entsteht.
29.4 Errechnen Sie jeweils die Menge an Frischgemüse in kg, die eingesetzt werden muss, wenn man 5 kg geputztes Gemüse benötigt.

30 25 Portionen geputzte Karotten zu je 120 g werden benötigt. Der Schneideverlust liegt bei 8 %, der Schälverlust bei 21 %.
Wie viele gartenfrische Karotten müssen bereit gestellt werden?

31 Nach dem Putzen von Pfifferlingen sind noch 19,250 kg vorhanden.
Wie groß war die angelieferte Menge, wenn mit einem Vorbereitungsverlust von 18 % gerechnet wird?

32 Beim Putzen von 5 kg Steinpilzen wird ein Putzverlust von 55 % festgestellt. In der Kalkulation rechnet man mit einem durchschnittlichen Putzverlust von 35 %.
32.1 Welche Menge geputzte Steinpilze steht zur Verfügung?
32.2 Wie viel Gramm übersteigt der Abfall die kalkulierte Menge?

33 Beim Putzen von 25 kg Champignons entsteht ein Putzverlust von 2,750 kg.
33.1 Ermitteln Sie den prozentualen Putzverlust.
33.2 Wie viele Portionen ergeben sich bei einem Materialeinsatz von 140 g vorbereiteten Champignons?
33.3 Wie viele Pilze müssten für 30 Portionen geputzt werden?

34 Für 60 Portionen Pommes frites mit einem Portionsgewicht von 120 g werden Kartoffeln geschält und geschnitten. Der Schälverlust beträgt 23 %, der Schneideverlust 18 %.
34.1 Wie viel kg ungeschälte Kartoffeln sind erforderlich?
34.2 Wie viel g Kartoffelschalen fallen an?
34.3 Wie viel g geschälte Kartoffeln muss man für eine Portion Pommes frites rechnen?

35 Benötigt werden 15 Portionen vorbereitete Kartoffelstäbe (pommes pontneuf) mit 150 g Portionsgewicht. Der Schneideverlust wird mit 35 %, der Schälverlust mit 30 % angenommen.
35.1 Wie viel kg Kartoffeln müssen bereit gestellt werden?
35.2 Wie viel kg Kartoffeln müssten bereit gestellt werden, wenn man den Schälverlust auf 25 % senken könnte?

36 Für 25 Portionen Geflügelfrikassee werden als Beilage je 55 g Risotto kalkuliert. Beim Dünsten des Reises ist eine Gewichtszunahme von 250 % zu verzeichnen. Wie viel kg Langkornreis sind zu verwenden?

37 Für Pilawreis werden 2,500 kg Reis gedünstet. Wie viel kg Reis müssen verwendet werden, wenn man von einer Gewichtszunahme von 220 % ausgeht?

38 2,300 kg Eierbandnudeln werden gegart. Die gegarten Nudeln wiegen 5,900 kg. Ermitteln Sie die prozentuale Gewichtszunahme (gerundet auf ganze Prozente).

39 Für Obstsalat werden 4,375 kg Bananen geschält. Man erhält 3,375 kg geschälte Früchte. Berechnen Sie den Schälverlust in g und %.

40 6,750 kg gefrierkonservierte Johannisbeeren werden aufgetaut. Zur Verfügung stehen 5,400 kg aufgetaute Früchte. Berechnen Sie den Auftauverlust in %.

11.2 Knochenanteile im Fleisch

Schlachtfleisch wird meist als **schieres Fleisch**, also ohne Knochen, gehandelt. Mitunter bietet der Fleischhandel auch **Fleisch wie gewachsen** oder **Fleisch mit Knochen** an. Dabei ist zu beachten, dass die Tiere naturgemäß einen unterschiedlich hohen Knochenanteil aufweisen.

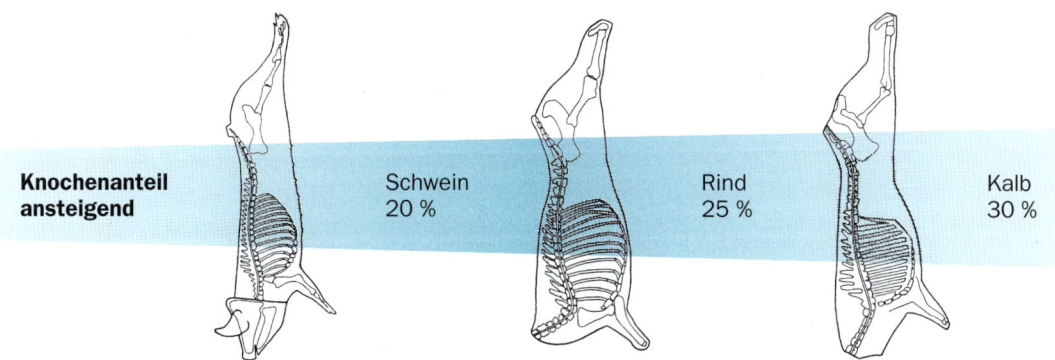

Knochenanteil ansteigend   Schwein 20 %   Rind 25 %   Kalb 30 %

Folgende prozentuale Knochenanteile sind zulässig.

bei Schweinefleisch 20 %

100 %	
80 % Fleisch	20 % Knochen

bei Rindfleisch 25 %

100 %	
75 % Fleisch	25 % Knochen

bei Kalbfleisch 30 %

100 %	
70 % Fleisch	30 % Knochen

Beispielaufgabe Knochenanteile:

Ein Küchenchef kauft 18,500 kg Rinderbug wie gewachsen. Beim Auslösen fällt ein Knochenanteil von 4,450 kg an.
Wie viel kg Knochen dürfte das Fleisch maximal haben?

Lösungsweg:

100 % ≙ 18,500 kg
25 % ≙ x kg   **x = 4,625 kg Knochen**

18,500 kg Rindfleisch wie gewachsen dürften maximal 4,625 kg Knochen haben.

Beispielaufgabe Preisunterschiede:

Zu berechnen ist der Materialpreis für 1 kg Kalbsbraten ohne Knochen. Dafür soll Kalbfleisch mit Knochen ausgelöst werden, das einen Kilopreis von 6,80 € hat. Die Kalbsknochen werden mit 0,50 € je kg bewertet.

Lösungsweg: Kalbfleisch hat einen durchschnittlichen Knochenanteil von 30 %. Ein kg Kalbfleisch mit Knochen enthält also 0,3 kg Knochen und 0,7 kg schieres Kalbfleisch.

6,80 € – 0,15 € Wert der Knochen

0,700 kg schieres Kalbfleisch $\triangleq$ 6,65 €

1,000 kg schieres Kalbfleisch $\triangleq$ x €

$x = 9,50$ €

0,300 kg Knochen haben einen Wert von 0,15 €.

1 kg Kalbsbraten kostet 9,50 €.

Übungsaufgaben Knochenanteile im Fleisch

1 Welchen Knochenanteil dürften 2,500 kg Schweinefleisch mit Knochen haben?

2 12 kg Kalbfleisch wurden ausgebeint.
Wie viel kg schieres Fleisch muss man mindestens erhalten?

3 Rindfleisch ohne Knochen wiegt 11,250 kg.
Wie viel kg dürften die ausgelösten Knochen maximal wiegen?

4 Ein Einkäufer verlangt 20 kg Schweinefleisch mit Knochen.
Wie viel kg schieres Schweinefleisch und wie viel kg Knochen muss er bekommen?

5 Ein Roastbeef mit Knochen wiegt 7,300 kg.
Wie hoch ist der prozentuale Knochenanteil, wenn beim Ausbeinen 4,620 kg schieres Fleisch, 0,430 kg Abschnitte und 2,250 kg Knochen anfallen?

6 Beim Ausbeinen von Kalbshals erhielt man 0,780 kg Kalbfleisch ohne Knochen.
Wie viel kg Kalbfleisch mit Knochen wurden bei einem Knochenanteil von 23 % ausgebeint?

7 Wie viel kg Fleisch muss man ausbeinen, wenn man folgende Mengen schieres Fleisch erhalten will:
7.1 Rindfleisch 6,300 kg   **7.2** Kalbfleisch 8,500 kg   **7.3** Schweinefleisch 12,500 kg?

8 Errechnen Sie den Knochenanteil von 14,500 kg Schweinefleisch wie gewachsen.

9 Vom Lieferanten wird schieres Schweinefleisch zu 6,60 €/kg angeboten. Fleisch mit Knochen ist dagegen für 5,60 €/kg zu haben.
Welches ist das günstigere Angebot, wenn die Knochen mit 0,50 €/kg bewertet werden?

10 Aus Schweinekotelett zum Kilopreis von 7,30 € soll durch Auslösen Rollbraten hergestellt werden. Dabei fallen 15 % wertlose Knochen an.
Ermitteln Sie den Materialpreis für 3,500 kg Rollbraten.

11 Eine Kalbskeule wiegt 9,350 kg und kostet wie gewachsen 6,60 €/kg.
11.1 Berechnen Sie den Materialpreis für ein kg schieres Kalbfleisch bei Berücksichtigung des zulässigen Knochenanteils.
11.2 Geben Sie den Knochenanteil in kg an.
11.3 Wie verändert sich der Kilopreis für das schiere Fleisch, wenn die Knochen je kg mit 0,50 € bewertet werden?

12 Hochrippe wird zum Einkaufspreis von 4,45 €/kg bezogen. Nach dem Auslösen der Knochen liegen 3,890 kg schieres Fleisch zur Weiterverarbeitung vor.
12.1 Wie viel kg Hochrippe wurden ausgelöst, wenn der Knochenanteil erfahrungsgemäß 16 % beträgt?
12.2 Wie viel € kostet 1 kg schieres Fleisch, wenn die anfallenden Knochen mit 0,75 €/kg angenommen werden?

13 Eine Kalbskeule wiegt 11,850 kg. Beim Auslösen fallen 2,525 kg Knochen an. Ermitteln Sie den prozentualen Knochenanteil.

14 Ein Schweinekotelettstrang wiegt 3,490 kg. Nach dem Auslösen der Knochen wiegt er noch 2,548 kg. Berechnen Sie den Knochenanteil in %.

15 Eine Hotelküche bestellte 12 kg gut gereiftes Roastbeef ohne Knochen. Das liefernde Fleischerfachgeschäft musste dafür mit 25 % wertlosem Knochenanteil und für das anschließende Abhängen mit 6 % Masseverlust rechnen. Wie viel kg Roastbeef wie gewachsen hatte das Fleischerfachgeschäft für die Bestellung bearbeitet?

16 2,455 kg Schweinekamm werden ausgelöst. Der Küchenchef kalkuliert mit 22 % Knochenanteil.
  16.1 Wie viele Kammsteaks zu 180 g lassen sich aus dem Kamm schneiden (abrunden)?
  16.2 Wie viel kg Gulaschfleisch und wie viel kg Knochen fallen an?

17 Eine 2,700 kg schwere Lammkeule wird ausgelöst. Der Knochenanteil beträgt 15 %. Die Haxe macht 7 % des Gesamtgewichtes aus. Wie viele Portionen zu je 200 g lassen sich aus der Lammkeule schneiden, wenn ein Parierverlust von 12 % berücksichtigt werden muss?

18 2,565 kg Lammbug ergibt nach dem Auslösen 1,715 kg schieres Ragoutfleisch. Ermitteln Sie den prozentualen Knochenanteil, wenn außerdem 0,250 kg Parüren und Fett anfallen.

19 Eine Kalbskeule wiegt 12,200 kg und hat einen Knochenanteil von 24 %. Beim Parieren fallen weitere 8 % Abschnitte an. Wie viele Portionen zu je 190 g können aus der Keule geschnitten werden?

11.3 Bewertungssätze für Fleisch

Kauft ein Gastronomiebetrieb fertig portioniertes Fleisch im **Feinsortiment** ein, dann kann der Fleischpreis direkt in die Materialkosten übernommen werden.

Werden **größere Fleischteile** eingekauft, müssen diese in der Küche entsprechend ihrer Verwendung fachgerecht zerlegt werden. Dabei erhält man stets Fleischteile unterschiedlicher Qualität.

Neben Spitzenqualitäten zum Kurzbraten, Grillen oder Braten, wie Filet, Roastbeef, Frikandeau, gibt es Fleischteile, die aufgrund ihres Fett- bzw. Sehnenanteils eine geringere Qualität aufweisen und damit nur als Koch- oder Schmorfleisch verwendbar sind. Dies macht es erforderlich, den Wert der Fleischteile korrekt festzulegen. Die Qualitätsunterschiede müssen durch Zuschläge zum oder Abschläge vom **durchschnittlichen Fleischpreis** berücksichtigt werden. Die Bewertungen sind außerdem von der Marktsituation, Nachfrage, Jahreszeit usw. abhängig.

Merke:	Jedes Fleischteil hat einen speziellen Qualitätswert. Auf den **durchschnittlichen Fleischpreis** können Bewertungszuschläge oder Bewertungsabschläge gerechnet werden. **Bewertungszuschläge**: Spitzenqualität zum Kurzbraten, Grillen, Braten, **Bewertungsabschläge**: sehnenreiche Stücke, Fleischteile mit Knochen, fettreiche Fleischteile.

Der **Einkaufspreis**, auch als durchschnittlicher Fleischpreis bezeichnet, wird stets mit 100 % angesetzt. Der **Bewertungssatz** gibt den Wert des betreffenden Fleischteils im Vergleich zum durchschnittlichen Fleischpreis in Prozent oder Punkten an.

Anstelle des durchschnittlichen Fleischpreises kann man in der Gastronomie auch den **Bewertungsfaktor** zur Beurteilung der unterschiedlichen Fleischqualitäten heranziehen.

Merke: Das eingekaufte Fleischstück erhält den Faktor 1. Dieser Wert entspricht dem durchschnittlichen Fleischpreis von 100 %.

Beispiel:

Bewertung eines Kalbes

Gewichtsanteil	Fleischteil	Bewertungssatz/-faktor	
13,3 %	Nierenbraten	130	1,3
27,7 %	Keule mit Haxe	140	1,4
15,3 %	Bug ohne Haxe	110	1,1
6,6 %	Kotelett	100	1,0
14,4 %	Kamm und Hals	90	0,9
12,4 %	Brust und Bauch	70	0,7
7,8 %	Haxe	60	0,6
2,5 %	Zerlegeverlust	–	–

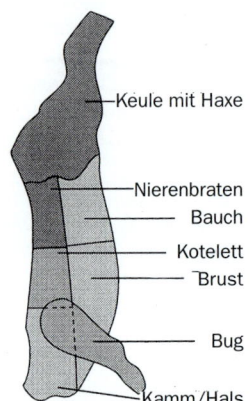

Keule mit Haxe
Nierenbraten
Bauch
Kotelett
Brust
Bug
Kamm/Hals

Bewertung eines Schweines

Gewichtsanteil	Fleischteil	Bewertungssatz/-faktor	
20 %	Schinken	190	1,9
16 %	Karree, Kamm	171	1,7
8 %	Bug	140	1,4
10 %	Bauch	90	0,9
5 %	Eisbein, Brust	71	0,7
6 %	Kopf mit Backe	10	0,1
8 %	Fleischabschnitte	78	0,8
15 %	Fettabschnitte	27	0,3
12 %	Knochen, Spitzbein	–	–

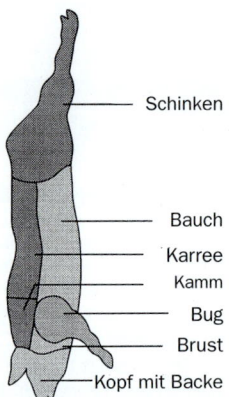

Schinken
Bauch
Karree
Kamm
Bug
Brust
Kopf mit Backe

Beispielaufgabe:

In die Küchenfleischerei wurde ein Kalb mit einem Kaltschlachtgewicht von 51 kg und einem durchschnittlichen Fleischpreis von 7,05 €/kg angeliefert.

1. Errechnen Sie den Materialpreis des Kalbes.
2. Wie schwer ist der Nierenbraten und wie hoch ist dafür der Kilopreis?

Lösungsweg: 1. 51 kg x 7,05 € = 359,55 €

Der Materialwert des Kalbes beträgt 359,55 €.

2. 13,3 % von 51 kg = 6,783 kg
100 % ≙ 7,05 €
130 % ≙ x €   x = 9,165 €

Der Nierenbraten wiegt 6,783 kg, der Kilopreis liegt bei 9,17 €.

Übungsaufgaben Bewertungssätze für Fleisch

1   Errechnen Sie die Materialpreise der einzelnen Teile eines Kalbes (siehe Bewertung eines Kalbes S. 98) mit einem Kaltschlachtgewicht von 49 kg, das nach oben genannter Bewertungstabelle zerlegt wird. Der durchschnittliche Fleischpreis beträgt 6,90 €/kg.

2   Das Kaltschlachtgewicht eines Schweines liegt bei 84 kg.
Berechnen Sie die Materialpreise der einzelnen Fleischteile (siehe Bewertung eines Schweines S. 98) sowie den Einkaufspreis insgesamt, wenn der durchschnittliche Fleischpreis 2,30 €/kg beträgt.

3   Errechnen Sie den durchschnittlichen Fleischpreis von Kalbfleisch, wenn Kalbsbug mit 9,30 €/kg angeboten wird.

4   Kalbsschnitzel kosten 11,10 €/kg, Kalbsbraten 6,60 €/kg, Kalbsgeschnetzteltes 5,10 €/kg und Kalbshaxe 3,90 €/kg. Der durchschnittliche Fleischpreis liegt bei 7,40 €/kg.
Errechnen Sie die prozentualen Preisauf- und -abschläge.

5   1,600 kg Schweinebauch kosten bei einer Bewertung von 90 % insgesamt 6,63 €.
Wie teuer muss man Eisbein je kg verkaufen, wenn die Bewertung bei 91 % liegt?

6   Ein kg Schweinebraten aus der Oberschale wird mit 190 % bewertet und kostet 9,10 €.
Wie hoch ist der durchschnittliche Fleischpreis?

7   Ein Roastbeef mit Knochen wird zum Kilopreis von 8,75 € angeboten.
Ermitteln Sie die Bewertungssätze, wenn Filet für 26,25 €/kg, Rumpsteakfleisch für 17,50 €/kg, Klärfleisch für 6,57 €/kg und Rinderknochen für 0,60 €/kg verkauft werden.

8   Als durchschnittlicher Fleischpreis für ein Färsenhinterviertel werden 3,95 €/kg verlangt.
Errechnen Sie die Materialpreise für Filet (310 %), Roastbeef (200 %), Oberschale (170 %) und Unterschale (150 %).

9   Wie hoch ist der durchschnittliche Preis für 1 kg Schweinefleisch, wenn 1 kg Keule für 9,60 € verkauft wird und der Bewertungssatz mit 200 % festgelegt wurde?

10   Rinderbraten mit einem Bewertungssatz von 150 % wird für 8,60 €/kg verkauft.
10.1 Ermitteln Sie den durchschnittlichen Fleischpreis.
10.2 Berechnen Sie den Kilopreis für Falsches Filet, das mit 105 % bewertet wird.

11   Rinderhinterviertel werden zum Kilopreis von 9,20 € angeboten und in der Küchenfleischerei ausgelöst. Ermitteln Sie die folgenden Materialpreise (je kg):

11.1	Roastbeef	Bewertungssatz 250 %
11.2	Filet	Bewertungssatz 320 %
11.3	Rouladen	Bewertungssatz 145 %
11.4	Huft	Bewertungssatz 200 %
11.5	Gulasch	Bewertungssatz 57 %

12   Schweinekamm wie gewachsen wird im Fleischhandel für 5,90 €/kg angeboten. Für Kammsteaks wird mit einem Bewertungssatz von 155 % gerechnet. Ermitteln Sie den Materialpreis für ein Kammsteak von 180 g.

13   Der durchschnittliche Fleischpreis wird mit 6,15 €/kg kalkuliert.
Ermitteln Sie die Bewertungssätze für Huft 8,15 €/kg und Oberschale 7,80 €/kg.

11.4 Zubereitungsverluste

Zu unterscheiden sind die drei Arten der Zubereitung:
- thermische Zubereitung (Garverfahren),
- biochemische Zubereitung (Räuchern, Säuern u. a.),
- mechanische Zubereitung (Reiben, Raspeln u. a.).

Die thermische Zubereitung oder das Garen ist zweifellos die wichtigste Zubereitungsart.

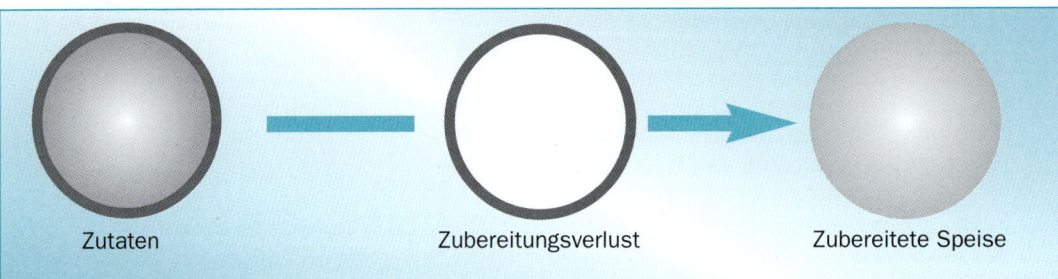

| Zutaten | Zubereitungsverlust | Zubereitete Speise |

Beispielaufgabe 1:

3,800 kg Rindfleisch wurden geschmort. Das gegarte Schmorstück wiegt 2,850 kg. Ermitteln Sie den durchschnittlichen Schmorverlust in Prozent.

Lösungsweg:
3,800 kg – 2,850 kg = 0,950 kg
3,800 kg ≙ 100 %
0,950 kg ≙ x %   x = 25 %

Der Schmorverlust beträgt 25 %.

Beispielaufgabe 2:

Eine Reisegesellschaft mit 39 Personen hat Szegediner Gulasch bestellt. Je Person werden 120 g zubereitetes Schweinefleisch einkalkuliert. Wie viel kg Schweinefleisch sind bereitzustellen, wenn der Parierverlust 7 % und der Schmorverlust 35 % betragen?

Lösungsweg:
39 Portionen x 0,120 kg = 4,680 kg gegarter Gulasch
  65 % ≙ 4,680 kg
100 % ≙ x kg   x = 7,200 kg pariertes Fleisch
  93 % ≙ 7,200 kg
100 % ≙ x kg   x = 7,742 kg Schweinefleisch

Für 39 Portionen Gulasch müssen rund 7,750 kg Schweinefleisch angefordert werden.

Diese Form bezeichnet man als Rückrechnung, da man von der zubereiteten Speise auf die Zutatenmenge schließt.

Übungsaufgaben Zubereitungsverluste

Schlachtfleisch

1 Für Schweinegulasch werden 12 kg Schweinebug angefordert. Parierverluste (Fett) werden mit 3 %, der Schmorverlust mit 30 % veranschlagt.
  1.1 Für wie viele Portionen zu 180 g (gegartes Fleisch) reichen die 12 kg Schweinebug?
  1.2 Welche Fleischmenge wird benötigt, wenn 35 Portionen hergestellt werden sollen?

2 Ein Sportkasino bestellt 3,600 kg aufgeschnittenes Roastbeef, rosa. Man rechnet mit einem Bratverlust von 26 % und einem Aufschneideverlust von 2 %. Ermitteln Sie das erforderliche Rohgewicht.

3 Benötigt werden in der Kalten Küche 2,500 kg aufgeschnittenes gebratenes Roastbeef. Erfahrungsgemäß wird mit einem Bratverlust von 27 % und einen Aufschneideverlust von 3 % gerechnet. Errechnen Sie das Frischgewicht des parierten Roastbeefs.

4 Errechnen Sie die Menge Rinderbraten in kg, die für 125 Rinderrouladen mit einem Gewicht des geschmorten Fleisches von 150 g bei einem Schmorverlust von 30 % erforderlich ist.

5 Für ein Festessen sollen 36 garfertige Filetsteaks zu 150 g verwendet werden.
5.1 Berechnen Sie die Gesamtmenge des bratfertigen Fleisches.
5.2 Wie viel Gramm wiegt ein gebratenes Filetsteak bei einem Bratverlust von 19 %?

6 Die folgende Übersicht zeigt einen Auszug aus der Zusammenstellung eines Küchenchefs mit üblichen Rohgewichtsmengen und Richtwerten bei den Garverlusten.

Fleischspeise	Frischfleisch-menge	Garverlust	Fleischspeise	Frischfleisch-menge	Garverlust
Filetsteak	160 g	20 %	Schweinekotelett,		
Roastbeef, rosa	150 g	18 %	natur	180 g	33 %
Rinderpökelzunge	150 g	17 %	Schweinebraten	150 g	35 %
Roulade	130 g	39 %	Schweinebauch,		
Sauerbraten	150 g	38 %	gekocht	150 g	16 %
			Kassler, gekocht	170 g	17 %
Kalbssteak	180 g	24 %	Eisbein	500 g	25 %
Kalbsmedaillons (2)	160 g	25 %			
Kalbsbraten	150 g	33 %	Lammkeule, m. K.	200 g	30 %
Kalbskotelett, paniert	160 g	6 %	Hammelbraten	220 g	40 %
			Hammelrücken	400 g	33 %

6.1 Berechnen Sie die Gewichtsmengen der anrichtefertigen Portionen unter Berücksichtigung der angegebenen Frischfleischmengen und Garverluste.
6.2 Wie viele Portionen können jeweils aus 5 kg Rohmaterial vorbereitet werden?

7 Eine Oberschale vom Schwein wiegt 1,400 kg. Beim Parieren entsteht ein Verlust von 2 %.
7.1 Wie viele Schnitzel zu 130 g Rohgewicht können daraus geschnitten werden?
7.2 Errechnen Sie den gegarten Fleischanteil, wenn durch das Braten der panierten Schnitzel ein Garverlust von 6 % eintritt.
7.3 Wie viele zum naturellen Braten bestimmte Schweineschnitzel zu 150 g können aus der gleichen Oberschale geschnitten werden?
7.4 Beim naturellen Garen tritt ein Kurzbratverlust von 27 % ein. Welche gegarte Fleischmenge steht nach dem naturellen Braten zur Verfügung?

8 Eine Lammkeule mit einem Einkaufsgewicht von 3,350 kg soll gebraten werden. Die Vorbereitungs- und Zubereitungsverluste belaufen sich insgesamt auf 55 %.
8.1 Wie viel kg fertiger Braten stehen für Aufschnitt zur Verfügung?
8.2 Wie viele Portionen (je Portion 140 g gegartes Fleisch) können daraus geschnitten werden?

9 Für eine Reisegesellschaft von 26 Personen soll in einem Menü Braten aus der Kalbsnuss zu Portionen von je 150 g zubereitet werden. Bei der Vorbereitung muss erfahrungsgemäß durch Parieren mit Verlusten von 5 % gerechnet werden. Der Bratverlust beträgt 25 %.
9.1 Errechnen Sie die benötigte Menge an Frischfleisch.
9.2 Wie viel kg Frischfleisch sind erforderlich, wenn das Portionsgewicht auf 170 g erhöht werden soll?

10 Zur Herstellung von Kassler Aufschnitt für die Kalte Küche wird ein Schweinekotelettstück von 5,450 kg ausgelöst. Der wertlose Knochenanteil beträgt 12,5 %. Das schiere Fleisch nimmt durch Lakespritzung um 9 % seines ursprünglichen Gewichtes zu. Bei der anschließenden Räucherung verliert es 6,5 % und beim Braten weitere 12 %.

   10.1 Wie viel kg Kasslerbraten stehen der Kalten Küche zur Verfügung, wenn ein Aufschneideverlust von 1,5 % beachtet wird?

   10.2 Ermitteln Sie die Rohfleischmenge, die zur Herstellung von 25 Portionen Kassler zu 200 g erforderlich wäre.

11 Für ein Bauernbüfett soll ein Topf mit 1,200 kg Schweineschmalz bereitgestellt werden. Dafür sollen Flomen und Rückenfett im Verhältnis 1 : 1 verwendet werden. Beim Rückenfett muss man mit einem Schwartenanteil von 2,7 % (muss abgezogen werden, da für die Fettgewinnung ungeeignet) rechnen. Berechnen Sie die Rohstoffmenge in kg, die ausgebraten werden muss, wenn der Ausbratverlust einschließlich Grieben 18 % beträgt.

12 Es werden 8 kg Frischfleisch eingekauft. Der Parierverlust beträgt 22 %, der Bratverlust 18 %.

   12.1 Berechnen Sie das Gewicht des parierten Fleisches.

   12.2 Ermitteln Sie das Gewicht des tafelfertigen Fleisches.

   12.3 Wie viele tischfertige Portionen je 140 g erhält man?

Wild und Geflügel

13 Bei der Verarbeitung von Tiefgefrierware rechnet man mit einem Auftauverlust von 4 % und einem weiteren Gesamtverlust von 46 % speziell bei Geflügel.

   13.1 Wie viel kg gegartes Geflügelfleisch stehen insgesamt aus ursprünglich 10 Tiefgefrierhähnchen á 1,2 kg für die Weiterverarbeitung zu Frikassee zur Verfügung?

   13.2 Wie viele Portionen Frikassee erhält man, wenn 130 g Fleischeinsatz pro Portion geplant sind?

14 Ein Gastwirt kauft drei Gänse. Sie wiegen lebend: 3,920 kg, 4,870 kg, 5,050 kg. Sie wiegen bratfertig: 2,890 kg, 3,610 kg, 3,730 kg. Ermitteln Sie den Schlacht-/Vorbereitungsverlust in kg und %.

15 Eine Frühmastente wiegt 2,100 kg. Durch Ausnehmen entsteht eine Gewichtsminderung um 390 g, durch das Braten eine weitere Gewichtsminderung um 460 g.

   15.1 Bestimmen Sie den Gesamtverlust in g und in %.

   15.2 Ermitteln Sie den Ausnehmeverlust in %.

   15.3 Ermitteln Sie den Bratverlust in %.

16 Beim Parieren, Braten und Portionieren einer Rehschulter treten 1,100 kg Parüren, 0,760 kg Bratverlust und 120 g Portionierverlust auf, das ursprüngliche Gewicht der Rehschulter betrug 3,700 kg.

   16.1 Berechnen Sie die Einzelverluste in Prozent.

   16.2 Wie viel Prozent beträgt der Gesamtverlust?

17 Ein Jäger verkauft an ein Restaurant einen Frischling in der Schwarte mit einem Gewicht von 33 kg. Wie viel kg ausgelöstes und pariertes Wildbret können eingefroren werden, wenn die Schwarte 3,5 kg wiegt und der Auslöse- und Parierverlust mit 29 % anzusetzen ist?

18 Zwei Wildschweinschultern wiegen ausgekühlt 4,800 kg. Nach dem Entbeinen und Parieren bleiben 3,936 kg schieres Fleisch.

   18.1 Berechnen Sie den prozentualen Vorbereitungsverlust.

   18.2 Wie viele Portionen zu 150 g gegarte Wildschweinschulter können davon erstellt werden, wenn der Schmorverlust 32 % beträgt?

19 Eine Damhirschkeule wiegt 9,600 kg und hat einen Knochenanteil von 23 %. Die ausgelöste Hirschkeule wird pariert, dabei fallen 9 % Parüren an. Der Schmorverlust beträgt etwa 30 %.

   19.1 Wie viele Portionen zu 200 g können davon garfertig geschnitten werden?

   19.2 Berechnen Sie die Menge an gegartem Wildbret insgesamt und je Portion.

20 45 Portionen Wildschweinrücken zu je 150 g sind bereitzustellen.

Wie viel kg Wildschweinrücken müssen verwendet werden, wenn der Bratverlust 22 % und der Knochenanteil 18 % betragen?

21 Für ein Wildessen werden 16 Portionen Hirschragout mit je 200 g Rohfleischgewicht vorbereitet.

21.1 Wie viel kg Hirschschulter müssen eingekauft werden, wenn durch Auslösen und Parieren ein Gewichtsverlust von 38,5 % entsteht?

21.2 Berechnen Sie den Garfleischanteil je Portion bei einem Schmorverlust von 29 %.

Fisch

22 Für ein Essen werden 12 Portionen Rotbarsch zu je 150 g servierfertig benötigt. Der Zubereitungsverlust wird mit 24 %, der Putzverlust mit 32 % berechnet. Wie viel kg Rotbarsch müssen angefordert werden?

23 Für 18 Portionen gekochten Kabeljau zu 190 g wird Frischfisch vorbereitet. Der Putzverlust beträgt 27 % und der Garverlust 12 %. Wie viel kg Kabeljau müssen bereitgestellt werden?

24 In einer Restaurationsküche wurden (für Fischfilets) folgende Garverluste veranschlagt:

Dünsten	18 bis 20 %	Frittieren (paniert)	5 bis 7 %
Kurzbraten	27 bis 30 %	Grillen	29 bis 32 %

Berechnen Sie die Portionsmenge an gegartem Fisch bei folgendem Mengenansatz:

24.1 200 g   **24.2** 150 g   **24.3** 120 g

25 Für eine Gesellschaft sollen 24 Portionen Schellfisch zum Kochen mit einem Gewicht von 220 g garfertig vorbereitet werden. Es wird mit einem Vorbereitungsverlust von 35 % einschließlich Kopf gerechnet.

25.1 Wie viel kg Frischfisch müssen eingekauft werden?

25.2 Errechnen Sie die Menge an vorbereitetem Fisch, die zur Verfügung stehen muss.

26 Hausgebeizter Lachs soll aus skandinavischem Frischfisch hergestellt werden. Dabei müssen folgende Verluste beachtet werden:

Vorbereitungsverlust	48 %
Beizverlust	14 %
Schneide- und Portionierverlust	12 %

Berechnen Sie die Menge Frischfisch in kg, die für 60 Portionen zu je 60 g erforderlich ist.

27 Für gedünstetes Seelachsfilet werden 7,250 kg Fischfilet verarbeitet. Der Filetierverlust betrug 43 %.

27.1 Wie viele tischfertige Portionen zu 150 g können hergestellt werden, wenn mit einem Dünstverlust von 15 % gerechnet wird?

27.2 Ermitteln Sie den prozentualen Gesamtverlust bei der Herstellung der Fischspeise.

Gemüse und Obst

28 5,500 kg Pilze werden geputzt und gedünstet, hierbei ergibt sich ein Putzverlust von 36 %.

Wie viel kg Pilze können portioniert werden, wenn der Garverlust 38 % beträgt?

29 Der Küchenchef kauft 12 kg Frischgemüse ein. Er kalkuliert mit einem Putzverlust von 17 % und einem Garverlust von 26 %.

29.1 Ermitteln Sie jeweils die Verluste in kg und fassen Sie sie zusammen.

29.2 Wie viel kg servierfertiges Gemüse erhält man und wie viele Portionen zu 140 g ergibt diese Menge?

30 Für ein Menü werden 18 Portionen Spargel benötigt. Eine garfertige Portion soll 300 g wiegen.

    30.1 Wie viel kg Spargel müssen eingekauft werden, wenn mit einem Schälverlust von 40 % zu rechnen ist?

    30.2 Bei Einsatz eines Sparschälers reduziert sich der Verlust auf $\frac{3}{4}$ des ursprünglichen Wertes. Wie viele Portionen bei gleicher Portionsgröße erhält man mehr?

31 Vorbereitet werden 7,500 kg Rosenkohl. Daraus sollen 18 Portionen zu je 250 g garfertig hergestellt werden.

    31.1 Errechnen Sie den Vorbereitungsverlust in g und %.

    31.2 Berechnen Sie die Portionsmenge in g an gegartem Rosenkohl, wenn 4 % Dämpfverlust berücksichtigt werden müssen.

32 Errechnen Sie die Anzahl der jeweiligen garfertigen Gemüseportionen in g unter Berücksichtigung der Vorbereitungsverluste und der angegebenen Portionsgrößen.

Frischgemüseart	Vorbereitungsverlust	Portionsgröße
Blumenkohl	28 %	250 g
Chicorée	20 %	200 g
Brechbohnen	12 %	200 g
Kopfsalat	32 %	150 g
Karotten	20 %	120 g
Rosenkohl	40 %	250 g
Rotkohl	15 %	150 g

    32.1 Wie viele Portionen ergibt jeweils 1 kg der Frischgemüse?

    32.2 Wie viele Portionen ergeben jeweils 5 kg der Frischgemüse?

    32.3 Wie viele Portionen ergeben jeweils 12 kg der Frischgemüse?

33 In einer Betriebskantine steht „Blumenkohl polnische Art" auf dem Speiseplan.

Ermitteln Sie die Menge in kg, die für 223 gegarte Portionen zu je 250 g erforderlich ist. Der Vorbereitungsverlust beträgt 28 %, der Garverlust 2 %.

34 Aus der Champignonzüchterei werden zwei Körbchen Champignons zu je 2,500 kg geliefert. Bei der Verarbeitung muss mit einem Vorbereitungsverlust von 10 % und einem Garverlust von 38 % gerechnet werden.

Wie viele Portionen zu 250 g lassen sich herstellen?

35 Wie viele Portionen Obstsalat zu je 0,125 kg lassen sich herstellen aus:

    1,250 kg Orangen   23 % Vorbereitungsverlust

    2,100 kg Weinbeeren   22 % Vorbereitungsverlust

    1,350 kg Ananas   35 % Vorbereitungsverlust

    1,250 kg Pfirsichen   23 % Vorbereitungsverlust

    1,600 kg Aprikosen   26 % Vorbereitungsverlust

    1.600 kg Birnen   30 % Vorbereitungsverlust

    1,500 kg Bananen   36 % Vorbereitungsverlust

    1,200 kg Äpfeln   30 % Vorbereitungsverlust

Außerdem werden 0,35 l Kirschwasser und 250 g Läuterzucker verwendet.

36 Kirschkonfitüre soll als Spezialität selbst hergestellt werden. Früchte und Zucker sind im Verhältnis 4 : 6 zu verwenden. Zur Herstellung stehen 5,800 kg vorbereitete Früchte zur Verfügung.

Wie viele Gläser mit je 500 g Inhalt lassen sich füllen, wenn mit einem Kochverlust von 6 % gerechnet wird?

37 3 kg entsteinte Sauerkirschen werden für die Patisserie ohne Zucker gedünstet. Nach dem Dünsten beträgt das Gewicht 2,955 kg. Ermitteln Sie den prozentualen Dünstverlust.

11.5 Materialpreisveränderungen bei der Speisenherstellung

Durch Vor- und Zubereitungsarbeiten sowie durch Reifungsvorgänge beim Lagern werden die Lebensmittel wertvoller. Bis auf einige Ausnahmen verlieren sie jedoch an Gewicht.

Merke: Das Gewicht nimmt im Verlaufe des technologischen Prozesses im Allgemeinen ab, während der Wert je Gewichtseinheit steigt.

Gewicht:

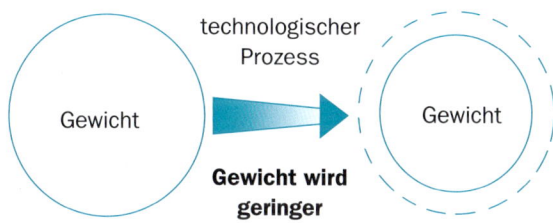

Gewicht — technologischer Prozess → Gewicht

Gewicht wird geringer

Preis:

Preis (€) je Gewichtseinheit (kg) — Folge des technologischen Prozesses — Preis (€) je Gewichtseinheit (kg)

Kilopreis steigt

Beispielaufgabe 1:

Rosenkohl wird für 3,20 €/kg eingekauft. Der Putzverlust beträgt 20%. Ermitteln Sie den Materialwert einer Portion von 240 g.

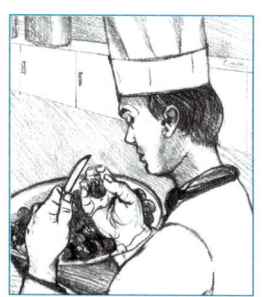

Lösungsweg: 1000 g Rosenkohl – 200 g Putzverlust
≙ 800 g geputzter Rosenkohl
800 g ≙ 3,20 €
240 g ≙ x   x = 0,96 €

Der Portionspreis von 240 g beträgt 0,96 €.

Beispielaufgabe 2:

Ein Küchenfleischer pökelt 8,000 kg Dickbein, die dann 8,600 kg wiegen. Durch Kochen verlieren die gepökelten Eisbeine 18 % an Gewicht. Berechnen Sie den Kilo-Preis der gekochten Eisbeine, wenn das frische Dickbein zu einem Kilopreis von 3,90 € gekauft wurde. Die Kosten für das Pökeln sollen unberücksichtigt bleiben.

Lösungsweg: Einkaufspreis: 8,000 kg frisch x 3,90 € = 31,20 €
100 % ≙ 8,600 kg gepökelt
82 % ≙   x   kg   x = 7,052 kg gekocht
7,052 kg gekocht ≙ 31,20 €
1,000 kg gekocht ≙   x   €   x = 4,42 €

Der Kilopreis für die gekochten Eisbeine beträgt 4,42 €.

Rückrechnung

Mitunter ist es erforderlich, vom Gewicht des gelagerten Fertigerzeugnisses auf die Mengen an eingesetzten Rohstoffen oder auf das Frischgewicht zu schließen.

Bei der Rückrechnung wird vom verminderten Prozentsatz auf 100 % geschlossen.

Beispielaufgabe:

Hausgemachter Presskopf wiegt nach fünftägiger Kühllagerung vor dem Aufschneiden 2,230 kg. Der Materialpreis für den frischen Presskopf beträgt 0,64 €/100 g. Erfahrungsgemäß wird mit einem Lagerverlust von 2 % gerechnet.

1. Wie schwer war der Presskopf frisch nach der Herstellung?
2. Berechnen Sie den Kilopreis nach der Lagerung.

Lösungsweg: 1. Aufschnittgewicht: 100 % − 2 % = 98 %

   98 % ≙ 2,230 kg

   100 % ≙ x kg   x = 2,276 kg

   Der frische Presskopf wog 2,276 kg.

   2. Presskopf, frisch: 100 g ≙ 0,64 €

   1,000 kg ≙ 6,40 €

   2,276 kg ≙ 14,57 €

   Der Materialpreis beträgt 14,57 €. Der neue Kilopreis ergibt sich aus der Division des Materialpreises mit der zur Verfügung stehenden Menge:

   14,57 € : 2,230 kg = 6,53 €

   Der Kilopreis des gelagerten Presskopfes beträgt 6,53 €.

Übungsaufgaben Materialpreisveränderungen bei der Speisenherstellung

Fleisch, Fleischerzeugnisse

1   Frischfleisch vom Schwein verlor im Lager 3,35 % des Gewichtes.
   Wie hoch war der Verlust in € wenn der durchschnittliche Einkaufspreis bei 7,30 €/kg lag?

2   Ein unpariertes Roastbeef zum Kilopreis von 7,10 € wiegt 8,650 kg. Nach dem Auslösen und Parieren bringt es 3,500 kg auf die Waage. Daraus lassen sich 19 Entrecôtes schneiden.
   2.1 Errechnen Sie den Kilopreis des parierten Fleisches.
   2.2 Wie hoch ist der Materialwert für ein Entrecôte zu 180 g ?
   2.3 Wie hoch ist der Materialwert für ein Entrecôte zu 320 g?

3   Bratfertiges Rinderfilet kostet 18,10 €/kg. Zur Verfügung steht ein Rinderfilet von 2,300 kg, das gebraten werden soll. Der Bratverlust beträgt 21 %. Die Portion gebratenes Fleisch soll 150 g wiegen.
   3.1 Wie viele Portionen können aus dem gebratenen Filet geschnitten werden?
   3.2 Errechnen Sie den Preis für das gebratene Fleisch insgesamt und je kg.
   3.3 Errechnen Sie die Materialkosten für eine Portion.

4   Eine Lammkeule hat ein Einkaufsgewicht von 3,125 kg. Der Einkaufspreis beträgt 6,18 €/kg. Die Vor- und Zubereitungsverluste machen insgesamt 56 % aus. Eine Portion gebratenes Fleisch soll 150 g wiegen.
   4.1 Wie hoch ist der Einkaufspreis der Keule?
   4.2 Wie schwer ist das reine Bratenfleisch?
   4.3 Wie viele Portionen können aus der gebratenen Keule geschnitten werden?
   4.4 Wie hoch ist der Materialwert einer Portion?

5 Das Bierrestaurant „Zum Alten Fritz" bestellt 24 kg gepökeltes und geräuchertes Eisbein.

5.1 Ermitteln Sie das Frischgewicht bei 9 % Pökelgewinn und 12 % Räucherverlust.

5.2 Wie viel € müssen für die bestellte Menge Eisbein bezahlt werden, wenn frisches Dickbein mit 3,05 €/kg verkauft wird und wenn je kg ein zusätzlicher Arbeitsaufwand von 0,10 € berechnet sowie ein Mengenrabatt von 15 % eingeräumt wird?

6 9,300 kg Roastbeef kosten im Einkauf 4,65 €/kg. An Knochen und Parüren gehen 32,8 % ab. Dafür werden 0,75 €/kg gerechnet. Beim Braten im Ganzen ensteht ein Garverlust von 19 %.

6.1 Ermitteln Sie den Preis für das kg pariertes Roastbeef.

6.2 Welchen Materialwert haben 160 g tafelfertiges Roastbeef?

7 Eine Gesellschaft bestellt Kalbsnierenbraten. Dafür wird ein Kalbssattel von 5,235 kg zu einem Kilopreis von 7,95 € zu zwei Kalbsnierenbraten verarbeitet.

Bei der Fleischvorbereitung entstehen folgende Nebenerzeugnisse:

580 g Fett, 1,100 kg Knochen, 0,125 kg Fleischabschnitte.

7.1 Ermitteln Sie den prozentualen Anteil der Fleischnebenerzeugnisse.

7.2 Wie viel kg wiegen die beiden tafelfertigen Kalbsnierenbraten, wenn mit einem Bratverlust von 28 % gerechnet wird?

7.3 Ermitteln Sie die Materialkosten für eine gegarte Fleischportion von 180 g, wenn die Nebenerzeugnisse mit insgesamt 4,25 € bewertet werden.

8 Für ein Festessen werden 24 tafelfertige Portionen Rehrücken mit einem Gewicht von je 160 g benötigt.

8.1 Wie viel kg Rehrücken müssen bereit gestellt werden, wenn mit einem Vorbereitungs- und Bratverlust von 44 % zu rechnen ist?

8.2 Ermitteln Sie die Materialkosten einer Portion tafelfertigen Rehrückens, wenn der Einkaufspreis bei 8,95 €/kg liegt und 150 g Spickspeck zum Einkaufspreis von 2,45 €/kg verwendet werden.

9 Brathähnchen mit einem Verkaufsgewicht von 800 g kosten im Einkauf 3,25 €/kg. Der Zubereitungsverlust beträgt 26 %.

9.1 Welchen Materialwert hat ein halbes Brathähnchen?

9.2 Wie viel g wiegt das gegarte halbe Brathähnchen?

10 Gefrierkonservierte Hasenkeulen im Karton wiegen 18,500 kg. Der Auftauverlust beträgt 755 g.

10.1 Ermitteln Sie den prozentualen Auftauverlust.

10.2 Berechnen Sie den Materialpreis je kg aufgetaute Ware, wenn der Einkaufspreis je kg 9,45 € betrug.

10.3 Das Portionsgewicht der gebratenen Hasenkeulen beträgt 240 g.
Ermitteln Sie dafür die Materialkosten, wenn mit einem Schmorverlust von 33 % gerechnet wird.

11 Der Materialpreis von Kassler ohne Bein beträgt 9,60 €/kg.

11.1 Berechnen Sie den Preis des verwendeten Schweinekoteletts, wenn der Pökelgewinn 8 %, der Räucherverlust 13 % und der wertlose Knochenanteil 14 % betragen.

11.2 Wie viel kg frisches Schweinekotelett müssen für die Herstellung von 8 kg Kassler bereitgestellt werden?

12 4 Suppenhühner werden gekocht. Nach dem Kochen wiegen die Hühner noch 7,550 kg. Der Materialwert des Geflügels liegt bei 10,50 €. Die Brüstchen und Keulen machen jeweils die Hälfte des Gewichts aus.

12.1 Errechnen Sie den Materialwert für Brüstchen und Keulen, wenn vorab 10 % des Wertes für die Hühnerbrühe abgezogen werden.

12.2 Wie viele Portionen ergeben sich, wenn die Portionsmengen für Frikassee 160 g und für Geflügelsalat 120 g betragen sollen?

12.3 Errechnen Sie den Materialpreis des gegarten Geflügels für je eine Portion Frikassee und Geflügelsalat.

13 Für 40 Portionen klare Hühnerbrühe werden folgende Rohstoffe (Rohstoffpreise ohne Mehrwertsteuer) verwendet:

2,100 kg Suppenhuhn   1,85 €/kg   0,400 kg Langkornreis   1,65 €/kg
3,000 kg Rinderknochen 0,75 €/kg   Gewürze   1,10 € Gesamtpreis
1,400 kg Wurzelgemüse   1,10 €/kg

Errechnen Sie die Materialkosten insgesamt und je Portion.

14 Ungarische Salami mit einem Einkaufspreis von 16,30 €/kg verlor während der Lagerung 8 % des ursprünglichen Gewichts.
Wie hoch muss der neue Kilopreis angenommen werden?

15 Nach dem Reifen wog eine Salami 1,326 kg und kostete 11,75 €. Beim Reifen hatte sie 26 % ihres Gewichtes durch die Trocknung verloren.
Wie hoch war das Frischgewicht und wie viel € kostete 1 kg vor der Reifung?

Fisch

16 Für eine Fischspeise werden 6,500 kg Kabeljaufilet verarbeitet. Der Filetierverlust betrug 46 %.
   16.1 Wie viele tischfertige Portionen zu 180 g können hergestellt werden, wenn mit einem Dünstverlust von 12 % gerechnet wird?
   16.2 Ermitteln Sie den Materialwert für eine gedünstete Portion, wenn der Fischhändler den Kabeljau ganz zu einem Preis von 9,40 €/kg anbietet.
   16.3 Ermitteln Sie den prozentualen Gesamtverlust bei der Herstellung der Fischspeise.

17 Für ein Essen werden 25 Portionen Rotbarsch zu je 200 g servierfertig benötigt. Der Zubereitungsverlust wird mit 22 %, der Putzverlust mit 32 % berechnet.
   17.1 Wie viel kg Rotbarsch müssen angefordert werden?
   17.2 Wie viel € kostet der Rotbarsch bei einem Bruttopreis von 9,70 €/kg?
   17.3 Berechnen Sie den Materialpreis je Portion, wenn für die Beilagen ein Materialpreis von 1,25 € je Portion angenommen wird.

18 Goldbuttfilets kosten 11,15 €/kg.
Berechnen Sie den Materialpreis für eine Portion von 150 g.

19 Frische Schollen werden zu 5,90 €/kg angeboten. Beim Filetieren rechnet man mit einem Verlust von 40 %, beim Dünsten tritt ein weiterer Verlust von 14 % ein.
Wie hoch ist der Materialpreis für eine tischfertige Portion zu 150 g?

20 Eine Küche bezieht 8,600 kg Steinbutt und bezahlt je kg 6,60 €.
   20.1 Berechnen Sie den Einkaufspreis für den Steinbutt.
   20.2 Berechnen Sie den Materialpreis einer Tranche von 200 g, wenn ein Garverlust von 29 % einkalkuliert werden muss.

21 Geräucherter Lachs wird für 31,60 €/kg bezogen. Für eine Portion rechnet man 40 g.
   21.1 Errechnen Sie den Portionspreis.
   21.2 Berechnen Sie den Preis für 12 Portionen.

22 Forellen mit einem Durchschnittsgewicht von 300 g werden für Forelle blau verwendet. Der Kilopreis für Forellen beträgt 6,55 €.
Berechnen Sie den Materialpreis für 16 Portionen.

Gemüse, Obst

23 16,250 kg badischer Spargel werden zum Kilopreis von 6,30 € beim Erzeuger gekauft. Nach dem Schälen wiegt der Spargel noch 12,275 kg.
Berechnen Sie den Portionspreis für 450 g in €.

24 Junge Erbsen werden in Konserven (5/1) zum Stückpreis von 6,10 € eingekauft. Die Nettoeinwaage je Dose beträgt durchschnittlich 3,580 kg.
Berechnen Sie den Portionspreis, wenn aus einer 850-g-Dose gewöhnlich 8 Portionen zu 100 g hergestellt werden.

25 Eine Küche bezieht 12 kg Champignons. Der Preis beträgt je Kilogramm 2,80 €. Putz- und Garverluste werden mit insgesamt 21 % veranschlagt.
Berechnen Sie den Portionspreis für 90 g der gegarten Champignons.

26 Rosenkohl wird als Gefriergemüse in 2,5-kg-Beuteln zu je 4,30 € bezogen. Die Portionsgröße beträgt 150 g.
Berechnen Sie den Materialwert für eine Portion, wenn mit einem Garverlust von 12 % zu rechnen ist.

27 6,200 kg Schwarzwurzeln werden für 1,20 €/kg eingekauft. Für eine Portion muss man 200 g Rohgemüse veranschlagen.
27.1 Wie viele Portionen können aus der eingekauften Menge hergestellt werden?
27.2 Wie hoch ist der Materialpreis für eine Portion?
27.3 Wie viel g gegarte Schwarzwurzeln erhält der Gast je Portion, wenn mit einem Putz- und Garverlust von 45 % gerechnet wird?

28 Es werden 28 Gemüsebeilagen zum Lammbraten benötigt. Dafür will man grüne Bohnen zum Preis von 1,65 €/kg verwenden. Die Portionsgröße an gegartem Gemüse soll 230 g betragen. Folgende Verluste müssen berücksichtigt werden: Vorbereitungsverlust (10 %), Garverlust (6 %).
28.1 Ermitteln Sie die erforderliche Menge an Frischgemüse.
28.2 Berechnen Sie den Portionspreis für das gegarte Gemüse.

29 Ein Gasthof verbrauchte im Vorjahr 53 dz Kartoffeln zu einem Materialpreis von 24,50 € je dz. Die Ausbeute an geschälten Kartoffeln beträgt erfahrungsgemäß 66 %.
29.1 Wie hoch ist der Netto-Rechnungspreis für die Kartoffeln?
29.2 Wie viel kg geschälte Kartoffeln erhält man, wenn noch 16 % Lagerverlust entstanden sind?
29.3 Welcher Materialwert muss für das Kilogramm geschälter Kartoffeln angesetzt werden?

30 Ein Hotel kauft 6 Steigen Weintrauben mit einem Bruttogewicht von 81 kg ein. Die Ware wird für 2,05 €/kg bfn gekauft. Das Nettogewicht beträgt insgesamt 73,200 kg.
Beim Auslesen und Portionieren der Weintrauben entsteht ein Verlust von 20 %.
Ermitteln Sie den Materialpreis für eine Portion von 500 g.

31 Erdbeeren werden in 2,5-kg-Körbchen bfn für 5 € angeboten. Das leere Körbchen wiegt durchschnittlich 80 g. Für Erdbeeren mit Schlagsahne werden je Portion 100 g verwendet.
Wie hoch ist dafür der Materialpreis, wenn für Abfall und Putzverlust 15 % gerechnet werden müssen?

32 In der Küchenkonditorei werden zum Aprikotieren von Plundergebäck für je 20 Stücke 250 g Aprikosenkonfitüre verbraucht. Die Aprikosenkonfitüre kostet 1,80 €/kg.
32.1 Wie viel kostet das Aprikotieren eines Stückes?
32.2 Ermitteln Sie den monatlichen Konfitüreverbrauch für Plundergebäck, wenn wöchentlich etwa 50 Stücke hergestellt werden.

Bei den Rezepturberechnungen handelt es sich um einen angewandten **Dreisatz**. In der Küchenpraxis werden die **Grundrezepturen** auf die **benötigte Portionszahl** umgerechnet. Die Umwandlung kann sowohl auf größere als auch auf kleinere Portionsmengen, als in der Grundrezeptur angegeben, erfolgen.

Merke:	Rezepturen werden allgemein für 10 Portionen aufgestellt.

12.1 Umrechnen, Erstellen von Rezepturen

Beispielaufgabe:

Koch Dirk erhält vom Küchenchef nachstehende Rezeptur für 10 Portionen in die Hand und soll sie, wie üblich, auf 4 Portionen umrechnen.

Rezeptur Spargel auf Mailänder Art (10 Portionen)

Spargel	5,000 kg	Butter	0,100 kg
Salz	0,020 kg	Zucker	Prise
Parmesan	0,200 kg		

Lösungsweg: Dirk beginnt zu rechnen:

10 Portionen = 5,000 kg Spargel
 4 Portionen =   x kg Spargel

x = 2,000 kg Spargel

Sein Kollege ist pfiffiger, er rechnet so:

4 Portionen : 10 Portionen = 0,4

Der Umrechnungsfaktor ist 0,4. Die in der Rezeptur für 10 Portionen angegebenen Mengen müssen alle mit 0,4 multipliziert werden.

Diesen **Umrechnungsfaktor** setzt er für alle Zutaten ein:

Spargel:	5,000 kg x 0,4 = 2,000 kg Spargel
Salz:	0,020 kg x 0,4 = 0,008 kg Salz
Parmesan:	0,200 kg x 0,4 = 0,080 kg Parmesan
Butter:	0,100 kg x 0,4 = 0,040 kg Butter

Merke:	Rezepturumrechnungen werden entweder mit Hilfe des Dreisatzes oder einfacher durch Ermittlung einer Umrechnungszahl vorgenommen.

$$\text{Umrechnungsfaktor} = \frac{\text{benötigte Menge}}{\text{Rezepturmenge}}$$

Beispiele: Eine Rezeptur für 10 Portionen soll auf 38 Portionen umgerechnet werden:

38 : 10 = 3,8 Umrechnungsfaktor 3,8

Eine Rezeptur ist für 10 Portionen angegeben. Benötigt werden jedoch nur 6 Portionen:

6 : 10 = 0,6 Umrechnungsfaktor 0,6

Merke: Wird die angegebene Rezepturmenge vergrößert, so muss stets ein Umrechnungsfaktor **über 1,** wird sie verkleinert, ein Umrechnungsfaktor **unter 1** entstehen.

Übungsaufgaben Umrechnen, Erstellen von Rezepturen

1 **Bouillonkartoffeln** (10 Portionen)

Kartoffeln, geschält	1,850 kg	Lauch	0,100 kg
Sellerie	0,030 kg	Brühe	0,75 l
Möhren	0,050 kg	Würzmittel (Salz, Pfeffer)	

1.1 Berechnen Sie die Rezeptur für 1 Portion.

1.2 Wie viele Portionen lassen sich aus 25 kg geschälten Kartoffeln herstellen?

2 **Mandelkartoffelbällchen** (10 Portionen)

Kartoffeln	1,500 kg	Eier	2 Stück
Salz	0,010 kg	Mandeln, gehobelt	0,100 kg
Eigelb	3 Stück	Frittierfett	0,2 l
Schwarze Trüffel, gehackt	0,030 kg	Würzmittel (Salz, Muskat)	
Weizenmehl	0,050 kg		

2.1 Stellen Sie eine Rezeptur für 4 Portionen auf.

2.2 Für wie viele Portionen reichen 50 g schwarze Trüffel?

3 **Berner Rösti** (10 Portionen)

Pellkartoffeln	1,500 kg
Butterreinfett	0,160 kg
Zwiebeln	0,150 kg
Speck, geräuchert	0,080 kg
Würzmittel (Salz, Pfeffer)	

3.1 Für wie viele Portionen reichen 2,300 kg geräucherter Speck?

3.2 Stellen Sie die Rezeptur für 4 Portionen auf.

4 **Apfelrotkohl** (10 Portionen)

Rotkohl	2,500 kg	Äpfel	0,200 kg
Speck, geräuchert	0,150 kg	Zucker	0,200 kg
Zwiebeln	0,100 kg	Würzmittel (Salz, Nelke, Lorbeer, Essig, evtl. Zimt)	

4.1 Berechnen Sie die Rezeptur für 43 Portionen.

4.2 Berechnen Sie die restlichen Rezepturbestandteile, wenn 12 kg Rotkohl zur Verfügung stehen.

5 **Erbsenmus** (10 Portionen)

Erbsen, getrocknet	0,800 kg	Butter	50 g
Schwarten	150 g	Würzmittel (Salz, Gemüsebündel)	
Zwiebeln	100 g		

5.1 Berechnen Sie die Rezeptur für 12 Portionen.

5.2 Berechnen Sie die restlichen Rezepturbestandteile, wenn 3 kg Erbsen zur Verfügung stehen.

6 Champignoncremesuppe (10 Portionen)

Butter	0,075 kg	Sahne	0,125 l
Zwiebeln	0,030 kg	Champignons	0,100 kg
Weizenmehl	0,115 kg	Würzmittel	
Geflügelbrühe	2,5 l		

6.1 Berechnen Sie die Rezeptur für 1 Portion.
6.2 Berechnen Sie die Rezeptur für 18 Portionen.

7 Ukrainische Soljanka (10 Portionen)

Kraftbrühe	2,5 l	Zwiebeln	0,200 kg
Kochschinken	0,100 kg	Kapern	0,015 kg
Kalbsbraten	0,100 kg	Tomatenmark	0,150 kg
Brühwurst	0,100 kg	Sahne, saure	0,300 kg
Rauchspeck	0,100 kg	Zitrone	0,200 kg
Gewürzgurke (1/1)	0,5 Glas	Würzmittel (Salz, Pfeffer, Knoblauch)	

7.1 Stellen Sie die Rezeptur für 10 Liter Kraftbrühe auf.
7.2 Wie viel Gramm Wurst- und Fleischeinlage benötigt man für eine Portion?

8 Altmärkische Hochzeitssuppe (10 Portionen)

Spargelstücke	300 g	Fleischklößchen aus Kalbfleisch	6,00 Portionen
Eierstich	6,00 Portionen	Würzmittel (Petersilie, Salz)	
Fleischbrühe	2,0 l		

8.1 Stellen Sie die Rezeptur für 5 l Fleischbrühe auf.
8.2 Wie viele Portionen Fleischklößchen sind für 25 Portionen Hochzeitssuppe erforderlich?

9 Geröstete Grießsuppe (2,5 l)

Speiseöl	0,04 l	Kraftbrühe	2,5 l
Zwiebeln	0,080 kg	Schnittlauch	1 Bund
Hartweizengrieß	0,150 kg		

9.1 Die geröstete Grießsuppe soll Bestandteil eines Menüs sein. Stellen Sie dazu die Rezeptur für 36 Personen auf. 1 Liter Suppe reicht für 5 Suppentassen.
9.2 Errechnen Sie die Rezepturmengen, wenn den 36 Gästen die Suppe in Tellern (0,25 l) serviert wird.
9.3 Geben Sie die beiden Faktoren an, mit denen die Ausgangsrezeptur für die in 9.1 und 9.2 gewünschten Rezepturmengen multipliziert werden musste.

10 Löffelerbsen mit geräuchertem Schweinebauch (10 Portionen)

Erbsen, gelb	1,000 kg	Sellerie	0,200 kg
Speck	0,200 kg	Schweinebauch, geräuchert	0,500 kg
Zwiebeln	0,300 kg	Kartoffeln, geschält	1,250 kg
Möhren	0,200 kg	Fleischbrühe	3,0 l

10.1 Verwendet werden 4,300 kg gelbe Erbsen. Errechnen Sie die übrigen Rezepturbestandteile.
10.2 Wie viel kg geschälte Kartoffeln müssen für 15 Portionen angefordert werden?

11 Brühreiseintopf (10 Portionen)

Suppenhuhn	3,000 kg	Lauch	150 g
Reis	0,800 kg	Petersilie	40 g
Möhren (Karotten)	300 g	Kräutersträußchen, Piment, Lorbeer, Salz, Muskat	
Sellerie	300 g		

11.1 Verwendet wurden 10 kg Suppenhuhn. Errechnen Sie die übrigen Rezepturbestandteile.
11.2 Wie viel kg Reis sind für 4 Portionen erforderlich?

12 **Spaghetti Mailänder Art** (10 Portionen)

Spaghetti	0,600 kg	Kochschinken	0,150 kg
Salz	0,050 kg	Champignons, frisch	0,200 kg
Butter	0,030 kg	Reibkäse	0,050 kg

12.1 Wie viel kg Reibkäse werden für 24 Portionen benötigt?

12.2 Für wie viele Portionen reicht 1 Körbchen mit frischen Champignons von 2,500 kg, wenn noch ein Putzverlust von 8 % zu berücksichtigen ist?

13 Geschnetzelte Kalbsleber in Madeirasauce soll nach folgender Rezeptur hergestellt werden:

Geschnetzelte Kalbsleber (10 Portionen)

Kalbsleber	1,500 kg	Madeira	0,15 l
Erdnussöl	0,08 l	Braune Kraftsauce	0,60 l
Butter	0,005 kg	Petersilie	0,005 kg
Zwiebeln	0,250 kg	Salz, Pfeffer, Spur Knoblauch	

13.1 Berechnen Sie das Rezept für 25 Portionen.

13.2 Berechnen Sie das Rezept für 8 Portionen.

13.3 Nur die Portionsmenge Leber soll auf 120 g verringert werden. Errechnen Sie die Rezepturbestandteile der geänderten Rezeptur für 6 Portionen.

14 **Gefüllter Gemüsepaprika** (10 Portionen)

Paprikafrucht, grün	1,000 kg	Rinderhackfleisch	0,600 kg
Butter	300 g	Fleischbrühe	300 ml
Zwiebeln, geschält	100 g	Tomatensauce	5,00 Portionen
Reis	100 g	Salz, Pfeffer	

14.1 Berechnen Sie die Rezeptur für 30 Portionen.

14.2 1,2 kg Rinderhackfleisch stehen zur Verfügung. Berechnen Sie die anderen Rezepturbestandteile.

15 **Schweinekoteletts Robert** (10 Portionen)

Schweinekotelett	1,800 kg	Braune Kraftsauce	0,5 l
Weizenmehl	0,050 kg	Senf	0,050 kg
Sonnenblumenöl	0,1 l	Zitrone	0,5 Stück
Schalotten	0,050 kg	Salz, Pfeffer, Prise Zucker	
Weißwein	0,2 l		

15.1 Berechnen Sie die Rezeptur für 1 Portion.

15.2 Stellen Sie die Rezeptur für 9 Portionen auf.

15.3 Die Portionsmenge Schweinekotelett wird auf 160 g, alle anderen Rezepturbestandteile im entsprechenden Verhältnis verringert. Eine neue Rezeptur für 10 Portionen ist zu erstellen.

16 **Kalbsfrikassee** (10 Portionen)

Kalbsbug	2,000 kg	Fleischbrühe	2,0 l
Zwiebeln	0,150 kg	Eigelb	3 Stück
Butter	0,100 kg	Sahne	0,3 l
Weizenmehl	0,070 kg	Salz, Kräutersträußchen, Lauch,	
Weißwein	0,2 l	Petersilienwurzel, Lorbeer, Thymian, Zitronensaft	

16.1 Berechnen Sie die Rezeptur für 4 Portionen.

16.2 Der Fleischeinsatz verringert sich auf 150 g je Portion, alle anderen Rezepturbestandteile im entsprechenden Verhältnis. Erstellen Sie die neue Rezeptur für 10 Portionen.

17 **Königsberger Klopse** (10 Portionen)

Hackmasse	10,00 Portionen	Weizenmehl Type 405	100 g
Sardellen (Anchovis)	50 g	Kapern	50 g
Petersilie	10 g	Hühnerei Eigelb	5 Stück
Butter	190 g	Schlagsahne 30 % Fett	100 ml
Zwiebeln	100 g	Salz, Pfeffer, Zitrone	
Fleischbrühe	1,0 l		

17.1 Wie viel Liter Fleischbrühe werden für 24 Portionen benötigt?

17.2 Erstellen Sie die Rezeptur für 1 Portion.

18 Poeliertes Kalbssteak (10 Portionen)

Kalbs-Oberschale	2,000 kg	Helle Kalbsbrühe (10 l)	2,00 Portionen
Butter	100 g	Salz, Zitrone	
Weißwein (10–12 % vol)	100 ml		

18.1 Welche Materialmengen werden für 1 Portion benötigt?

18.2 Für wie viele Portionen reicht 1 Flasche Weißwein (0,75 l)?

19 Filetgulasch Stroganow (10 Portionen)

Rinderfilet	1,600 kg	Rotwein	0,2 l
Butterreinfett	0,075 kg	Braune Kraftsauce	0,5 l
Zwiebeln	0,150 kg	Sauerrahm	0,1 l
Essiggurken	0,100 kg	Salz, Pfeffer, Gewürzpaprika	
Champignons	0,100 kg		

19.1 Welche Materialmenge wurde insgesamt für eine Portion gerechnet?

19.2 Die Rezeptur soll auf 6 Portionen umgerechnet werden.

19.3 Essiggurken werden aus der Konserve verwendet. Bei einer 1/1-Dose beträgt das Abtropfgewicht durchschnittlich 333 g. Stellen Sie eine Rezeptur unter Verwendung der Dosenware für 12 Portionen auf.

20 Junge Ente mit gefüllten Äpfeln (8 Portionen)

2 junge Enten	4,000 kg	Zucker	0,030 kg
Fett	0,060 kg	Sauerkirschen	0,300 kg
Röstgemüse	0,250 kg	Weizenstärke	0,010 kg
Jus	0,5 l	Rotwein	0,1 l
Äpfel	4 Stück	Butter	0,030 kg
Weißwein	0,1 l	Salz, Pfeffer, Stangenzimt, Zitrone, Rosinen	

20.1 Stellen Sie die Rezeptur für 10 Portionen auf.

20.2 Für wie viele Portionen reicht eine 0,75-l-Flasche Rotwein?

21 Fasan mit Orangen (10 Portionen)

Fasan	3,000 kg	Stärke	50 g
Speck, durchwachsen	200 g	Zitrone	2 Stück
Johannisbeerkonfitüre, rot	30 g	Orange	400 g
Rotwein (10–12 % vol)	200 ml	Salz, Pfeffer	
Wildbrühe (10 l)	5,00 Portionen		

21.1 Die Rezeptur soll für 4 Portionen berechnet werden.

21.2 Erarbeiten Sie eine Rezeptur für 10 kg Fasan.

22 Seezunge Colbert (10 Portionen)

Seezunge	4,500 kg	Weißbrot, gerieben	300 g
Zitrone	2 Stück	Frittierfett	400 g
Weizenmehl Type 405	80 g	Salz, Pfeffer, weiß, Zitronensaft, Petersilie	
Hühnerei, ganz	3 Stück	Colbert-Butter	10 Portionen

22.1 Ermitteln Sie die Umrechnungszahl für 4 Portionen.

22.2 Wie viel g Frittierfett werden für 24 Portionen benötigt?

23 Zanderschnitte Spreewälder Art (10 Portionen)

Zander	4,000 kg	Sellerie	0,300 kg
Butter	0,300 kg	Zitrone	0,150 kg
Weißwein	0,2 l	Petersilie	0,050 kg
Weizenmehl	0,200 kg	Gurkensalat	10 Portionen
Möhren	0,300 kg		

23.1 Die Rezeptur soll für 4 Portionen berechnet werden.

23.2 Stellen Sie die Rezeptur auf, die der Verwendung von 10 kg Zander entspricht.

24 **Frittierter Karpfen** (4 Portionen)

2 Karpfen	2,400 kg	Zitrone	1 Stück
Weizenmehl	0,300 kg	Frittierfett	0,200 kg
Ei	1 Stück	Salz, Pfeffer, Zitronensaft	
Weißbrotkrume	0,050 kg		

24.1 Ermitteln Sie die Umrechnungszahl für 10 Portionen und schreiben Sie die Rezeptur auf.

24.2 Erstellen Sie die Rezeptur, wenn nur ein Karpfen zur Verfügung steht.

25 Für 8 Mürbeteigböden (1:2:3-Teig) gilt folgende Rezeptur:

Mürbeteigböden

Zucker	300 g	Weizenmehl	900 g
Butter	600 g	Salz	10 g

Berechnen Sie die benötigten Zutaten für 20 Mürbeteigböden in kg.

26 **Geflügelsalat mit Obst** (10 Portionen)

Hähnchenfleisch	0,600 kg	Mayonnaise 50 % Fett	250 g
Apfel	400 g	Zitrone	1 Stück
Ananas	400 g	Salz, Pfeffer, schwarz	

26.1 Fertigen Sie eine Rezeptur für 1 kg Hähnchenfleisch an.

26.2 Wie viel g Ananas werden für 4 Portionen benötigt?

27 **Apfel im Schlafrock** (10 Portionen)

Apfel	1,250 kg	Hühnerei, ganz	1 Stück
Blätterteig, tiefgefroren	1,200 kg	Zucker	60 g
Haselnüsse, gehackt	50 g	Zimt	
Erdbeerkonfitüre	100 g		

27.1 4 kg Äpfel sollen verarbeitet werden. Berechnen Sie die restlichen Rezepturbestandteile.

27.2 Für wie viele Portionen reicht 1 kg Convenience-Blätterteig?

28 **Carpaccio** (10 Portionen)

Rinderfilet	0,800 kg	Balsamessig	100 ml
Zitrone	2 Stück	Olivenöl	100 ml
Petersilienblatt	10 g	Salz, Pfeffer	

28.1 Ein Rinderfilet von 2,800 kg soll verarbeitet werden. Berechnen Sie die übrigen Rezepturbestandteile.

28.2 Wie viel ml Olivenöl werden für 4 Portionen benötigt?

29 Brötchen werden in der Patisserie eines Urlauberhotels nach folgender Rezeptur selbst hergestellt:

Brötchen

Weizenmehl T 550	20,000 kg	Backmittel	0,400 kg
Kochsalz	0,400 kg	Butter	0,600 kg
Backhefe	0,800 kg	Wasser	10,800 kg

Berechnen Sie die übrigen Zutaten, wenn nur 5 kg Weizenmehl verwendet werden.

30 Weißbrot wird in einer Schiffsküche nach folgender Rezeptur hergestellt:

Weißbrot

Weizenmehl T 550	100,000 kg	Backmittel	2,000 kg
Kochsalz	2,000 kg	Wasser	60,800 kg
Backhefe	2,500 kg		

Berechnen Sie die benötigten Zutaten in kg für die Herstellung von 20 kg Weißbrotteig.

31 In einem Feinkostbetrieb sollen für die Herstellung von Fleischsalat in Normalqualität 17,500 kg Fleischgrundlage verwendet werden.

31.1 Berechnen Sie die Zusammensetzung des Fleischsalates, wenn die gesetzlichen Höchstmengen für Gurke einschließlich Würzzutaten mit 25 % und Mayonnaise mit 40 % genau eingehalten werden sollen.

31.2 Errechnen Sie die Rezepturbestandteile, wenn man von 10 kg Gurken einschl. Würzzutaten ausgeht.

32 Ermitteln Sie die Umrechnungszahl, wenn aus einer Rezeptur für 4 Portionen eine Umrechnung auf 18 Portionen erfolgen soll.

33 Eine Rezeptur wurde für 12 Portionen errechnet. Ermitteln Sie die Umrechnungszahl, wenn

33.1	**33.2**	**33.3**	**33.4**	**33.5**	**33.6**	**33.7**	**33.8**	**33.9**
1	4	10	24	50	65	100	120	312

Portionen hergestellt werden sollen.

34 Stellen Sie eine Rezeptur für Cordon bleu (10 Portionen) auf.
Verwendet werden folgende Rohstoffe: Kalbskeule, Schnittkäse, Kochschinken, Weizenmehl, Eier, Reibesemmel, Butterreinfett, Zitronen, Würzmittel.

35 Stellen Sie die Rezeptur für 6 Portionen Rohkostsalat aus Karotten auf.
Verwendet werden: Karotten, Zitronensaft, Orangensaft, Zucker, frischer Oregano, Salatöl, Würzmittel (Salz, Pfeffer). Die Portionsmenge soll 70 g betragen.

12.2 Kosten

Bei der Kostenermittlung wird mit dem gewogenen Durchschnitt gerechnet:

$$\text{Gewogener Durchschnitt} = \frac{\text{Gesamtwert}}{\text{Gesamtmenge}}$$

Kostenberechnungen werden nach folgendem Schema aufgebaut:

1. Rezepturmenge	2. Warenbezeichnung	3. Einzelpreis	4. Mengenpreis

Wichtige Begriffe für Kostenberechnungen

Rezepturmenge: Diese gibt man in üblichen Größen wie kg, Liter, Stück oder Bund an. Kiloangaben werden der Einheitlichkeit halber stets auf drei Stellen nach dem Komma errechnet.

Warenbezeichnung: Die Warenbezeichnung muss fachgerecht und eindeutig auch hinsichtlich der Zutenqualität sein.

Einzelpreis: Der Einzelpreis bezieht sich auf die Mengeneinheit: €/kg, €/l, €/Stück, €/Dose.

Mengenpreis: Darunter ist der Materialwert der in der Rezeptur benötigten Menge zu verstehen. Der Mengenpreis ergibt sich aus der Multiplikation von Rezepturmenge und Einzelpreis.

Beispielaufgabe:

Koch Dirk erhält die Aufgabe, den Materialwert von 10 Portionen und danach von einer Portion Rindergulasch nach aktuellen Einkaufspreisen zu ermitteln. Dazu erhält er vom Küchenchef eine Rezeptur.

Rindergulasch	Rezepturmenge	Warenbezeichnung	Einzelpreis (€)	Mengenpreis (€)
(10 Portionen)	1,600 kg	Rinderbug	6,15	9,84
	0,150 kg	Schmalz	1,40	0,21
	0,800 kg	Zwiebeln	0,80	0,64
	0,060 kg	Tomatenmark	3,10	0,19
		Würzmittel (Salz, Pfeffer, Paprika)	gesamt	0,25
			10 Portionen	11,13
			1 Portion	1,11

Lösungsweg:

1. Dirk überprüft die Rezepturmengen für 10 Portionen, z. B. hält er 160 g Frischfleisch je Portion für angemessen.
2. Gleichzeitig überprüft er die Eindeutigkeit der Warenbezeichnungen.
3. Aus einer aktuellen Angebotsliste entnimmt er die Einzelpreise und trägt sie ein.
4. Durch Multiplikation erhält er die Mengenpreise, die er ebenfalls einträgt.
5. Er addiert die Mengenpreise und dividiert durch 10, um den Materialpreis je Portion zu erhalten.

Der Materialwert für 10 Portionen Rindergulasch beträgt 11,13 €, für 1 Portion 1,11 €.

Übungsaufgaben Kosten

1 Berechnen Sie den Materialpreis für 10 Portionen Tomatensuppe.

Rezeptur: **Tomatensuppe** (10 Portionen)

Menge	Warenbezeichnung	Einzelpreis		Menge	Warenbezeichnung	Einzelpreis
0,250 kg	Tomatenmark	3,45 €/kg		0,080 kg	Sahne	5,00 €/kg
2,0 l	Brühe	1,50 €/l		0,100 kg	Zwiebeln	1,65 €/kg
0,100 kg	Butter	3,20 €/kg			Würzmittel gesamt	0,20 €
0,100 kg	Speck	8,00 €/kg			(Salz, Zucker)	
0,100 kg	Weizenmehl	0,45 €/kg				

2 Ermitteln Sie den Materialpreis für 8 Portionen.

Rezeptur: **Frittierte Eier englische Art** (10 Portionen)

Menge	Warenbezeichnung	Einzelpreis		Menge	Warenbezeichnung	Einzelpreis
20 Stück	Hühnerei, ganz	0,14 €/Stk		0,250 kg	Toast	1,79 €/kg
250 ml	Öl	3,83 €/l			Würzmittel	
0,800 kg	Schinken, roh	15,34 €/kg			(Salz, Pfeffer)	

3 Ermitteln Sie den Materialpreis für 118 Portionen.

Rezeptur: **Brühreiseintopf** (10 Portionen)

Menge	Warenbezeichnung	Einzelpreis		Menge	Warenbezeichnung	Einzelpreis
3,000 kg	Suppenhuhn	6,13 €/kg		0,040 kg	Petersilie	0,01 €/g
0,800 kg	Reis	2,04 €/kg			Würzmittel und Kräuter	
0,300 kg	Möhren (Karotten)	0,77 €/kg			(Kräutersträußchen,	
0,300 kg	Sellerie	2,04 €/kg			Piment, Lorbeer,	
0,150 kg	Lauch	1,53 €/kg			Salz, Muskat)	

4 Wie viele Portionen Eintopf können mit 3,25 kg Rindfleisch hergestellt werden, und wie hoch ist dann der Materialpreis?

Rezeptur: **Bunter Gemüseeintopf** (10 Portionen)

Menge	Warenbezeichnung	Einzelpreis		Menge	Warenbezeichnung	Einzelpreis
1,000 kg	Rindfleisch, mittelfett	11,25 €/kg		1,300 kg	Kartoffeln	1,02 €/kg
0,600 kg	Blumenkohl	2,20 €/kg		0,040 kg	Petersilie	0,01 €/g
0,600 kg	Möhren (Karotten)	0,77 €/kg			Würzmittel und Kräuter	
0,600 kg	Kohlrabi	1,74 €/kg			(Salz, Lorbeer, Piment	
0,600 kg	Bohnen, grün	2,63 €/kg			Kräutersträußchen)	
0,600 kg	Erbsen, grün, tiefgefroren	2,56 €/kg				

5 Berechnen Sie den Materialpreis für 2,5 l ungarische Gulaschsuppe.

Rezeptur: **Ungarische Gulaschsuppe** (2,5 Liter)

Menge	Warenbezeichnung	Einzelpreis	Menge	Warenbezeichnung	Einzelpreis
0,060 kg	Fett	1,73 €/kg	0,300 kg	Peperoni	2,14 €/kg
0,600 kg	Rinderbug	6,73 €/kg	1/2 Stück	Zitrone	0,24 €/Stück
0,600 kg	Zwiebeln	0,77 €/kg		Würzmittel gesamt	
0,030 kg	Weizenmehl	0,38 €/kg		(Salz, Kümmel,	
3,0 l	Fleischbrühe	0,55 €/l		Gewürzpaprika,	
0,400 kg	Kartoffeln, geschält	0,37 €/kg		Knoblauch)	0,33 €
0,300 kg	Tomaten	1,25 €/kg			

6 Berechnen Sie den Materialpreis für 10 Portionen Risotto.

Rezeptur: **Risotto** (10 Portionen)

Menge	Warenbezeichnung	Einzelpreis	Menge	Warenbezeichnung	Einzelpreis
0,800 kg	Reis	1,20 €/kg	0,050 kg	Schalotten	1,95 €/kg
1,50 l	Brühe	0,75 €/l		Reibkäse, Salz	
0,050 kg	Öl	1,95 €/kg			

7 Berechnen Sie den Materialpreis für 10 Portionen Pfifferlinge.

Rezeptur: **Pfifferlinge mit Speck und Zwiebeln** (10 Portionen)

Menge	Warenbezeichnung	Einzelpreis	Menge	Warenbezeichnung	Einzelpreis
2,000 kg	Pfifferlinge, frisch	12,00 €/kg	1 Bund	Petersilie	0,40 €/Bund
0,150 kg	Speck, geräuchert	9,00 €/kg		Würzmittel gesamt	0,25 €
0,150 kg	Zwiebeln	1,40 €/kg		(Salz, Pfeffer)	

8 Berechnen Sie den Materialpreis für 10 Portionen Leberklößchen.

Rezeptur: **Leberklößchen** (10 Portionen)

Menge	Warenbezeichnung	Einzelpreis	Menge	Warenbezeichnung	Einzelpreis
0,100 kg	Rinderleber	4,20 €/kg	1 Stück	Ei	0,13 €/Stück
0,100 kg	Schweinekamm	6,20 €/kg		Würzmittel gesamt	0,50 €
0,050 kg	Weißbrot	1,65 €/kg		(Salz, Pfeffer, Oregano,	
0,050 kg	Zwiebeln	1,20 €/kg		gehackte Petersilie)	

9 Berechnen Sie den Materialpreis für 4 Portionen geschnetzelte Kalbsleber.

Rezeptur: **Geschnetzelte Kalbsleber** (10 Portionen)

Menge	Warenbezeichnung	Einzelpreis	Menge	Warenbezeichnung	Einzelpreis
1,500 kg	Kalbsleber	15,90 €/kg	7 Port	Braune Kraftsauce	0,49 €/Port
80 ml	Speiseöl	3,83 €/l	0,010 kg	Petersilie	0,01 €/g
0,050 kg	Butter	4,17 €/kg		Würzmittel	
0,250 kg	Zwiebeln	0,87 €/kg		(Salz, Pfeffer)	
100 ml	Madeira	0,02 €/ml			

10 Berechnen Sie den Materialpreis für 20 Portionen Szegediner Gulasch.

Rezeptur: **Szegediner Gulasch** (10 Portionen)

Menge	Warenbezeichnung	Einzelpreis	Menge	Warenbezeichnung	Einzelpreis
1,500 kg	Schweinebug	6,13 €/kg	1,0 l	Fleischbrühe	1,36 €/l
1,000 kg	Zwiebeln	0,87 €/kg	0,100 kg	Saure Sahne	2,04 €/kg
0,200 kg	Schweineschmalz	2,56 €/kg		10 % Fett	
0,200 kg	Tomatenmark	3,58 €/kg		Würzmittel (Salz,	
1,000 kg	Sauerkraut	1,53 €/kg		Paprika, edelsüß)	

11 Berechnen Sie den Materialpreis für 4 Rinderrouladen.

Rezeptur: **Rinderrouladen** (10 Portionen)

Menge	Warenbezeichnung	Einzelpreis		Menge	Warenbezeichnung	Einzelpreis
1,700 kg	Rinder-Oberschale	8,44 €/kg		0,200 kg	Tomatenmark	3,58 €/kg
0,150 kg	Zwiebeln	0,87 €/kg		15 Port	Braune Kalbsbrühe	0,216 €/Port
0,150 kg	Gewürzgurken	1,28 €/kg			(10 l)	
0,150 kg	Speck, durchwachsen	2,81 €/kg			Würzmittel (Salz,	
100 ml	Öl	3,83 €/l			Pfeffer, Senf)	

12 Berechnen Sie den Materialpreis für 10 Portionen Hirschkeule.

Rezeptur: **Hirschkeule, geschmort** (10 Portionen)

Menge	Warenbezeichnung	Einzelpreis		Menge	Warenbezeichnung	Einzelpreis
1,500 kg	Hirschkeule	15,00 €/kg		10 Port	Wildbrühe (10 l)	0,283 €/Port
0,400 kg	Speck, durchwachsen	2,81 €/kg		300 ml	Schlagsahne	1,84 €/l
0,300 kg	Butter	4,17 €/kg			30 % Fett	
0,300 kg	Bratgemüse	1,28 €/kg			Würzmittel (Pilze,	
0,050 kg	Weizenmehl Type 405	0,43 €/kg			getrocknet, Salz, Pfeffer,	
100 ml	Rotwein	6,13 €/l			Wacholderbeeren,	
	(10–12 % vol.)				Tomatenmark)	

13 Berechnen Sie die Rezeptur und den Materialpreis für 1 Backhendl.

Rezeptur: **Backhendl** (10 Portionen)

Menge	Warenbezeichnung	Einzelpreis		Menge	Warenbezeichnung	Einzelpreis
4,000 kg	Brathähnchen	2,56 €/kg		3 Stück	Hühnerei, ganz	0,14 €/Stk
300 ml	Öl	3,83 €/l		0,600 kg	Paniermehl	2,30 €/kg
3 Stück	Zitrone	0,15 €/Stk			Würzmittel (Salz,	
0,050 kg	Petersilie	0,01 €/g			Paprika, edelsüß)	

14 Berechnen Sie den Materialpreis für 4 Portionen.

Rezeptur: **Gebackene Hühnerbrust** (10 Portionen)

Menge	Warenbezeichnung	Einzelpreis		Menge	Warenbezeichnung	Einzelpreis
2,000 kg	Hähnchenbrust	7,67 €/kg			Würzmittel (Salz,	
0,050 kg	Weizenmehl	0,43 €/kg			Pfeffer, weiß,	
	Type 405				Worcestershire-Sauce)	
300 ml	Öl	3,83 €/l		10 Port	Backteig	0,095 €/Port
1 Stück	Zitrone	0,15 €/Stk				

15 Berechnen Sie den Materialpreis für 1 Portion.

Rezeptur: **Kabeljaufilet Müllerinart** (10 Portionen)

Menge	Warenbezeichnung	Einzelpreis		Menge	Warenbezeichnung	Einzelpreis
2,000 kg	Kabeljaufilet	11,25 €/kg		4 Stück	Zitrone	0,15 €/Stk
0,150 kg	Weizenmehl Type 405	0,43 €/kg			Würzmittel (Salz,	
0,300 kg	Butterreinfett	3,07 €/kg			Pfeffer, Worcester-	
0,100 kg	Petersilie	0,01 €/g			shire-Sauce)	

16 Berechnen Sie den Materialpreis für 6 Portionen Heilbutt.

Rezeptur: **Gebratene Heilbuttschnitte mit Kräuterbutter** (10 Portionen)

Menge	Warenbezeichnung	Einzelpreis		Menge	Warenbezeichnung	Einzelpreis
2,000 kg	Heilbuttfilet	12,78 €/kg		10 Port	Kräuterbutter	0,103 €/Port
0,150 kg	Weizenmehl Type 405	0,43 €/kg			Würzmittel (Salz,	
200 ml	Öl	3,83 €/l			Pfeffer,weiß, Zitrone)	

17   Berechnen Sie den Materialpreis von einer Portion paniertem Seelachsfilet, gebraten.

Rezeptur: **Paniertes Seelachsfilet, gebraten** (10 Portionen)

Menge	Warenbezeichnung	Einzelpreis	Menge	Warenbezeichnung	Einzelpreis
1,500 kg	Seelachsfilet	7,40 €	1,000 kg	Speiseöl	1,95 €
0,055 kg	Weizenmehl	0,75 €	0,050 kg	Butter	3,25 €
1 Stück	Ei	0,13 €	1 Stück	Zitrone	0,15 €
0,270 kg	Reibesemmel	0,25 €		Salz	

18   Berechnen Sie den Materialpreis für 10 Portionen Tatarbeefsteak.

Rezeptur: **Tatarbeefsteak** (10 Portionen)

Menge	Warenbezeichnung	Einzelpreis	Menge	Warenbezeichnung	Einzelpreis
1,500 kg	Rinderkeule	7,40 €	1 Dose	Sardellen	1,05 €
10 Stück	Eigelb	0,13 €	0,5 Glas	Kapern	1,20 €
0,5 Glas	Oliven	1,20 €	0,5 Glas	Silberzwiebeln	2,05 €
0,200 kg	Zwiebeln	1,20 €	0,200 kg	Butter	3,20 €
0,5 Glas	Cornichons	0,90 €	1,500 kg	Roggenmischbrot	1,65 €

19   Berechnen Sie den Materialpreis für 10 Portionen Hefeklöße.

Rezeptur: **Hefeklöße** (10 Portionen)

Menge	Warenbezeichnung	Einzelpreis	Menge	Warenbezeichnung	Einzelpreis
1,000 kg	Weizenmehl	0,60 €	0,030 kg	Butter	3,25 €
0,40 l	Vollmilch	0,55 €	Salz		
0,040 kg	Hefe	gesamt 0,20 €			

20   Berechnen Sie den Materialpreis für 10 Stück Eierpfannkuchen.

Rezeptur: **Eierpfannkuchen** (10 Stück)

Menge	Warenbezeichnung	Einzelpreis	Menge	Warenbezeichnung	Einzelpreis
0,250 kg	Weizenmehl	0,45 €	0,040 kg	Zucker	0,55 €
2 Stück	Eier	0,13 €	0,080 kg	Butterreinfett	2,40 €
0,40 l	Vollmilch	0,70 €	Salz		

21   Berechnen Sie den Materialpreis von 10 Portionen und von 4 Portionen Grießflammeri.

Rezeptur: **Grießflammeri** (10 Portionen)

Menge	Warenbezeichnung	Einzelpreis	Menge	Warenbezeichnung	Einzelpreis
0,70 l	Vollmilch	0,55 €	0,040 kg	Rosinen	3,65 €
0,100 kg	Zucker	0,80 €	3 Stück	Eier	0,13 €
0,030 kg	Butter	3,80 €		Zitronenschale,	
0,080 kg	Weizengrieß	0,65 €		ungespritzt	

22   Wie viele Portionen Tatarbeefsteak lassen sich aus 1,8 kg Rinderkeule herstellen?
Ermitteln Sie den Materialpreis für diese Menge nach der in Aufgabe 18 angegebenen Rezeptur.

23   Kalkulieren Sie den Materialpreis für 10 Portionen Kartoffelsuppe nach eigener Rezeptur und nach üblichen Durchschnittspreisen. Erkundigen Sie sich dazu im Ausbildungsbetrieb oder nehmen Sie ein Fachbuch zur Hand.

24   Kalkulieren Sie den Materialpreis für 4 Portionen Paprikahuhn nach eigener Rezeptur und nach üblichen Durchschnittspreisen. Erkundigen Sie sich dazu im Ausbildungsbetrieb oder nehmen Sie ein Fachbuch zur Hand.

13 Kalkulation

13.1 Grundlagen

Jeder selbstständig tätige Gastwirt oder **Hotelier** muss immer wieder Überlegungen zur Preisbildung anstellen. Berechnungen zur Preisermittlung werden als **Kalkulationen** (lat., Kostenberechnungen) bezeichnet.

> **Merke:** Unter Kalkulation versteht man die Preisbildung für Speisen, Getränke oder Dienstleistungen. Die Kalkulation ist eine Kosten-Leistungs-Rechnung.

Rechnerisch gesehen handelt es sich bei der Kalkulation um eine Anwendung der **Prozentrechnung**.

Kalkulationsarten

Die Inklusivpreise (Bruttoverkaufspreise) können nach dem Gefühl festgesetzt werden. Dabei besteht die Gefahr, keinen Gewinn zu erzielen, da die Kosten auf diese Weise nicht exakt bestimmt werden können. Eine solche Preisbildung nennt man **nicht kostenorientiertes Preisfestsetzungsverfahren**.

Demgegenüber stehen die exakteren **kostenorientierten Preisfestsetzungsverfahren**.

Zu unterscheiden sind Preisfestsetzungen

• durch Zuschlagskalkulation und
• durch Divisionskalkulation.

Die **Zuschlagskalkulation** wird speziell bei der Preisbildung für Speisen und Getränke angewandt.

Dabei sind die **ausführliche** Zuschlagskalkulation und das **verkürzte** Zuschlagskalkulationsverfahren mit Gesamtzuschlag oder Kalkulationsfaktor zu unterscheiden.

Die **Divisionskalkulation** wird insbesondere bei der Preisbildung für Übernachtungen zur Berechnung der Selbstkosten (Zimmerpreiskalkulation s. S. 225) im Hotelgewerbe angewandt.

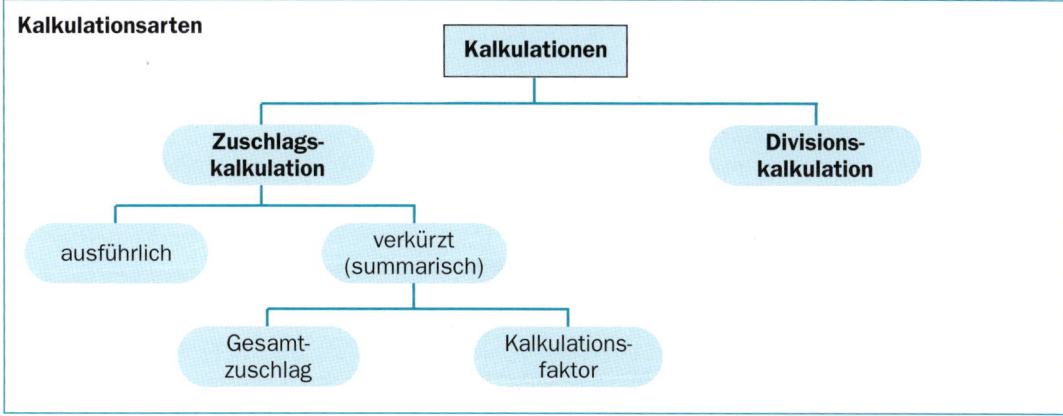

Kalkulationsbegriffe

Materialkosten (Einzelkosten, Warenkosten, Materialpreise)

Materialkosten bilden als direkte Kosten die Grundlage der Speisen- und Getränkekalkulation. Sie errechnen sich aus den Rezepturmengen und den vorgegebenen Einkaufspreisen als Einzelkosten. Rezepturpreise sind stets Durchschnittspreise über einen längeren Zeitraum.

In den Materialkosten sind alle Nebenkosten, wie z. B. Transport- oder Verpackungskosten, aber auch Preisnachlässe wie Rabatte einbezogen.

Gemeinkosten (Betriebskosten)

Gemeinkosten sind indirekte Kosten, also allgemein anfallende Kosten für Personal (Personalkosten), Energie, Reparaturen, Mieten, Abschreibungen, Steuern usw. Dazu zählen alle Kosten, die bei der Herstellung der Speisen und Getränke (Küchenkosten), im Büfett, im Restaurant usw. anfallen. Sie werden im Rahmen der Kostenrechnung in Betriebsabrechnungsbögen (BAB) erfasst und als prozentualer Durchschnittswert den Materialkosten zugeschlagen.

Die Höhe der Gemeinkosten ist abhängig vom Charakter der gastronomischen Einrichtung, beispielsweise von deren Ausstattung oder Küchenleistung (Cafeteria 15 %, … Restaurant 165 %).

Kostenrechnung

Kostenartenrechnung

Kosten werden durch die Buchführung zur übersichtlichen Erfassung in bestimmte Kostenarten aufgegliedert.

Kostenstellenrechnung

Die durch die Buchführung ermittelten Kosten werden in Betriebsabrechnungsbögen den Kostenstellen (Betriebsabteilungen, die Kosten verursachen) zugeordnet.

Kostenträgerrechnung

Kosten der einzelnen Kostenstellen werden den unterschiedlichen Kostenträgern (Speisen und Getränken, die Kosten verursachen) zugeordnet (Kalkulation).

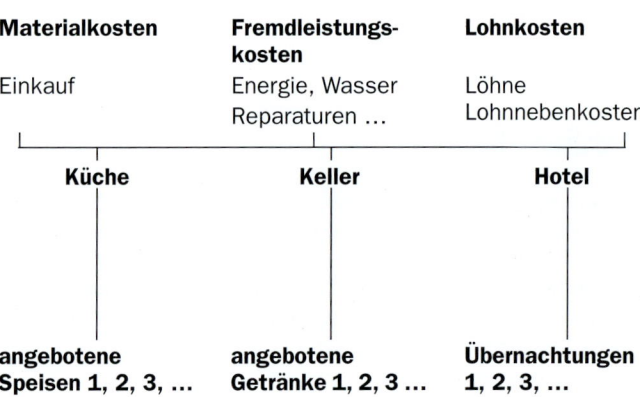

Materialkosten	Fremdleistungs-kosten	Lohnkosten
Einkauf	Energie, Wasser Reparaturen …	Löhne Lohnnebenkosten
Küche	**Keller**	**Hotel**
angebotene Speisen 1, 2, 3, …	**angebotene Getränke 1, 2, 3 …**	**Übernachtungen 1, 2, 3, …**

Anfallende Gemeinkosten können weiter aufgegliedert werden. Dann lassen sich folgende Teilkosten unterscheiden:

Allgemeine Küchenkosten: Löhne, Gehälter, Energie, Reinigung, Abschreibungen, Reparaturen an den Arbeitsmitteln.

Küchengemeinkosten: Anteil der Küche an den Kosten des Gastgewerbebetriebes: Pacht, Zinsen, Abschreibungen, Instandhaltung.

Dienstleistungskosten: Kosten im Zusammenhang mit dem Speisen- und Getränkeangebot: Geschirr, Besteck, Tischwäsche, Heizung, Reinigung, Beleuchtung. Diese Kosten werden anteilig auf die Speisen und Getränke übertragen.

Die prozentualen Teilkosten werden stets auf der Basis der Materialkosten gerechnet.

Selbstkosten

Selbstkosten sind alle Kosten, die dem Gewerbetreibenden selbst entstehen. Sie sind bei der Speisen- und Getränkekalkulation die Summe aus Materialkosten und Gemeinkosten.

Gewinn

Gewinn kalkuliert man als prozentualen Zuschlag auf die Selbstkosten. Der Gewinnzuschlag wird von den Gewinnabsichten des Unternehmers bestimmt und durch die Konkurrenz beeinflusst. Durch den Gewinn wird die Unternehmerleistung abgegolten. Den Gewinn beansprucht der Unternehmer dafür, dass er das Risiko eingeht, sein Kapital zu investieren (Kapitaleinlage), anstatt es als sichere Rücklage auf einer Bank anzulegen.

Die Gewinnspanne wird zwischen 10 % und 30 %, bezogen auf den Selbstkostenpreis, veranschlagt.

Geschäftspreis (kalkulierter Preis; vorläufiger Verkaufspreis)

Dieser Preis ergibt sich aus den Materialkosten, zuzüglich Gemeinkosten und Gewinn.

Umsatzbeteiligung (Service-Aufschlag, Bedienungsgeld)

Die Umsatzbeteiligung für das Servicepersonal wird durch einen prozentualen Zuschlag auf den kalkulierten Verkaufspreis berücksichtigt.

Die Umsatzbeteiligung beträgt mindestens 12 % des kalkulierten Verkaufspreises. Sie ist auch vom Charakter der gastronomischen Einrichtung abhängig.

Nettoverkaufspreis

Darunter versteht man den kalkulierten Preis, einschließlich des prozentualen Zuschlags der Umsatzbeteiligung für das Servicepersonal. Er setzt sich also aus Materialkosten, Gemeinkosten, Gewinn und der Umsatzbeteiligung zusammen.

Mehrwertsteuer (Umsatzsteuer)

Bei Verzehr im Hotel- und Gastgewerbe, der Gesetzgeber nennt das „Verzehr an Ort und Stelle", kommt der volle Mehrwertsteuersatz von gegenwärtig 19 % zur Anwendung. Vgl. Ausführungen über die Mehrwertsteuer auf Seite 179 f.

Als **Vorsteuer** wird der Teil der Mehrwertsteuer bezeichnet, der bereits vom Lieferanten an das Finanzamt abgeführt wurde. Bezieht ein Gastwirt beispielsweise Brötchen zum Inklusivpreis vom benachbarten Backwarengeschäft, dann bezahlt er dafür 7 % Mehrwertsteuer. Diese bereits bezahlte Vorsteuer kann der Gastwirt von seiner Steuerschuld abziehen.

Inklusivpreis (Bruttoverkaufspreis)

In diesem Preis sind alle Kalkulationszuschläge enthalten. Der Inklusivpreis wird auch als Bruttoverkaufspreis bezeichnet. Er entsteht aus dem Nettoverkaufspreis durch prozentualen Zuschlag der Mehrwertsteuer.

Kartenpreis

Als **Kartenpreis (Sollpreis)** wird der gerundete Inklusivpreis bezeichnet.

Der Istpreis, der tatsächlich vom Gast bezahlt wird, kann aus geschäftlichen Gründen vom gerundeten Inklusivpreis abweichen (Saison, Sonderangebote, Konkurrenz u. a.).

Zimmerpreiskalkulation siehe Seite 240.

Die Preisbildung für Verpflegungsleistungen erfolgt durch die **Zuschlagskalkulation**, die entweder ausführlich oder verkürzt ausgeführt wird.

Die Bezeichnung Zuschlagskalkulation besagt, dass auf den Materialpreis stufenweise verschiedene prozentuale Zuschläge aufgeschlagen werden, bis der Inklusivpreis entsteht. Obwohl der Herstellungsaufwand der einzelnen Speisen und Getränke sehr unterschiedlich ist, werden bei allen in der Küche zu kalkulierenden Speisen und Getränken einheitliche **Zuschlagssätze**, die sich aus der Jahresabrechnung im BAB ergeben, angesetzt.

13.2 Ausführliche Zuschlagskalkulation

Die ausführliche Zuschlagskalkulation vollzieht sich in vier Stufen.

Kalkulationsschema in 4 Stufen:

Stufen		
0	Materialkosten	(MK)
	+ Gemeinkosten	(GK)
1	= Selbstkosten	(S)
	+ Gewinn	(G)
2	= Geschäftspreis	(GP)
	+ Umsatzbeteiligung	(UB)
3	= Nettoverkaufspreis	(NVP)
	+ Mehrwertsteuer	(MwSt)
4	= Inklusivpreis	(IP)

Beispielaufgabe:

Ein Stück Eierpfannkuchen soll nach folgender Rezeptur kalkuliert werden. Ermitteln Sie den Inklusivpreis.

Eierpfannkuchen (10 Stück)

Rezepturmenge	Warenbezeichnung	Einzelpreis
0,250 kg	Weizenmehl	0,45 €
2 Stück	Eier	0,13 €
0,400 l	Vollmilch	0,70 €
0,040 kg	Zucker	0,55 €
0,080 kg	Butterreinfett	2,40 €

Gemeinkosten 135 %, Gewinn 23 %, Umsatzbeteiligung für Service 15 % sowie die gesetzliche Mehrwertsteuer.

Lösungsweg: **Eierpfannkuchen** (10 Stück)

Rezepturmenge	Warenbezeichnung	Einzelpreis	Mengenpreis
0,250 kg	Weizenmehl	0,45 €	0,11 €
2 Stück	Eier	0,13 €	0,26 €
0,400 l	Vollmilch	0,70 €	0,28 €
0,040 kg	Zucker	0,55 €	0,02 €
0,080 kg	Butterreinfett	2,40 €	0,19 €
			0,86 €

Stufe				
0	MK 100 %			0,86 €
	+ GK 135 %			1,16 €
1	= SK 235 % → 100 %			2,02 €
	+ G	23 %		0,46 €
2	= GP	123 % → 100 %		2,48 €
	+ UB		15 %	0,37 €
3	= NVP		115 % → 100 %	2,85 €
	+ MwSt		19 %	0,54 €
4	= IP		119 %	3,39 €

10 Stück = 3,39 €
1 Stück = 0,34 €

Der Inklusivpreis für 1 Stück Eierpfannkuchen beträgt 0,34 €.

Merke:  Sind beim Berechnen des Inklusivpreises keine Zwischenergebnisse gefragt, sollen Rundungen bei Zwischenergebnissen unterbleiben. Beim Verwenden des Taschenrechners wird erst das Endergebnis abgelesen und gerundet.

Übungsaufgaben ausführliche Zuschlagskalkulation

1   Ein Salatteller mit Räucherlachs hat einen Materialpreis von 2,75 €. Berechnen Sie den Inklusivpreis, wenn die Gemeinkosten mit 120 %, der Gewinn mit 20 % und die Umsatzbeteiligung mit 14 % angenommen werden. Außerdem muss die Mehrwertsteuer berücksichtigt werden.

2   Der kalkulierte Preis für ein Tagesmenü beträgt 12,68 €. Berechnen Sie den Inklusivpreis bei einer Umsatzbeteiligung von 15 %.

3   Für eine Eierspeise wurden 3,73 € Selbstkosten ermittelt. Der Betrieb rechnet mit 22 % Gewinn und einer Umsatzbeteiligung von 11 %. Berechnen Sie den Inklusivpreis.

4   Ein Tagesgedeck hat einen Selbstkostenpreis von 11,25 €. Berechnen Sie den Nettoverkaufspreis bei einem Gewinnzuschlag von 20 % und einer Service-Umsatzbeteiligung von 14 %.

5   Bei einem Gedeck hat der Fleischanteil einen Materialpreis von 1,80 €. Der Beilagenwert wurde mit 35 % des Wertes des Fleischanteils angegeben.
    5.1 Ermitteln Sie den Materialpreis des gesamten Gedecks.
    5.2 Berechnen Sie den Inklusivpreis des Gedecks, wenn die Gemeinkosten mit 180 %, der Gewinn mit 15 %, das Bedienungsgeld mit 13 % kalkuliert werden und die Mehrwertsteuer zu berücksichtigen ist.
    5.3 Ermitteln Sie die Gesamteinnahme aus 20 verkauften Gedecken.
    5.4 Berechnen Sie die Höhe der Mehrwertsteuer für die verkauften Gedecke.

6   Für Eisauflauf Grand Marnier wird folgendermaßen kalkuliert:

Eisauflauf Grand Marnier (10 Portionen)

Menge	Warenbezeichnung	Einzelpreis
0,250 kg	Zucker	0,90 €
0,004 kg	Glucosesirup	1,75 €
0,15 l	Wasser	–
0,250 kg	Eigelb	0,07 €/Stück
0,1 l	Grand Marnier	25,00 €
0,75 l	Schlagsahne	2,60 €
0,002 kg	Schokoladenpulver	3,90 €

Gemeinkosten 135 %, Gewinn 22 %, Umsatzbeteiligung für Service 14 % und die MwSt.
    6.1 Ermitteln Sie den Materialpreis insgesamt und für eine Portion in €.
    6.2 Berechnen Sie den Inklusivpreis für eine Portion.
    6.3 Ermitteln Sie den Gesamtzuschlag in Prozent und den Kalkulationsfaktor.

7   In einem Speiselokal entstanden im Kalenderjahr Materialkosten in Höhe von 207 600 €. An Gemeinkosten wurden 253 250 € gebucht. Wie hoch ist der Gemeinkostenzuschlag in Prozent?

8   Die Materialkosten für ein Tagesgedeck werden mit 3,20 € berechnet. Die Gemeinkosten betragen 125 %, der Gewinn 8 %, die Umsatzbeteiligung 10 %.
    8.1 Ermitteln Sie den Inklusivpreis bei Berücksichtigung der gesetzlichen Mehrwertsteuer.
    8.2 Mit welchem Preis würden Sie das Tagesgedeck auf der Karte anbieten?

9   Eine 12-köpfige Damengesellschaft bestellt ein vegetarisches Menü. Je Menü werden Materialkosten in Höhe von 9,25 € kalkuliert. Die Gemeinkosten betragen 120 %, der Gewinn 16 %, die Umsatzbeteiligung 12 %. Ermitteln Sie den Angebotspreis je Menü, wenn der Inklusivpreis auf volle 0,50 Cent aufgerundet wird.

10 Rinderrouladen mit Rotkohl und Klößen werden für 14 € angeboten. Es wird mit 135 % Gemeinkosten, 15 % Gewinn und 16 % Umsatzbeteiligung sowie der gesetzlichen Mehrwertsteuer gerechnet. Der Gemeinkostenzuschlag muss um 10 % erhöht werden. Wie viel Gewinn in € und % bleibt, wenn der Inklusivpreis auf Grund der Konkurrenzsituation nicht angehoben werden kann?

11 Für gespickten Seelachs mit Bohnengemüse und Salzkartoffeln werden für 4 Personen folgende Lebensmittel gebraucht:

1,250 kg Seelachs	3,80 €/kg
60 g Speck	1,30 €/kg
0,220 kg Butter	4,00 €/kg
Mehl für	0,20 €
1/4 l Sauermilch	5,30 €/l
400 g Bohnen	0,95 €/500 g
0,800 kg Kartoffeln	0,40 €/kg

und Würzmittel.

11.1 Berechnen Sie den Geschäftspreis pro Portion, wenn der Betrieb mit 125 % Gemeinkosten und 28 % Gewinn arbeitet.

11.2 Ermitteln Sie den Kartenpreis für eine Portion bei 13 % Bedienungsgeld und der gesetzlichen Mehrwertsteuer.

12 Für eine Jagdgesellschaft werden 72 Portionen Wildgulasch benötigt. Je Portion werden 150 g zubereitetes Fleisch gereicht.

12.1 Wie viel kg Fleisch sind einzukaufen, wenn 7 % Parierverlust und 36 % Schmorverlust zu berücksichtigen sind?

12.2 Errechnen Sie den Inklusivpreis für eine Portion, wenn 1 kg Wildbret 7,20 € kostet, 1/3 des Fleischmaterialwertes für Beilagen gerechnet werden und der Betrieb mit 130 % Betriebskosten, 21 % Gewinn, 12 % Umsatzbeteiligung und der gesetzlichen Mehrwertsteuer rechnet.

13 Die Materialkosten für ein Gericht betragen 6,35 €, die Selbstkosten 14,40 €. Errechnen Sie den prozentualen Gemeinkostenzuschlag.

14 Im letzten Monat entstanden Materialkosten in Höhe von 41 025 €. Die Gemeinkosten beliefen sich auf 57 024,75 €. Ermitteln Sie den prozentualen Gemeinkostenzuschlag.

15 Die Hotelbuchhaltung hat für das vergangene Jahr folgende Zahlen ermittelt: Bruttoumsatz Küche 1 017 042 €, Materialkosten 306 783 €, Gemeinkosten 478 608 €.

15.1 Berechnen Sie den Materialeinsatz der Küche in % vom Nettoumsatz.

15.2 Ermitteln Sie den durchschnittlichen Kalkulationsfaktor.

15.3 Kontrollieren Sie, ob die Küche mit Gewinn arbeitet, wenn mit 15 % Umsatzbeteiligung kalkuliert wurde (€, %).

16 Die Materialkosten für ein Tagesmenü betrugen:

Suppe	1,05 €
Warme Vorspeise	3,20 €
Hauptspeise	4,20 €
Nachspeise	1,85 €.

Die Gemeinkosten betragen 140 %, der Gewinn 11 %, die Umsatzbeteiligung 12 %.
Zu welchem Preis wird das Menü auf der Karte angeboten, wenn man auf volle 10 Cent aufrundet?

17 Im Abrechnungszeitraum ermittelte die Buchhaltung folgende Kennziffern:

Materialkosten	113 025,00 €
Gemeinkosten	155 974,50 €
Gewinn	33 894,00 €.

17.1 Berechnen Sie den prozentualen Gemeinkostenzuschlag.

17.2 Berechnen Sie den prozentualen Gewinnsatz.

18 Für das Festmenü im Rahmen einer Werbeveranstaltung werden Materialkosten in Höhe von 8,10 € veranschlagt. Die Gemeinkosten betragen 140 %, der Gewinn 12 %, die Umsatzbeteiligung 14 %. Außerdem ist die gesetzliche Mehrwertsteuer zu berücksichtigen.

18.1 Für welchen Preis wird das auf volle € gerundete Festmenü angeboten?

18.2 Wie hoch wäre der Preis, wenn durch Einbeziehung von Convenienceerzeugnissen die Materialkosten um 10 % gesenkt werden?

13.3 Gesamtzuschlag

Die **Summe aller Zuschläge** in €-Beträgen einschließlich der gesetzlichen Mehrwertsteuer lässt sich als Gesamtzuschlag darstellen. Diese Kalkulationsart heißt auch **summarische Zuschlagskalkulation**, weil alle Zuschläge zusammengefasst und in einem Prozentsatz (GZ) den Materialkosten zugeschlagen werden. Der Gesamtzuschlag vereinfacht das Kalkulieren, er wird in Prozent ausgedrückt und auf die Materialkosten aufgeschlagen, sodass sich dadurch der Inklusivpreis ergibt.

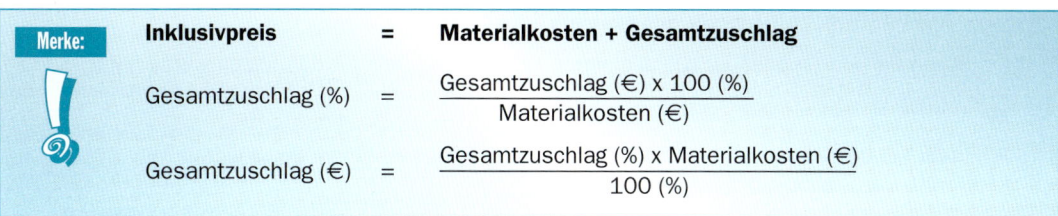

Merke:

$$\text{Inklusivpreis} = \text{Materialkosten} + \text{Gesamtzuschlag}$$

$$\text{Gesamtzuschlag (\%)} = \frac{\text{Gesamtzuschlag (€) x 100 (\%)}}{\text{Materialkosten (€)}}$$

$$\text{Gesamtzuschlag (€)} = \frac{\text{Gesamtzuschlag (\%) x Materialkosten (€)}}{100 \ (\%)}$$

Neben der Kalkulation mit dem Gesamtzuschlag gibt es noch eine Kalkulation mit dem **Bruttozuschlag**. Dabei fehlt lediglich die gesetzliche Mehrwertsteuer. Bruttozuschläge legt das Finanzamt fest.

Beispielaufgabe:

Berechnen Sie den Gesamtzuschlag in Prozent für poeliertes Kalbsfilet mit Steinpilzen und gebackenen Kartoffelrosetten. Die Materialkosten wurden mit 6,99 € und der Inklusivpreis mit 18,58 € angegeben.

Lösungsweg:

Inklusivpreis – Materialkosten = Gesamtzuschlag
18,58 €   – 6,99 €   = 11,59 €

$$\text{Gesamtzuschlag (\%)} = \frac{11,59 \ € \ \text{x} \ 100 \ \%}{6,99 \ €} = 166 \ \%$$

Der Gesamtzuschlag beträgt 166 %.

Übungsaufgaben Gesamtzuschlag

1 Ermitteln Sie den Inklusivpreis:
 1.1 Materialkosten 1,10 € Gesamtzuschlag 155 %
 1.2 Materialkosten 3,22 € Gesamtzuschlag 120 %
 1.3 Materialkosten 4,95 € Gesamtzuschlag 116 %

2 Ermitteln Sie den Gesamtzuschlag (€ und %):
 2.1 Inklusivpreis 24,00 € Materialkosten 7,15 €
 2.2 Inklusivpreis 12,00 € Materialkosten 4,15 €
 2.3 Inklusivpreis 38,00 € Materialkosten 9,12 €

3 Ermitteln Sie den Inklusivpreis bei einem Gesamtzuschlag von 265 % und folgenden Materialkosten:
 3.1 1,15 €
 3.2 2,45 €
 3.3 4,10 €
 3.4 8,15 €
 3.5 9,25 €

4 Für ein Festmenü für 18 Personen wurden insgesamt Materialkosten in Höhe von 180 € veranschlagt. Es wird mit einem Gesamtzuschlag von 158 % gerechnet.
 4.1 Ermitteln Sie den Gesamtpreis des Festmenüs.
 4.2 Errechnen Sie den Preis für ein Einzelmenü.

5 Berechnen Sie die fehlenden Werte in der Tabelle.

	5.1	**5.2**	**5.3**	**5.4**
Materialkosten (€)	3,00	4,00	15,00	25,00
Gesamtzuschlag (%)	150	...?...	200	...?...
Kalkulationsfaktor	...?...	3,2	...?...	3,0
Inklusivpreis (€)	...?...	...?...	...?...	...?...

6 Die Materialkosten für Wiener Schnitzel betragen 3,60 €. Der Küchenchef rechnet mit einem Gesamtzuschlag von 280 %.
Berechnen Sie den Inklusivpreis des Gerichts.

7 Ein Essen für 34 Personen ist zu kalkulieren. Der Materialpreis für das Essen wurde mit 156 € angegeben. Der Betrieb kalkuliert mit 185 % Gesamtzuschlag. Welcher Inklusivpreis ergibt sich für das Menü?

8 Ermitteln Sie die Materialkosten für ein Kaltes Büfett, das zu einem Inklusivpreis von 2 750 € verkauft wird. Der Gesamtzuschlag beträgt 250 %.

9 Die Materialkosten für ein Gedeck, das mit einem Inklusivpreis von 19,20 € auf der Angebotskarte steht, betragen 6,73 €.
Ermitteln Sie den Gesamtzuschlag.

10 Die Materialkosten für 36 Abendgedecke betragen 100,80 €. Der Gesamtzuschlag beträgt 225 %.
Ermitteln Sie den Inklusivpreis eines Gedecks.

11 Bei warmen Speisen rechnet ein Ausflugsrestaurant mit 221 % Gesamtzuschlag.
11.1 Ermitteln Sie den gerundeten Kartenpreis für eine Suppe, die Materialkosten von 0,76 € erfordert.
11.2 Welchen Materialpreis müsste ein warmes Fleischgericht haben, das mit 12,20 € in der Angebotskarte steht?

12 Ermitteln Sie jeweils den Gesamtzuschlag in € und in %:

	12.1	**12.2**	**12.3**	**12.4**	**12.5**
Materialkosten für Tagesgerichte:	3,25 €	3,15 €	2,80 €	3,45 €	2,95 €

Gemeinkosten 125 %
Gewinn   20 %
Umsatzbeteiligung 12 % sowie gesetzliche Mehrwertsteuer.

13 Ermitteln Sie jeweils den Gesamtzuschlag für ein Teigwarengericht in einem Selbstbedienungsrestaurant in € und in %:
Materialkosten   2,25 €
Gemeinkosten   125 %
Gewinn   20 % sowie gesetzliche Mehrwertsteuer.

14 Ein Feinschmeckerrestaurant kalkuliert mit 160 % Gemeinkosten, 20 % Gewinn, 12 % Umsatzbeteiligung sowie der gesetzlichen Mehrwertsteuer.
Ermitteln Sie den prozentualen Gesamtzuschlag.

15 Ermitteln Sie den Gesamtzuschlag, wenn mit 110 % Gemeinkosten, 20 % Gewinn, 12 % Umsatzbeteiligung und der gesetzlichen Mehrwertsteuer gerechnet wird.

16 Für das gleiche rustikale Menü werden von drei regionalen Anbietern jeweils 5 € Materialkosten zugrunde gelegt.
Die ungerundeten Inklusivpreise betragen im Betrieb A 16,25 €, im Betrieb B 15,50 € und im Betrieb C 12,25 €.
Ermitteln Sie die drei unterschiedlichen Gesamtzuschläge der Betriebe.

17 Der Küchenumsatz eines Speiserestaurants betrug im vergangenen Jahr 573 921,60 €. Der Materialverbrauch wurde im gleichen Zeitraum mit 159 600,00 € errechnet. Leiten Sie aus diesen Kennziffern den Kalkulationszuschlag ab.

13.4 Kalkulationsfaktor

In der Praxis wird der Einfachheit halber oft mit dem Kalkulationsfaktor kalkuliert. Er ergibt sich aus der Division von Inklusivpreis durch Materialkosten:

$$\text{Kalkulationsfaktor} = \frac{\text{Inklusivpreis (€)}}{\text{Materialkosten (€)}} \qquad \text{Inklusivpreis (€)} = \text{Kalkulationsfaktor} \times \text{Materialkosten (€)}$$

Beispielaufgabe:

Die Materialkosten für Kalbsfrikassee betragen 3,30 €. Der Inklusivpreis dafür liegt bei 10,90 €. Ermitteln Sie den Kalkulationsfaktor.

Lösungsweg:

$$\text{Kalkulationsfaktor} = \frac{\text{Inklusivpreis (€)}}{\text{Materialkosten (€)}} = \frac{10,90 €}{3,30 €} = 3,3$$

Der Kalkulationsfaktor für das Kalbsfrikassee ist 3,3.

Übungsaufgaben Kalkulationsfaktor

1   Ermitteln Sie den Kalkulationsfaktor auf eine Stelle nach dem Komma.

Materialkosten (€)	3,00	4,00	15,00	25,00
Inklusivpreis (€)	10,00	15,00	48,00	82,50

2   Der Gesamtzuschlag einer Speise wurde mit 325 % kalkuliert. Wie hoch ist der Kalkulationsfaktor?

3   Ein Gastwirtsbetrieb rechnet mit dem Kalkulationsfaktor 2,9.
Ermitteln sie den prozentualen Gesamtzuschlag.

4   Das Speiselokal „Goldener Reiter" in Dresden bietet Wiener Schnitzel mit Pommes frites und Salatteller für 11,25 € an. Der Materialpreis wird mit 3,75 € angegeben.
Berechnen Sie den Kalkulationsfaktor.

5   Die Materialkosten für Rotbarschfilet Müllerinart betragen 3,25 €. Der Kalkulationsfaktor beträgt 3,2. Zu welchem Inklusivpreis würden Sie das Fischgericht auf die Karte setzen?

6   Der Gesamtzuschlag einer Speise wurde mit 285 % kalkuliert. Wie hoch ist der Kalkulationsfaktor?

7   Mit welchem Kalkulationsfaktor wurde gerechnet, wenn ein Gedeck, dessen Materialkosten 5,20 € betragen, auf der Karte mit 17,16 € angeboten wird?

8   Mit welchem Kalkulationsfaktor wurde gerechnet, wenn für einen Eisbecher, der auf der Eiskarte für 4,20 € angeboten wird, die Materialkosten 1,20 € betragen?

9   Welche Angebotspreise haben Speisen mit einem Kalkulationsfaktor von 2,8, bei denen folgende Materialkosten anfallen?
9.1 2,15 €   **9.2** 2,55 €   **9.3** 4,10 €   **9.4** 5,05 €

10   Der Kalkulationsfaktor beträgt 3,1. Der ungerundete Inklusivpreis eines Menüs beträgt 38,75 €. Ermitteln Sie die Materialkosten.

11   Eine Speisegaststätte hat Kalbsfrikassee mit Spargelspitzen und Risotto für 11,15 € im Angebot.
11.1 Wie hoch ist der Materialpreis, wenn mit dem Faktor 3,2 kalkuliert wurde?
11.2 Dem Wirt erscheint der Preis zu niedrig, deshalb will er den Preis um 10 % erhöhen. Berechnen Sie den Gewinn in € und Prozent.
11.3 Errechnen Sie, ausgehend vom Nettopreis, den Wareneinsatz mit dem vorgegebenen Kalkulationsfaktor 3,2. Wie hoch ist hier der Gewinn in € und Prozent, wenn mit 150 % Gemeinkosten, einem Bediengeld von 13 % und der gesetzlichen Mehrwertsteuer gerechnet wird?

12   Ermitteln Sie die Materialkosten bei folgenden ungerundeten Inklusivpreisen, wenn im Betrieb mit einem Kalkulationsfaktor von 2,8 gerechnet wird.
12.1 3,50 €   **12.2** 6,16 €   **12.3** 14,28 €   **12.4** 35,84 €

13 Ermitteln Sie den Kalkulationsfaktor für eine folgendermaßen kalkulierte Speise:

Materialkosten	2,25 €	Umsatzbeteiligung	15 %
Gemeinkosten	130 %	gesetzliche MwSt.	
Gewinn	20 %		

14 Ein Speiserestaurant hat für die Küchenkalkulation folgende Zuschlagsätze:
Gemeinkosten 160 %, Gewinn 18 %, Umsatzbeteiligung für Service 15 %, sowie die Mehrwertsteuer.
Ermitteln Sie den Kalkulationsfaktor.

15 Für ein Menü mit einem Inklusivpreis von 27,50 € wurde ein Materialpreis von 6,35 € veranschlagt.
Folgende Zuschlagsätze gelten:
Gemeinkosten 180 %, Gewinn 18 %, Bedienungsgeld 14 % sowie die Mehrwertsteuer.
Ermitteln Sie den Kalkulationsfaktor.

16 Für ein Geflügelgericht kalkuliert der Betrieb folgendermaßen:

Materialkosten	2,05 €	Umsatzbeteiligung	12 %
Gemeinkosten	125 %	gesetzliche MwSt.	
Gewinn	15 %		

16.1 Ermitteln Sie den Inklusivpreis.
16.2 Ermitteln Sie den Kalkulationsfaktor.
16.3 Für ein Aktionsessen wird auf den Gewinn verzichtet. Ermitteln Sie den verminderten Inklusivpreis und den neuen Kalkulationsfaktor.

17 Ein Stadthotel kalkuliert Speisen folgendermaßen:

Gemeinkosten	135 %	Umsatzbeteiligung	12 %
Gewinn	12 %	gesetzliche MwSt.	

Ermitteln Sie den Kalkulationsfaktor.

18 Das Hotel Wartburg kalkuliert Speisen folgendermaßen:

allgemeine Küchenkosten	65 %	Gewinn	20 %
Küchengemeinkosten	38 %	Umsatzbeteiligung	14 %
Dienstleistungskosten	23 %	gesetzliche MwSt.	

18.1 Ermitteln Sie den Kalkulationsfaktor.
18.2 Welchen Inklusivpreis hat ein Gericht, dessen Materialkosten 6,23 € betragen?

19 Ermitteln Sie die Materialkosten einer Speise, die einen Inklusivpreis von 12,50 € hat und mit dem Kalkulationsfaktor von 3,8 kalkuliert wurde.

20 Der Küchenerlös (Küchen-Nettoumsatz) eines Speiserestaurants beträgt 456 291,00 €. Die gesamten Materialkosten beliefen sich auf 145 321,00 €.
Ermitteln Sie den Kalkulationsfaktor.

21 Wie ändert sich der Kalkulationsfaktor?
21.1 Es steigen nur die Materialpreise.　　　**21.3** Es erhöhen sich nur die Gemeinkosten.
21.2 Es sinken nur die Materialpreise.　　　**21.4** Es sinken nur die Gemeinkosten.

13.5 Rückwärtskalkulation

Bei der Rückwärtskalkulation wird auf die Materialkosten zurückgerechnet. In der Praxis ist es mitunter erforderlich, den Rechenweg des Kalkulationsverfahrens umzukehren. Das ist dann nötig, wenn der Gastronom von einem vereinbarten Inklusivpreis auf die Materialkosten schließen will.

Beispielaufgabe:

Für ein Hochzeitsessen wurde mit dem Hotel „Badischer Hof" im Kaiserstuhl ein Menüpreis von 35,90 € mit den Brauteltern fest vereinbart. Der Wirt will die möglichen Materialkosten ermitteln. Dabei muss er die gesetzliche MwSt, 120 % Gemeinkosten, 20 % Gewinn, 12 % Umsatzbeteiligung berücksichtigen.

Lösungsweg:

Vorwärtskalkulation Rückwärtskalkulation

0		Materialkosten	(MK)	0	
	+	Gemeinkosten	(GK)		
1	=	Selbstkosten	(S)	1	
	+	Gewinn	(G)		
2	=	Geschäftspreis	(GP)	2	
	+	Umsatzbeteiligung	(UB)		
3	=	Nettoverkaufspreis	(NVP)	3	
	+	Mehrwertsteuer	(MwSt)		
4	=	Inklusivpreis	(IP)	4	

Rechenschritte:

1. Stellen Sie zuerst das Kalkulationsschema von oben nach unten auf und tragen Sie die in der Aufgabe vorgegebenen Prozentsätze ein.
2. Setzen Sie den vorgegebenen Inklusivpreis ein.
3. Rechnen Sie anschließend von Stufe 4 bis zur Stufe 0 rückwärts.

Rückwärtskalkulation

4	IP	119 %						35,90 €
	− MwSt	19 %						5,73 €
3	= NVP	100 %	→	112 %				30,17 €
	− UB			12 %				3,23 €
2	= KP			100 %	→	120 %		26,94 €
	− G					20 %		4,49 €
1	= SK					100 %	→ 220 %	22,45 €
	− GK						120 %	12,25 €
0	= MK						100 %	10,20 €

Die Materialkosten für das Hochzeitsmenü betragen 10,20 €.

Probe: Vorwärtskalkulation

0	MK	100 %						10,20 €
	+ GK	120 %						12,24 €
1	= SK	220 %	→	100 %				22,44 €
	+ G			20 %				4,49 €
2	KP			120 %	→	100 %		26,93 €
	+ UB					12 %		3,23 €
3	NVP					112 %	→ 100 %	30,16 €
	+ MwSt						19 %	5,73 €
4	= IP						119 %	35,89 €

Die Probe bestätigt das Ergebnis.

Übungsaufgaben Rückwärtskalkulation

1 Ermitteln Sie die Materialkosten. Berücksichtigen Sie auch die Mehrwertsteuer.

	1.1	**1.2**	**1.3**	**1.4**	**1.5**
Gedeckpreis (€)	20,00	25,00	30,00	35,00	40,00
Gemeinkosten (%)	80	100	120	140	160
Gewinn (%)	20	22	25	28	39
Umsatzbeteiligung (%)	12	14	14	15	20

2 Der Inklusivpreis für eine gemischte Käseplatte beträgt 6,30 €.

Berechnen Sie den Materialpreis, wenn die Gemeinkosten 125 %, der Gewinn 22 % und die Umsatzbeteiligung 12 % betragen. Außerdem ist die Mehrwertsteuer zu berücksichtigen.

3 Der Inklusivpreis eines Menüs beträgt 34 €. Ermitteln Sie die Materialkosten je Menü bei folgenden Zuschlägen: Gemeinkosten 170 %, Gewinn 17 %, Bedienungsgeld 14 % sowie die Mehrwertsteuer.

4 Eine Berliner Speisegaststätte will ein Tagesgericht für 5,20 € anbieten. Die Materialkosten werden mit 1,90 € angesetzt. Wie viel Prozent Gewinn sind möglich, wenn die Gemeinkosten 86 % betragen und neben der gesetzlichen Mehrwertsteuer 13 % Bedienungsgeld hinzukommen?

5 Dresdner Sauerbraten mit Apfelrotkohl und Klößen steht zu einem Inklusivpreis von 11,75 € auf der Speisekarte. Ermitteln Sie den Nettoverkaufspreis bei Beachtung der Mehrwertsteuer.

6 Die Restaurantfachfrau Amanda hat eine Tageseinnahme von 928 €. Die prozentuale Umsatzbeteiligung beträgt 12 %. Wie hoch ist ihre Umsatzbeteiligung in €? Die Mehrwertsteuer ist zu beachten!

7 Der Inklusivpreis für Rotbarschfilet mit Butterreis wird mit 12 € angesetzt.

Ermitteln Sie die Materialkosten, wenn die Gemeinkosten 120 %, der Gewinn 12 %, die Umsatzbeteiligung 11 % betragen und mit der gesetzlichen Mehrwertsteuer gerechnet wird.

8 Zürcher Geschnetzeltes (Originalschreibweise: nicht *Züricher*) wird mit 17,50 € auf die Speisekarte gesetzt.

Ermitteln Sie die Materialkosten, wenn die Gemeinkosten 135 %, der Gewinn 10 %, die Umsatzbeteiligung 14 % betragen und mit der gesetzlichen Mehrwertsteuer gerechnet wird.

9 Hirschgulasch mit Spätzle ist auf der Speisekarte mit 14,50 € ausgewiesen.

Ermitteln Sie die Materialkosten, wenn mit einem Kalkulationsfaktor von 3,1 gerechnet wird.

10 Ein Tagesmenü kostet 16,00 €. Wie hoch darf der Materialeinsatz bei folgenden Kalkulationssätzen sein:

Gemeinkosten 110 %, Gewinn 14 %, Umsatzbeteiligung 12 %, gesetzliche Mehrwertsteuer?

11 Ein Besteller hat für das Mittagessen einer 11-köpfigen Gesellschaft insgesamt 275,00 € zur Verfügung. Ermitteln Sie den Materialeinsatz je Person, wenn mit 105 % Gemeinkosten, 16 % Gewinn, 14 % Umsatzbeteiligung sowie mit der gesetzlichen Mehrwertsteuer gerechnet werden muss.

12 Für das Festessen zu einer Geburtstagsfeier mit 16 Gästen sind 960 € vereinbart, die je zur Hälfte für Speisen und Getränke verwendet werden sollen.

Wie viel € stehen für die Getränke zur Verfügung, wenn mit einem Gesamtzuschlag von 155 % kalkuliert wird?

13 Für ein Arbeitsessen mit 38 Gästen werden 2 470 € veranschlagt. Von dem Betrag sollen $\frac{2}{3}$ für Speisen und $\frac{1}{3}$ für Getränke verwendet werden.

13.1 Ermitteln Sie die Materialkosten je Person für die Speisen, wenn ein Gesamtzuschlag von 145 % angewendet wird.

13.2 Wie hoch ist der Materialkosteneinsatz bei den Getränken je Person, wenn hier ein Gesamtzuschlag von 190 % gilt?

14 Der tägliche Küchenumsatz eines Speiserestaurants beträgt im Durchschnitt 2 300 €.

Ermitteln Sie den Materialbedarf in 7 Tagen, gerundet auf ganze €, wenn von einem Gesamtzuschlag von 155 % ausgegangen wird.

15 Der Nettopreis eines Gedecks beträgt 11,10 €. Ermitteln Sie die Materialkosten bei folgenden Zuschlagsätzen:
Gemeinkosten 105 %, Gewinn 11,5 %, Umsatzbeteiligung 12,5 %.

16 Für einen Betriebsausflug soll das Mittagsgedeck 8,00 € kosten.
Wie hoch dürfen die Materialkosten sein, wenn mit einem Kalkulationsfaktor von 2,8 gerechnet wird?

17 Ein Hochzeitsmenü soll 40,00 € kosten. Wie hoch ist der Wareneinsatz, wenn der Kalkulation 70 % allgemeine Küchenkosten, 205 % Küchengemeinkosten, 25 % Dienstleistungskosten, 18 % Gewinn und 14 % Umsatzbeteiligung sowie die gesetzliche Mehrwertsteuer zugrunde liegen?

18 Das Mittagessen für eine Familienfeier mit 8 Personen darf 440 € kosten. Ermitteln Sie die Selbstkosten je Essen, wenn man mit 15 % Gewinn, 12 % Bedienungsgeld sowie der gesetzlichen Mehrwertsteuer rechnet.

19 Ein Geschäftsessen wird je Person für 18,00 € angeboten. Der Gesamtzuschlag beträgt 230 %. Ermitteln Sie die Materialkosten für 12 bestellte Mittagessen.

20 Ein Reiseveranstalter bestellt für eine Reisegesellschaft mit 82 Personen nach der Karte ein Mittagsgedeck für 28,00 € je Reisenden. Er ist aber nur bereit, dafür insgesamt 2 000 € zu zahlen. Um wie viel € müsste der Materialpreis gesenkt werden, wenn man mit einem Kalkulationsfaktor von 2,8 kalkuliert?

21 Ermitteln Sie den prozentualen Gewinn bei folgenden Kalkulationszuschlägen:
Gesamtzuschlag 260 %;
Gemeinkosten 120 %, Umsatzbeteiligung 13 %
gesetzliche Mehrwertsteuer.

22 Anlässlich einer Taufe bestellen die Eltern für 12 Personen ein Festessen. Der Preis für das 3-Gang-Menü soll 30 € betragen. Wie viel € stehen der Küche für Rohstoffe zur Verfügung, wenn der Betrieb mit folgenden Aufschlägen kalkuliert: 140 % Gemeinkosten, 22 % Gewinn, 13 % Service-Aufschlag und die gesetzliche Mehrwertsteuer?

23 Für eine Konfirmation soll ein Kostenvoranschlag gemacht werden. Nach der Menüabsprache wird dem Besteller ein Preis von 795 € genannt. Für wie viel € darf der Küchenchef Material verbrauchen, wenn folgende Kalkulationsaufschläge enthalten sind: 115 % Gemeinkosten, 18 % Gewinn, 12 % Umsatzbeteiligung und die gesetzliche Mehrwertsteuer?

24 Von der Hotelküche wird ein Silvestermenü mit einem Inklusivpreis von 75 € vorbereitet. Ermitteln Sie die Höhe der Materialkosten in € bei entsprechend geplanten Zuschlägen: Gemeinkosten 145 %, Gewinn 28 %, Bedienungsgeld 16 %, gesetzliche Mehrwertsteuer.

25 Vergleichen Sie folgende gastronomische Betriebe und stellen Sie bei gleichen Materialkosten von 3,50 € den Inklusivpreis fest:
– Wohngebietsgaststätte: 80 % Betriebskosten, 19 % Gewinn, 14 % Umsatzbeteiligung
     und gesetzliche Mehrwertsteuer.
– City-Hotel: 280 % Gesamtaufschlag.

26 Ein Jubilar lädt zum Essen ein. Das Gedeck soll 25 € kosten. Wie viel € darf die Küche für Materialien ausgeben bei folgenden Kalkulationsaufschlägen:
112 % Gemeinkosten, 27 % Gewinn, 14 % Bedienungsgeld, gesetzliche Mehrwertsteuer?

27 Die Fischergaststätte im Warnemünder Hafen kalkuliert mit 170 % Gemeinkosten, 7 % Gewinn und mit einem Bedienungsgeld von 13 %. Außerdem wird die Mehrwertsteuer berücksichtigt. Der Inklusivpreis einer Heringsspeise beträgt 6,10 €. Ermitteln Sie den Materialpreis.

13.6 Deckungsbeitragskalkulation

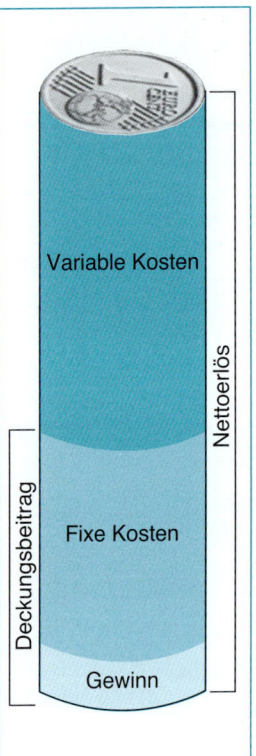

Variable Kosten

Nettoerlös

Deckungsbeitrag

Fixe Kosten

Gewinn

Bei den vorangegangenen Kalkulationsarten wurde mit einem prozentualen Zuschlag auf den Warenpreis gerechnet. Die Deckungsbeitragskalkulation stellt eine Ergänzung zur Preisbildung auf Vollkostenbasis dar. Dabei wird von einem Nettopreis ausgegangen, von dem die variablen Kosten abgezogen werden. Die Erlöse werden danach beurteilt, ob nach Abzug der variablen Kosten ein Betrag zur Deckung der Fixkosten und zur Erwirtschaftung von Gewinn geleistet wird. Dieser Betrag wird als Deckungsbeitrag bezeichnet. Die Höhe des Deckungsbeitrages ist entscheidend dafür, ob eine Leistung übernommen oder abgelehnt wird.

Merke:	Nettopreis/Nettoerlös	(NP)
	– Variable Kosten	(VK)
	= Deckungsbeitrag	(DB)
	– Fixe Kosten	(FK)
	= Gewinn	(G)

2 Kostenarten:

Fixe Kosten *(feste Kosten): Kosten für die Betriebsbereitschaft, die leistungsunabhängig in gleichbleibender Höhe anfallen.*
Beispiele: *Pacht, Versicherungen, Gehälter.*

Variable Kosten *(veränderliche Kosten): hängen von der erbrachten Leistung ab. Sie erhöhen sich mit einer Leistungssteigerung.*
Beispiele: *Warenkosten, Reinigung, Energie.*

Deckungsbeitrag = Nettoerlös – Variable Kosten (veränderliche Kosten)

Gewinn = Deckungsbeitrag – Fixe Kosten (feste Kosten)

Beispielaufgabe:

Ein Menü soll einen Erlös von 20,00 € haben. Die variablen Kosten je Menü betragen 10,00 €. Die festen Kosten für die Betriebsbereitschaft sind insgesamt 2 500,00 € hoch.

1. Berechnen Sie jeweils den Deckungsbeitrag und den Gewinn für 100, 300 und 400 Menüs.
2. Wie viele Menüs müssen verkauft werden, damit die Gesamtkosten durch den Erlös gedeckt werden? (Es ist die Gewinnschwelle zu ermitteln.)

Lösungsweg:

1. Erlöse und Kosten abhänig von der Verkaufsmenge

Anzahl Menüs	1	100	300	400
Nettoerlös (NP)	20,00 €	2 000,00 €	6 000,00 €	8 000,00 €
− Variable Kosten (VK)	10,00 €	1 000,00 €	3 000,00 €	4 000,00 €
= Deckungsbeitrag (DB)	10,00 €	1 000,00 €	3 000,00 €	4 000,00 €
− Fixe Kosten (FK)	2 500,00 €	2 500,00 €	2 500,00 €	2 500,00 €
= noch zu deckende Fixe Kosten	2 490,00 €	1 500,00 €	–	–
= Gewinn (G)	–	–	500 €	1 500,00 €

Mit steigendem Absatz trägt der DB im wachsenden Umfang zur Deckung der fixen Kosten bei.

2. Die Gewinnschwelle (siehe Break-Even-Point) ist die Verkaufsmenge, bei der die Gesamtkosten (fixe und variable) durch die Erlöse gedeckt werden. Es wird kein Gewinn, aber auch kein Verlust erzielt.

$$\text{Gewinnschwelle} = \frac{\text{Fixe Kosten}}{\text{Deckungsbeitrag/Stück}} = \frac{2\,500,00 \ €}{10,00 \ €/\text{Stück}} = 250 \ \text{Stück}$$

Es müssen 250 Menüs verkauft werden, damit die Gesamtkosten durch die Erlöse gedeckt werden.

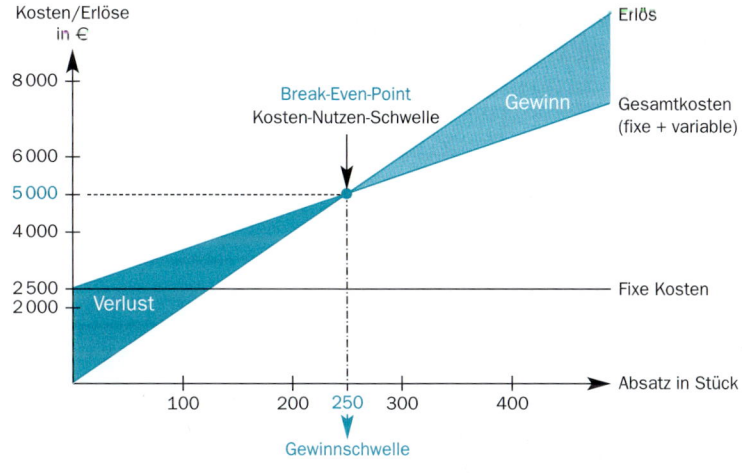

Ab einer Verkaufsmenge von 251 Menüs arbeitet der Betrieb kostendeckend.
Der Betrieb ist in der Gewinnzone.

Übungsaufgaben Deckungsbeitragskalkulation

1   Für eine Reisegesellschaft mit 60 Reisenden wird ein preiswertes Mittagsgedeck für einen Nettopreis von 7,25 € vereinbart.
Die variablen Kosten betragen 2,30 € je Mittagsgedeck. Die anteiligen Fixkosten belaufen sich auf 3,15 €.
1.1 Ermitteln Sie den Verlust oder Gewinn.
1.2 Welche Anzahl von Mittagsgedecken wäre für die Kostendeckung erforderlich?
1.3 Ermitteln Sie die Gewinnschwelle grafisch.

2 Der Küchendirektor eines Stadthotels weist für das abgelaufene Geschäftsjahr folgende Bilanz aus:

Verkaufte Speisen   82 125 Stück
Fixe Kosten   1 824 375 €
Variable Kosten   653 268 €
Nettoerlös   2 874 375 €

2.1 Ermitteln Sie den Deckungsbeitrag je Speise.
2.2 Ermitteln Sie Gewinn oder Verluste im vergangenen Geschäftsjahr.
2.3 Wie viele Speisen waren für die Kostendeckung erforderlich?

3 Die Buchhaltung eines Speiserestaurants weist für das vergangene Geschäftsjahr folgende Kennzahlen aus:

Kennzahl	Speisen	Getränke
Erlöse (ohne MwSt)	68 300 €	174 920 €
Variable Kosten	22 300 €	44 320 €
Fixe Kosten	40 700 €	90 200 €

3.1 Berechnen Sie den Deckungsbeitrag für Speisen und Getränke.
3.2 Ermitteln Sie den Gewinn bei Speisen und Getränken.

4 Bei einem Gericht soll ein Deckungsbeitrag von 3,26 € erzielt werden. Die variablen Kosten beinhalten 6,19 € Materialkosten, 1,92 € Umsatzbeteiligung und 0,63 € sonstige Kosten.
Ermitteln Sie den Nettoerlös und den Inklusivpreis.

13.7 Kombinierte Kalkulationen

Beispielaufgabe 1:

Ein Menü soll bei einem Wareneinsatz von 5,00 € einen Nettopreis von 16,00 € haben.

1. Wie hoch ist das Bedienungsgeld bei einem Bedienungszuschlag von 12 %?
2. Errechnen Sie die variablen Kosten je Menü, wenn darunter nur die Warenkosten und das Bedienungsgeld verstanden werden sollen.
3. Ermitteln Sie den Deckungsbeitrag.
4. Berechnen Sie den Inklusivpreis.
5. Welchem Kalkulationsfaktor entspricht der Preis?

Lösungsweg: 1. Bedienungsgeld: Nettoverkaufspreis 112 % 16,00 € Bedienungsgeld 12 % 1,71 €
                  Das Bedienungsgeld beträgt 1,71 €.

      2. Variable Kosten: Warenkosten + Bedienungsgeld 6,71 € = 5,00 € + 1,71 €
                  Die variablen Kosten belaufen sich auf 6,71 €.

      3. Deckungsbeitrag: 16,00 € – 6,71 = 9,29 €
                  Der Deckungsbeitrag macht 9,29 € aus.

      4. Inklusivpreis: 100 % = 16,00 €
                           119 % = 19,04 €
                  Der Inklusivpreis beträgt 19,04 €.

      5. Kalkulationsfaktor: 19,04 : 5,00 = 3,8

      Die Kalkulation entspricht dem Kalkulationsfaktor 3,8.

Beispielaufgabe 2:

Für ein Menü sind 8,50 € Materialkosten erforderlich. Die Gemeinkosten betragen 130 %, die Umsatzbeteiligung 14 %. Der Inklusivpreis wird auf 32,00 € festgelegt.
Berechnen Sie den Gewinn in € und Prozent.

Lösungsweg:

0	MK	100 %		8,50 €
	+ GK	130 %		
1	= SK	230 %		19,55 €
	+ G			
2	= KP		100 %	23,59 €
	+ UB		14 %	
3	= NVP		114 % ← 100 %	26,89 €
	+ MwSt		19 %	
4	= IP		119 %	32,00 €

Zunächst werden die Selbstkosten von den Materialkosten ausgehend berechnet (Vorwärtskalkulation). Danach wird vom Inklusivpeis beginnend bis zum kalkulierten Preis rückwärts gerechnet (Rückwärtskalkulation).
Die Differenz zwischen kalkuliertem Preis und Selbstkostenpreis ist der Gewinn.
Gewinn = Kalkulierter Preis – Selbstkosten = 23,59 € – 19,55 € = 4,04 €.
SK 19,55 € ≙ 100 %
G   4,04 € ≙   x %   x = 20,66 % ≈ 21 %
Der Gewinn beträgt 4,04 €. Das sind rund 21 %.

Übungsaufgaben kombinierte Kalkulationen

1 Berechnen Sie den Gewinn in € und in Prozent, wenn eine große Salatplatte mit einem Materialeinsatz von 2,10 € zum Preis von 7,80 € auf die Karte gesetzt wird. Die Gemeinkosten betragen 125 % und die Umsatzbeteiligung 14 %.

   1.1 Berechnen Sie den Materialpreis, wenn mit dem Faktor 3,5 kalkuliert wurde.

   1.2 Der Geschäftsführer will mehr an jeder Essensportion verdienen. Er überlegt, ob er den Preis um 15 % anheben oder ob er bei gleichem Preis das Material um 15 % reduzieren soll. Berechnen Sie für beide Maßnahmen den jeweiligen Gewinn in € und Prozent bei einem Gemeinkostensatz von 150 %, bei 15 % Umsatzbeteiligung und unter Berücksichtigung der Mehrwertsteuer.

2 Der Wirt einer Ausflugsgaststätte erhält das Angebot eines lokalen Reiseveranstalters.
   Im Frühjahr wird für insgesamt 32 Reisegruppen mit je 25 Reisenden ein Nachtessen gewünscht. Der Nettopreis soll 7,50 € bei einem Materialpreis von 3 € betragen. Der Kalkulationsfaktor beträgt ansonsten 3,1.

   2.1 Wie viel € müsste das Essen bei dem üblichen Kalkulationsfaktor kosten?

   2.2 Ermitteln Sie die Umsatzbeteiligung von 13 % in €, die im Sonderpreis enthalten ist.

   2.3 Ermitteln Sie die variablen Kosten je Essen. Die Umsatzbeteiligung wird dabei zu den variablen Kosten gerechnet.

   2.4 Ermitteln Sie den Deckungsbeitrag.

   2.5 Beurteilen Sie das Angebot nach wirtschaftlichen Gesichtspunkten.

3 Im Speiserestaurant „Stern" kalkulierte man im vergangenen Jahr mit folgenden Zuschlägen: Gemeinkosten 165 %, Gewinn 11 %, Umsatzbeteiligung 13 % sowie der Mehrwertsteuer.

   3.1 Berechnen Sie den Kalkulationsfaktor (gerundet auf 1 Stelle nach dem Komma).

   3.2 Ermitteln Sie den Gesamtzuschlag (auf volle Prozent runden).

3.3 Der Vorjahresumsatz betrug 625 060 €. Ermitteln Sie die Materialkosten des Vorjahres bei den genannten Zuschlägen.

3.4 Ermitteln Sie den Mehrwertsteueranteil im vergangenen Jahr.

4 In der Küche des Hotels „Stadt Glauchau" ist ein Jahresbruttoumsatz von 1 807 515 € zu verzeichnen. Die Materialkosten im genannten Zeitraum belaufen sich auf 412 500 € ohne Mehrwertsteuer.

4.1 Ermitteln Sie die im Jahresumsatz enthaltene Mehrwertsteuer.

4.2 Berechnen Sie den Kalkulationsfaktor.

4.3 Der Gemeinkostenanteil betrug 886 875 €, die Umsatzbeteiligung 15 %. Ermitteln Sie den Küchengewinn in Prozent (1 Stelle nach dem Komma runden).

5 Der Inklusivpreis für ein Tagesmenü beträgt 16 €.

5.1 Berechnen Sie den Materialpreis je Menü, wenn mit folgenden Zuschlägen kalkuliert wurde: Gewinn 20 %, Gemeinkosten 180 %, Umsatzbeteiligung 14 % sowie der Mehrwertsteuer.

5.2 Überprüfen Sie die Kalkulation mit Hilfe des Gesamtzuschlages.

5.3 Der Inklusivpreis wird auf 14 € herabgesetzt. Wie viel Gewinn in € und in Prozent bleiben, wenn die übrigen Zuschläge unverändert sind?

5.4 Ermitteln Sie den Kalkulationsfaktor des im Preis herabgesetzten Menüs.

6 Eisbein mit Sauerkraut und Erbsmus wird folgendermaßen kalkuliert:
Gemeinkostenzuschlag 160 %, Gewinn 15 %, Bedienungszuschlag 12 % und die Mehrwertsteuer.

6.1 Ermitteln Sie den Kartenpreis, wenn die Materialkosten insgesamt 2,40 € betragen.

6.2 Errechnen Sie den Kalkulationsfaktor, gerundet auf eine Stelle nach dem Komma.

6.3 In der Tageskarte soll ein Aktionspreis von 8,25 € eingesetzt werden. Beim Wareneinsatz können durch Änderung der Garnierung 0,13 € eingespart werden. Ermitteln Sie den Gewinn in € und Prozent, wenn alle anderen Kalkulationswerte gleichbleiben.

7 In einer Kalkuation ist für Rumpsteak je Portion 250 g pariertes Roastbeef eingesetzt.

7.1 Ermitteln Sie den Materialwert je Portion, wenn der Einkaufspreis (Nettopreis) je kg pariertes Roastbeef 19 € beträgt.

7.2 Der Materialwert der übrigen Speisenteile beträgt 45 % des Fleischwertes. Errechnen Sie den Kartenpreis einer Speisenportion, wenn die Gemeinkosten 170 %, der Gewinn 6 %, die Umsatzbeteiligung 12 % ausmachen und die Mehrwertsteuer berücksichtigt wird. Den Kartenpreis auf volle 0,05 € aufrunden.

8 Ein Betrieb rechnet bei Beachtung der Mehrwertsteuer mit folgenden Zuschlägen:
Gemeinkosten 160 %, Gewinn 8 %, Umsatzbeteiligung Service 12 %.

8.1 Errechnen Sie den Kalkulationszuschlag in Prozent.

8.2 Ermitteln Sie den Kalkulationsfaktor.

8.3 Welcher Materialpreis liegt einem Kartenpreis von 12,25 € zugrunde?

8.4 Bei gleichem Materialeinsatz soll der Kartenpreis auf 11,90 € festgelegt werden. Ermitteln Sie den verbleibenden Gewinn in € und %.

9 Eine Eistorte Cassata ist auf der Karte mit 19 € ausgezeichnet.

9.1 Ermitteln Sie das Bedienungsgeld in €, wenn ein Bedienungszuschlag von 13 % erhoben wird.

9.2 Berechnen Sie den Gewinn in Prozent, wenn die Selbstkosten bei 13,80 € liegen.

9.3 Ermitteln Sie den Einkaufspreis (Bruttoverkaufspreis) bei 180 % Gemeinkosten.

9.4 Ermitteln Sie Kalkulationsfaktor und Kalkulationszuschlag in € und %.

10 Im Ostseehotel Möwe wird bei Buchung von Halbpension das Menü mit 19,00 € kalkuliert. In der Karte wird das gleiche Menü mit 23 € angeboten. Aufgrund unterschiedlicher Materialeinsätze betragen die Materialkosten beim Halbpension-Menü 4,90 €, beim A-la-carte-Menü dagegen 5,40 €.
Die Gemeinkosten werden jeweils mit 180 %, die Umsatzbeteiligung mit 15 % kalkuliert. Außerdem ist die gesetzliche MwSt zu berücksichtigen.

10.1 Ermitteln Sie Kalkulationsfaktor und Gesamtzuschlag in % beim Halbpensionsmenü.

10.2 Berechnen Sie den prozentualen Gewinnunterschied zwischen beiden Menüangeboten.

11 Ein Berghotel in der Sächsischen Schweiz hat ein dreigängiges Menü mit 36 € in den Halbpensionspreis eingerechnet. Dieses Gedeck kostet à la carte 42 €. Die Materialkosten betragen 13,15 €. Die Gemeinkosten werden mit 170 % kalkuliert. Die Umsatzbeteiligung liegt bei 12 %.

11.1 Ermitteln Sie die unterschiedlichen Kalkulationsfaktoren.

11.2 Berechnen Sie Gewinn oder Verlust bei den beiden Menüangeboten.

12 Für einen Festtagsbrunch werden durchschnittliche Materialkosten von 23,25 € gerechnet. Die Gemeinkosten betragen 145 %, die Umsatzbeteiligung 13 %. Außerdem ist die gesetzliche MwSt zu berücksichtigen.

12.1 Zu welchem Inklusivpreis kann der Festtagsbrunch angeboten werden, wenn kein Gewinn erzielt werden soll?

12.2 Berechnen Sie den Verlust in € und %, wenn der Brunch aus Wettbewerbsgründen für 57 € angeboten wird.

13 Für ein Tagesmenü wird ein Inklusivpreis von 19 € berechnet.

13.1 Ermitteln Sie die Materialkosten je Menü, wenn folgende Zuschläge erhoben werden: 18 % Gewinn, 180 % Gemeinkosten, 13 % Bedienungsgeld sowie Mehrwertsteuer.

13.2 Ermitteln Sie den Kalkulationsfaktor.

13.3 Der Inklusivpreis soll auf 16,40 € gesenkt werden. Berechnen Sie den Verlust in Prozent und €, wenn sich die anderen Zuschläge prozentual nicht verändern.

13.4 Geben Sie den Kalkulationsfaktor für das preislich reduzierte Menü an.

14 Es werden 12 Portionen Entenbraten mit Rotkraut und Salzkartoffeln bestellt. Dabei ist von folgenden Mengen und Preisen beim Wareneinsatz auszugehen.

– 3 Enten zu je 2,500 kg	2,80 €/kg
– 0,750 kg Äpfel	0,90 €/kg
– 3,000 kg Rotkraut	0,55 €/kg
– 0,375 kg Zwiebeln	0,70 €/kg
– 0,75 l Rotwein	2,00 €/l
– Fett, Salz, Gewürze	2,50 € gesamt
– 4,500 kg Kartoffeln	0,25 €/kg

14.1 Kalkulieren Sie den Inklusivpreis für ein Essen bei 125 % Betriebskostenzuschlag, 30 % Gewinn, 14 % Bedienungsgeld und der gesetzlichen Mehrwertsteuer.

14.2 Ermitteln Sie den Gesamtzuschlag.

14.3 Wie hoch ist der Kalkulationsfaktor?

15 Der Küchenchef eines Restaurants will die Speisenkarte durch die Spezialität „Gebeizter Wildschweinrücken" erweitern.

Der dazu notwendige Materialaufwand ist folgender: (für 10 Portionen)

– 3,000 kg Wildschweinrücken	3,25 €/kg
– 1,000 l Rotwein	2,00 €/l
– 0,375 kg Zwiebeln	0,70 €/kg
– 0,250 kg Sellerie	1,20 €/kg
– 500 g Möhren	0,95 €/kg
– weitere Zutaten insgesamt	7,00 €

15.1 Zu welchem Inklusivpreis kann das Gericht angeboten werden, wenn das Restaurant mit folgenden Zuschlägen arbeitet: 190 % Gemeinkosten, 16 % Service-Aufschlag, 22 % Gewinn, gesetzliche Mehrwertsteuer?

15.2 Ermitteln Sie den Gewinn in €, den das Restaurant beim Verkauf von 100 Portionen Wildschweinrücken erwirtschaftet.

14 Kosten, Arbeitsmittel, Arbeitsräume

14.1 Gesamtkosten

Der **technische Fortschritt** ermöglicht eine immer effektivere Produktion und eine humanere Arbeitsgestaltung, weil sich körperlich schwere Tätigkeiten verringern.

Moderne Arbeitsmittel und Einrichtungen haben jedoch ihren Preis. Deshalb muss jeder Unternehmer vor einer Anschaffung Überlegungen zu **Aufwand und Nutzen** anstellen.

Auch Gastwirte und Hoteliers sollten bei der Produktions- und Umsatzgestaltung auf eine vertretbare Kostenbelastung achten.

Die anfallenden Gesamtkosten werden eingeteilt in:

• Kapitalkosten (Feste Kosten, Fixe Kosten) und   • Betriebskosten (veränderliche Kosten).

Merke:	Gesamtkosten = Kapitalkosten + Betriebskosten

Kapitalkosten (Feste Kosten, Fixe Kosten)

Kapitalkosten fallen im Gaststätten- oder Hotelbetrieb unabhängig von der Produktions- und Umsatzgestaltung an. Sie dienen der Betriebsbereitschaft und entstehen auch dann, wenn gar nicht produziert wird.

Zu den Kapitalkosten gehören Zinskosten, Mietkosten, Abschreibungs- und Verwaltungskosten. Nachfolgend sollen Abschreibungs- und Zinskosten als Beispiele für Kapitalkosten im Gastgewerbe berechnet werden.

Betriebskosten (Veränderliche Kosten)

Betriebskosten entstehen durch den laufenden Betrieb. Sie verändern sich mit dem Produktionsumfang. Bei steigender Speisenproduktion oder steigenden Beherbergungsleistungen erhöhen sich auch die Betriebskosten, zu denen Materialkosten, Fertigungskosten (Löhne), Energiekosten, Kosten für Hilfs- und Betriebsstoffe sowie Reparaturkosten zählen.

Hier sollen Energiekosten und Kfz-Kosten im Gastgewerbe beispielhaft berechnet werden.

14.2 Abschreibungen

Zu den **abschreibefähigen Anlagegütern** zählen Gebäude, Arbeitsmittel (Werkzeuge, Geräte, Maschinen, Anlagen), Geschirr, Besteck, Wäsche, Fahrzeuge und Zimmereinrichtungen.

Anlagegüter werden von einem Unternehmen langfristig genutzt. Durch den Gebrauch nutzen sie sich ab; sie verlieren an Wert. Die **Wertminderung** erfolgt aber nicht allein durch den gebrauchsbedingten und natürlichen Verschleiß, sondern auch durch technisch und wirtschaftlich modernere Angebote (moralischer Verschleiß). Die **Buchführung** erfasst die Wertminderung der Anlagegüter durch wertmäßige Abschreibungen.

Abschreibungen (Absetzung für Abnutzung, kurz AfA) werden nach dem Steuerrecht über die Nutzungsjahre verteilt.

Merke:	Durch Abschreibung (Absetzung für Abnutzung) wird die **geschätzte jährliche Wertminderung** auf die **Nutzungsjahre** verteilt. Der **Restwert oder Buchwert** ergibt sich aus den Anschaffungskosten abzüglich der Abschreibung.

| **Merke:** | Abschreibungen werden nach den Rechenregeln der Prozentrechnung ermittelt. |

Zu unterscheiden sind: • lineare Abschreibungen, • degressive Abschreibungen.

Lineare Abschreibung

Bei dieser Abschreibungsart wird die Anschaffungssumme gleichmäßig als jährliche Wertminderung auf die Nutzungsjahre verteilt.

| **Merke:** | Lineare Abschreibung heißt **Absetzung des Anschaffungspreises, gleichmäßig verteilt** auf die Nutzungsjahre. |

$$\text{Abschreibungsbetrag/Jahr} = \frac{\text{Anschaffungskosten}}{\text{Nutzungsdauer}} \qquad \text{Abschreibungssatz/Jahr} = \frac{100\%}{\text{Nutzungsdauer}}$$

Ausgewählte Richtsätze für die lineare Abschreibung[1]

Anlagegüter	Nutzungsdauer in Jahren
Betriebsanlagen allgemeiner Art	
Bierzelte	8
Gaststätteneinbauten	8
Lichtreklame	9
Schaukästen, Vitrinen	9
Alarm- und Überwachungsanlagen	11
Tennishallen	20
Fahrzeuge	
Personenkraftwagen und Kombiwagen	6
Motorräder, Motorroller, Fahrräder	7
Wohnmobile, Wohnwagen	8
Elektrokarren, Stapler, Hubwagen	8
Betriebs- und Geschäftsausstattung	
Ladeneinrichtungen, -einbauten	8
Kühleinrichtungen	8
Klimageräte (mobil)	11
Belüftungsgeräte (mobil)	10
Fettabscheider	5
Heißluftgebläse (mobil)	11
Raumheizgeräte (mobil)	9
Arbeitszelte	6
Fernsprechnebenstellenanlagen	10
Kommunikationsendgeräte	8
Mobilfunkendgeräte	5
Telefone, Autokommunikationsanlagen	5
Adressier- und Frankiergeräte	8

[1] Quelle Bundesministerium der Finanzen 2006

Anlagegüter	Nutzungsdauer in Jahren
Fortsetzung	
Betriebs- und Geschäftsausstattung	
Workstations, Personalcomputer, Notebooks	3
Peripheriegeräte (Drucker, Scanner u. ä.)	3
Foto-, Film-, Video- und Audiogeräte	
(Fernseher, CD-Player, Recorder, Lautsprecher,	
Radios, Verstärker, Kameras, Monitore u. a.)	7
Beschallungsanlagen	9
Registrierkassen	6
Schreibmaschinen	9
Vervielfältigungsgeräte	7
Zeiterfassungsgeräte	8
Geldprüfgeräte, Geldsortiergeräte,	
Geldwechsel- und Geldzählgeräte	7
Aktenvernichter, Kartenleser (EC-, Kreditkarten)	8
Büromöbel	13
Verkaufstheken	10
Verkaufsbuden, Verkaufsstände	8
Bepflanzungen in Gebäuden	10
Stahlschränke	14
Panzerschränke, Tresore	23
Teppiche, normal	8
Teppiche, hochwertig (ab 500 €/qm)	15
Waagen (Obst, Gemüse, Fleisch u. ä.)	11
Sonstige Anlagegüter	
Bohnermaschinen	8
Desinfektionsgeräte	10
Geschirr- und Gläserspülmaschinen	7
Hochdruckreiniger (Dampf und Wasser)	8
Industriestaubsauger	7
Kehrmaschinen, Räumgeräte	9
Teppichreinigungsgeräte (transportabel)	7
Waschmaschinen	10
Wäschetrockner	8
Getränkeautomaten, Leergutautomaten	7
Warenautomaten	5
Zigarettenautomaten	8
Geldspielgeräte mit Gewinnmöglichkeit	4
Musikautomaten	8
Videoautomaten	6
Sonstige Unterhaltungsautomaten	
(zum Beispiel Flipper)	5
Kühlschränke	10
Mikrowellengeräte	8
Rasenmäher	9
Toilettenkabinen, Toilettenwagen	9

Beispielaufgabe:

Eine Kantine kauft einen Wasserautomaten für 4 850 €. Die Nutzungsdauer ist mit 5 Jahren vorgesehen, die lineare Abschreibung mit 20 %.
Ermitteln Sie den Buchwert nach 3 Jahren.

Lösungsweg: 20 % je Jahr, also bei 3 Jahren 60 %
100 % ≙ 4 850 €
60 % ≙ x € x = 2 910 €

Neuwert – Abschreibungsbetrag = Buchwert
4 850 € – 2 910 € = 1 940 €

Der Buchwert nach 3 Jahren Nutzungsdauer beträgt 1 940 €.

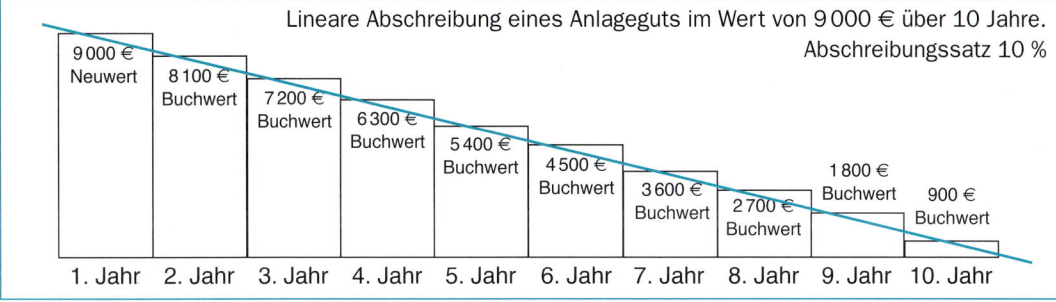

Lineare Abschreibung eines Anlageguts im Wert von 9 000 € über 10 Jahre.
Abschreibungssatz 10 %

Degressive Abschreibung

Bei dieser Abschreibungsform sinken die Abschreibungsbeträge, die vom jeweiligen Buchwert berechnet werden, jährlich. Das erklärt sich durch einen für jedes Jahr gleichbleibenden prozentualen Abschreibungssatz.

Beispielaufgabe:

Anschaffungskosten	9 000,00 €
– Abschreibung 1. Jahr 15 %	**1 350,00 €**
Buchwert nach dem 1. Jahr	7 650,00 €
– Abschreibung 2. Jahr 15 %	**1 147,50 €**
Buchwert nach dem 2. Jahr	6 502,50 €
– Abschreibung 3. Jahr 15 %	**975,38 €**
Buchwert nach dem 3. Jahr …	

Die degressive Abschreibung wird für bewegliche Wirtschaftsgüter mit einer Nutzungsdauer von 4 bis 10 Jahren angewandt.

Merke: Bei degressver Abschreibung wird ein **gleichbleibener Abschreibungssatz in Prozent** festgelegt. Seit 2008 gibt es keine degressive Abschreibungen für neu angeschaffte Güter mehr.

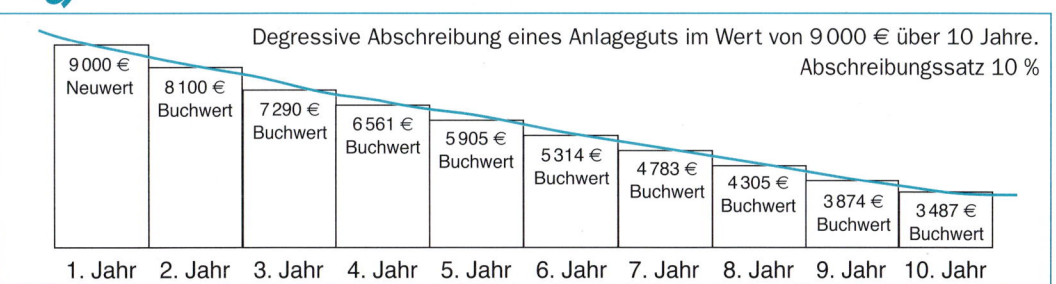

Degressive Abschreibung eines Anlageguts im Wert von 9 000 € über 10 Jahre.
Abschreibungssatz 10 %

Der Abschreibungsbetrag errechnet sich folgendermaßen:

Buchwert (€) $\triangleq$ 100 %

Abschreibungsbetrag (€) $\triangleq$ Abschreibungssatz %

$$\text{Abschreibungsbetrag (€)} = \frac{\text{Buchwert (€) x Abschreibungssatz (\%)}}{100 \text{ \%}}$$

Beispielaufgabe:

Eine elektrische Kühlanlage wurde für 5 500 € angeschafft. Der degressive Abschreibungssatz beträgt 20 %. Die Nutzungsdauer ist für 4 Jahre festgelegt.

Ermitteln Sie den Buchwert nach jedem Nutzungsjahr.

Lösungsweg:

100 % $\triangleq$ 5500 €

20 % $\triangleq$ x € $x = \dfrac{20 \times 5500}{100} = 1100$ €

5500 € – 1100 €   = 4400 €

**Buchwert nach dem
1. Nutzungsjahr 4400 €**

100 % $\triangleq$ 4400 €

20 % $\triangleq$ x € $x = \dfrac{20 \times 4400}{100} = 880$ €

4400 € – 880 € = 3520 €

**Buchwert nach dem
2. Nutzungsjahr 3520 €**

100 % $\triangleq$ 3520 €

20 % $\triangleq$ x € $x = \dfrac{20 \times 3520}{100} = 704$ €

3520 € – 704 € = 2816 €

**Buchwert nach dem
3. Nutzungsjahr 2816 €**

100 % $\triangleq$ 2816 €

20 % $\triangleq$ x € $x = \dfrac{20 \times 2816}{100} = 563{,}20$ €

2816,00 € – 563,20 € = 2252,80 €

**Buchwert nach dem
4. Nutzungsjahr 2252,80 €**

Übungsaufgaben Abschreibungen

Nutzungsdauer und Abschreibesätze sind, falls nicht ausdrücklich angegeben, aus der Tabelle S. 141 f. zu entnehmen.

1   Eine Teigknetmaschine für 20 kg Teig hat einen Anschaffungswert von 10 798 € und wird linear abgeschrieben. Die Nutzungsdauer beträgt nach allgemeinen Richtlinien 10 Jahre.
    1.1 Ermitteln Sie die jährliche Abschreibung in €.
    1.2 Welcher Restwert ergibt sich nach 3 und nach 6 Jahren?

2   Der Anschaffungswert eines Spültisches liegt bei 1 265 €. Die Nutzungsdauer beträgt 5 Jahre.
    2.1 Errechnen Sie die Höhe des linearen Abschreibesatzes in Prozent.
    2.2 Wie hoch ist die jährliche Abschreibung?

3   Die Hotelhalle erhielt ein Gemälde im Werte von 7 900 €, es wird linear abgeschrieben. Die Nutzungsdauer ist vom Finanzamt mit 20 Jahren angegeben worden.
    Ermitteln Sie den Restwert nach 5 Jahren.

4   Der Anschaffungswert eines Wärmeschrankes wird mit 1 835 € angegeben. Die Nutzungsdauer beträgt 8 Jahre, die degressive Abschreibung 25 %.
    Ermitteln Sie den Restwert nach 4-jähriger Nutzungsdauer.

5   Eine Kücheneinrichtung hat einen Anschaffungswert von 17 890 €. Der degressive Abschreibungssatz wird mit 15 % festgelegt.
    Welchen Restwert hat die Kücheneinrichtung nach 6 Jahren?

6   Eine Kippbratpfanne wird für 3 150 € gekauft und soll degressiv abgeschrieben werden. Der Abschreibungssatz beträgt 20 %.
    Ermitteln Sie den Restwert, der sich nach 3 Jahren ergibt.

7 Ermitteln Sie den Buchwert eines Universalschneiders für 12 000 € nach zweijähriger linearer Abschreibung.

8 Eine Geschirrspülanlage ist 3 Jahre in Betrieb und hat bei linearer Abschreibung noch einen Wert von 6 300 €.
Ermitteln Sie den Einkaufspreis.

9 Die neuen Gartenmöbel eines Strandcafes kosten 14 300 €.
9.1 Ermitteln Sie den Buchwert bei linearer Abschreibung nach 4 Jahren.
9.2 Ermitteln Sie den Buchwert bei degressiver Abschreibung nach 4 Jahren.

10 Eine Hotelanlage wird durch ein neues Gebäude erweitert. Die Gesamtkosten betragen 320 000 €. Die lineare Abschreibungsdauer beträgt 50 Jahre. Ermitteln Sie den Gebäudewert nach 30 Jahren.

11 Für die Ausstattung eines Künstlercafés werden zeitgenössische Ölgemälde, Aquarelle und Grafiken im Werte von 12 500 € angeschafft.
11.1 Errechnen Sie den Wert der Kunstwerke nach 3 Jahren, wenn die Nutzungsdauer mit 10 Jahren festgelegt wurde.
11.2 Nach 8 Jahren werden die Kunstwerke wegen Neugestaltung für insgesamt 8 000 € verkauft. Berechnen Sie die Differenz zum tatsächlichen Buchwert.

12 Nach 3 Jahren ist eine Tennisanlage bei degressiver Abschreibung noch 12 300 € wert. Errechnen Sie den Anschaffungswert.

13 Eine Kaffeemaschine wird für 2 300 € angeschafft. Berechnen Sie die jährliche Abschreibung in €.

14 Ein antiker Teppich (4 qm) im Werte von 3 450 € wird für die Hotelhalle angeschafft. Errechnen Sie die jährlichen Abschreiberaten.

14.3 Zinskosten

Größere Anschaffungen werden vielfach durch Kredite finanziert. Für solche Kredite sind zum Teil **erhebliche Zinsen** zu bezahlen.
Als **kalkulatorische Zinsen** werden Zinsverluste bezeichnet, die entstehen, wenn Eigenkapital zur Anschaffung der Anlagegüter eingesetzt wird und dadurch keine Zinsen bringt. Diese Zinsverluste werden unter den Kapitalkosten erfasst.

Merke: Hierbei handelt es sich um angewandte Zinsrechnung. Rechenregeln siehe Seiten 45ff.

Beispielaufgabe:
Zur Modernisierung des Hotelschwimmbades wird ein Kredit über 38 000 € aufgenommen. Die jährliche Zinsbelastung beträgt 2 850 €. Ermitteln Sie den zu zahlenden Zinssatz.

Lösungsweg:

$$\text{Zinssatz} = \frac{\text{Zinsen} \times 100}{\text{Kapital} \times \text{Zeit}} = \frac{Z \times 100}{K \times t} \qquad t = \text{Zeit in Jahren}$$

$$= \frac{2\,850\,€ \times 100}{38\,000\,€} = 7,5\,\%$$

Der Zinssatz für den Kredit liegt bei 7,5 %.

Übungsaufgaben Zinskosten

1 Ein Gastwirt benötigt für die Betriebserweiterung ein Darlehen über 41 750 €. Nach einem Jahr zahlt er einschließlich Zinsen 45 006,50 € zurück.
Wie hoch ist der berechnete Zinssatz?

2 Nicht benötigtes Betriebskapital in Höhe 45 000 € wird bei der Hausbank mit einem Zinssatz von 4,8 % für 6 Monate festgelegt.
Ermitteln Sie den Kapitalzuwachs.

3 An dem Potsdamer Urlaubshotel „Alter Fritz" ist der Pensionär Wille als stiller Teilhaber mit 60 000 € beteiligt. Vertraglich sind 4,5 % Zinsen vereinbart. Darüber hinaus erhält Herr Wille 11 % vom Gewinn, wenn dieser 60 000 € übersteigt. Im Abrechnungsjahr lag der Gewinn bei 67 000 €.
Errechnen Sie die Einnahmen, die der Pensionär Wille im Abrechnungsjahr erzielen konnte.

4 Für eine Investition benötigt ein Hotelier einen Kredit über 45 000 € für 9 Monate. Von zwei Banken holt er sich dazu Angebote ein:
Angebot 1: 6,8 % Zinsen + 3 % der Kreditsumme als Bearbeitungsgebühr,
Angebot 2: 7,7 % Zinsen, ohne Bearbeitungsgebühr.
Ermitteln Sie das günstigere Angebot.

5 Die „Pension am Leuchtturm" in Warnemünde plant eine bauliche Erweiterung. Dafür nimmt der Inhaber am 01.09. ein kurzfristiges Darlehen von 35 000 € mit einem Zinssatz von 8,2 % auf.
Berechnen Sie den Betrag, der am 31.10., dem Tag der Rückzahlung, aufzubringen war.

6 Das Café „Cottbuser Postkutscher" finanziert die Anschaffung einer neuen Geschirrspülmaschine im Wert von 1 999 € mit einem Darlehen von 8,5 % bei 30 %iger Anzahlung. Die Bezahlung erfolgt in 12 gleichen Monatsraten.
Ermitteln Sie die Höhe der Monatsraten in €.

7 Die Heizungsanlage im Hotel Rennsteig soll erneuert werden. Dazu muss ein einjähriger Kredit in Höhe von 13 800 € aufgenommen werden. Zum Vergleich holt sich der Gastwirt zwei Angebote regionaler Banken ein:
Bank A: Zinssatz 7,3 %
Bank B: Zinssatz 6,6 %, Bearbeitungsgebühr 1 % der Darlehenssumme.
Welches Angebot ist günstiger?

8 Das Gastwirtsehepaar Meier nimmt zur Begleichung von Handwerkerleistungen bei der Hausbank für 90 Tage einen Kurzkredit über 5 300 € mit einem Zinssatz von 9,1 % auf. Der Kredit kann bereits nach 50 Tagen zurückgezahlt werden.
8.1 Welche Zinsen wären bei Ausschöpfung der gesamten Zeit fällig gewesen?
8.2 Wie hoch war die Ersparnis durch die vorzeitige Rückzahlung?

14.4 Energiekosten

Dabei handelt es sich um die Verbrauchskosten von **Elektroenergie, Gas** und **Wasser**.

> **Merke:** Senkung der Energiekosten ist auch ein Beitrag zum Umweltschutz.

Elektroenergieverbrauch

In der Gastronomie wird zur Beleuchtung und für den Betrieb der Arbeitsmittel Elektroenergie benötigt. Da elektrischer Strom zunehmend teurer wird, muss man einschätzen können, wie viel Elektroenergie das einzelne Gerät verbraucht. Die Energiekosten stellen einen wesentlichen Teil der Betriebskosten dar.

Bei der Verwendung von Elektroenergie muss der Gastronom überlegen:
• Welchen Energieverbrauch haben Elektrogeräte?
• Kann ein neues Elektrogerät ohne weiteres angeschlossen werden?
• Wie kann ich durch sinnvolle Arbeitsgestaltung Elektroenergie sparen?

Bei der Elektrizität gelten folgende Einheiten:

Elektrische Größe	Spannung	Stromstärke	Leistung	Energie (Arbeit)
Formelzeichen	U	I	P	W
Einheit	1 V (Volt)	1 A (Ampere)	1 W (Watt) 1 kW (Kilowatt)	1 kWh (Kilowattstunde)

In Deutschland gelten die international harmonisierten Nennspannungen für Wechselstrom: **Spannung für Großgeräte** 400 Volt (früher 380 V), **Haushaltsspannung** 230 Volt (früher 220 V).

Leistung =	Energie (Arbeit) =	Energiekosten = Energie x spezifische Energiekosten
Spannung x Stromstärke	Leistung x Zeit	(Energiekosten je Kilowattstunde in €)
P = U x I	W = P x t	K = W x k
1 W = 1 V x A	1 kWh = 1 kW x h	€ = kWh x €/kWh

Bespielaufgabe:

Eine Gefrierlagertruhe (230 V) mit einer Leistung von 120 W hat in 30 Tagen eine Energieaufnahme von 68 kWh.
Ermitteln Sie die monatliche Betriebszeit der Gefrierlagertruhe.

Lösungsweg:

$$\text{Energie} = \text{Leistung x Zeit} \qquad \text{Zeit} = \frac{\text{Energie}}{\text{Leistung}}$$

$$\text{Stunden} = \frac{\text{Kilowattstunden}}{\text{Kilowatt}} = \frac{68 \text{ kWh}}{0,12 \text{ kW}} = 567 \text{ Stunden}$$

Wasserverbrauch

Gastronomische Betriebe haben einen erheblichen Wasserverbrauch. Da Wasser und Abwasser ebenfalls immer teurer werden, gilt es, den Wasserverbrauch so gering wie möglich zu halten.

Merke: Sparsamer Wasserverbrauch dient dem Umweltschutz.

Täglicher Wasserverbrauch
je Privatperson: 129 Liter

Baden, Duschen, Körperpflege **46**

Trinken, Kochen **5**

Geschirrspülen **8**

Raumreinigung, Autopflege, Garten **8**

Wäschewaschen **16**

Toilettenspülung **35**

Kleingewerbe **11**

Beispielaufgabe:

Der tägliche Wasserverbrauch beträgt in Deutschland pro Kopf der Bevölkerung durchschnittlich 129 Liter. Für Trinken und Kochen sind davon lediglich 5 Liter erforderlich. Für WC, Baden/Duschen und Wäschewaschen wird die größte Wassermenge verbraucht, wie die Grafik zeigt.
Ermitteln Sie vom Gesamtwasserverbrauch den prozentualen Anteil des benötigten Wassers für die Nahrungszubereitung und zum Trinken.

Lösungsweg: 129 Liter Wasser ≙ 100 %
5 Liter Wasser ≙ x % x = 3,9 %

Der Anteil für Nahrungszubereitung und Trinken beträgt etwa 3,9 % des täglichen Gesamtwasserverbrauchs.

Übungsaufgaben Energiekosten, Wasserverbrauch und Umweltschutz

1 Folgender Energieverbrauch wird am Zähler abgelesen:
   1.1 587,4 kWh
   1.2 1098,5 kWh
   Berechnen Sie die Energiekosten, wenn für eine kWh 0,08 € zuzüglich Mehrwertsteuer verlangt werden.

2 Die Energieversorgung Sachsen berechnet die Elektroenergie im Haushaltstarif folgendermaßen:
   Energieverbrauch   0,08 €/kWh   1 fester Leistungspreis   47,50 €/Jahr
   1 Wechselstromzähler 16,00 €/Jahr zuzüglich Mehrwertsteuer
   Eine Auszubildende hat bis zum Auszug aus der Betriebswohnung am 31.10. im laufenden Jahr 476,51 kWh verbraucht. Ermitteln Sie die Energierechnung, die die Auszubildende begleichen muss.

3 In einem Tagungsraum sind 15 Glühlampen installiert: 10 Glühlampen zu je 60 Watt, 1 Glühlampe zu 100 Watt und 4 Glühlampen zu je 40 Watt.
   Berechnen Sie die Elektroenergiemenge, die im Raum monatlich (30 Tage) verbraucht wird, wenn die Beleuchtung täglich durchschnittlich 4 Stunden eingeschaltet ist.

4 Ein Fleischwolf hat eine Leistung von 2 kW.
   Nach welcher Betriebszeit hat die Maschine 1 kWh verbraucht?

5 Der Fleischkühlraum wurde generalgereinigt. Dadurch stieg die Temperatur auf 12 °C an. Die Kühlmaschine mit 1 000 Watt muss 210 Minuten laufen, um wieder die eingestellte Temperatur von 2 °C zu erreichen.
   Ermitteln Sie die Energiemenge, die in dieser Zeit verbraucht wird.

6 Eine Gefrierlagertruhe hat eine Leistung von 230 Watt und läuft täglich 8,5 Stunden.
   Berechnen Sie die durchschnittlichen Energiekosten in einem Monat (30 Tage), wenn die kWh mit 18 Cent (einschließlich Mehrwertsteuer) veranschlagt wird.

7 Ein Kühlschrank hat eine Nennleistung von 120 Watt. Nach welcher Einschaltdauer hat er
   7.1 1 kWh   **7.2** 10 kWh   **7.3** 100 kWh verbraucht?

8 Eine Lampe mit 100 Watt wird nach Küchenschluss nicht ausgeschaltet. Sie brennt über Nacht unnötig während 11 Stunden. Ermitteln Sie die Menge an Elektroenergie, die verschwendet wurde.

9 Ein Gastwirt tauscht im Gästeraum 20 Glühlampen mit je 60 W gegen Energiesparlampen mit je 11 W aus, die annähernd die gleiche Leuchtstärke haben.
   9.1 Wie viel Elektroenergie spart er jährlich (365 Tage) bei einer durchschnittlichen täglichen Einschaltzeit von 14 Stunden ein? Berechnen Sie die Einsparung in €, wenn der Verbraucherendpreis für Elektroenergie je kWh durchschnittlich 0,18 € beträgt.
   9.2 Eine Energiesparlampe mit 8 000 geschätzten Betriebsstunden kostet 9 €. Eine herkömmliche Glühlampe gleicher Leuchtstärke mit etwa 1 000 Betriebsstunden ist schon für 1,10 € zu haben. Wie viel € muss der Gastwirt jährlich mehr für die Energiesparlampen aufwenden?

10 Wie lange können mit einer kWh betrieben werden:
   10.1 1 Kochplatte (1 000 Watt)   **10.2** 1 Toaster (200 Watt)   **10.3** 1 Bügeleisen (600 Watt)

11 Die Elektroenergiekosten eines Ferienhotels im Erzgebirge haben sich bei gleichem Verbrauch gegenüber dem Vormonat von 530 € auf 593,60 € erhöht. Ermitteln Sie die prozentuale Kostensteigerung.

12 Der Trinkwasserverbrauch eines Feinkostgeschäftes steigt um 4,8 % oder 43 Liter.
   Ermitteln Sie den früheren Wasserverbrauch.

13 Nach einem Personalwechsel entsteht in einer Küche durch sorglosen Umgang mit Wasser täglich ein Wassermehrverbrauch von 320 Litern. Die Kosten je 1m³ Wasser einschließlich Abwasser betragen 2,40 €. Ermitteln Sie die Kosten, die bei sparsamem Verbrauch jährlich (in 365 Tagen) eingespart werden könnten.

14 Der Arbeitspreis für Trinkwasser einschließlich Abwasser beträgt 2,53 €/m³. Durch Modernisierungsmaßnahmen in einer Restaurationsküche wird der Wasserverbrauch um 4,8 % oder um 55 m³ gesenkt.

14.1 Ermitteln Sie den ursprünglichen Wasserverbrauch in m³ und €.

14.2 Ermitteln Sie die jährliche Kosteneinsparung in €.

15 Ein Bügeleisen hat eine Stromaufnahme von 5 A bei einer Spannung von 230 V. Es wird 2,5 Stunden benutzt.

Errechnen Sie die geleistete Arbeit in kWh.

16 In einem Magazin blieb eine 100-W-Glühlampe 14 Tage eingeschaltet. Ermitteln Sie die unnütz verbrauchte Elektroenergie und die Energiekosten bei einem Verbraucherendpreis von 0,18 €/kWh.

17 Wie lange könnte eine Glühlampe von 75 W mit der Energie, die ein Geschirrspüler (3 000 W) in einer Stunde aufnimmt, leuchten?

18 Jürgen vergaß den Computer abzuschalten, sodass er 8 Stunden in Betrieb war. Die Stromstärke ist mit 0,5 A, die Spannung mit 230 V angegeben. Wie viel kWh hat der Computer ungenutzt verbraucht?

19 Eine Elektroenergieleitung von 230 V ist mit 10 A abgesichert. Kann daran ein Elektroboiler mit einem Anschlusswert von

19.1 3 200 Watt   **19.2** 2 000 Watt   angeschlossen werden?

20 In einem Bayreuther Hotel wurden die herkömmlichen Glühlampen durch Energiesparlampen ersetzt. Das kostete 8 100 €. Der Energieverbrauch für die Beleuchtung wurde dadurch um 28 % gesenkt. Er betrug vor der Umstellung jährlich 5 400 €. Berechnen Sie, bis wann sich die Kosten für die Anschaffung ausgeglichen haben (aufgerundet auf halbe Jahre).

21 Ein Trommeltrockner verbraucht 3,8 kWh je Beschickung und wird an 200 Tagen im Jahr täglich viermal benutzt.

21.1 Ermitteln Sie die jährlichen Energiekosten in €, wenn die kWh 0,13 € kostet.

21.2 Errechnen Sie die Energieeinsparung in €, wenn der Trockner jährlich 25-mal weniger benutzt werden würde.

22 Die Elektroenergierechnung einer Pizzeria betrug im vergangenen Quartal 1 693 €.

22.1 Ermitteln Sie die durchschnittlichen Energiekosten je Tag, wenn die Pizzeria an 75 Tagen geöffnet hatte und der geringe Energieverbrauch an den Schließtagen unberücksichtigt bleiben soll.

22.2 Ermitteln Sie die berechneten Kilowattstunden, wenn die Kilowattstunde einschließlich Grundgebühr 0,09 € kostete.

23 In einer Restaurantküche sind folgende Elektrogeräte eingesetzt:

1 Elektroherd	Anschlusswert	8 000 Watt	8 Stunden Betriebszeit
1 Kippbratpfanne	Anschlusswert	2 500 Watt	2,5 Stunden Betriebszeit
1 Fritteuse	Anschlusswert	2 000 Watt	4 Stunden Betriebszeit
1 Salamander	Anschlusswert	2 500 Watt	1,5 Stunden Betriebszeit
1 Mikrowelle	Anschlusswert	3 000 Watt	2,5 Stunden Betriebszeit

23.1 Ermitteln Sie den täglichen Stromverbrauch.

23.2 Errechnen Sie die Elektroenergiekosten für 10 Tage, wenn die Elektroenergie 0,14 €/kWh kostet.

23.3 Ermitteln Sie die Einsparung in kWh und €, wenn durch energiesparende Maßnahmen der Verbrauch um 3,8 % gesenkt wird.

24 Eine Betriebskantine hat für Wasser einschließlich Abwasser im letzten Jahr 3 194,75 € bezahlt. Durch wassersparende Maßnahmen hat man eine Senkung des Wasserverbrauchs von 10 % geplant. Dafür waren Investitionen in Höhe von 2 800 € erforderlich.

24.1 Ermitteln Sie den Wasserverbrauch in m³, wenn für Wasser einschließlich Abwasser 3,85 €/m³ zu zahlen waren.

24.2 Ermitteln Sie die geplante Senkung in Liter und €.

24.3 In wie vielen Jahren (gerundet) hat sich die Investition ausgezahlt, wenn mit gleichbleibendem Verbrauch und Preisen gerechnet wird?

25 In einer Betriebsgaststätte werden neuerdings Energiesparlampen eingesetzt. 40 Lichtquellen mit 75-Watt-Glühlampen sollen mit 18-Watt-Energiesparlampen ausgestattet werden.

25.1 Ermitteln Sie die täglich eingesparte Energiemenge (kWh) bei einer Leuchtdauer von 14 Stunden/Tag.

25.2 Berechnen Sie die monatlich (30 Tage) eingesparten Kosten in €, wenn die kWh 0,12 € kostet.

26 In einem Gasthof werden seit kurzem Energiesparlampen verwendet. Es wurden ersetzt:
12 Glühlampen mit je 75 Watt durch Energiesparlampen mit je 15 Watt,
10 Glühlampen mit je 40 Watt durch Energiesparlampen mit je 8 Watt.
Die tägliche Leuchtdauer beträgt 7 Stunden.

26.1 Ermitteln Sie die Elektroenergieeinsparung in kWh je Geschäftsjahr mit 340 Öffnungstagen.

26.2 Ermitteln Sie die Kostenersparnis in € und %, wenn die Elektroenergie 0,13 €/kWh kostet.

14.5 Kfz-Kosten

Die anfallenden Kosten für einen Pkw müssen in Kapitalkosten und Betriebskosten aufgegliedert werden.

Die Betriebskosten erhöhen sich mit den gefahrenen Kilometern. Bei einem gering genutzten Pkw ist der Anteil der Kapitalkosten an den Gesamtkosten unvertretbar hoch, wie das am folgenden Beispiel sichtbar wird.

Beispielaufgabe:

Die Ferienpension „Talblick" am Rennsteig hat sich für den Gästetransport einen Kleinbus für 36 000 € angeschafft, der im vergangenen Jahr folgende Kosten verursachte:

Kapitalkosten (€)		Betriebskosten je 100 Fahrkilometer (€)	
Kfz-Steuer	350,00	Kraft- u. Schmierstoffverbrauch	21,50
Haftpflicht und Kasko	1 130,20	Pflege, Wartung u. ä. Kosten	15,00
Abschreibung	9 000,00		
Verzinsung (7,9 %)	2 844,00		
	13 324,20		36,50

Ermitteln Sie die Gesamtkosten für 8 000, 16 000 und 24 000 gefahrene Kilometer.

Lösungsweg: Jährliche Pkw-Kosten in der Übersicht

Fahrkilometer/Jahr	Kapitalkosten (€)	Betriebskosten (€)	Gesamtkosten (€)
8 000	13 324,20	2 920,00	16 244,20
16 000	13 324,20	5 840,00	19 164,20
24 000	13 324,20	8 760,00	22 084,20

Die jährlichen Gesamtkosten sind in der rechten Tabellenspalte abzulesen.

Übungsaufgaben Kfz-Kosten

1 Der Benzinpreis je Liter Super wurde um 4 Cent erhöht.
Berechnen Sie die prozentuale Preiserhöhung, wenn der Literpreis bisher bei 1,22 € lag.

2 Ein neuer Geschäftslieferwagen verbraucht 8,3 % weniger Kraftstoff als das frühere Fahrzeug. Ermitteln Sie die monatliche Kostenersparnis (in 30 Tagen), wenn das Fahrzeug täglich durchschnittlich 60 Kilometer gefahren wird. Der Kraftstoffverbrauch liegt bei 7,8 Liter je 100 km und der Literpreis bei 144 Cent.

3 Bei einer Geschwindigkeit von 50 km/h verbraucht der Firmen-Pkw 5,2 Liter Dieselkraftstoff/100 km. Bei einer Geschwindigkeit von 120 km/h steigt der Verbrauch auf 8,5 Liter/100 km.
Berechnen Sie die prozentuale Steigerung des Kraftstoffverbrauchs.

4 Die Betriebskosten eines Geschäftswagens betragen 586 € bei 916 gefahrenen Kilometern.
Wie hoch sind die Betriebskosten je Kilometer?

5 Die Betriebskosten der drei Geschäftslieferwagen einer Feinkostfirma liegen bei 4 395 € für 13 820 gefahrene Kilometer.
Ermitteln Sie die Kfz-Kosten je km für die drei Autos.

6 Das Feinkostgeschäft hat einen Pkw-Lieferwagen für 28 000 € gekauft. Im letzten Geschäftsjahr verursachte der Pkw folgende Kosten:

Kapitalkosten (€)		Betriebskosten je 100 Fahrkilometer (€)	
Kfz-Steuer	250,00	Kraft- und Schmierstoffverbrauch	18,50
Kaftpflicht und Kasko	950,00	Pflege, Wartung u. ä. Kosten	11,00
Abschreibung	7 000,00		
Verzinsung (8,1 %)	2 268,00		

Ermitteln Sie die Gesamtkosten für 10 000, 15 000 und 20 000 gefahrene Kilometer.

7 Der neue Betriebswagen der Firma „Kulinarisches auf Rädern" ist auf Biodiesel umgestellt worden. Ein Liter dieses Kraftstoffes zum Preis von 0,90 €/l ist durchschnittlich 30 Cent billiger als herkömmlicher Dieselkraftstoff.
7.1 Ermitteln Sie die prozentuale Einsparung bei der Verwendung von Biodiesel.
7.2 Ermitteln Sie die Ersparnis bei einem wöchentlichen Verbrauch von 150 l Dieselkraftstoff.

14.6 Arbeitsmittel und Arbeitsräume

Beispielaufgabe:

Die Wände eines Kühllagerraumes mit einem Grundriss von 5,2 m x 3,1 m und einer Höhe von 3,2 m sollen bis zur Deckenhöhe gefliest werden. Für die Tür sind 5,8 m² abzurechnen.
Ermitteln Sie die Fläche in m², die zu fliesen ist.

Lösungsweg:
```
2 Seitenwände: 5,2 m x 3,2 m x 2 = 33,28 m²
2 Seitenwände: 3,1 m x 3,2 m x 2 = 19,84 m²
– Tür                              5,80 m²
                                 ─────────
                                  47,32 m²
```

Im Kühllagerraum sind 47,32 m² zu fliesen.

Übungaufgaben Arbeitsmittel und Arbeitsräume

1 Eine Fritteuse hat ein Fassungsvermögen von 19,8 Litern.
Berechnen Sie, wie viel kg Frittierfett für eine Füllung erforderlich sind, wenn 1 Liter Frittierfett 850 g wiegt.

2 Eine Fritteuse hat eine Länge von 40 cm, eine Breite von 20 cm und eine Höhe von 26 cm. Sie wird bis zu 5 cm unter der Oberkante mit Fett gefüllt.
2.1 Wie viel Liter Fett enthält die Fritteuse?
2.2 Wie viel kg Hartfett sind zur Füllung erforderlich, wenn 1 l flüssiges Fett 0,850 kg wiegt?

3 Ein Spülbecken mit der Grundfläche von 70 cm x 50 cm ist 30 cm hoch mit Wasser gefüllt.
Ermitteln Sie den Wasserinhalt in Litern.

4 Im Rahmen einer Küchenmodernisierung wird eine neue Herdkombination zum Listenpreis von 19 650 € angeschafft. Der Fachhändler gewährt 15 % Rabatt und 2 % Skonto.
Ermitteln Sie den Einkaufspreis.

5 Die Wände einer Restaurationsküche mit einem Grundriss von 11,50 m x 9,20 m sollen bis zu einer Höhe von 3,40 m gefliest werden. Für Fenster und Türen sind 18,25 m² abzurechnen.
Ermitteln Sie die Fläche, die zu fliesen ist, in m².

6 Im Rahmen einer Modernisierung wird eine Bartheke im Werte von 12 400 € angeschafft. Die Verlustabschreibung beträgt jährlich 12 %.
Welchen Wert hat die Theke bei degressiver Abschreibung nach zwei Jahren?

7 Ein Trockenlager soll mit 4 neuen Regalen ausgerüstet werden, wobei der Zugang von jeder Seite möglich ist. Die Regale sollen parallel nebeneinander aufgestellt werden. Ein Regal ist 1,6 m breit und 0,8 m tief. Die Gangbreite zwischen den Regalen sollte 0,8 m betragen.
7.1 Fertigen Sie eine Skizze an.
7.2 Welche Gesamtfläche wird für das neue Regalsystem einschließlich dem Zugang benötigt?

8 Ein Gastronomiebetrieb verfügt über eine Gesamtfläche von 1 213 m². Davon entfallen 8 % auf Lagerflächen. Die monatliche Pacht beträgt 5 100 €.
8.1 Ermitteln Sie die Lagerfläche (m²).
8.2 Berechnen Sie die Pachtsumme für die Lagerfläche in €.
8.3 Das Lager wird täglich gereinigt. Die Reinigungskosten betragen 4 Cent je m². Berechnen Sie die wöchentlichen, monatlichen (Monat = 30 Tage) und die jährlichen Reinigungskosten.

9 Ein Lagerraum von 3,4 m x 5,4 m soll neu gefliest werden.
9.1 Ermitteln Sie den Bedarf an Fliesen in m².
9.2 Wie viele Quadratmeter Fliesen müssen nachbestellt werden, wenn bei den Verlegungsarbeiten 5 % der Fliesen zu Bruch gehen?

10 Beim Transport fangfrischer gekühlter Seefische im Lkw von Rostock nach Dresden über 575 km verbraucht das Fahrzeug durchschnittlich 23 l Diesel/100 km.
10.1 Ermitteln Sie den Kraftstoffpreis für die Hin- und Rückfahrt, wenn der Liter Diesel durchschnittlich 0,78 € kostet.
10.2 Errechnen Sie die Gesamtfahrzeit einer Strecke bei einer Durchschnittsgeschwindigkeit von 72 km/h.

11 Der Kinderspielplatz in einer Ferienanlage soll eingezäunt werden. Wie viele Meter Drahtzaun sind erforderlich, wenn der Platz 78 m lang ist? Die Breite macht genau $\frac{1}{3}$ der Länge aus.

15 Maße, Ethanolgehalt, Blutalkohol

Beim Getränkeverkauf sind in der Praxis Berechnungen erforderlich hinsichtlich
• der besonderen Maßangaben,
• des unterschiedlichen Ethanolgehalts,
• der Schankverluste,
• der Materialkosten.

Die Berechnungen beziehen sich überwiegend auf **alkoholische Getränke.**

Das, was **umgangssprachlich** als Alkohol bezeichnet wird, ist aus der Sicht des Chemikers ein bestimmter Alkohol, das **Ethanol**. Nur Ethanol ist in wässriger Lösung für Trinkzwecke als **Genussmittel** geeignet. Die Bezeichnung „alkoholische Getränke" hat sich fachsprachlich durchgesetzt. Wenn es jedoch um Berechnungen geht, wird nachfolgend stets die eindeutige Bezeichnung Ethanol verwendet.

15.1 Maßangaben

Wichtig beim Getränkeausschank und Getränkekonsum sind Maßangaben bezüglich des Ethanolgehaltes, Berechnungen beim Verschneiden von Getränken sowie beim Genuss alkoholischer Getränke.

Transport- und Schankgefäße

Zu unterscheiden sind:
• Gefäße zum Getränketransport,
• Schankgefäße zum Umfüllen,
• Schankgefäße zum Trinken.

Wichtige Maßangaben für Getränketransportbehälter	
Weinfassgrößen:	Weinfass: 1 200 l, Halbstück: 600 l, Viertelstück 300 l, Bordeauxfass (barrique) 225 l
Bierfassgrößen:	30 l, 50 l, 75 l, 100 l
Flaschengrößen:	Weinflaschen: 0,187 l, 0,25 l, 0,375 l, 0,5 l, 0,75 l (1/1), 1 l, 1,5 l
	Schaumweinflaschen: 0,2 l, 0,375 l, 0,75 l, 1,5 l, 3 l
	Spirituosenflaschen: 0,5 l, 0,7 l, 0,75 l, 1 l
	Bierflaschen: 0,25 l, 0,33 l, 0,5 l, 0,75 l, 1 l

Schankgefäße

Getränke werden in der Gastronomie mit der Maßeinheit Liter berechnet. Als Maßangabe sind außer Liter auch Zentiliter und Milliliter üblich (Umrechnung siehe Seite 29): 0,25 l → 25 cl → 250 ml

Die wichtigsten **Nenngrößen für Schankgefäße** zum Trinken sind in der folgenden Übersicht zusammengestellt.

Karaffen Stiefel	Biergläser Biertulpen	Weingläser	Sektgläser	Likörweingläser	Spirituosengläser
0,2 l	0,25 l	0,1 l	0,1 l	0,05 l	0,02 l
0,25 l	0,3 l	0,2 l	0,15 l		0,04 l
0,5 l	0,4 l	0,25 l			
1,0 l	0,5 l				
1,5 l	1,0 l				

Übungsaufgaben Maßangaben

1 In der Übersicht der Gläsergrößen sind die Nenngrößen der Südwein- und Spirituosengläser in l angegeben. Üblich ist jedoch die Bezeichnung in cl.
Nennen Sie die entsprechenden cl-Angaben.

2 Drei Halbstücke zu 601 l, 612 und 608 l Weißwein sollen abgefüllt werden.
Ermitteln Sie die Anzahl der Flaschen, die sich daraus füllen lassen. Größen der Flaschen:
2.1 1 Liter   **2.2** 0,75 Liter   **2.3** 0,5 Liter   **2.4** 0,375 Liter

3 Ein Weinfass enthält 294 l Weißwein. Wie viele 0,75-l-Flaschen lassen sich daraus füllen?

4 Aus einer 0,7-l-Flasche Wodka sind bereits 18 2-cl-Gläser abgefüllt worden.
4.1 Wie viel l sind rein rechnerisch noch in der Flasche?
4.2 Wie viele 2-cl-Gläser ließen sich daraus noch füllen?

5 Folgender Bierausschank war zu verzeichnen: 254 Gläser zu 0,5 l, 362 Gläser zu 0,4 l, 145 Gläser zu 0,25 l. Ermitteln Sie den Bierausschank in hl, gerundet auf ganze l.

6 Ein Hotel gibt einen Empfang anlässlich seiner Wiedereröffnung. Die Geschäftsleitung hat 70 Gäste eingeladen, die mit Sekt begrüßt werden sollen.
6.1 Wie viele Flaschen Sekt werden benötigt, wenn je Gast 2 Gläser mit einer Füllmenge von 125 ml gerechnet werden?
6.2 Ermitteln Sie die Anzahl der bereitzustellenden Magnum-Flaschen (runden auf ganze Flaschen).

7 Sven möchte wissen, ob in einer Bierdose tatsächlich die angegebene Füllmenge von 500 ml enthalten ist. Dazu wiegt er die volle und die ausgeleerte Dose:
volle Dose 580 g; leere Dose 75 g; Dichte von Bier 1,008 g/cm^3
7.1 Wie berechnet er den Inhalt in ml?
7.2 Ermitteln Sie die Differenz zur angegebenen Füllmenge.

8 Ein Bierkeg enthält 50 l Pilsner. Wie viele Gläser können ausgeschenkt werden, wenn kein Schankverlust berücksichtigt wird, bei
8.1 0,25-l-Gläsern,   **8.2** 0,4-l-Gläsern?

9 Aus einer 0,7-l-Flasche werden 12 Gläser zu 2 cl ausgeschenkt.
Errechnen Sie die restliche Menge in der Flasche (in cl).

10 Aus einer 0,75-l-Flasche werden 12 Gläser zu 2 cl ausgeschenkt.
Wie viele cl müssten rein rechnerisch noch in der Flasche sein?

15.2   Ethanolgehalt

Wiegt man je einen **Liter Wasser** und einen **Liter Ethanol**, dann ergibt sich ein beachtlicher Gewichtsunterschied. Ethanol ist leichter als Wasser. Während das Wasser fast genau 1 kg schwer ist, wiegt 1 Liter Ethanol bei gleicher Temperatur etwa 800 g (794 g).

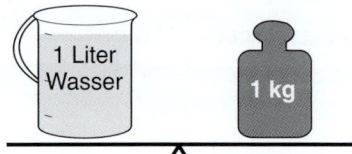
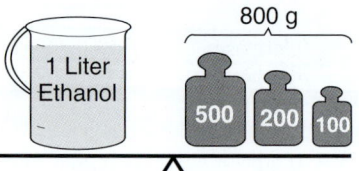

Nun ist es möglich, das **Gewicht zum Volumen ins Verhältnis** zu setzen (bei konstanter Temperatur). Man erhält dann einen Verhältniswert, der als **Dichte** bezeichnet wird.

Dichte = $\dfrac{\text{Masse (g)}}{\text{Volumen (cm}^3\text{)}}$

Dichte Wasser = $\dfrac{1000 \text{ g}}{1\,000 \text{ cm}^3}$ = $1 \dfrac{\text{g}}{\text{cm}^3}$

Dichte Ethanol = $\dfrac{794 \text{ g}}{1\,000 \text{ cm}^3}$ = $0,794 \dfrac{\text{g}}{\text{cm}^3}$ $\approx 0,8 \dfrac{\text{g}}{\text{cm}^3}$

Merke: Ethanol ist leichter als Wasser und hat eine Dichte von rund 0,8 g/cm³.

Alle alkoholischen Getränke, die wir trinken können, stellen **Gemische von Ethanol mit Wasser** dar. Reines Ethanol ist nicht genießbar; mischt sich aber in jedem Verhältnis ausgezeichnet mit Wasser. Reines Ethanol würde das Eiweiß bereits im Verdauungstrakt denaturieren und wie ein Gift wirken.

Gemischt wird nach Volumenanteilen, also z. B. 45 Volumenanteile Ethanol mit 55 Volumenanteilen Wasser. Es entsteht ein Ethanol-Wasser-Gemisch mit 45,0 % vol Ethanol und der Dichte 0,9439.

Merke: Der Ethanolgehalt in Mischungen von Ethanol und Wasser wird in **% vol** angegeben.

Prozentvolumen (% vol) = cm³ Ethanol in 100 cm³ Ehtanol-Wasser-Gemisch

Beispiel: Spanischer Brandy, 36 % vol. Von 100 Volumenanteilen sind 36 Volumenanteile Ethanol.

Die **Dichte der alkoholischen Getränke** (bei 15 °C) nimmt mit dem Wasseranteil zu, wie die Übersicht zeigt:
Umrechnung von Prozentvolumen (Prozent des Volumens) in Gramm

reines Ethanol	100,0 % vol	Dichte 0,7943	Ethanol-Wasser-Gemisch	38,0 % vol	Dichte 0,9551
Ethanol-Wasser-Gemisch	95,5 % vol	Dichte 0,8104	Ethanol-Wasser-Gemisch	32,0 % vol	Dichte 0,9632
Ethanol-Wasser-Gemisch	45,0 % vol	Dichte 0,9439	reines Wasser	0,0 % vol	Dichte 0,9991

Merke: 100 cm³ Wasser wiegen 100 g, 100 cm³ Ethanol wiegen nur rund 80 g (0,7943 g).

Beispielaufgabe:

Ein Gast trinkt 0,5 l Pilsner (4,8 % vol). Sein Freund trinkt einen doppelten Korn (4 cl mit 38 % vol). Die Freunde diskutieren darüber, wer mehr Alkohol (Ethanol) zu sich genommen hat.

Lösungsweg: **Bier:** 0,5 l = 500 cm³
100 % ≙ 500 cm³
4,8 % ≙ 24 cm³

Doppelter Korn: 4 cl = 40 cm³
00 % ≙ 40 cm³
38 % ≙ 15,2 cm³

Dichte x Volumen = Masse
0,79 g/cm³ x 24 cm³ = 18,69 g = **19 g**

Dichte x Volumen = Masse
0,79 g/cm³ x 15,2 cm³ = 12,0 g = **12 g**

Der Biertrinker hat mehr Ethanol im Blut.

Beim Ermitteln des Ethanolgehaltes nach Mischen und Verschneiden von alkoholischen Getränken werden die Regeln des Mischungsrechnens angewandt, s. Kapitel 7, S. 57 f.

Beispielaufgabe:

Kubanrum mit einem Ethanolgehalt von 80 % vol auf eine Trinkstärke von 45 % vol herabgesetzt. Berechnen Sie die Menge an Originalrum, die in einer 0,7-l-Flasche zusammen mit Wasser gemischt werden muss.

Lösungsweg: Originalrum 80 % vol   45 % vol →   9 Teile

                         16 Teile ≙ 0,7 l

        Trinkstärke   45 % vol   9 Teile ≙ 0,394 l

                         7 Teile ≙ 0,306 l

        Wasser   0 % vol   35 % vol →   7 Teile

                         16 Teile

Der Rum mit 45 % vol muss aus 0,394 l Originalrum (80 % vol) und 0,306 l Wasser gemischt werden.

15.3   Blutalkoholkonzentration (Promille)

Im menschlichen Körper wird die BAK oder der Promillegehalt des Blutes mit Hilfe der Widmark-Formel[1] ermittelt. Dabei ist die aufgenommene Masse des Alkohols in Gramm (A) durch die Masse der Person in kg und einen Reduktions- oder Verteilungsfaktor zu teilen.

W = Alkohol-Masseanteil im Körper (‰)

A = aufgenommene Alkoholmenge (g)

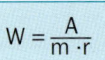

$$W = \frac{A}{m \cdot r}$$

m = Körpermasse (kg)

r = Reduktions- oder Verteilungsfaktor (Männer ≈ 0,7; Frauen ≈ 0,6)

Da konsumierter Alkohol vom Körper nicht vollständig aufgenommen wird, können von der errechneten Blutkonzentration 10–30 % abgezogen werden. Als stündlicher Abbauwert ist außerdem ein Wert zwischen 0,1 ‰ und 0,2 ‰ anzunehmen.

Beispielaufgabe:

Auf einer Motorradtour wünscht sich ein Teilnehmer (64 kg schwer) während der Rast als Durstlöscher eine Weißweinschorle, das im 0,5 l-Glas, hergestellt je zur Hälfte aus Mineralwasser und Gutedel (11,5 %), angeboten wird. Seine Freunde raten ihm zu einer Apfelsaftschorle. Begründung!

Lösungsweg: 1. Berechnen der Ethanolmenge in Gramm

          0,5   l = 500   cm³

        100   % ≙ 500   cm³

         5,75 % ≙   28,75 cm³

        Dichte × Volumen = Masse; 0,79 g/cm³ × 28,75 cm³ = 22,71 g Ethanol

  2. Promille errechnen mit Hilfe der Widmark-Formel

$$W = \frac{A}{m \times r} = \frac{22,71\ g}{64\ kg \times 0,7} \approx 0,51\ ‰$$

Nach dem Trinken würde ein Promillegehalt von über 0,5 ‰ erreicht. Bei Weiterfahrt würde nach der StVG eine Ordnungswidrigkeit vorliegen. Apfelsaftschorle ist dagegen alkoholfrei.

Übungsaufgaben Ethanolgehalt, BAK (Promille)

1 Ermitteln Sie den Gehalt an reinem Ethanol in ml bei folgenden 0,7-l-Flaschen:

   1.1 Likör 20 % vol **1.2** Trinkbranntwein 32 % vol   **1.3** Weinbrand 38 % vol   **1.4** Obstwasser 45 % vol

---

[1] *Erik Widmark (1898–1945), schwedischer Chemiker. Er erforschte den Ethanolstoffwechsel im menschlichen Körper und entwickelte eine Methode zur Bestimmung der Blutalkoholkonzentration (BAK), als Promille bekannt*

2 Bei einer Weinverkostung für 24 Gäste wurden verschiedene Weinsorten in 16 Literflaschen ausgeschenkt. Wie viel ml und g Ethanol wurden durchschnittlich von jedem konsumiert, wenn man von einem Ethanolgehalt von 10,5 % vol ausgeht?

3 Für drei Herren wird ein Wermut-Cocktail aus folgenden Zutaten hergestellt: 12 cl Dry Gin (40 % vol), 12 cl Kirschwasser (50 % vol), 18 cl trockener Wermut (12 % vol) sowie Mundeis, Zitronensaft und Zitronenöl (aus der ungespritzten Zitronenschale) und eine Olive.
Wie hoch ist der Ethanolgehalt eines Glases in ml und in g?

4 In eine Gutedel-Schorle (0,25-l-Glas). Dahinein kommen je zur Hälfte Gutedel mit einem Ethanolgehalt von 10 % vol und Mineralwasser. Ermitteln Sie den Ethanolgehalt in % vol, ml und g.

5 Ein Gast gießt auf 0,3 l Mineralwasser 4 cl Korn mit einem Ethanolgehalt von 38 % vol.
Errechnen Sie den Ethanolgehalt des Mischgetränkes in % vol.

6 Ein Obstwasser hat einen Ethanolgehalt von 40 % vol. Ein Gast trinkt davon 3 Gläser zu je 4 cl. Errechnen Sie die aufgenommene Ethanolmenge in ml und g.

7 In einen Teepunsch gibt man zu einem Achtel Liter gesüßten Tee 4 cl Grappa mit 45 % vol.
Errechnen Sie den Ethanolgehalt in ml und g.

8 Ermitteln Sie den Ethanolgehalt der wie folgt hergestellten Erdbeerbowle in % vol
Eine Erdbeerbowle wird nach folgender Rezeptur zubereitet:
5 Literflaschen Weißwein Müller-Thurgau (9 % vol)   3 Literflaschen Mineralwasser
2 Flaschen Sekt (0,75 l mit 12 % vol)   1,5 l Erdbeeren in Läuterzucker

9 Ein Gast trinkt an einem Herrenabend 3 Doppelte (4 cl mit 40 % vol), 4 Pilsner (0,3 l mit 4,9 % vol) und 1 Glas Sekt (0,1 l mit 12 % vol). Berechnen Sie
9.1 das aufgenommene Ethanol in ml.   **9.2** das aufgenommene Ethanol in g.

10 Bei Rumverschnitt ist gesetzlich vorgeschrieben, dass $\frac{1}{20}$ des Gesamtethanols aus dem Rum stammen muss. Auf dieser Grundlage soll ein Rumverschnitt mit 38 % vol aus Originalrum (80 % vol), Sprit (96 % vol) und Wasser gemischt werden. Berechnen Sie die Mengenanteile in l für 10 l Rumverschnitt.

11 Für Cola mit Wodka werden 0,33 l Cola mit 2 cl Wodka (40 % vol) gemischt.
Ermitteln Sie den prozentualen Ethanolgehalt.

12 Für Gutedel-Schorle werden 150 ml Gutedel (10,5 % vol) mit 100 ml Mineralwasser gemischt.
Ermitteln Sie den prozentualen Ethanolgehalt.

13 Ein Gast trinkt 4 cl Korn mit 32 % vol.
13.1 Wie viel ml Ethanol nimmt er auf?   **13.2** Wie viel g (Dichte 0, 8 g/cm³ sind das?.

14 Berechnen Sie die Ethanolmengen in g von folgenden Getränken:
14.1   0,3 l Pilsner (4,8 % vol) **14.2** 0,25 lWeißwein (10,5 % vol) **14.3** 2 cl Wodka (38 % vol)

15 2 Gäste trinken eine 0,75-l-Flasche Spätburgunder, trocken (13 % vol) zu gleichen Teilen.
Wie viel g Ethanol nimmt jeder Gast auf?

16 Bei einem Festempfang trinkt eine Autofahrerin mit einem Körpergewicht von 56 kg ein 0,1-l-Glas Champagner (12 %). Mit welchen Promillegehalt muss nach 2 Stunden gerechnet werden, wenn der stündliche Abbauwert 0,1 ‰ beträgt?

17 Ein 80 kg schwerer Gast trinkt 1,0 l Bier (4,8 %). Berechnen Sie den angenommenen Promille-Wert nach einer Stunde, wenn der stündliche Abbauwert 0,1 ‰ beträgt.

16 Ausschank, Schankverluste, Materialkosten

16.1 Ausschank, Schankverluste

Beim Getränkeausschank können sehr leicht **Differenzen** durch falsches Füllen, ungeeignete Gläser, durch fehlende fachliche Fertigkeiten oder Unkorrektheiten auftreten. Deshalb hat der Gesetzgeber Bestimmungen erlassen, die eindeutig und verbindlich sind.

Ausschankverluste entstehen insbesondere bei Fassbier, bei offenem Wein und beim Ausschank von Spirituosen. Beim **Ausschank von Fassbier** können Verluste durch Störungen im Zapfsystem (falsche Temperatur, falscher CO_2-Druck u. a.) auftreten. Bei **Spirituosen** liegen die Ursachen für mitunter beträchtliche Schankverluste im zu reichlichen Eingießen.

Beispielaufgabe:

Bei einem südbadischen Straßenfest schenkt man Viertel von Lörracher Gutedel aus. In Anbetracht der Festsituation wird erfahrungsgemäß mit einem Ausschankverlust von 20 % gerechnet. Insgesamt werden 123 Literflaschen verbraucht.
1. Berechnen Sie die Anzahl der Viertel.
2. Mit welchen Einnahmen ist zu rechnen, wenn das Viertele für 5,20 € verkauft wird?

Lösungsweg: 100 % ≙ 123 Liter
                         80 % ≙ x Liter   x = 98,4 Liter   98,4 l : 0,25 l (Viertel) = 393,6 Viertel

1. 393 Viertel können verkauft werden.
2. Es kann mit Einnahmen in Höhe von 2 043,60 € gerechnet werden.

Übungsaufgaben Ausschank, Schankverluste

1 Aus einer 0,75-l-Flasche werden 2-cl-Gläser eingeschenkt. Der Schankverlust wird mit 4 % angenommen. Wie viele Gläser können ausgeschenkt werden?

2 Zum Jahrmarkt wurden 2 Fässer mit 45,6 l und 65,8 l Bier bestellt. Nach der Abrechnung wurde folgender Ausschank festgestellt:
176 Gläser zu 0,5 l und 51 Gläser zu 0,3 l.
Wie hoch liegt der Schankverlust in l und %?

3 153 l Fassbier werden zum Hektoliterpreis 98,00 € eingekauft.
Ausgeschenkt werden 363 0,4-l-Gläser.
3.1 Ermitteln Sie den Einkaufspreis des bestellten Bieres in €.
3.2 Ermitteln Sie die Materialkosten je Glas.

4 Beim Ausschank von Spirituosen rechnet man mit 3 % Schankverlust.
Wie viele Gläser zu 2 cl Inhalt ergeben sich dann aus einer Literflasche?

5 Beim Ausschank von offenem Landwein wird mit einem Ausschankverlust von 5 % gerechnet.
Wie viele Gläser je 0,1 l Inhalt können aus 8 Literflaschen ausgeschenkt werden?

6 Zu Beginn eines Festessens wird an 23 Gäste ein Glas Sekt (0,1 l) gereicht. Verwendet werden Magnum-Flaschen (2/1).
Ermitteln Sie die Anzahl der benötigten Magnum-Flaschen, wenn mit einem Ausschankverlust von 9 % zu rechnen ist. Ergebnis auf ganze Flaschen runden.

7 Aus einem 50-Liter-Fass mit Bier werden 104 Gläser mit 0,3 l und 68 Gläser mit 0,25 l gezapft.
Ermitteln Sie den prozentualen Schankverlust.

8   Ein Gastwirt bezieht von der Brauerei 1,6 hl Bier.
Wie viele Gläser zu 0,25 l kann er ausschenken, wenn er einen Schankverlust von 5 % annimmt?

9   Aus einem 79-l-Fass Schwarzbier werden 386 0,2-Liter-Gläser ausgeschenkt.
Ermitteln Sie den Ausschankverlust in l und %.

10 Die Stadtbrauerei liefert 6 Fässer Pilsner mit 243 l für 223,56 €.
10.1 Berechnen Sie den hl-Einkaufspreis.
10.2 Wie viele Gläser (0,4 l) können bei einem Ausschankverlust von 3,5 % gezapft werden?

11 Bei deutschen Winzern galt früher die Regel, dass aus einem Halbstück zu 600 l 820 Flaschen zu 0,7 l (frühere 1/1 Flasche) abzufüllen sind.
11.1 Berechnen Sie den Abfüllverlust (%), der dieser Regel zugrunde lag.
11.2 Wie viele 0,75-l-Flaschen (1/1) lassen sich heute bei gleichem prozentualen Verlust aus einem Halbstück abfüllen?

12 Ein Fass mit Weißwein enthält 605 l.
Berechnen Sie die Anzahl an 1/1-Flaschen, die bei Berücksichtigung von 3 % Abfüllverlust abgefüllt werden können.

13 Zu einer festlichen Veranstaltung soll für 63 Personen zum Abschluss ein Glas (0,2 l) Sekt gereicht werden. Verwendet werden Magnumflaschen (2/1).
Ermitteln Sie die Anzahl Flaschen (auf ganze Flaschen runden), wenn mit einem Ausschankverlust von 10 % gerechnet wird.

14 Aus einem Bierfass mit 75 l Inhalt sind laut Abrechnung 148 Gläser mit 0,3 l Inhalt gezapft worden.
14.1 Berechnen Sie den Bierrest im Fass, wenn man 3 % Ausschankverlust annimmt.
14.2 Wie viele Gläser zu 0,4 l wären bei dem gleichen prozentualen Ausschankverlust zu zapfen?

15 Ein Fass mit Moselwein enthält 580 l. Daraus werden 726 Weinflaschen zu 0, 75 l abgefüllt.
Ermitteln Sie den Abfüllverlust in %.

16 In der Pianobar eines Oberhofer Ferienhotels werden folgende Getränke verkauft:
91 Glas Likörwein (0,05 l)   11 Glas Grand Marnier (0,02 l)
91 Glas Nordhäuser Doppelkorn (0,02 l)   108 Glas Champagner (0,1 l)
Ermitteln Sie die Anzahl an Flaschen, die von jeder Getränkesorte geöffnet werden muss, wenn 0,7-l-Flaschen verwendet werden. Der Champagner wird aus Magnumflaschen (2/1) ausgeschenkt.

17 Ermitteln Sie die Anzahl Gläser Sekt zu 0,2 l, die aus einer Flasche Doppelmagnum (4/1) ausgeschenkt werden kann.

16.2   Materialkosten

Die Berechnungen beziehen sich auf Ausschankmengen und außerdem auf die Ermittlung der Materialkosten bei **Mischgetränken**.

Beispielaufgabe:

Ein 30-l-Fass mit dem Bockbier „Augustus Rex" wird zum Preis von 107,50 €/hl eingekauft und in 0,2-l-Gläsern ausgeschenkt.
1. Wie viele Gläser können ausgeschenkt werden, wenn der Zapfverlust unberücksichtigt bleibt?
2. Ermitteln Sie den Materialpreis für 1 Glas Bockbier.

Lösungsweg:

30 l : 0,2 l/Glas = 150 Gläser
100 l = 107,50 €
0,2 l = x €   x = 0,215 €
Es können 150 Gläser zum Materialpreis von 0,22 € je Glas ausgeschenkt werden.

Übungsaufgaben Materialkosten

1 Ein Fass Pilsner mit 50 l Inhalt wird zum Hektoliterpreis von 85 € eingekauft. Der Zapfverlust beträgt 4 %.

1.1 Ermitteln Sie den Einkaufspreis des Bieres.

1.2 Berechnen Sie den Literpreis unter Berücksichtigung des Zapfverlustes.

1.3 Berechnen Sie den Materialpreis für Gläser zu 0,3 l und 0,4 l.

2 Spätburgunder wird aus Literflaschen ausgeschenkt. Der Einkaufspreis einer Flasche beträgt 2,30 €. Beim Ausschank ist mit 5 % Ausschankverlust zu rechnen.

2.1 Wie viel Liter stehen unter Berücksichtigung des Ausschankverlustes beim Ausschank von 5 Flaschen zur Verfügung?

2.2 Ermitteln Sie den Materialpreis für 0,25 l.

3 Eine Flasche Armagnac mit 0,75 l Inhalt hat einen Einkaufspreis von 11,25 €.

3.1 Wie viele Gläser zu 2 cl oder 4 cl können daraus ausgeschenkt werden, wenn der durchschnittliche Ausschankverlust erfahrungsgemäß 6 % beträgt?

3.2 Berechnen Sie den Materialpreis für beide Gläsergrößen.

4 Zur Herstellung eines Aperitifs werden 4 cl Gin, 2 cl trockener Wermut und eine Olive verwendet. Der Materialpreis für eine 0,75-l-Flasche Wermut beträgt 3,40 €, für eine 0,7-l-Flasche Gin 11,15 €, eine Olive wird mit 0,08 € berechnet.

4.1 Wie viele Flaschen Wermut und Gin werden für 83 Cocktails benötigt (auf ganze Flaschen runden), wenn mit einem Ausschankverlust von 3,5 % zu rechnen ist?

4.2 Ermitteln Sie die Materialkosten für 83 Cocktails.

5 Eine Literflasche Weinbrand kostet ohne Mehrwertsteuer 13,50 €. Der Schankverlust beträgt 2,5 %.

5.1 Wie viele 2-cl-Gläser können ausgeschenkt werden?

5.2 Ermitteln Sie die Materialkosten für ein 2-cl-Glas.

6 Grapefruitsaft wird frisch gepresst angeboten. Die Grapefruits werden zu einem Marktpreis von 1,25 €/kg eingekauft. Der Pressverlust beträgt 55 %.
Ermitteln Sie den Materialpreis für 1 Glas zu 0,2 l.

7 Orangen werden zu einem Einkaufspreis von 1,05 €/kg brutto für netto eingekauft. Daraus wird frisch gepresster Saft mit einer Ausbeute von 55 % hergestellt.
Ermitteln Sie den Materialpreis für 1 Glas Orangensaft mit 0,25 l Inhalt.

8 Tomatensaft wird in 1,5-l-Packungen zu 1,25 € und in Literflaschen zu 0,80 € angeboten.
Ermitteln Sie das günstigere Angebot.

9 Errechnen Sie den Warenwert für jeweils 1 Glas der folgenden alkoholischen Getränke, wenn je Flasche mit einem Ausschankverlust von 8 % gerechnet werden muss.

Spirituosenart	Flascheninhalt	Einkaufspreis	Glasinhalt
Wodka	0,7 l	7,10 €	4 cl
Weinbrand	0,7 l	7,50 €	2 cl
Whisky	0,7 l	12,23 €	4 cl

10 Auf der Frühstückskarte wird Orangensaft natur, frisch gepresst, angeboten. Der Hotelier kauft die Orangen zum Marktpreis von 1,10 €/kg und rechnet mit einem Pressverlust von 35 %.
Berechnen Sie den Materialpreis für 1 Glas zu 0,2 l.

11 Der Preis für eine Flasche Kirschlikör ist um 0,22 €, das sind 3 %, gegenüber der vorhergehenden Rechnung höher.
Wie viel € kostete der Kirschlikör vor der Preiserhöhung?

12 Berechnen Sie den Materialpreis einer Portion Kaffee (22 g gemahlener Kaffee) ohne Milch und Zucker, wenn der Kaffee mit 4,75 €/500g eingekauft wird.

13 Berechnen Sie den Materialpreis für einen Martini-Cocktail, der folgendermaßen hergestellt wird:
Wermut trocken 20 g   4,75 €/l   Gin dry 40 g   9,15 €/l   Olive, Spritzer Bitter gesamt 0,12 €

14 Für 12 Personen soll Aprikosenbowle nach unten stehendem Rezept zubereitet werden. Der Preisberechnung sind folgende Einkaufspreise zugrunde zu legen:

Rezeptur (1 Portion)	Einkaufspreise		Einkaufspreise
Aprikosen 125 g	1,80 €/kg	Weißwein 0,5 l	2,23 €
Zucker 45 g	0,73 €/kg	Würzmittel,	
Portwein 0,04 l	4,60 €/0,5 l	Dekormaterial gesamt	0,05 €

Berechnen Sie den Materialpreis für die Aprikosenbowle.

15 Glühwein wird für 3 Personen hergestellt. Dafür werden 3/4 l Rotwein zu 3,40 €/l, 60 g Zucker (1 kg Zucker 0,93 €) und Würzmittel (Zimt, Nelken, Zitrone) für 0,20 €/Portion verwendet.
Berechnen Sie den Materialpreis für den Glühwein.

16 Angeboten wird naturreiner Apfelsaft aus dem Havelland in drei unterschiedlichen Packungsgrößen:
0,7-l-Packung 0,55 €
1,0-l-Flasche 0,68 € (zuzüglich 0,05 € Pfand)
5,0-l-Glasballon 4,88 € (zuzüglich 2,50 € Pfand)
16.1 Nennen Sie das günstigste Angebot, wenn erfahrungsgemäß in den Sommermonaten mit verstärktem Absatz von Apfelsaftschorle zu rechnen ist.
16.2 Beurteilen Sie die Angebote unter dem Gesichtspunkt des Umweltschutzes.

17 Aus einem 50-Liter-Fass werden bei einem Straßenfest 90 0,5-Liter-Gläser verkauft und 7 Gläser für private Zwecke verwendet.
17.1 Ermitteln Sie den Schankverlust in Litern und in %.
17.2 Ermitteln Sie die Materialkosten je 0,5-Liter-Glas, wenn 1 hl zum Nettopreis von 92,00 € bezogen wird.

18 Aus einem 50-Liter-Keg werden 62 0,4-Liter-Gläser und 95 0,25-Liter-Gläser ausgeschenkt.
18.1 Ermitteln Sie den Schankverlust in Litern und in %.
18.2 Wie viele Gläser zu 0,5 l könnten bei Beachtung des Schankverlustes aus dem Fass ausgeschenkt werden?

19 Eine Landgaststätte bezieht 25 Flaschen Doppelkorn zum Listenpreis von 7,10 €/Flasche.
19.1 Ermitteln Sie den Nettopreis insgesamt, wenn 8 % Rabatt gewährt werden.
19.2 Ermitteln Sie den Bruttopreis für eine Flasche Doppelkorn.
19.3 Ermitteln Sie den Barzahlungspreis bei 3 % Skonto für eine Flasche Doppelkorn.

20 Eine Gartenkantine schenkt zum Sommerfest Fassbier aus. Ein Schankverlust von 5 % muss berücksichtigt werden.
20.1 Ermitteln Sie den Rest im 1-hl-Fass nach dem Ausschank von 150 halben Litern.
20.2 Wie viele Gläser Bier zu 0,25 l können aus dem Rest noch ausgeschenkt werden?
20.3 Ermitteln Sie den Umsatz aus dem Bierverkauf, wenn der Verkaufspreis für halbe Liter bei 2 €, für Viertelliter bei 1,25 € liegt.

21 Zu einem Empfang werden 56 0,1-l-Gläser Sekt-Orange gereicht. Orangensaft und Sekt werden dazu zu gleichen Teilen gemischt.
21.1 Wie viel Liter Orangensaft und wie viele ganze 0,75-l-Flaschen Sekt werden benötigt, wenn 5 % Ausschankverlust zu berücksichtigen sind?
21.2 Ermitteln Sie den Materialpreis für 1 Glas Sekt-Orange, wenn 1 Flasche Sekt 5,20 € und die Literpackung Orangensaft 1,44 € kosten.

22 Gin wird in 0,7-Liter-Flaschen zum Einkaufspreis von 13,80 € geliefert.
Ermitteln Sie die Erhöhung der Materialkosten je 2 cl bei einem Schankverlust von 12 %.

23 Ein 75-l-Fass mit Lausitzer Pilsner wird zum Preis von 91 €/hl eingekauft und in 0,3-l-Gläsern ausgeschenkt.
23.1 Ermitteln Sie die Anzahl der Gläser, die aus dem Fass gezapft werden kann, wenn mit einem Zapfverlust von 4,5 % gerechnet wird.
23.2 Ermitteln Sie den Materialpreis für 1 Glas Lausitzer Pilsner in €.

17 Kalkulationen von Getränken

17.1 Wein, Bier, Küchengetränke, Sonstiges

Die Getränkekalkulation ist eine Zuschlagskalkulation, wie bei den Speisen ausführlich erläutert (siehe Seite 124f).

Die allgemeinen Kosten können als Gemeinkosten (Betriebskosten) zusammengefasst werden. Die Prozentsätze werden von der Buchhaltung bereit gestellt. Die Preisermittlung (Inklusivpreis) mittels Gesamtzuschlag bzw. Kalkulationsfaktor ist bei Getränken ebenfalls möglich.

Kalkulationsschema in 4 Stufen:

Stufe			
0		Materialkosten	(MK)
	+	Gemeinkosten	(GK)
1	=	Selbstkosten	(SK)
	+	Gewinn	(G)
2	=	Kalkulierter Preis	(KP)
	+	Umsatzbeteiligung	(UB)
3	=	Nettoverkaufspreis	(NVP)
	+	Mehrwertsteuer	(MwSt)
4	=	Inklusivpreis	(IP)

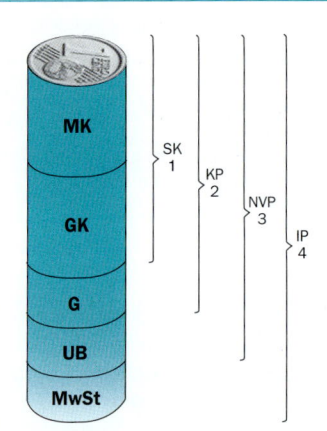

Wein

Beispielaufgabe:

Eine Flasche Oberrottweiler Spätburgunder-Weißherbst (1,0 l) kostet im Einkauf 5,60 €.

Wie viel € bezahlt der Gast für ein Viertel (0,25 l), wenn der Betrieb mit 120 %. Gemeinkosten, 30 % Gewinn, 14 % Umsatzbeteiligung und mit der gesetzlichen Mehrwertsteuer rechnet? Der Schankverlust bleibt unberücksichtigt. Den Kartenpreis auf 10 Cent abrunden.

Lösungsweg:

Stufe					
0		MK 100 %			5,60 €
	+	GK 120 %			6,72 €
1	=	SK 220 % → 100 %			12,32 €
	+	G	30 %		3,70 €
2	=	KP	130 % → 100 %		16,02 €
	+	UB		14 %	2,24 €
3	=	NVP		114 % → 100 %	18,26 €
	+	MwSt			19 %	3,47 €
4	=	IP			119 %	21,73 €

1,00 l = 21,73 €
0,25 l = 21,73 € : 4 = 5,43 € je 0,25 l

Der Gast bezahlt für das Viertel Oberrottweiler 5,40 €.

Im Unterschied zur Speisenkalkulation kann auch anstatt der Materialkosten der Bezugspreis der Getränke zugrunde gelegt werden.

Bezugspreis

Der Bezugspreis besteht aus dem Einkaufspreis, zuzüglich evtl. Transport-, Verpackungs- oder Versicherungskosten.

Gemeinkosten

Gemeinkosten sind die im Betrieb anfallenden Kosten für **Lagerung** und **Dienstleistung**. Diese Gemeinkosten können bei Bedarf weiter zerlegt werden in **Kellerkosten, Kellergemeinkosten** und **Dienstleistungskosten.**

Kellerkosten: Darunter sind einmal die Löhne für das Kellerpersonal, Energie usw. zu verstehen.

Kellergemeinkosten: Darunter kann der Anteil des Kellers an den Gesamtkosten aufgeführt werden.

Dienstleistungskosten: Schließlich können die im Service entstehenden Kosten seperat aufgeführt werden.

Die Teilkosten werden stets ins Verhältnis zu den Bezugskosten gesetzt. Deshalb können errechnete Prozentsätze addiert werden.

Beispielaufgabe:

Ein Betrieb hat Getränke im Werte von 52 350 € bezogen. Er rechnet mit folgenden Teilkosten: 14 134,50 € Kellerkosten, 8 585,40 € Kellergemeinkosten sowie 11 778,75 € Dienstleistungskosten. Ermitteln Sie die prozentualen Anteile im Verhältnis zu den Bezugskosten.

Lösungsweg:

Bezugspreis	100 %	52 350,00 €	
direkte Kellerkosten	x %	14 134,50 €	x = 27,0 %
Bezugspreis	100 %	52 350,00 €	
Kellergemeinkosten	x %	8 585,40 €	x = 16,4 %
Bezugspreis	100 %	52 350,00 €	
Dienstleistungskosten	x %	11 778,75 €	x = 22,5 %
oder zusammengefasst:			
Bezugspreis	100 %	52 350,00 €	
Gemeinkosten	x %	34 498,65 €	x = 65,9 %

Übungsaufgaben Wein, Schaumwein

1 Im Einkauf kostet eine Kiste Wein mit 6 Flaschen 18,25 €. Der Kalkulationsfaktor beträgt 3,8.
   1.1 Ermitteln Sie den auf 10tel gerundeten Inklusivpreis je Flasche.
   1.2 Zu welchem Preis kann das Viertele (0,25 l) angeboten werden?

2 12 Flaschen Gutedel werden zum Preis von 55,20 € eingekauft.
   2.1 Berechnen Sie die Materialkosten für 1 Flasche Gutedel.
   2.2 Ermitteln Sie den Inklusivpreis bei folgenden Zuschlägen:
      Gemeinkosten 130 %, Gewinn 15 %, Umsatzbeteiligung 12 %, gesetzliche Mehrwertsteuer.
   2.3 Ermitteln Sie den entsprechenden Kalkulationsfaktor (auf eine Dezimalstelle gerundet).

3 Im Einkauf kostet eine Flasche Weißburgunder 4,25 €. Man kalkuliert mit 260 % Gesamtzuschlag. Ermitteln Sie den Inklusivpreis.

4 Aus einer Literflasche Wein werden ohne Ausschankverlust 5 Gläser zu 0,2 l ausgeschenkt. Der Inklusivpreis soll bei 1,20 € je Glas liegen.
   Wie viel € darf die Literflasche kosten, wenn mit einem Gesamtzuschlag von 200 % zu rechnen ist?

5 Ermitteln Sie die jeweiligen Einkaufspreise der aufgeführten Weine.

Weinart	Inklusivpreis	Gemeinkosten	Gewinn
Grauburgunder	15 €	155 %	20 %
Spätburgunder	18 €	180 %	18 %
Gutedel	22 €	140 %	12 %
Riesling	14 €	160 %	15 %

Zu berücksichtigen sind außerdem 15 % Umsatzbeteiligung und die gesetzliche Mehrwertsteuer.

6 Eine Flasche Deutscher Sekt wird zum Inklusivpreis von 16,40 € angeboten.
Berechnen Sie die Materialkosten für 1 Flasche Sekt, wenn mit einem Gesamtzuschlag von 330 % gerechnet wird.

7 Eine Weingaststätte kauft ein Fass Landwein mit 423 l zum Einkaufspreis von 1,25 €/l. Der Wein wird in Literflaschen abgefüllt. Dabei entsteht ein Verlust von 3 %.
7.1 Wie viele volle Flaschen können abgefüllt werden?
7.2 Ermitteln Sie die Materialkosten insgesamt, wenn die Abfüllkosten mit 4,5 % des Einkaufspreises veranschlagt werden.
7.3 Ermitteln Sie den Inklusivpreis für 1 Schoppen (0,2 l) Landwein, wenn mit dem Kalkulationsfaktor 4,1 gerechnet wird.

8 Der Selbstkostenpreis einer Flasche Rotwein beträgt 4,05 €.
Ermitteln Sie den Inklusivpreis, wenn mit 25 % Gewinn, 14 % Umsatzbeteiligung und der gesetzlichen Mehrwertsteuer gerechnet wird.

9 Ermitteln Sie den Inklusivpreis einer Flasche Spätburgunder Weißherbst bei folgenden Zuschlägen: 95 % Gemeinkosten, 30 % Gewinn, 12 % Umsatzbeteiligung, gesetzliche Mehrwertsteuer. Die Materialkosten je Flasche betragen 2,83 €.

10 Für eine Flasche Tokajer (0,75 l) bezahlt der Wirt im Einkauf 7,25 €. Der Betrieb rechnet mit 40 % Kellerkosten, 25 % Kellergemeinkosten, 15 % Dienstleistungskosten, 30 % Gewinn und 15 % Umsatzbeteiligung sowie der gesetzlichen Mehrwertsteuer.
Mit welchem Inklusivpreis muss das 0,1-l-Glas in die Weinkarte gesetzt werden? Preis auf 5 Cent aufrunden.

11 Die Buchhaltung eines Weinrestaurants stellt einen Materialverbrauch in Höhe von insgesamt 41 500 € fest. Auf die Kostenstelle Keller entfallen davon 40 %. Die Selbstkosten der Kostenstelle Keller betragen 48 000 €.
Ermitteln Sie den prozentualen Gemeinkostenzuschlag der Kostenstelle Keller.

12 24 Flaschen Weißwein werden zum Preis von 112,20 € eingekauft.
12.1 Ermitteln Sie den Materialpreis einer Flasche Weißwein.
12.2 Ermitteln Sie den Verkaufspreis einer Flasche Weißwein, wenn folgende Zuschläge erhoben werden: Gewinn 25 %, Gemeinkosten 130 %, Bedienungsgeld 13 % sowie die Mehrwertsteuer.
12.3 Berechnen Sie den Kalkulationsfaktor auf zwei Dezimalstellen genau.
12.4 Berechnen Sie den Gesamtzuschlag in Prozent und in €.

13 Ermitteln Sie die Selbstkosten für eine Flasche Freyburger Sekt in €, wenn der Gewinn mit 25 %, das sind 2,60 €, veranschlagt wurde.

14 Ingelheimer Spätburgunder wird auf der Karte mit 14,30 € aufgeführt.
Ermitteln Sie den Einkaufspreis, wenn der Gesamtzuschlag 350 % beträgt.

15 In einem Weinlokal wird mit folgenden Zuschlägen kalkuliert:
Gemeinkosten 180 %, Gewinn 7 %, Bedienungsgeld 12,5 %, Mehrwertsteuer.
15.1 Berechnen Sie den Kalkulationsfaktor.
15.2 Ermitteln Sie den entsprechenden Gesamtzuschlag in Prozent.
15.3 Der Umsatz im Jahre 2005 belief sich auf 1 538 876 €. Berechnen Sie die Materialkosten dieses Jahres nach den genannten Zuschlägen (Rückwärtskalkulation).
15.4 Berechnen Sie die Mehrwertsteuer für das betreffende Jahr.

Bier

Beispielaufgabe:

Für Pilsner im Fass bezahlt ein Gastwirt 142,50 € je Hektoliter. Der Ausschank erfolgt in 0,4-l-Gläsern. Der Ausschankverlust wird mit 4 % angenommen.

Berechnen Sie den Inklusivpreis für 1 Glas Pilsner, wenn die Gemeinkosten 155 %, die Umsatzbeteiligung für das Servicepersonal 15 %, der Gewinnzuschlag 15 % betragen und die gesetzliche Mehrwertsteuer berücksichtigt werden muss.

Lösungsweg:

	100 l geliefertes Pilsener	96 l Pilsner kosten	142,50 €
–	4 l Ausschankverlust	0,4 l Pilsner kosten	x €
=	96 l Pilsner zum Ausschank	x = 0,59 €	

Stufe					
0	MK 100 %				0,59 €
	+ GK 155 %				0,92 €
1	= SK 255 % → 100 %				1,51 €
	+ G	15 %			0,23 €
2	= KP	115 % → 100 %			1,74 €
	+ UB		15 %		0,26 €
3	= NVP		115 % → 100 %		2,00 €
	+ MwSt			19 %	0,38 €
4	= IP			119 %	2,38 €

Der Inklusivpreis eines Pilsners liegt bei 2,38 €.

Übungsaufgaben Bier

16 Das Ferienhotel am Rennsteig rechnet mit 43 % Kellerkosten, 13 % Kellergemeinkosten, 185 % Dienstleistungskosten, 38 % Gewinn, 12 % Umsatzbeteiligung sowie der gesetzlichen Mehrwertsteuer.

    16.1 Ermitteln Sie den Inklusivpreis für 1 Flasche Porter, die im Einkauf 0,62 € kostet.

    16.2 Wie hoch dürfen bei den genannten Zuschlägen die Materialkosten einer Flasche Hefeweizen sein, die mit 2,90 € in der Karte steht?

    16.3 Ermitteln Sie Kalkulationszuschlag in % und Kalkulationsfaktor bei den genannten Kosten für 1 Flasche Porter bzw. 1 Flasche Hefeweizen.

17 Ein Keg enthält noch 48,5 l Pilsner.

    17.1 Wie viele 0,4-l-Gläser können ausgeschenkt werden, wenn der Schankverlust unberücksichtigt bleibt?

    17.2 Wie viele 0,3-l-Gläser können ausgeschenkt werden, wenn der Schankverlust unberücksichtigt bleibt?

    17.3 Wie viel € kostet ein 0,3-l-Glas, wenn die Materialkosten dafür 0,45 € und der Gesamtzuschlag 280 % betragen?

18 Die Brauerei „Gerstenquelle" liefert 3 Fässer Pilsner mit 122 l für 111,78 €.

    18.1 Berechnen Sie den hl-Einkaufspreis.

    18.2 Wie viele Gläser (0,4 l) können bei einem Ausschankverlust von 4 % gezapft werden (abrunden)?

    18.3 Welcher Umsatz ergibt sich bei dem Verkaufspreis/Glas von 1,10 €?

    18.4 Ermitteln Sie den sich ergebenden Gesamtzuschlag (eine Dezimalstelle).

19 Eine 0,3-l-Flasche Pilsner Bier kostet im Einkauf 0,45 €.
Wie viel € kostet die Flasche im Verkauf, wenn mit einem Kalkulationsfaktor von 3,9 gerechnet wird?

20 Eine Flasche Malzbier kostet im Einkauf 0,38 €.
Wie hoch ist der Preis für eine Flasche im Verkauf, wenn mit einem Kalkulationsfaktor von 4,4 gerechnet wird?

21 Ermitteln Sie den Inklusivpreis für 0,4 l Pilsner, wenn mit folgenden Zuschlägen gerechnet wird:
170 % Gemeinkosten, 15 % Gewinn, 14 % Umsatzbeteiligung, gesetzliche Mehrwertsteuer.
Der Materialpreis je Glas beträgt 0,50 €.

22 Bezogen wird ein 50,8-l-Fass mit Schwarzbier zum Preis von 78,15 €. Der Schankverlust wird mit 5,5 % angenommen.
Ermitteln Sie den Inklusivpreis für 0,3 l Schwarzbier, wenn mit folgenden Zuschlägen gerechnet wird:
180 % Gemeinkosten, 25 % Gewinn, 14 % Umsatzbeteiligung, gesetzliche Mehrwertsteuer.

23 Ermitteln Sie den Geschäftspreis (kalkulierter Preis) einer Flasche Porter mit einem Selbstkostenpreis von 1,30 € und einem Gewinn von 70 %.

24 Ermitteln Sie den auf 10 Cent aufgerundeten Inklusivpreis einer Flasche alkoholfreien Bieres. Der Bezugspreis für einen Kasten mit 20 Flaschen beträgt 7,60 €. Gerechnet wird mit folgenden Zuschlägen: Gemeinkosten 110 %, Gewinn 30 %, Umsatzbeteiligung 15 %, gesetzliche Mehrwertsteuer.

25 Eine Flasche Budweiser wird mit 3,30 € angeboten. Der Betrieb rechnet mit folgenden Zuschlägen: Gemeinkosten 260 %, Gewinn 40 %, Umsatzbeteiligung 14 %, gesetzliche Mehrwertsteuer.
Ermitteln Sie die Materialkosten für einen Kasten mit 20 Flaschen.

26 In einem Nürnberger Biergarten wird mit einem Kalkulationsfaktor von 4,8 gerechnet.
Ermitteln Sie den Inklusivpreis für 0,5 l Kulminator, wenn der Einkaufspreis dafür 0,38 € betrug.

Übungsaufgaben Küchengetränke und sonstige Getränke

27 Ermitteln Sie den Inklusivpreis für ein Kännchen Kaffee mit Sahne und Zucker.

Zutaten:	18 g gemahlener Kaffee	zu 9,20 €/kg
	30 g Würfelzucker	zu 0,85 €/kg
	40 g Kaffeesahne	zu 1,85 €/kg.

Der Gesamtzuschlag beträgt 910 %.

28 Ermitteln Sie den Inklusivpreis für ein Kännchen Kakao.

Zutaten:	12 g Kakao	zu 3,20 €/kg
	20 g Würfelzucker	zu 0,85 €/kg
	300 ml Vollmilch	0,55 €/l

Der Gesamtzuschlag beträgt 910 %.

29 Ein Kännchen Kaffee wird mit 4,00 € angeboten.
Errechnen Sie die Materialkosten, wenn der Gesamtzuschlag 425 % beträgt.

30 Eine Tasse Kakao wird für 1,40 € angeboten.
Errechnen Sie die Materialkosten, wenn der Gesamtzuschlag 430 % beträgt.

31 Der Kartenpreis für ein Glas Tee beträgt 1,10 €.
Errechnen Sie die Materialkosten, wenn der Gesamtzuschlag 450 % beträgt.

32 Für eine Tasse Kaffee, die für 1,30 € angeboten wird, sind folgende Materialmengen kalkuliert:

  8 g gemahlener Kaffee   zu 11,20 €/kg
10 g Würfelzucker   zu 0,75 €/kg
10 g Kaffeesahne   zu 1,55 €/kg.
Ermitteln Sie Gesamtzuschlag in % und Kalkulationsfaktor.

33 Ein Kasten Fruchtsaftlimonade mit 24 Flaschen kostet 3,10 €, ein Kasten Cola mit 20 Flaschen kostet 8,00 €. Der Gesamtzuschlag beträgt 380 %.
Ermitteln Sie die Inklusivpreise je Flasche Limonade und Cola.

34 Ein Tank Orangenlimonade mit 5 l kostet 3,80 €.
Ermitteln Sie den Inklusivpreis für 0,25 l, wenn mit 210 % Gemeinkosten, 20 % Gewinn, 14 % Umsatzbeteiligung und der gesetzlichen Mehrwertsteuer kalkuliert wird.

35 Für die Zubereitung von 10 Glas Tee mit Zitrone und Zucker entstehen Materialkosten in Höhe von 4,90 €. Der Tee mit Zitrone und Zucker wird für 1,52 € je Glas angeboten.
Ermitteln Sie den Kalkulationsfaktor.

36 Eine Portion Tee wird für 2,55 € angeboten.
Ermitteln Sie die Materialkosten, wenn mit einem Kalkulationsfaktor von 5,2 gerechnet wird.

37 Die Portion ostfriesischer Tee wird in einer Oldenburger Teestube für 2,05 € angeboten.
Ermitteln Sie die Materialkosten, wenn mit dem Kalkulationsfaktor 4,6 gerechnet wird.

38 Eine Milchbar bietet Bananenmilch nach folgender Rezeptur für ein 0,2-l-Glas an:
150 ml Milch für 0,65 € je l,
$\frac{1}{2}$ Banane mit einem Stückpreis von 0,20 € und
15 g Zucker mit 0,85 € je kg.
Ermitteln Sie den Inklusivpreis für ein Glas bei 85 % Gemeinkosten, 18 % Gewinn, 12 % Umsatzbeteiligung und der gesetzlichen Mehrwertsteuer.

39 Zur Herstellung einer kalten Ente mischt man Weißwein und Sekt im Verhältnis 1 : 1 und gibt die Schalen von zwei ungespritzten Zitronen hinzu.
39.1 Berechnen Sie den Materialwert für ein Glas mit 20 cl Inhalt, wenn ein Liter Weißwein verwendet werden soll und folgende Preise gelten:
    Weißwein: 0,75-l-Flasche 2,95 €
    Sekt: 0,75-l-Flasche 3,20 €
    Zitronen: Gesamtwert 0,15 € je l kalter Ente
39.2 Ermitteln Sie den Kartenpreis bei einem Gemeinkostenzuschlag von 105 %, einem Gewinn von 22 % und einer Umsatzbeteiligung von 13 %.

40 Mit wie viel € steht ein Milchkaffee in der Karte, wenn folgende Rohstoffeinsatzmengen und Preise für die Herstellung eines Liters gelten (1 Liter ergibt 7 Tassen):

  40 g Kaffee $\frac{1}{4}$ kg kostet 1,05 €
  40 g Zucker $\frac{1}{2}$ kg kostet 0,30 €
  $\frac{1}{8}$ l Sahne $\frac{1}{2}$ l kostet 1,40 €
875 ml Milch 1 l kostet 0,50 €.
Der Gesamtzuschlag beträgt 900 %.

17.2 Bargetränke

Auch bei Bargetränken gelten die bekannten Regeln für das Kalkulieren von Speisen und Getränken.

Als Besonderheit müssen die höheren Gemeinkosten durch die anspruchsvollere Barausstattung (mit Silbergeräten und besonderen Gläsern) kalkulatorisch berücksichtigt werden.

Beispielaufgabe:

Kalkulieren Sie den Inklusivpreis für folgenden Cocktail:

Gin Fizz

Gin	2 cl	Zuckersirup	2 Spritzer
Zitrone	$\frac{1}{4}$ Stück	Mundeis, Sodawasser	

Berücksichtigen Sie einen Zuschlag von 30 % auf die Materialkosten als Ausgleich für Schankverluste sowie für Sondermaterialkosten (Mundeis, Sodawasser, Trinkhalme u. a. Dekormaterial) und für erhöhten Gläser- und Geräteaufwand.

Setzen Sie folgende Kalkulationsaufschläge ein:

Gemeinkosten	190 %
Gewinn	30 %
Umsatzbeteiligung für den Service	15 %
Gesetzliche Mehrwertsteuer	

Lösungsweg:

Rezepturmenge	Warenbezeichnung	Einzelpreis	Mengenpreis
Gin Fizz (1 Glas)			
–	Mundeis	–	–
$\frac{1}{4}$ Stück	Zitrone	0,30 €	0,08 €
3 g	Zuckersirup (500 g)	1,75 €	0,01 €
0,02 l	Gin (Liter)	12,65 €	0,25 €
–	Sodawasser	–	–
1 Glas			0,34 €
Materialkostenzuschlag 30 %			0,10 €

Stufe				
0	MK 100 %			0,44 €
	+ GK 190 %			0,84 €
1	= SK 290 % → 100 %			1,28 €
	+ G	30 %		0,38 €
2	= KP	130 % → 100 %		1,66 €
	+ UB		15 %	0,25 €
3	= NVP		115 % → 100 %	1,91 €
	+ MwSt		19 %	0,36 €
4	= IP		119 %	2,27 €

Der Inklusivpreis für einen Cocktail beträgt 2,27 €.

Für die Kalkulation von Bargetränken gelten gegenüber den anderen Getränkekalkulationen einige besondere Gesichtspunkte:

- die Gemeinkosten sind auch durch den besonderen Service (Musik, künstlerische Darbietungen u. a.) außerordentlich hoch. Sie können zwischen 140–250 % betragen.

- in Bars müssen höhere Ausschankverluste akzeptiert werden.

Übungsaufgaben Bargetränke

41 Aus einer Flasche Aperitif, die im Einkauf 8,10 € kostete, wurden 12 Gläser zu einem Inklusivpreis von 2,95 € verkauft.

    41.1 Berechnen Sie den Gesamtzuschlag, mit dem der Betrieb kalkuliert hat, in Prozent.

    41.2 Ermitteln Sie den Kalkulationsfaktor.

42 Eine Flasche Nordhäuser Doppelkorn kostet im Einkauf 7,45 €. Der Inklusivpreis dafür beträgt 24,59 €.

    Ermitteln Sie den Kalkulationsfaktor.

43 Ein Karton Obstwasser enthält 12 Flaschen à 0,7 l Inhalt und wird für 96 € eingekauft.

    Errechnen Sie den auf volle 10 Cent gerundeten Inklusivpreis für 1 Glas (2 cl) bei einem kalkulatorischen Gesamtzuschlag von 190 %.

44 Die Materialkosten für einen Cocktail liegen bei 0,51 €. Der Kalkulationsfaktor beträgt 7,5.

    Ermitteln Sie den aufgerundeten Inklusivpreis.

45 Der Einkaufspreis für eine Flasche Wodka beträgt 6,05 €. Es werden 28 Gläser ausgeschenkt.

    Ermitteln Sie den Inklusivpreis für ein Glas Wodka, wenn mit einem Gesamtzuschlag von 340 % gerechnet wird.

46 Aus der 0,7-Liter-Flasche Whisky werden 32 Gläser zu 1,80 € ausgeschenkt.

    Ermitteln Sie den Einkaufspreis bei einem Gesamtzuschlag von 410 %.

47 Magenbitter soll für 1,20 € je Glas (2 cl) auf der Karte angeboten werden.

    Wie hoch sind die Materialkosten für eine 0,7-Liter-Flasche, wenn mit 170 % Gemeinkosten, 10 % Gewinn, 12 % Umsatzbeteiligung und der gesetzlichen Mehrwertsteuer gerechnet wird? Der Schankverlust soll unberücksichtigt bleiben.

48 Die Prärieauster kostet lt. Barkarte 4,00 €.

    Ermitteln Sie die Materialkosten bei einem Gesamtzuschlag von 290 %.

49 Eine 0,7-Liter-Flasche Irish Whiskey kostet im Einkauf 17,50 €. Der Gesamtzuschlag beträgt 480 %.

    Zu welchem Inklusivpreis werden 4 cl verkauft? Der Schankverlust bleibt unberücksichtigt.

50 Aus einer Flasche Korn zum Einkaufspreis von 8,25 € lassen sich 28 Gläser ausschenken.

    Wie hoch ist der Inklusivpreis für ein Glas Korn, wenn der Gesamtzuschlag 430 % beträgt?

51 Für die Herstellung eines Martini-Cocktails werden 4 cl Gin, 2 cl trockener Wermut und eine Olive verwendet. Die Materialkosten betragen für die 0,7-Liter-Flasche Gin 11,20 €, für die 0,75-Liter-Flasche Wermutwein 4,40 € und für 1 Olive 0,08 €.

    51.1 Wie viele Flaschen Gin und Wermutwein werden für 46 Cocktails benötigt, wenn man mit 3 % Schankverlust rechnet?

    51.2 Ermitteln Sie den Inklusivpreis für einen Cocktail, wenn mit einem Gesamtzuschlag von 410 % gerechnet wird.

Komplexe Übungsaufgaben Getränke

52 Für eine Flasche Chartreuse (0,75 l) sind 4,25 € zu zahlen. Der Ausschankverlust beträgt 3 %.

    52.1 Mit wie viel € steht ein Glas (2 cl) in der Angebotskarte, wenn folgende Kalkulationszuschläge zu berücksichtigen sind: 220 % Betriebskosten, 23 % Gewinn und 14 % Serviceaufschlag?

    52.2 Welcher Gesamtzuschlag ergibt sich? Welchem Faktor entspricht diese Kalkulation?

    52.3 Wie viel € Gewinn erwirtschaftet man mit dem Verkauf eines Glases?

53 Für die Zubereitung der Kaffeespezialität Irish Coffee benötigt man:

    0,020 l Kaffee Double,   1 l für   3,50 €

    0,025 l Irish Whiskey,   0,75-l-Flasche für 11,00 €

    40 g Zucker,   1 kg für   0,85 €

    0,010 l ungeschlagene Sahne,   1 l für   1,75 €

    53.1 Ermitteln Sie den Materialpreis für einen Irish Coffee.

    53.2 Wie hoch ist der Inklusivpreis bei einem Gesamtzuschlag von 610 %?

    53.3 Berechnen Sie den Gewinn pro Glas in €, wenn die Selbstkosten 1,95 € betragen und 12 % Serviceaufschlag und die gesetzliche Mehrwertsteuer zu berücksichtigen sind.

54 Eine Flasche Kaiserstühler Spätburgunder steht mit 32,00 € in der Weinkarte. Die Umsatzbeteiligung beträgt 13 %, die Selbstkosten 23,50 €, die Gemeinkosten 180 %.

    54.1 Ermitteln Sie die Höhe der Umsatzbeteiligung in €.

    54.2 Ermitteln Sie den Gewinn in % und den Einkaufspreis.

    54.3 Ermitteln Sie den Kalkulationsfaktor.

55 Eine Biergaststätte erhält eine Rechnung über die Lieferung von 8 Fässern Pilsner à 50 l mit einem Netto-Rechnungsbetrag von 648 €. Die Brauerei gewährt einen Mengenrabatt von 15 %. Der Ausschankverlust wird mit 3,5 % angenommen.

    55.1 Ermitteln Sie den Listenpreis, den die Brauerei je Hektoliter Fasspilsner verlangt.

    55.2 Ermitteln Sie die Materialkosten für 0,5 l Pilsner.

    55.3 Berechnen Sie den Inklusivpreis für 0,3 l Pilsner, bei einem Kalkulationsfaktor von 4,5.

56 Im Weinrestaurant „Zum Rebstock" wird mit folgenden Zuschlägen kalkuliert: Gemeinkosten 155 %, Gewinn 10 %, Umsatzbeteiligung 12 %, gesetzliche Mehrwertsteuer.

    56.1 Ermitteln Sie den Gesamtzuschlag und den Kalkulationsfaktor.

    56.2 Der jährliche Umsatz betrug im abgelaufenen Jahr 2 130 976,20 €. Ermitteln Sie die Materialkosten bei den oben genannten Zuschlägen.

    56.3 Weisen Sie die gesetzliche Mehrwertsteuer aus.

57 In einem badischen Restaurant wird offener Wein traditionell als Viertele, das sind 0,25-l-Gläser, für 3,40 € angeboten. Der Netto-Einkaufspreis je Literflasche beträgt 4,30 €. Die Gemeinkosten werden mit 160 %, die Umsatzbeteiligung mit 12 % berechnet. Hinzu kommt die gesetzliche Mehrwertsteuer.

    57.1 Ermitteln Sie den Gewinn in € und %.

    57.2 In der Weinkarte sollen neuerdings auch offene Weine in 0,2-l-Gläsern angeboten werden. Ermitteln Sie den Gewinn in % und in €, wenn bei ansonsten gleicher Kalkulation das 0,2-l-Glas für 3,25 € verkauft wird.

58 Einkaufsmengen und Kalkulationen für einen Neujahrsempfang:

Getränkeart	Gläser	Ausschankmenge		Ausschankverlust	Netto-Einkaufspreis
Sekt	120		10 cl	5 %	4,65 €/0,75-l-Flasche
Sekt-Orange	80	Sekt	5 cl	5 %	4,65 €/0,75-l-Flasche
		Orange	5 cl	5 %	1,55 €/1-l-Flasche
Mineralwasser	60	0,25-l-Flaschen		–	0,25 €/0,25-l-Flasche

    58.1 Ermitteln Sie die benötigte Anzahl der unterschiedlichen Flaschen (auf ganze Flaschen runden).

    58.2 Ermitteln Sie den Gesamtpreis des Getränkeangebotes bei einem Kalkulationsfaktor von 4,2.

Restaurantfachkräfte arbeiten beim Verkauf weitgehend selbstständig. Sie rechnen sowohl mit dem Gast als auch mit dem **Betrieb** ab. Für den Gast erstellen sie eine Gästerechnung, während die Abrechnung gegenüber dem Betrieb mit Hilfe von Bons durchgeführt wird.

> **Merke:** Zu unterscheiden sind Abrechnungen der Beschäftigten gegenüber dem Gast und gegenüber dem Betrieb.

Bons, die entweder mittels **Registrierkassen** oder aus **Bonbüchern** ausgestellt werden, bilden die Grundlage für Bedienung, Abrechnung und Kontrolle. Der Bon gilt für die Restaurantfachkraft als Gutschein für das entsprechende **Getränk** bzw. die entsprechende **Speise**. Für den Betrieb ist dieser Bon dagegen Gutschein für den der Speise oder dem Getränk entsprechenden **Geldwert.**

Die Bons müssen folgende Angaben gut lesbar enthalten:
- Warenpreis
- Warenmenge
- Warenart
- feststehende Nummer der Bedienung und lfd. Nummer

Für jede Ware wird ein Bon ausgestellt, damit leicht abgerechnet werden kann.

Wichtige Begriffe zur Abrechnung mit dem Betrieb

Originalbon:	Schriftlicher Beleg für die Ausgabe; er dient zur Bereitstellung der Speisen und Getränke.
Durchschrift:	Bestandteil des Bonbuches; sie dient zur Abrechnung mit Gast und Betrieb.
Talon:	Abriss am Grundbon, der mit der bestellten Ware der Servicekraft zur Kontrolle der richtigen Speise/des richtigen Getränks zurückgegeben wird.
Fehlbon (Rückbon):	Beleg, der falsch ausgestellte Bonausfertigungen rückgängig macht.
Restantrechnung:	(Restant [lat.]: zahlungsrückständiger Schuldner) Offene Rechnung eines noch anwesenden Gastes, eingetragen im Hoteljournal, der nicht bar zahlt, sondern eine Rechnung unterschreibt.
Debitorrechnung:	(Debitor [lat.]: Schuldner, der Waren auf Kredit erhalten hat) Offene Rechnung eines abgereisten Gastes.

Für die Abrechnung wird ein Vordruck verwendet, in dem folgende Eintragungen vorgesehen sind:
- Datum
- Name und Nummer der Bedienung
- Gesamtumsatz
- Fehlbons (Rückbons) mit berichtigtem Umsatz
- Restanten und Abrechnungsbetrag (bar oder geldähnliche Mittel)

Beispiele für 2 Küchenbons

Bon aus dem Bonbuch

Bon aus der Registrierkasse

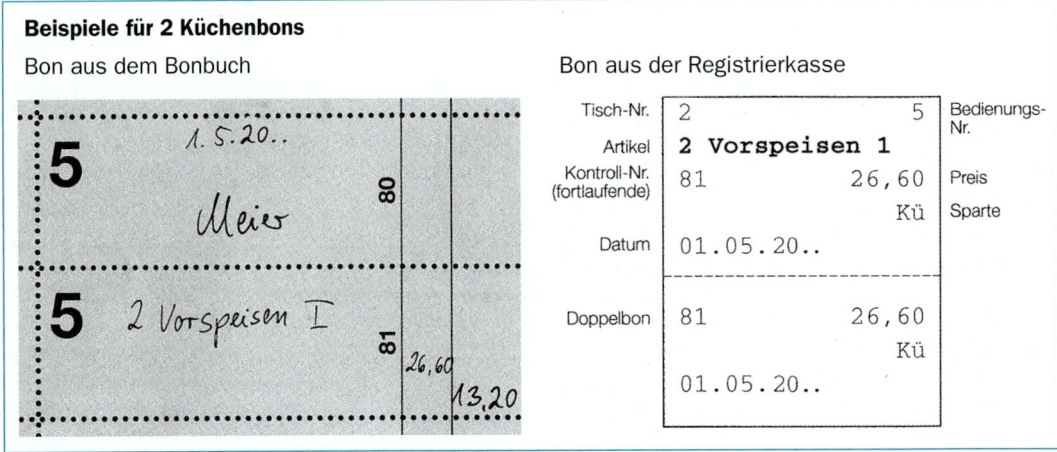

Tisch-Nr.	2	5	Bedienungs-Nr.
Artikel	**2 Vorspeisen 1**		
Kontroll-Nr. (fortlaufende)	81	26,60	Preis
		Kü	Sparte
Datum	01.05.20..		
Doppelbon	81	26,60	
		Kü	
	01.05.20..		

Beispielaufgabe:

Die Tagesabrechnung von Restaurantfachmann Gerd sieht folgendermaßen aus:

Gesamteinnahmen	947,20 €
Umsatz lt. Bons	830,26 €
Eingebrachtes Wechselgeld	105,00 €
Umsatzbeteiligung	20 %
Abgabe von der Umsatzbeteiligung	25 %
(Lohnsteuer, Sozialabgaben)	

1. Führen Sie die ordnungsgemäße Abrechnung durch.
2. Welchen Betrag darf Gerd als Umsatzbeteiligung behalten?
3. Ermitteln Sie die Höhe des von Gerd eingenommenen Trinkgeldes.

Lösungsweg:

Bruttoumsatz (Umsatz lt. Bon)	119 %	830,26 €	830,26 €
Nettoumsatz	100 %	697,70 €	
Nettoumsatz	120 %	697,70 €	
Umsatzbeteiligung	20 %	116,28 €	
Umsatzbeteiligung	100 %	116,28 €	
Umsatz-Eigenanteil	75 %	87,21 €	**– 87,21 €**
Abgabe an Betrieb			**743,05 €**
Gesamteinnahmen			947,20 €
Abgabe an Betrieb			743,05 €
Eigenkasse			204,15 €
Wechselgeld			– 105,00 €
Umsatz-Eigenanteil			– 87,21 €
Trinkgeld			**11,94 €**

1. Mit dem Betrieb abzurechnen sind 743,05 €.

2. Gerd darf 87,21 € behalten.

3. Das Trinkgeld beträgt 11,94 €.

Die Abrechnung gegenüber dem Betrieb richtet sich nach der Art der Entlohnung, wie das die Beispielaufgabe zeigt. Bei der Entlohnung nach Einzelleistungen erhält der Mitarbeiter einen bestimmten Teil der Umsatzbeteiligung. Zur Deckung von Lohnsteuer und Sozialabgaben kann ein Teil der Umsatzbeteiligung einbehalten werden. Vergleiche „Lohn- und Gehaltsabrechnungen", Seite 190 ff.

Übungsaufgaben Abrechnen mit dem Betrieb

1 Ermitteln Sie die Nettoumsätze aus den aufgeführten Tageseinnahmen einer Restaurantfachfrau.

1.1	1.2	1.3	1.4	1.5
2 395,37 €	2 485,73 €	1 974,92 €	1 764,94 €	2 874,74 €

2 Ermitteln Sie die Umsatzbeteiligung in €, die in den aufgeführten Tagesumsätzen enthalten ist, nach Abrechnug der Mehrwertsteuer, wenn die prozentuale Umsatzbeteiligung bei 18 % liegt.

2.1	2.2	2.3	2.4	2.5
1 335,37 €	2 265,04 €	974,85 €	1 789,00 €	1 874,70 €

3 Ermitteln Sie den Umsatzeigenanteil nach Abrechnung der Mehrwertsteuer in €, der in den aufgeführten Tagesumsätzen enthalten ist, wenn die prozentuale Umsatzbeteiligung bei 15 % liegt, wovon der Betrieb 20 % für Lohnsteuer und Sozialabgaben einbehält.

3.1	3.2	3.3	3.4	3.5
1 535,74 €	1 865,25 €	1 374,85 €	1 949,19 €	1 235,70 €

4 Eine Servierkraft rechnet nach Dienstschluss ab. Die Höhe des Umsatzes lt. Bonabrechnung beträgt 743,67 €. An Bargeld hat sie 457,39 € eingenommen, ferner liegen ein Rückbon über 22,19 € sowie zwei Schecks mit insgesamt 212 € vor. Weiterhin bestehen noch unbezahlte, vom Gast unterschriebene Rechnungen.

4.1 Erstellen Sie eine Abrechnung nach den Belegen.

4.2 Wie hoch sind die unbezahlten Rechnungen?

5 Ein Restaurantfachmann rechnet am Ende seines Dienstes ab:

Bargeld	423,50 €	Fremdwährungen (siehe Kurstabelle Seite 185)
Rückbons	20,15 €	sfr	320,00 sfr
Barschecks	215,00 €	DKR	872,00 DKR

5.1 Führen Sie die Abrechnung nach den Belegen durch.

5.2 Ermitteln Sie den Tagesumsatz in €.

6 Ein Restaurantfachmann hatte in der letzten Woche folgende Tagesabrechnungen. Von der Umsatzbeteiligung kann er einen Eigenanteil von 80 % behalten.
Ermitteln Sie für jeden Tag

6.1 den Abrechnungsbetrag für den Betrieb,

6.2 den Umsatzeigenanteil,

6.3 das eingenommene Trinkgeld.

Tag	Tageskasse	Umsatz lt. Bon	Umsatz- beteiligung	Wechsel- geld
Montag	867,20 €	785,27 €	20 %	50,00 €
Dienstag	1 081,30 €	952,34 €	20 %	65,00 €
Mittwoch	1 328,40 €	1 197,56 €	20 %	85,00 €
Donnerstag	937,21 €	843,93 €	15 %	59,50 €
Freitag	1 648,38 €	1 529,75 €	15 %	46,00 €
Sonnabend	2 304,00 €	2 109,84 €	15 %	95,00 €

7 Aushilfsserviererin Gerda erhält 14 % des Nettoverkaufspreises als Lohn.

Wie viel € bekommt sie ausgezahlt, wenn sie bei Arbeitsschluss 874,55 € brutto abrechnet?

8 Ein Restaurantfachmann erhält eine Umsatzbeteiligung von 12 %. Das sind 168 €.
Welchen Umsatz hat er erbracht?

9 Die monatlichen Gesamteinnahmen eines Restaurantfachmanns belaufen sich auf 19 678,80 €. Die Umsatzbeteiligung beträgt 14 %.
Ermitteln Sie die Umsatzbeteiligung in €, berücksichtigen Sie bei der Berechnung die Mehrwertsteuer.

10 Hotelfachfrau Sabine hat 302,00 € Umsatz aus dem Restaurant mit 11 % Umsatzbeteiligung und 88,20 € Umsatz aus dem Etagenservice mit 14 % Umsatzbeteiligung.
Ermitteln Sie ihren Tagesverdienst.

11 Berechnen Sie den Tagesverdienst (Umsatzbeteiligung + Trinkgeld) einer Restaurantfachfrau und den Abrechnungsbetrag an den Wirt:
Tageskasse 775,40 €, Umsatz (lt. Bons) 720,80 €, Umsatzbeteiligung 11 %, Wechselgeld 50 €.

12 Nach Dienstschluss hat Restaurantfachmann Christian einen Kassenbestand von 820,55 €. Lt. Bonabrechnung hatte er einen Umsatz von 788,10 €.
12.1 Errechnen Sie, wieviel € er bei 12 % Umsatzbeteiligung an den Betrieb zahlt.
12.2 Er hatte 25 € Wechselgeld dabei. Wie hoch war demzufolge sein Trinkgeld?

13 Eine Aushilfskraft rechnet einen Umsatz von 276,50 € ab.
Welchen Betrag bekommt sie bei Berücksichtigung von 12 % Bedienungsgeld und der gesetzlichen Mehrwertsteuer ausgezahlt?

14 Mit einer zusätzlichen Mitarbeiterin im Service wurden 14 % Umsatzbeteiligung vereinbart. Die Computerkasse weist einen Umsatz von 355,85 € aus.
Wie hoch ist der Auszahlungsbetrag?

15 Eine Studentin arbeitet aushilfsweise auf dem jährlich im Herbst stattfindenden Bauernmarkt und verkauft heiße Würstchen mit Kartoffelsalat. Sie möchte 40 € am Tag auf die Hand verdienen.
Wie viele Portionen Würstchen mit Salat zum Preis von 2,90 € müsste sie verkaufen, wenn eine Umsatzbeteiligung von 15 % vereinbart war?

16 Eine Aushilfsbedienung erhält 15 % Umsatzbeteiligung. Sie erreicht einen Umsatz von 682,15 €.
Wie hoch ist der Auszahlungsbetrag?

17 Ein Servicemitarbeiter hat einen Umsatz von 845,25 €.
17.1 Wie hoch ist der Mehrwertsteueranteil?
17.2 Wie hoch ist der Nettoumsatz?
17.3 Die Umsatzbeteiligung beträgt 13 %.
Wie viel € sind das?
17.4 Welcher Umsatz wäre erforderlich gewesen, um die Zielvorstellung von 100 € Umsatzbeteiligung zu erreichen?

19.1 Gästerechnungen

Im **Restaurant** erhält der Gast allgemein eine Abrechnung mit folgenden Angaben:
• Warenmengen, • Warenarten, • Warenpreise, • Rechnungssumme einschließlich Mehrwertsteuer.

Vorderseite

Hotel Stadt Gießen ①

Birkenstraße 15 • 35354 Gießen
Steuernummer: 5320/5810/0014

Frau ②
Helga Schneider
Gießen ③

Rechnung 203–104	1. Juli 20…
8 Aperitif	20,00 €
6 Vorspeisenteller	36,00 €
4 Rinderfilet ④	42,00 €
4 Wiener Schnitzel	39,00 €
8 Eis-Dessert	28,00 €
6 Flaschen Mineralwasser	8,10 €
2 Flaschen Spätburgunder-Weißherbst	23,50 €
4 Mokka	6,00 €
4 Cognac	12,00 €
Summe (brutto) ⑤	**214,60 €**
Summe (netto)	**180,34 €**

darin enthaltene 19 % Mehrwertsteuer 34,26 € ⑥

① Name, Ort und Straße des Restaurants
(Stempel genügt), Steuernummer

② Name und Wohnort des Gastgebers

③ Tag der Bewirtung

④ Auflistung aller Speisen und Getränke mit
Preisen

⑤ Gesamtpreis (brutto/netto)

⑥ Mehrwertsteuerbetrag
(in € und % nur bei Rechnungen über 150 €,
sonst genügt: „Inklusive 19 % Mehrwertsteuer")
Lt. Umsatzsteuer-Gesetz § 14 Abs. 4 und
DVO § 33 ab 2007

Rückseite

Angaben zum Nachweis der Höhe und der betrieblichen Veranlassung von Bewirtungsaufwendungen (§ 4 Abs. 5 Nr. 2 EStG)

Tag der Bewirtung	Ort der Bewirtung
	(genaue Bezeichnung, Anschrift)
1.7.20…	Hotel Stadt Gießen ⑦
	Gießen

Bewirtete Person(en)

Hans Aron, Hamburg/Heidi Schmidt, Zürich
Klaus Müller Gießen ⑧

Anlass der Bewirtung

⑨

Mitarbeiterschulung

Gießen ⑩	1.7.20…	Schneider
Ort	Datum	Unterschrift

⑦ Name des Restaurants

⑧ Name und Wohnort der Gäste

⑨ Anlass der Bewirtung

⑩ Ort, Datum, Unterschrift des Gastgebers

Die Rechnung bei **Geschäftsessen** muss spezifiziert, also nach den einzelnen Positionen aufgeschlüsselt sein. Auch das Trinkgeld ist auf Wunsch des Gastes in die Rechnung aufzunehmen.

Für die steuerliche Anerkennung ist die gedruckte Rechnungsausstellung erforderlich. Oben stehendes Musterformular gibt die Angaben wieder, die auf einer anerkannten Gästerechnung unbedingt zu stehen haben.

Diese Rechnung ist aus der Sicht des steuerpflichtigen Gastes der **Fremdbeleg**. Zur steuerlichen Abzugsfähigkeit beim Finanzamt muss der Gast noch einen Eigenbeleg ausstellen. Dies geschieht in der Regel durch Angabe des Anlasses eines Essens sowie der Essensteilnehmer auf der Rückseite des Fremdbeleges.

Beispielaufgabe:

Fertigen Sie für Herrn Direktor Erich Ehrlichmann, Elektronikbau, 01748 Bannewitz, eine Rechnung über folgende Leistungen an:

4 Kraftbrühen mit Lebernocken	zu je	2,10 €
4 Cordon bleu	zu je	10,65 €
4 Erdbeeren Romanow	zu je	4,10 €
4 Tassen Kaffee	zu je	1,75 €
4 Gläser Pilsner (0,4 1)	zu je	2,40 €
4 Flaschen Mineralwasser	zu je	1,20 €
2 Weinbrand (4 cl)	zu je	3,00 €

Lösungsweg:

Hotel Schweriner Hof

Bahnhofstraße 16 • 10111 Berlin • Telefon 1 23 45
Steuernummer: 7380/3420/0012

Rechnung Nr. 123-45

für Herrn Direktor Erich Ehrlichmann, Firma Elektronikbau, 01748 Bannewitz

		€
Speisen:	4 Kraftbrühen mit Lebernocken	8,40
	4 Cordon bleu	42,60
	4 Erdbeeren Romanow	16,40
Getränke:	4 Tassen Kaffee	7,00
	4 Gläser Pilsner (0,4 l)	9,60
	4 Flaschen Mineralwasser	4,80
	2 Weinbrand (4 cl)	6,00
	Summe brutto	94,80
	netto	79,66
Datum: 1. Oktober 20…	in der Summe sind 19 % MwSt enthalten	

Berlin – Das Herz Deutschlands

Übungsaufgaben Abrechnung mit dem Gast

1 Fertigen Sie eine Rechnung für die Familie Fritze aus Halle an, die folgende Leistungen zu bezahlen hat:

8 Menüs II	16,40 €/Menü	3 Kännchen Kaffee	3,60 €/Kännchen
3 Glas Bier	1,60 €/Bier	1 Flasche Mineralwasser	1,45 €/Flasche

2 Ein Gast erhält eine Rechnung in Höhe von 60,45 €.
Wie hoch ist der Mehrwertsteuerbetrag?

3 Erstellen Sie auf einem Rechnungsvordruck eine Rechnung durch Kopfrechnen.
Tisch 3: Herr Schepperle

5 Nordhäuser Doppelkorn	je 1,60 €	1 Mineralwasser	je 1,25 €
5 Pilsner	je 1,90 €	4 Tassen Kaffee	je 1,10 €
5 Filet Stroganow	je 16,25 €	1 Portion Tee	je 1,25 €

4 Erstellen Sie auf einem Rechnungsvordruck eine Rechnung durch Kopfrechnen.
Tisch 4: Firma Huber, Frau Gerhard

2 Ochsenschwanzsuppen	je 4,25 €	3 Mineralwasser	je 1,20 €
3 Chinesische Hühnersuppen	je 4,50 €	1 Eisbecher	je 3,90 €
4 Carpaccio	je 5,50 €	3 Eisbecher	je 4,35 €
1 Krabbencocktail	je 4,00 €	1 Eiskaffee	je 2,75 €
5 Rehrücken Baden-Baden	je 16,45 €	4 Kännchen Mokka	je 4,45 €
1 Flasche Ihringer		2 Grappa	je 3,25 €
Spätburgunder-Weißherbst	je 9,05 €		

5 Erstellen Sie eine vorschriftsmäßige Gästerechnung für einen Stammtisch mit Preisen Ihres Ausbildungsbetriebes, wenn möglich auf Vordrucken.

6 Bei einem Arbeitsessen wurden von einem Hotelgast folgende Bestellungen aufgegeben:

10 Gedecke I	zu je 16,15 €	4 Schorle	zu je 2,45 €
8 Gedecke II	zu je 14,80 €	2 Mineralwasser	zu je 1,40 €
15 Pilsner	zu je 1,40 €	10 Portionen Kaffee	zu je 3,25 €
3 Bier	zu je 2,10 €	2 Eisbecher	zu je 3,75 €
15 Viertel Wein	zu je 2,90 €		

6.1 Stellen Sie eine Rechnung auf.

6.2 Ermitteln Sie die in der Rechnung enthaltene Mehrwertsteuer.

6.3 Welche Besonderheit ist zu beachten, wenn der Gast die Summe auf die Hotelrechnung setzen lässt?

7 Für eine Reisegesellschaft wurden serviert:

14 Menüs I	zu je 9,10 €	12 Gläser Weißwein	zu je 2,40 €
12 Menüs II	zu je 10,75 €	35 Gläser Pilsner	zu je 1,80 €
11 Menüs III	zu je 11,55 €	8 Flaschen	
8 klare Suppen	zu je 2,75 €	Mineralwasser	zu je 1,20 €

Dem Reiseveranstalter Kyffhäuser-Reisedienst Rothenburg wird ein Preisnachlass von 12 % gewährt. Stellen Sie die Rechnung aus.

8 Am Tisch 14 ist folgender Verzehr verzeichnet:

2 Apéritifs	je 3,20 €	1 Mineralwasser	1,85 €
2 Menüs II	je 16,25 €	3 Gläser Pilsner	je 2,20 €

Erstellen Sie die Gastrechnung.

9 Bei einer Familienfeier gab es folgenden Verzehr:

5 Gläser Sekt	je 2,80 €	3 Gläser Apfelschorle	je 2,10 €
4 Menüs	je 21,10 €	1 Mineralwasser	1,85 €
1 Kinderessen	3,25 €	5 Eisdesserts	je 3,20 €
7 Gläser Schwarzbier	je 1,90 €		

Erstellen Sie die Gastrechnung.

10 Zwei Ehepaare verzehrten:

4 Geflügelkraftbrühen	je 2,80 €	2 Gläser Apfelschorle	je 2,10 €
1 Filetsteak	16,10 €	1 Mineralwasser	1,85 €
1 Kalbsmedaillons	17,20 €	4 Cappuccino	je 1,95 €
2 Forellen blau	je 12,80 €	2 Weinhefe (Spirituose)	je 2,80 €
3 Gläser Pilsner	je 2,20 €		

Erstellen Sie die Gastrechnung.

11 Erstellen Sie die Gastrechnung.

1 Kalt-warmes Büfett	945,00 €	5 Flaschen Mineralwasser	je 1,85 €
4 Flaschen Riesling	je 19,20 €	4 Cappuccino	je 1,95 €
3 Flaschen Spätburgunder	je 20,30 €	5 Portionen Kaffee,	
16 Flaschen Orangensaft	je 2,15 €	komplett	je 3,25 €
2 Gläser Apfelschorle	je 2,10 €	2 Cognac	je 2,80 €
2 Grand Marnier	je 2,60 €		

12 Anlässlich einer Betriebsfeier gab es folgenden Verzehr:

12 Menüs 1	je 24,85 €	16 Flaschen Orangensaft	je 2,05 €
8 Menüs 2	je 22,50 €	2 Gläser Apfelsaft	je 1,40 €
4 Menüs 3	je 27,10 €	5 Flaschen Mineralwasser	je 1,85 €
4 Flaschen Gutedel	je 12,15 €	4 Cappuccino	je 1,95 €
4 Flaschen Grauburgunder	je 11,95 €	2 Weinbrand	je 2,80 €
3 Flaschen Bordeaux	je 13,55 €		

Erstellen Sie die Gastrechnung.

13 Eine Herrenrunde hatte folgenden Verzehr:

5 Gläser Sherry	je 2,80 €	3 Gläser Weinschorle	je 2,10 €
4 Menüs	je 21,10 €	1 Mineralwasser	1,85 €
1 Kalbsleberspießchen	11,80 €	5 Portionen Mokka	je 3,15 €
7 Gläser Schwarzbier	je 1,90 €		

Erstellen Sie die Gastrechnung.

14 Familie Müller verzehrte beim Mittagsmahl:

5 Gläser Sekt	je 2,80 €	1 Kinderessen	3,25 €
3 Gläser Orangensaft	je 1,90 €	3 Flaschen Spätburgunder	je 19,10 €
4 Hummercocktails	je 4,85 €	3 Gläser Apfelschorle	je 2,10 €
4 Salatteller	je 4,10 €	1 Mineralwasser	1,85 €
8 Gedecke	je 14,10 €	8 Schwarzwald-Eisbecher	je 3,20 €

Erstellen Sie die Gastrechnung.

15 An der Bar bestellte ein Hotelgast für sich und vier befreundete Gäste:

3 Gläser Wodka	je 2,20 €	1 Flasche Tonicwasser	1,85 €
2 Gläser Cognac	je 2,10 €	5 Espresso	je 1,95 €
3 Martini	je 3,25 €		

Erstellen Sie die Gastrechnung.

19.2 Wechselgeld

Korrekter Umgang mit dem Geld ist ein Grundanliegen eines jeden gastronomischen Betriebes. Enttäuschungen über ungenaue oder falsche Abrechnungen beeinträchtigen das Vertrauen des Gastes zum Servierpersonal und zum Haus insgesamt.

Merke: Beim Bezahlen bleibt das vom Gast gegebene Geld sichtbar für den Gast, bis der Zahlungsvorgang abgeschlossen ist. Die Differenz zwischen Rechnungsbetrag und dem vom Gast gegebenen Geldbetrag wird vorgezählt.

Beispielaufgabe:

In einem Café bezahlt ein Herr seine Rechnung über 23,10 €.
Er legt der Serviererin einen 50-€-Schein hin und sagt: „Rechnen Sie 24 €".
Wie gibt die Serviererin das Wechselgeld heraus?

Lösungsweg: Die Serviererin nimmt den 50-€-Schein in die Hand, die die Geldtasche hält, und sagt hörbar: „Vielen Dank; 24 €, 30 € und 50 €". Sie legt dabei dem Herrn zunächst 6€ als Hartgeld und dann einen 20-€-Schein hin.

Übungsaufgaben Herausgeben von Wechselgeld

1 Ein Gast erhält eine Rechnung über 271,10 €. Er legt der Serviererin einen 500-€-Schein hin und sagt: Rechnen Sie 280 €.
Erläutern Sie mündlich, wie die Restaurantfachfrau das Wechselgeld herausgibt.

2 Ein Gast bestellte Kaffee und hat 3,40 € zu bezahlen. Er legt der Serviererin einen 50-€-Schein hin.
Erläutern Sie mündlich, wie die Serviererin das Wechselgeld herausgibt.

3 Ein Stammgast hat nach einem Herrenabend die Rechnung über 126,70-€ zu begleichen. Erfahrungsgemäß bekommt die Serviererin nach der exakten Abrechnung stets einen 10-€-Schein als Trinkgeld.
Erläutern Sie, wie sich die Serviererin bei der Abrechnung korrekt verhält.

19.3 Mehrwertsteuer

Grundlagen

Die **Mehrwertsteuer,** auch als **Umsatzsteuer** bezeichnet, stellt eine allgemeine Verbrauchssteuer dar, die den Endverbraucher belastet. Die Umsatzsteuer wird beim Unternehmer für den Endverbraucher erhoben. Dieser weist die Umsatzsteuer als Preisbestandteil aus und führt die Steuer an das Finanzamt ab.

Da diese Steuer alle Waren und Dienstleistungen nur für den Endverbraucher belastet, ist sie für die Unternehmen kostenneutral. Durch einen **Vorsteuerabzug** kann der Unternehmer Umsatzsteuerbeträge abziehen, die ihm andere Unternehmen bereits in Rechnung gestellt hatten.

Steuersätze

Steuerpflichtig sind alle Leistungen und Lieferungen an die Verbraucher. Das können Lebensmittel, Dienstleistungen, Werbeleistungen, Gegenstände aller Art u. a. sein.

Das Umsatzsteuergesetz unterscheidet zwei Steuersätze:
– den allgemeinen Steuersatz
– den ermäßigten Steuersatz

Der allgemeine Steuersatz liegt **gegenwärtig bei 19 %,** während der ermäßigte Steuersatz 7 % beträgt. Der **ermäßigte Steuersatz** gilt für Hotelübernachtungen und für bestimmte Waren, insbesondere für Lebensmittel, ausgenommen der Speisen- und Getränkeverkauf in Gaststätten. Er wird weiterhin für Bücher und andere Druckerzeugnisse angewendet.

Der **allgemeine Steuersatz** muss z. B. für Speisen und Getränke in Gaststätten, für Quell- und Tafelwasser, für Bier, Wein, Spirituosen, für Zigaretten und Tabakerzeugnisse erhoben werden.

EU-Regelungen

Seit 1993 kann der Verbraucher in anderen EU-Staaten gekaufte Waren ohne mengen- oder wertmäßige Beschränkung einführen. Im gewerblichen Verkehr erfolgt die Besteuerung erst im Bestimmungsland.

Mehrwertsteuerberechnung in der Gastronomie

Auch der Verkauf von Waren oder Dienstleistungen der Gastronomie und Hotellerie an die Endverbraucher ist mehrwertsteuerpflichtig. Der Rechnungsbetrag muss die Mehrwertsteuer enthalten. Ausgewiesene Preise einschließlich der Mehrwertsteuer werden als Inklusivpreise (lat. inklusiv = inbegriffen) bezeichnet.

Bei **Kleinrechnungen** bis 150 € muss die Mehrwertsteuer nicht extra ausgewiesen werden. Es genügt, wenn der Steuersatz in folgender Form genannt ist: „In dem Rechnungsbetrag ist die gesetzliche Mehrwertsteuer von 19 % enthalten." Allerdings kann der Gast auch bei Kleinrechnungen die getrennte Ausweisung der Mehrwertsteuer verlangen.

Bei **größeren Rechnungsbeträgen** über 150 € sowie bei allen Firmenrechnungen ist nach dem EStG die enthaltene Mehrwertsteuer getrennt auszuweisen.

(Lt. Umsatzsteuer-Gesetz § 14 Abs. 4 und DVO § 33 ab 2007)

Beispielaufgabe:

Überprüfen Sie die Richtigkeit der folgenden Mehrwertsteuerberechnung:

Die Fleischerei Müller hat an das Restaurant Königsstein Wurstspezialitäten zum Nettoverkaufspreis von 218,20 € geliefert und dafür einen Bruttoverkaufspreis von 233,47 € berechnet.

Lösungsweg:

Nettoverkaufspreis	218,20 €
+ 7 % Mehrwertsteuer	15,27 €
Bruttoverkaufspreis	233,47 €

Die Anwendung des ermäßigten Steuersatzes von 7 % bei einer Lebensmittellieferung ist richtig. Angaben sind auch rechnerisch ohne Fehler.

In der gastronomischen Praxis ist auch die Rückrechnung von großer Bedeutung. Dadurch werden die in der Rechnung enthaltenen Mehrwertsteuerbeträge sichtbar gemacht.

Beispielaufgabe:

Ein Geschäftsmann bezahlt für ein Abendessen einen Rechnungsbetrag von 185 €.

Lösungsweg:

Inklusivpreis	119 % ≙ 185,00 €	
Mehrwertsteuer	19 % ≙ x €	x = 29,54 €

Inklusivpreis	185,00 €
– Mehrwertsteuer	29,54 €
Nettoverkaufspreis	155,46 €

Elvira vermerkt auf der Rechnung einen Mehrwertsteueranteil von 29,54 €.

Probe:

Nettoverkaufspreis	155,46 €
+ 19 % Mehrwertsteuer	29,54 €
Inklusivpreis	185,00 €

Berechnung der Mehrwertsteuer aus dem Endbetrag

Vorwärts

NVP	100 %	223,00 €
+ MwSt	19 %	42,37 €
= IP	119 %	265,37 €

Rückwärts

IP 119 % = 265,37 €

19 % = x €

x = 42,37 €

Verwendung eines Faktors zum Mehrwertsteuerausweis

Im Rechnungsbetrag von 119,00 € sind 19 € MwSt enthalten.
Ermittelt werden soll der prozentuale Anteil der Mehrwertsteuer am Inklusivpreis.

119,00 € entsprechen 100 %
  19,00 € entspricht   x %
                        x = 15,97 % → Faktor 15,97

> Der Faktor 15,97 weist den Anteil der Mehrwertsteuer am Inklusivpreis aus.

Die gegenwärtig gültigen Mehrwertsteuersätze können der Einfachheit halber **Tabellen** entnommen werden. Ein Auszug aus der Brutto- und Nettotabelle ist nachfolgend wiedergegeben.

Übungsaufgaben Mehrwertsteuer

1 Errechnen Sie für Speisen und Getränke die Inklusivpreise aus den folgenden Nettoverkaufspreisen:
   1.1 3,20 €   **1.2** 5,85 €   **1.3** 12,15 €   **1.4** 25,20 €

2 Ermitteln Sie den Mehrwertsteueranteil in folgenden Inklusivpreisen:
   2.1 8,10 €   **2.2** 12,40 €   **2.3** 24,35 €   **2.4** 57,15 €

3 Ermitteln Sie mit Hilfe der Mehrwertsteuertabelle (Auszug) auf Seite 182 f die Mehrwertsteueranteile für Speisen und Getränke bei folgenden Inklusivpreisen:
   3.1 31,00 €   **3.3** 31,98 €   **3.5** 13,30 €
   3.2 31,80 €   **3.4** 13,00 €   **3.6** 13,90 €

4 Ermitteln Sie die Nettoverkaufspreise für Speisen und Getränke bei folgenden Mehrwertsteueranteilen:
   4.1 0,05 €   **4.4** 0,52 €   **4.7** 1,37 €   **4.10** 1,80 €
   4.2 0,13 €   **4.5** 0,65 €   **4.8** 1,55 €   **4.11** 2,00 €
   4.3 0,39 €   **4.6** 1,17 €   **4.9** 1,67 €   **4.12** 3,78 €

5 In einem Inklusivpreis für Speisen und Getränke von 245,11 € sind 39,14 € Mehrwertsteuer enthalten.
   Berechnen Sie, wie viel Prozent das vom Inklusivpreis sind.

6 Den folgenden Inklusivpreisen von Speisen und Getränken sind die Mehrwertsteueranteile zugeordnet.

| Inklusivpreise | 36,10 € | 41,65 € | 72,25 € | 285,10 € |
| Mehrwertsteueranteile | 5,76 € | 6,65 € | 11,54 € | 45,52 € |

   6.1 Berechnen Sie die Nettoverkaufspreise.
   6.2 Ermitteln Sie den prozentualen Mehrwertsteueranteil, wenn man den Inklusivpreis mit 100 % annimmt.
   6.3 Welche Schlussfolgerungen ziehen Sie aus den Ergebnissen bei Aufgabe 6.2?

7 Der Inklusivpreis für ein Tagesmenü beträgt 32,70 €. 32 Gäste wählten das Menüangebot.
   Berechnen Sie die gesamte Mehrwertsteuer in €.

8 Bei einem Mehrwersteuersatz von 19 Prozent ist mit einem Faktor von 15,97 zu rechnen.
   Ermitteln Sie mit Hilfe des Faktors die in den Rechnungsbeträgen enthaltene Mehrwertsteuer.
   8.1   14,20 €
   8.2   36,10 €
   8.3   122,15 €
   8.4   210,00 €
   8.5 1 278,00 €

9 Ermitteln Sie den Berechnungsfaktor für die ermäßigte Mehrwertsteuer von 7 %.

7 % 13,99

Brutto bis	MwSt	Netto bis	Brutto bis	MwSt	Netto bis
13,00	0,85	12,15	13,50	0,88	12,62
01	0,85	12,16	51	0,88	12,63
02	0,85	12,17	52	0,88	12,64
03	0,85	12,18	53	0,89	12,64
04	0,85	12,19	54	0,89	12,65
05	0,85	12,20	55	0,89	12,66
06	0,85	12,21	56	0,89	12,67
07	0,86	12,21	57	0,89	12,68
08	0,86	12,22	58	0,89	12,69
09	0,86	12,23	59	0,89	12,70
13,10	0,86	12,24	13,60	0,89	12,71
11	0,86	12,25	61	0,89	12,72
12	0,86	12,26	62	0,89	12,73
13	0,86	12,27	63	0,89	12,74
14	0,86	12,28	64	0,89	12,75
15	0,86	12,29	65	0,89	12,76
16	0,86	12,30	66	0,89	12,77
17	0,86	12,31	67	0,89	12,78
18	0,86	12,32	68	0,89	12,79
19	0,86	12,33	69	0,90	12,79
13,20	0,86	12,34	13,70	0,90	12,80
21	0,86	12,35	71	0,90	12,81
22	0,86	12,36	72	0,90	12,82
23	0,87	12,36	73	0,90	12,83
24	0,87	12,37	74	0,90	12,84
25	0,87	12,38	75	0,90	12,85
26	0,87	12,39	76	0,90	12,86
27	0,87	12,40	77	0,90	12,87
28	0,87	12,41	78	0,90	12,88
29	0,87	12,42	79	0,90	12,89
13,30	0,87	12,43	13,80	0,90	12,90
31	0,87	12,44	81	0,90	12,91
32	0,87	12,45	82	0,90	12,92
33	0,87	12,46	83	0,90	12,93
34	0,87	12,47	84	0,91	12,93
35	0,87	12,48	85	0,91	12,94
36	0,87	12,49	86	0,91	12,95
37	0,87	11,50	87	0,91	12,96
38	0,88	11,50	88	0,91	12,97
39	0,88	12,51	89	0,91	12,98
13,40	0,88	12,52	13,90	0,91	12,99
41	0,88	12,53	91	0,91	13,00
42	0,88	12,54	92	0,91	13,01
43	0,88	12,55	93	0,91	13,02
44	0,88	12,56	94	0,91	13,03
45	0,88	12,57	95	0,91	13,04
46	0,88	12,58	96	0,91	13,05
47	0,88	12,59	97	0,91	13,06
48	0,88	12,60	98	0,91	13,07
49	0,88	12,61	99	0,92	13,07

19 % 13,99

Brutto bis	MwSt	Netto bis	Brutto bis	MwSt	Netto bis
13,00	2,08	10,92	13,50	2,16	11,34
01	2,08	10,93	51	2,16	11,35
02	2,08	10,94	52	2,16	11,36
03	2,08	10,95	53	2,16	11,37
04	2,08	10,96	54	2,16	11,38
05	2,08	10,97	55	2,16	11,39
06	2,09	10,97	56	2,17	11,39
07	2,09	10,98	57	2,17	11,40
08	2,09	10,99	58	2,17	11,41
09	2,09	11,00	59	2,17	11,42
13,10	2,09	11,01	13,60	2,17	11,43
11	2,09	11,02	61	2,17	11,44
12	2,09	11,03	62	2,17	11,45
13	2,10	11,03	63	2,18	11,45
14	2,10	11,04	64	2,18	11,46
15	2,10	11,05	65	2,18	11,47
16	2,10	11,06	66	2,18	11,48
17	2,10	11,07	67	2,18	11,49
18	2,10	11,08	68	2,18	11,50
19	2,11	11,08	69	2,19	11,50
13,20	2,11	11,09	13,70	2,19	11,51
21	2,11	11,10	71	2,19	11,52
22	2,11	11,11	72	2,19	11,53
23	2,11	11,12	73	2,19	11,54
24	2,11	11,13	74	2,19	11,55
25	2,12	11,13	75	2,20	11,55
26	2,12	11,14	76	2,20	11,56
27	2,12	11,15	77	2,20	11,57
28	2,12	11,16	78	2,20	11,58
29	2,12	11,17	79	2,20	11,59
13,30	2,12	11,18	13,80	2,20	11,60
31	2,13	11,18	81	2,20	11,61
32	2,13	11,19	82	2,21	11,61
33	2,13	11,20	83	2,21	11,62
34	2,13	11,21	84	2,21	11,63
35	2,13	11,22	85	2,21	11,64
36	2,13	11,23	86	2,21	11,65
37	2,13	11,24	87	2,21	11,66
38	2,14	11,24	88	2,22	11,66
39	2,14	11,25	89	2,22	11,67
13,40	2,14	11,26	13,90	2,22	11,68
41	2,14	11,27	91	2,22	11,69
42	2,14	11,28	92	2,22	11,70
43	2,14	11,29	93	2,22	11,71
44	2,15	11,29	94	2,23	11,71
45	2,15	11,30	95	2,23	11,72
46	2,15	11,31	96	2,23	11,73
47	2,15	11,32	97	2,23	11,74
48	2,15	11,33	98	2,23	11,75
49	2,15	11,34	99	2,23	11,76

7 % 31,99

Brutto bis	MwSt	Netto bis	Brutto bis	MwSt	Netto bis
31,00	2,03	28,97	**31,50**	2,06	29,44
01	2,03	28,98	51	2,06	29,45
02	2,03	28,99	52	2,06	29,46
03	2,03	29,00	53	2,06	29,47
04	2,03	29,01	54	2,06	29,48
05	2,03	29,02	55	2,06	29,49
06	2,03	29,03	56	2,06	29,50
07	2,03	29,04	57	2,07	29,50
08	2,03	29,05	58	2,07	29,51
09	2,03	29,06	59	2,07	29,52
31,10	2,03	29,07	**31,60**	2,07	29,53
11	2,04	29,07	61	2,07	29,54
12	2,04	29,08	62	2,07	29,55
13	2,04	29,09	63	2,07	29,56
14	2,04	29,10	64	2,07	29,57
15	2,04	29,11	65	2,07	29,58
16	2,04	29,12	66	2,07	29,59
17	2,04	29,13	67	2,07	29,60
18	2,04	29,14	68	2,07	29,61
19	2,04	29,15	69	2,07	29,62
31,20	2,04	29,16	**31,70**	2,07	29,63
21	2,04	29,17	71	2,07	29,64
22	2,04	29,18	72	2,08	29,64
23	2,04	29,19	73	2,08	29,65
24	2,04	29,20	74	2,08	29,66
25	2,04	29,21	75	2,08	29,67
26	2,05	29,21	76	2,08	29,68
27	2,05	29,22	77	2,08	29,69
28	2,05	29,23	78	2,08	29,70
29	2,05	29,24	79	2,08	29,71
31,30	2,05	29,25	**31,80**	2,08	29,72
31	2,05	29,26	81	2,08	29,73
32	2,05	29,27	82	2,08	29,74
33	2,05	29,28	83	2,08	29,75
34	2,05	29,29	84	2,08	29,76
35	2,05	29,30	85	2,08	29,77
36	2,05	29,31	86	2,08	29,78
37	2,06	29,32	87	2,08	29,79
38	2,05	29,33	88	2,09	29,79
39	2,05	29,34	89	2,09	29,80
31,40	2,05	29,35	**31,90**	2,09	29,81
41	2,05	29,36	91	2,09	29,82
42	2,06	29,36	92	2,09	29,83
43	2,06	29,37	93	2,09	29,84
44	2,06	29,38	94	2,09	29,85
45	2,06	29,39	95	2,09	29,86
46	2,06	29,40	96	2,09	29,87
47	2,06	29,41	97	2,09	29,88
48	2,06	29,42	98	2,09	29,89
49	2,06	29,43	99	2,09	29,90

19 % 31,99

Brutto bis	MwSt	Netto bis	Brutto bis	MwSt	Netto bis
31,00	4,95	26,05	**31,50**	5,03	26,47
01	4,95	26,06	51	5,03	26,48
02	4,95	26,07	52	5,03	26,49
03	4,95	26,08	53	5,03	26,50
04	4,96	26,08	54	5,04	26,50
05	4,96	26,09	55	5,04	26,51
06	4,96	26,10	56	5,04	26,52
07	4,96	26,11	57	5,04	26,53
08	4,96	26,12	58	5,04	26,54
09	4,96	26,13	59	5,04	26,55
31,10	4,97	26,13	**31,60**	5,05	26,55
11	4,97	26,14	61	5,05	26,56
12	4,97	26,15	62	5,05	26,57
13	4,97	26,16	63	5,05	26,58
14	4,97	26,17	64	5,05	26,59
15	4,97	26,18	65	5,05	26,60
16	4,98	26,18	66	5,05	26,61
17	4,98	26,19	67	5,06	26,61
18	4,98	26,20	68	5,06	26,62
19	4,98	26,21	69	5,06	26,63
31,20	4,98	26,22	**31,70**	5,06	26,64
21	4,98	26,23	71	5,06	26,65
22	4,98	26,24	72	5,06	26,66
23	4,99	26,24	73	5,07	26,66
24	4,99	26,25	74	5,07	26,67
25	4,99	26,26	75	5,07	26,68
26	4,99	26,27	76	5,07	26,69
27	4,99	26,28	77	5,07	26,70
28	4,99	26,29	78	5,07	26,71
29	5,00	26,29	79	5,08	26,71
31,30	5,00	26,30	**31,80**	5,08	26,72
31	5,00	26,31	81	5,08	26,73
32	5,00	26,32	82	5,08	26,74
33	5,00	26,33	83	5,08	26,75
34	5,00	26,34	84	5,08	26,76
35	5,01	26,34	85	5,09	26,76
36	5,01	26,35	86	5,09	26,77
37	5,01	26,36	87	5,09	26,78
38	5,01	26,37	88	5,09	26,79
39	5,01	26,38	89	5,09	26,80
31,40	5,01	26,39	**31,90**	5,09	26,81
41	5,02	26,39	91	5,09	26,82
42	5,02	26,40	92	5,10	26,82
43	5,02	26,41	93	5,10	26,83
44	5,02	26,42	94	5,10	26,84
45	5,02	26,43	95	5,10	26,85
46	5,02	26,44	96	5,10	26,86
47	5,02	26,45	97	5,10	26,87
48	5,03	26,45	98	5,11	26,87
49	5,03	26,46	99	5,11	26,88

19.4 Rechnen mit dem EURO und anderen Währungen

Zahlungsmittel

Der Gastronomiebetrieb ist gesetzlich nur zur Annahme **inländischer Zahlungsmittel** in Form von **Bargeld** verpflichtet, da bei der Entgegennahme von Schecks und ausländischem Bargeld mitunter erhebliche Abrechnungskosten entstehen.

| Merke: | Das gesetzliche Zahlungsmittel eines Staates oder einer Staatsgemeinschaft wird als **Währung** bezeichnet. |

Euro

Seit 1999 haben bereits **mehr als 20 europäische Staaten** den EURO als gemeinsame Währung eingeführt. Diese europäischen Staaten kann man währungspolitisch als ein einheitliches Land, als **Euroland**, bezeichnen.

Das Euroland gilt im Vergleich zu anderen Ländern als **Inland**. Die anderen Länder sind dann für das Euroland **Ausland**.

| Merke: | Euroland ist Inland, während andere Länder als Ausland gelten. |

Barzahlung

Barzahlung ist die häufigste Zahlungsart, die beim Einkauf und im Dienstleistungssektor einschließlich in der Gastronomie üblich ist. Die Zahlung erfolgt von Hand zu Hand, wobei der Zahlende eine Quittung, einen Kassenbon oder eine Rechnung verlangen kann, auf der folgende Angaben vorhanden sein müssen: Rechnungsbetrag, Name des Zahlers, Zahlungszweck, Quittungsformulierung „bescheinigt, erhalten zu haben", Tag und Ort der Zahlung, Unterschrift des Leistungserstellers.

Kreditkarten

Sie haben den Vorteil, bei Verlust jederzeit gesperrt werden zu können. Vom Gastronomen ist vorab zu prüfen, ob der eigene Betrieb mit dem Kreditkartenunternehmen zusammenarbeitet. Anschließend ist bei manueller Bearbeitung die Gültigkeit, insbesondere die Sperrliste, der Karte zu prüfen. Codierte Kartennummer und Prägenummer müssen übereinstimmen. Auf Terminals ist das einfach abzulesen.

Schecks

Verbreitet sind die Reiseschecks *(Travellercheques)*.

Vor Reiseantritt werden in wahlweise 12 unterschiedlichen Währungen Reiseschecks von den Gästen gekauft, unterschrieben und mit dem Datum versehen. Bezahlt wird gegen Vorlage des Passes und einer zweiten Unterschrift. Die Erst- und Zweitunterschrift muss verglichen werden. Bei Diebstahl oder Verlust wird innerhalb von 24 h gegen Vorlage der Kaufquittung Ersatz geleistet.

Bei der Entgegennahme von eurocheque- und Kreditkarten entstehen Kosten für die Einrichtung zur elektronischen Zahlungsberechnung für Terminals oder für die entsprechende Handmaschine. Darüber hinaus wird vom Kartenaussteller ein Agio (Aufgeld) zwischen 2,5 und 4,5 % einbehalten.

Der elektronische Zahlungsverkehr wird sich weiter ausweiten. Durch die Ausweitung werden auch die Kosten sinken. An größerer Sicherheit wird gearbeitet.

Kurse und Devisen

Zwischen den meisten Staaten der Erde bestehen wirtschaftliche Verbindungen. Im **internationalen Geschäftsverkehr** werden Waren aus- und eingeführt. Kapital wird im Ausland angelegt.

Viele Menschen reisen beruflich oder privat ins Ausland. Das vielgestaltige gesellschaftliche Leben der modernen Staatengemeinschaft ist ohne das Geld als Tausch- oder Zahlungsmittel nicht denkbar.

Für das **Hotel- und Gaststättenwesen** hat das Währungsrechnen durch den internationalen Reiseverkehr Bedeutung. Deshalb müssen auch die Beschäftigten im Gastgewerbe darüber Kenntnisse erwerben. Für die Abwicklung derartiger Geschäfte benötigt man Devisen und Sorten.

Wichtige Begriffe für das Währungsrechnen
Devisen: Zahlungsmittel in ausländischer Währung (Schecks, Wechsel, Guthaben) Kreditkarten sind auch im Ausland als Zahlungsmittel geeignet.
Sorten: Ausländisches Bargeld (Banknoten, Münzen)

Die Währungen werden international ausgetauscht (Banken, Börsen, Handel). Das Austauschverhältnis stellt den Preis der ausländischen Währung dar. Diesen nennt man Wechselkurs.

Kurs und Wechselkurs

Merke: Der **Kurs** ist der Preis für eine bestimmte Geldmenge, die in Währungseinheiten einer anderen Währung ausgedrückt wird.

Der **Wechselkurs** ist das Austauschverhältnis einer Währung in eine zweite.

Beispiel: 1 € entspricht im Verkauf 0,946 $

Wechselkurse für Währungen außerhalb der EURO-Länder vom 22.11....		**1 Euro entspricht**	
		Ankauf	Verkauf
Australien	1 A-$	1,6110	1,6310
Dänemark	100 dKr	7,4424	7,4824
Großbritannien	1 brit. £	0,5934	0,5974
Israel	100 Shekel	3,4291	3,5291
Japan	100 Yen	92,3200	92,8000
Kanada	1 Can. $	1,2998	1,3118
Neuseeland	1 NZ-$	2,1030	2,1270
Norwegen	100 nKr	7,9878	8,0358
Schweden	100 sKr	8,6640	8,7120
Schweiz	100 sfr	1,5168	1,5208
Tschechien	100 Kr.	34,0500	34,8500
Türkei	1 000 T-Lira	587 178,0000	594 178,0000
Tunesien	1 T-Dinar	1,2360	1,2560
Ungarn	100 Forint	261,3500	266,5500
USA	1 $	0,9400	0,9460

Umrechnen von Währungen

Ankauf und Verkauf

Mit der Einführung des EURO wird die Mengennotierung angewandt. Dabei gibt der Kurs an, welchen Betrag an ausländischer Währung man für einen bestimmten Betrag inländischer Währung (1 €) erhält.

Im Euroland steht der EURO im Mittelpunkt des Ankaufs und des Verkaufs der Sorten. Der EURO wird entweder angekauft oder verkauft.

Werden ausländische Währungen angekauft, dann verkauft die Bank demzufolge den EURO. Der Verkaufskurs für den EURO muss höher sein als der Ankaufskurs, damit die Bank einen Bankgewinn erzielen kann.

Ankauf: Ein Kunde benötigt fremde Währung, dann **kauft** die Bank vom Kunden **EURO** an.

Verkauf: Ein Kunde benötigt EURO. Er gibt dafür fremde Währungen. Dann **verkauft** die Bank **EURO**.

Beispielaufgabe:

Ein deutscher Tourist tauscht für den Ausflug in die Schweiz bei seiner deutschen Hausbank 500 € in Schweizer Franken um.

Ankauf: Die Bank kauft EURO.

Lösungsweg: siehe Währungstabelle:

1 € ≙ 1,5168 sfr		**Bedingungssatz**
500 € ≙ x sfr		**Fragesatz**
500 € ≙ 1,5168 sfr x 500		**Schlusssatz**

Der deutsche Tourist erhält 758,40 sfr.

Beispielaufgabe:

Eine Basler Hausfrau tauscht beim Einkaufsbummel im benachbarten Lörrach 250 sfr in € um.

Verkauf: Die Bank verkauft EURO.

Lösungsweg: siehe Währungstabelle:

1 € wird von der Bank für 1,5208 sfr verkauft.

1,5208 sfr ≙ 1 €		**Bedingungssatz**
250 sfr ≙ x €		**Fragesatz**
1 sfr ≙ $\dfrac{1\,€}{1,5208\ \text{sfr}}$		**Schlusssatz**
250 sfr ≙ $\dfrac{1\,€ \times 250\ \text{sfr}}{1,5208\ \text{sfr}}$ = 164,39 €		

Der deutsche Tourist erhält 164,39 €.

Übungsaufgaben zum Rechnen mit dem EURO und anderen Währungen

1 In den letzten Jahren haben sich in Europa einige neue selbstständige Staaten gebildet, die eigene Währungen haben. Vervollständigen Sie die Währungsübersicht auf S. 185 mit diesen Ländern. Erkundigen Sie sich nach dem aktuellen Stand in einer Bank oder Sparkasse.

2 Erläutern Sie die Bedeutung der Abkürzung EURO.

3 Verwenden Sie zu den folgenden Übungsaufgaben anstelle der Währungstabelle im Lehrbuch die aktuellen Kurse aus Ihrem Ausbildungsbetrieb oder von einer Bank.

4 Erklären Sie die folgenden Abkürzungen:
   sfr   dKr   US-$ Yen   skr   T-Lira   Forint

5 Eine Restaurantfachfrau verweigert die Annahme folgender Währungen: Zloty, Slowakische Kronen, Lewa.
   Finden Sie eine Begründung für diese Haltung.

6 Rechnen Sie unter Verwendung der abgebildeten Kurstabelle (Ankauf) um.
   76 € in brit £   976 € in sKr   653 € in Yen

7 Am Empfang des Hotels „Goldener Anker" in Warnemünde wurden 11 230 sKr eingenommen und auf das Bankkonto des Hotels eingezahlt.
   Wie hoch war die Bankgutschrift in € bei 3 % Bearbeitungsgebühr und folgendem Tageskurs: Ankauf 8,66 und Verkauf 8,71?

8 Ein Hotelier kauft in Dänemark für 1 000 dKr Käsespezialitäten ein.
   Wie viel € muss er bei einem Kurs von 7,4824 zahlen?

9 Ein sächsischer Hotelier plant eine Geschäftsreise in die Schweiz zum Kauf von Käse und Bündner Fleischspezialitäten beim Erzeuger. Zu diesem Zweck tauscht er in Dresden 3 000 € und erhält dafür 4 560 sfr. An der Grenze tauscht er nochmals 3 500 € und bekommt dafür 4 843,75 sfr.
   9.1 Ermitteln Sie den jeweiligen Kurs.
   9.2 Wie viel € hätte er gespart, wenn er die gesamte Geldmenge zum günstigeren Kurs getauscht hätte?

10 Ein deutscher Tourist tauscht in Zürich 250 € und erhält dafür 375 sfr.
    Zu welchem Kurs hat die Schweizer Bank gewechselt?

11 Ein amerikanischer Geschäftsmann bezahlt Getränke einschließlich Trinkgeld im Wert von 95 € in Dollar.
    Wie viel € erhält er zurück, wenn er der Bedienung 100 US-$ gibt?

12 Ein deutscher Geschäftsreisender tauscht in Basel 600 € und erhält dafür 751 sfr. In der Grenzstadt Lörrach ist bei einer Bank der Kurs 1 sfr = 0,65 € angeschlagen.
    Wo ist der Umtausch günstiger?

13 Eine deutsche Familie bringt vom Urlaub in Norwegen 220 nKr zurück und tauscht diesen Betrag in €.
    Wie viel € erhält die Familie?

14 Ein englischer Gastronom bestellt in Deutschland für 165 000 € eine Caféhaus-Einrichtung. Bei Zahlung innerhalb von 3 Wochen werden 3 % Preisnachlass gewährt.
    Wie viel brit £ (Kurse auf S. 185) wird der Gastronom einer deutschen Bank für den geminderten Kaufpreis übergeben?

15   Eine Familie tauscht nach der Urlaubsreise 250 Shekel zurück.
Wie viel € erhält sie bei folgender Kursangabe für Shekel: 1 € ≙ 3,45 Shekel?

16   Ein deutscher Hersteller bietet eine Küchenmaschine für 12 140 € an. Der kanadische Mitbewerber verkauft eine gleichartige Maschine für 13 354 Can. $.
Welche Maschine ist für einen deutschen Gastwirt preiswerter (Kurse auf Seite 185)?

17   Ein ungarischer Hotelgast bezahlt seine Hotelrechnung über 326 € in ungarischer Währung.
Wie viel Forint muss er bezahlen?

18   Das Ehepaar Miller aus New York erhält in einem deutschen Restaurant folgende Rechnung:

1 Vorspeise	zu	3,80 €
2 Desserts	zu je	4,50 €
2 Schoppen Wein	zu je	3,80 €
2 Tagesgerichte	zu je	11,20 €
1 Mineralwasser	zu	2,80 €

Ermitteln Sie die Höhe des Rechnungsbetrages in US-Dollar.

19   Im Restaurant möchte ein japanischer Gast seine Rechnung in Höhe von 87,60 € in japanischen Yen bezahlen.
Ermitteln Sie den Betrag in Yen.

20   Herr Maier aus Mainz möchte in Zürich 600 € in sfr umtauschen.
20.1 Wie viel sfr erhält Herr Maier in Mainz, wenn der Sortenkurs 1,51/1,53 beträgt?
20.2 Wie viel sfr bekommt er in Zürich bei der Züricher Kantonalbank bei einem Kurs von 63/67?
20.3 Wie viel sfr bekommt Herr Maier beim günstigeren Kurs mehr?

21   Ein amerikanischer Gast möchte einen Reisescheck über 200 $ einlösen. Kurs auf Seite 185. Außerdem werden 0,25 % Gebühren fällig.
Wie viel € werden ihm ausgezahlt?

22   Familie Schwabe reist in die Schweizer Alpen. Sie möchte deshalb 2 000 € in sfr tauschen.
Wie viel sfr erhält sie in Deutschland (Kurs lt. Tabelle)?

23   Ein russischer Hotelgast möchte seine Hotelrechung in Höhe von 620 € in Rubel begleichen (Kurs: 1 € entspricht 34,6 RUB).
Wie viel Rubel muss der Hotelgast bezahlen?

24   Wie viel € benötigt man zum Tausch in
24.1 300 brit. £?
24.2 98 dKr?
24.3 109 US-$?

25   Ein Hotelkaufmann will auf der Hausbank folgende ausländische Währungen gutschreiben lassen:
25.1 200 Yen
25.2 244 sKr
25.3 327 sfr
25.4 67 800 Türk. Lire
       Wie viel € sind das jeweils?

26   Ein US-Tourist will am Empfang einen Reisescheck über 500 US-$ in € umtauschen und damit gleichzeitig seine Hotelrechnung über 120 € bezahlen.
Wie viel € erhält er bei einem Kurs von 0,85 € zurück?

27   Restaurantfachmann Ralf fährt an den Plattensee nach Ungarn.
Zusätzlich zu der Reise benötigt er Bargeld in Höhe von 150 000,00 HUF (Forint).
Wie viel € muss er bezahlen (1 € entspricht 250 Forint)?

28   Familie Baker aus Manhattan war auf einer Urlaubsreise kurzfristig im Schwarzwald.
Der Familie wird in Rechnung gestellt:

Übernachtung mit Frühstück	85	€ / Tag
Garage	10	€ / Tag
Halbpension	110	€ / Tag
Telefon 452 Einheiten	0,20 € / Einheit	

Wie viel US-$ muss die Familie bezahlen?

29   Die Mitarbeiterin einer Hotelkette hat an der Jahrestagung in der Unternehmenszentrale in London teilgenommen. Sie hat noch 153,50 £ übrig, die sie in Deutschland in Euro tauschen möchte.
Wie viel € erhält sie?

30   Ein Tourist aus Russland möchte im Antiquariat in Leipzig ein Gemälde erwerben. Er konnte den Preis auf 2 300,00 € herunter handeln und geht nun zur Bank, um entsprechend zu tauschen. Wie viel Rubel muss er für die oben genannte Summe bereithalten?

31   Zum Tagesabschluss registriert die Rezeptionistin folgende ausländische Währungen:
360 Amerikanische Dollar, 80 Britische Pfund, 1 800 Japanische Yen, 125 Schwedische Kronen
Welcher gesamten EURO-Summe entsprechen diese Sorten?

32   Ein Hotelgast aus Norwegen bittet die Rezeptionsmitarbeiterin des Parkhotels, für ihn 600 norwegische Kronen bei der Bank zu tauschen.
Wie viel € legt sie ihm später vor?

33   Die Mitarbeiterin des Restaurants Apels Garten in der Leipziger City zieht Bilanz nach der alljährlichen stattfindenden Messe. Sie erhielt insgesamt folgende Trinkgelder in ausländischer Währung:
53 US Dollar   130 Schwedische Kronen   72 Schweizer Franken
Wie viel € entspricht das?

34   Verschiedene ausländische Gäste im Kongress-Hotel „International" bitten den Empfangsmitarbeiter, für sie folgende Tausche bei der Bank zu erledigen:
– für Gast 1   300,00 Australische Dollar   – für Gast 4   2 000,00 Tschechische Kronen
– für Gast 2   180,00 Kanadische Dollar   – für Gast 5   4 800,00 Ungarische Forint.
– für Gast 3   600,00 Norwegische Kronen
Wie viel € erhält jeder Gast?

35   Ein deutscher Tourist hat nach seiner schwedischen Rundreise noch 127,30 schwedische Kronen übrig. Wie viel € erhält er bei Rücktausch seiner Bank?

36   Zur alle zwei Jahre stattfindenden Messe „Jagd und Angeln" bestellt der Küchenchef des Hotels „Sächsischer Hof" bei seinem tschechischen Lieferanten Wildbret zum Preis von 53 550,00 Kronen.
Der Rechnungsbetrag wird überwiesen.
In welcher Höhe erfolgt die Abbbuchung vom Hotelkonto?

37   Ein Ehepaar aus Kanada legt bei der Ankunft im Hotel zur Begleichung der Zimmerrechnung in Höhe von 249,00 € einen Reisecheck über 350,00 Can. $ vor, wobei man auf das Rückgeld verzichtet.
Geben Sie die Höhe des Trinkgeldes in € an.

38   Familie Uhlmann hat einen Wintersporturlaub im Böhmerwald geplant. Dafür tauschen sie bei ihrer Hausbank 1 500,00 € um.
38.1 Wie viele Kronen erhalten sie?
Nach einem Ski-Unfall von Frau Uhlmann müssen sie den Urlaub abbrechen und bringen 11 218,00 Kronen wieder zurück.
38.2 Welcher EURO-Betrag wird ihnen bei Rücktausch ausgezahlt?

Lohn- und Gehaltsabrechnung

20.1 Entlohnungsarten

Der Arbeitgeber zahlt seinen Mitarbeitern für die erbrachte Arbeitstätigkeit **Lohn** oder **Gehalt** in der Regel auf der Grundlage von Tarifabschlüssen zwischen Arbeitgebern und Arbeitnehmervertretern. Darüber hinaus können auch zusätzliche Leistungen auf freiwilliger Basis von Arbeitgebern gewährt werden.

Als Maßstab für die Entlohnung können die **Arbeitszeit** oder die **Arbeitsleistung** herangezogen werden. Danach unterscheidet man **Zeitlohn** und **Leistungslohn**.

Zeitlohn

Beim **Zeitlohn** ist die Arbeitszeit der Maßstab für die Entlohnung. Die normale Arbeitszeit ist tariflich festgelegt. Darüber hinaus anfallende Arbeitsleistungen werden als Überstunden zusätzlich vergütet.

Leistungslohn

Beim **Leistungslohn** ist die erbrachte Leistung die Berechnungsgrundlage. In der Gastronomie wird die Leistung am Umsatz gemessen.

Die Leistung kann entweder vom einzelnen Mitarbeiter oder von einer Mitarbeitergruppe erfasst werden, also als

• **Einzelleistungslohn** oder • **Gruppenleistungslohn.**

Beim Leistungslohn sichert ein sogenannter **Garantielohn,** der vom Arbeitgeber bei zu geringem Umsatz gezahlt wird, einen Minimalverdienst. Der Garantielohn tritt allerdings nur dann in Kraft, wenn die Umsatzbeteiligung geringer ist als dieser Garantielohn.

20.2 Einzelleistungslöhne

Bei Mitarbeitern mit festem Anstellungsverhältnis ist **monatlich** abzurechnen, während bei Aushilfskräften am **Ende des Einsatzes** oder nach **Vereinbarung** abgerechnet wird. Für die Umsatzbeteiligung im Service wird ein Prozentsatz auf den kalkulierten Preis festgelegt. Sie ist ein Zuschlag innerhalb der Kalkulation. Da aber der Umsatz die Summe aller bezahlten Gastrechnungen, allgemein der **Inklusivpreise,** darstellt, muss die Umsatzbeteiligung durch Rückrechnung aus dem Umsatz ermittelt werden.

Beispielaufgabe:

In einem Café in Kassel wird eine Aushilfsbedienung durch Einzelleistungslohn vergütet. Sie bekommt 14 % Umsatzbeteiligung. Der Tagesumsatz beträgt 346,10 €.
Ermitteln Sie den Betrag der Umsatzvergütung. Beachten Sie dabei die Mehrwertsteuer.

Lösungsweg:

119 %	≙	346,10 €	Tagesumsatz	
100 %	≙	x €	Nettoverkaufspreis	x = 290,84 €
114 %	≙	290,84 €	Nettoverkaufspreis	
14 %	≙	x €	Umsatzbeteiligung	x = 35,72 €

Die Umsatzbeteiligung beträgt 35,72 €.

Rechenschritte:
1. Bei der Rückrechnung muss von den Inklusivpreisen ausgegangen werden. Sie beinhalten die Mehrwertsteuer und entsprechen 119 %.
2. Zunächst wird der Nettoverkaufspreis (100 %) ermittelt.
3. Danach wird der Nettoverkaufspreis mit 114 % angesetzt und auf die Umsatzbeteiligung von 14 % geschlossen.

Übungsaufgaben Einzelleistungslöhne

1   Ermitteln Sie die Umsatzbeteiligung in €, die in den aufgeführten Tagesumsätzen enthalten ist, wenn mit einer prozentualen Umsatzbeteiligung von 14 % kalkuliert wurde.
    1.1 1 235,40 €   **1.2** 1 873,05 €   **1.3** 1 945,20 €   **1.4** 2 167,10 €

2   Ermitteln Sie den ausgezahlten Leistungslohn in € (s. S. 172), der in den aufgeführten Tagesumsätzen enthalten ist, wenn die prozentuale Umsatzbeteiligung bei 16 % liegt, wovon der Betrieb zunächst pauschal 25 % für Lohnsteuer und Sozialabgaben einbehält.
    2.1 765,85 €   **2.2** 985,25 €   **2.3** 1 234,10 €   **2.4** 1 345,60 €

3   Eine Studentin, die als Aushilfsbedienung tätig ist, erhält 12 % vom kalkulierten Preis als Entlohnung für ihren Einsatz. Sie erreicht einen Umsatz von insgesamt 1 287,20 €.
    Berechnen Sie den Tageslohn der Studentin.

4   Oberkellner Arnhold erhält eine Umsatzbeteiligung von 13 %. Sein monatlicher Umsatz beträgt 16 730 €.
    Berechnen Sie den Monatslohn für Oberkellner Arnhold.

5   Restaurantfachfrau Gerda erhält eine Umsatzbeteiligung von 12 %. Im Abrechnungsmonat liegt der Umsatz bei 15 985 €.
    Berechnen Sie den Monatslohn, den Gerda erhält.

6   Eine Saisonkraft erhält 13 % der kalkulierten Preise als Umsatzbeteiligung. Der Tagesumsatz beträgt 824,10 €.
    Ermitteln Sie den Betrag der erarbeiteten Leistung.

7   Die monatliche Lohnabrechnung für die Mitarbeiter im Service erfolgt auf der Grundlage der Umsätze:
    Andreas 7 834,50 €   Barbara 8 753,00 €   Clemens 4 327,00 €
    Ermitteln Sie die Umsatzbeteiligung für jeden Mitarbeiter in €, sie ist mit 13 % vorgesehen.

8   Aushilfsbedienung Gerda erhält 14 % vom kalkulierten Preis als Entlohnung. Sie erreicht einen Umsatz von insgesamt 825,26 €.
    Ermitteln Sie die Umsatzbeteiligung.

9   Ein Koch hat einen Bruttolohn von 950 €. Vom Lohn werden abgezogen:
    161,75 € Lohnsteuer
     14,55 € Kirchensteuer
     20,5 % für Sozialversicherungen
    Wie viel Prozent betragen die Gesamtabzüge?

10 Bei einem Bruttolohn von 1 200 € werden einem ledigen Angestellten abgezogen:
    49,08 € Lohnsteuer, 4,41 € Kirchensteuer, 245,70 € Sozialversicherungsbeitrag.
    10.1 Ermitteln Sie den Nettolohn.
    10.2 Weisen Sie den gesamten Abzugsbetrag in Prozent aus.

11 Bei einem Bruttogehalt von 1 150 € betragen die Abzüge für die Lohnsteuer 21,37 %, die Kirchensteuer 8 % vom Lohnsteuerbetrag und 20,5 % für die Sozialversicherung.
    11.1 Ermitteln Sie die einzelnen Werte in €.
    11.2 Wie hoch ist der auszuzahlende Nettolohn?
    11.3 Wie viel Prozent des Bruttogehalts betragen die gesamten Abzüge?

12 Eine Angestellte in der Personalabteilung einer Hotelkette verdient im Monat 1 170,93 € netto. Die Lohnsteuer einschließlich Solidaritätszuschlag beträgt 10,9 %, die Arbeitnehmeranteile betragen:
    Krankenversicherung: 7,9 %
    Arbeitslosenversicherung: 1,4 %
    Rentenversicherung: 9,95 %
    Pflegeversicherung: 0,975 %
    Wie viel € verdient die Angestellte brutto?

20.3 Gruppenleistungslöhne

Nicht in jedem Fall garantieren Einzelleistungslöhne eine **leistungsgerechte Entlohnung**. Betriebliche Besonderheiten (z. B. Schichtdienste, Stammreviere, saisonale Einflüsse) könnten zu finanziellen Ungerechtigkeiten gegenüber einzelnen Mitarbeitern führen. Durch den **Gruppenleistungslohn,** auch als **Tronc** bezeichnet, kann in diesem Sinne eine angemessene Entlohnung erfolgen. Der Tronc enthält den gesamten Gruppenleistungslohn einer Arbeitsgruppe (z. B. die Bedienungsgelder einer Brigade) für jeweils einen Monat. Mit Hilfe eines Faktors (Verteilerschlüssels) wird der Tronc unter die Arbeitsgruppenmitglieder aufgeteilt.

Der Gesetzgeber schreibt allerdings vor, dass ein **Garantielohn** als Mindestlohn in jedem Fall zu gewährleisten ist.

Wichtige Begriffe zur Berechnung des Gruppenleistungslohns

Tronc (franz. Geldstock): Gemeinschaftskasse, in der sich der Gesamtlohn einer Festlohngruppe befindet.

Übertronc: Restlohn, das ist der Gesamtlohn abzüglich des Garantielohnes.

Resttronc (Vortrag): Übrig gebliebener Lohn in der Gemeinschaftskasse, der noch nicht verteilt wurde.

Beispielaufgabe:

Im Speiserestaurant des Ratskellers ist folgendes Personal beschäftigt:

Personal	1 Oberkellner	1 Chef de rang	3 Restaurantfachleute	2 Commis
Garantielohn	978 €	805 €	690 €	535 €

Im Tronc befinden sich 11 784 €. Die Troncanteile werden nach der Höhe des Garantielohns aufgeschlüsselt.

1. Ermitteln Sie die Gesamtsumme der Garantielöhne in €.
2. Ermitteln Sie die Einzelanteile der Beschäftigten aus dem Tronc in € (mit Probe).

Lösungsweg:

1 Oberkellner	Garantielohn 978,00 €	978,00 €
1 Chef de rang	Garantielohn 805,00 €	805,00 €
3 Restaurantfachleute	Garantielohn 690,00 € x 3	2 070,00 €
2 Commis	Garantielohn 535,00 € x 2	1 070,00 €
		4 923,00 €

$$4\,923,00 \; € \triangleq 11\,784,00 \; €$$
$$978,00 \; € \triangleq \qquad x \; €$$

oder:

$$4\,923 : 11\,784 = 978 : x$$

$$\frac{11\,784 \; €}{4\,923 \; €} = \frac{x \; €}{978 \; €}$$

$$x = 2\,341,00 \; €$$
$$x = 1\,926,90 \; €$$
$$x = 1\,651,63 \; €$$
$$x = 1\,280,61 \; €$$

Probe:

$$
\begin{aligned}
& \quad 2\,341,00 \; € \\
+ &\quad 1\,926,90 \; € \\
+ &\quad 4\,954,88 \; € \; (3\,x) \\
+ &\quad 2\,561,22 \; € \; (2\,x) \\
\hline
&\quad 11\,784,00 \; €
\end{aligned}
$$

1. Die Gesamtsumme der Garantielöhne beträgt 4 923 €.

2. Die Einzelanteile am Tronc betragen 2 341,00 €, 1 926,90 €, 1 651,63 € und 1 280,61 €. Die Probe bestätigt die Rechnung.

Merke:

$$\text{Troncanteil} = \frac{\text{Troncsumme x Einzelgarantielohn}}{\text{Garantielohnsumme}}$$

Übungsaufgaben Gruppenleistungslöhne

1 Im Hotel am Rennsteig ist der Personal-Anteil am Tronc durch Punkte festgelegt:
1 Oberkellner   10 Punkte
2 Chefs de rang   je 7 Punkte
1 Demichef   je 6 Punkte
3 Commis de rang   je 4 Punkte
Ermitteln Sie die jeweiligen Troncanteile, wenn 18 800 € im Tronc enthalten sind.

2 Die Troncverteilung in einem Speiserestaurant wird monatlich nach einem Punktsystem vorgenommen:
1 Oberkellner   12 Punkte
3 Chefs de rang   je 8 Punkte
5 Commis de rang   je 4 Punkte
Welche Anteile in € erhält jeder Mitarbeiter, wenn im Tronc 17 969 € enthalten sind?

3 Für das Servierpersonal sind folgende Garantielöhne vereinbart worden:
1 Restaurantchef   1 100 €
4 Chefs de rang   je 600 €
6 Commis de rang   je 400 €
Der Tronc beinhaltet 14 700 € und wird entsprechend der Lohnhöhe verteilt.
Errechnen Sie die Vergütungen der einzelnen Mitarbeiter.

4 Im Restaurant zum Bären wird die Troncsumme von 7 267,50 € nach folgendem Punktesystem verteilt:
1 Oberkellner   12 Punkte
4 Chefs de rang   je 7 Punkte
4 Commis de rang   je 4 Punkte
Ermitteln Sie die Bruttolöhne der einzelnen Mitarbeiter.

5 Die Tageseinnahmen einer Restaurantfachfrau betragen 436,25 €.
5.1 Ermitteln Sie die darin enthaltene Mehrwertsteuer.
5.2 Welchen Betrag hat die Restaurantfachfrau für den Tronc erarbeitet, wenn die Umsatzbeteiligung 13 % beträgt?

6 Im Restaurant „Stadt Potsdam" erhält das Personal folgenden Garantielohn:
1 Oberkellner 1 139 €, 2 Restaurantfachleute je 770 €, 2 Commis je 550 €.
Im Tronc befinden sich 9 720 €. Die Troncanteile werden nach der Höhe des Garantielohns aufgeschlüsselt.
Ermitteln Sie die Troncanteile der einzelnen Mitarbeiter.

7 Ein Restaurant verteilt den Tronc nach Punkten. Folgende Mitarbeiter sind beteiligt:
1 Oberkellner 13 Punkte   3 Chefs de rang je 9 Punkte   7 Commis de rang je 6 Punkte
Wie viel € erhält ein Commis de rang, wenn 16 020,80 € im Tronc sind?

8 Ein Commis erhält neben dem Garantielohn aus dem Übertronc 7 Punkte, das waren in diesem Monat 371,30 €. Er weiß, dass einem Chef de rang 10 Punkte verrechnet werden.
Wie viel € wird einem Chef de rang aus dem Übertronc ausgezahlt?

9 Im Monat August enthält der Tronc eines Eiscafes 27 915,20 €. Er ist an folgendes Personal im Verhältnis der Garantielöhne zu verteilen:

1 Oberkellner	Garantielohn	1 900 €
4 Chef de rang	Garantielohn je	1 590 €
11 Commis de rang	Garantielohn je	1 410 €

Wie viel € erhält ein Chef de rang?

10 Die Mitarbeiterin des Lohnbüros hat einen Verteilerschlüssel von 42,30 € je Punkt ermittelt. Ein Restaurantfachmann dieses Betriebes erhält neben seinem Garantielohn von 1 365 € 7 Punkte.
Ermitteln Sie den Bruttolohn.

11 Ein Gaststättenbetrieb beschäftigt einen Oberkellner mit 1 950 € Garantielohn und sechs Restaurantfachleute mit je 1 310 € Garantielohn. Der Tronc beinhaltet 11 380 €.
11.1 Berechnen Sie den Verteilerschlüssel, wenn im Verhältnis der Garantielöhne verteilt wird.
11.2 Wie viel € Bruttolohn erhält jeder Angestellte?
11.3 Führen Sie eine Probe durch.

12 Nach Entnahme der Garantielöhne verbleiben als Übertronc noch 1 711,50 € in der Kasse, der an folgende Angestellte verteilt werden soll:

2 Oberkellner	mit je 9 Punkten
4 Chef de rang	mit je 7 Punkten
8 Commis de rang	mit je 4 Punkten

Wie viel € erhält jeder zusätzlich?

13 In einem Tagungshotel erhält die Bankettabteilung und das Housekeeping einen monatlichen Übertroncanteil von 4 720 €. Aus dem Vormonat ist noch ein Resttronc von 20,50 € zu verteilen. Am Tronc werden beteiligt:

2 Portiers	mit je 8 Punkten	1 Techniker	mit 6 Punkten
2 Hausdiener	mit je 7 Punkten	4 Bankettkellner	mit je 4 Punkten
2 Telefonistinnen	mit je 8 Punkten	9 Zimmermädchen	mit je 5 Punkten

Ermitteln Sie den Zusatzlohn jedes/r Mitarbeiters/in in €.

14 Ein Restauranttronc mit 15 610 € soll im Verhältnis der Garantielöhne aufgeteilt werden.
Folgende Personen sind am Tronc beteiligt:

2 Oberkellner	mit je	1 100 €
1 Restaurantdirektor	mit	1 450 €
7 Restaurantfachleute	mit je	950 €

Welcher Vortrag bleibt für den Folgemonat?

15 Ein Hotel, welches nach Punktesystem entlohnt, beschäftigt folgende Mitarbeiter:

1 Oberkellner	10 Punkte
3 Chef de rang	je 7 Punkte
6 Kellner	je 6 Punkte
3 Commis	je 4 Punkte

Wie viel € erhält jeder Mitarbeiter, wenn im Tronc 6 283,00 € enthalten sind?

16 Ein Gastwirt zahlt seinem Personal folgende Garantielöhne:

1 Oberkellner	1 200,00 €
1 Chef de rang	950,00 €
4 Commis de rang	je 790,00 €

Der Tronc des letzten Monats enthielt 6 410,00 € zur Auszahlung.
Wie viel € erhielt jeder Mitarbeiter?

20.4 Steuer- und Sozialabgaben

Bei Lohn- und Gehaltsberechnungen müssen die Sozialabgaben und Steuern berücksichtigt werden. Wegen ständiger gesetzlicher Änderungen (z. B. der Beitragsbemessungsgrenzen, der Beitragssätze für die Sozialversicherung) können nachfolgend nur Berechnungsgrundsätze erläutert werden.

Jeder Arbeitnehmer erhält am Monatsende eine schriftliche Abrechnung seiner Bezüge. Aus dieser Abrechnung sind die Abzüge und das auszuzahlende Entgelt zu ersehen.

Für die Abrechnung gilt das folgende Schema:

Bruttolohn/Bruttogehalt (inkl. steuerfreie Bezüge)
– Lohnsteuer
– Solidaritätszuschlag
– Kirchensteuer
– Krankenversicherung
– Rentenversicherung
– Pflegeversicherung
– Arbeitslosenversicherung

= Nettolohn/Nettogehalt

– weitere Abzüge (z. B. vermögenswirksame Leistungen)
+ Zuzahlungen für Krankenversicherung (z. B. bei freiwillig Versicherten)

= Ausgezahlter Lohn/Gehalt

Wichtige Begriffe zur Lohn- und Gehaltsabrechnung

Bruttolohn: Entgelt ohne Abzüge, im Arbeitsvertrag festgelegt.
Nettolohn: Entgelt nach Abzug von Steuern, Sozialversicherungsbeiträgen und anderen Abzügen.
Lohnsteuer: Die Lohnsteuersätze können aus einer entsprechenden Tabelle entnommen werden (siehe Auszug Seite 197). Sie betragen bis zu 45 % der Bruttobeträge.

Eingangssteuersätze		Spitzensteuersätze	
2000:	22,9 %	51,0 %	
2001 bis 2003:	19,9 %	48,5 %	
2004:	16,0 %	45,0 %	
2005 bis 2010:	14,0 %	42,0 %	(ab 2007 45 % Reichensteuer)
2011:	16,0 %	45,0 %	
2014:	14,0 %	42,0 %	(Spitzensteuersatz 45 %)

Die 6 Steuerklassen im Überblick:

Steuerklasse I   gilt für ledige, geschiedene, dauernd getrennt lebende und verwitwete Arbeitnehmer, sofern sie nicht Steuerklasse II oder III zugeordnet werden.

Steuerklasse II   gilt für die in Steuerklasse I genannten Arbeitnehmer, die Anspruch auf den Entlastungsbetrag für Alleinerziehende haben. (Es besteht für mindestens ein Kind Anspruch auf Kindergeld.)

Steuerklasse III   gilt für zusammenlebende Ehegatten. Der eine Ehegatte (der höherverdienende Arbeitnehmer) wählt die Steuerklasse III. Der andere Ehegatte wird dadurch der Steuerklasse V zugeordnet. Er bezieht keinen oder geringeren Arbeitslohn.

Steuerklasse IV   gilt für verheiratete Arbeitnehmer, die beide Arbeitslohn beziehen.

Steuerklasse V   gilt für verheiratete Arbeitnehmer, deren Ehegatte die Steuerklasse III hat.

Steuerklasse VI   gilt für Arbeitnehmer, die von mehreren Arbeitgebern für denselben Zeitraum Arbeitslohn beziehen. Der Lohn vom zweiten und jedem weiteren Arbeitgeber wird mit Steuerklasse VI belastet.

Solidaritätszuschlag: Dieser zeitweilig zu leistende Steuerabzug beträgt 5,5 % der Lohnsteuersumme.

Kirchensteuer: Die Kirchensteuer wird aus der Lohnsteuersumme errechnet. Vom Lohnsteuerbetrag werden (ggf. nach Abzug von Kinderfreibeträgen; aus Tabelle ablesen) bei Mitgliedern der Landeskirchen je nach Bundesland 8 oder 9 % Kirchensteuer einbehalten.

Kirchensteuersätze: Baden-Württemberg, Bayern, Bremen, Hamburg: 8 %
alle anderen Bundesländer: 9 %

Beispiel:

Lohnsteuer 139 €, davon 5,5 % ergibt 7,65 € Solidaritätszuschlag
Lohnsteuer 139 €, davon 8 % ergibt 11,12 € Kirchensteuer.

Sozialversicherungssätze

Sozialversicherungen sind Pflichtversicherungen. Zur Zeit gelten folgende Sozialversicherungssätze:

- Krankenversicherung, allgemeiner Beitragssatz[1)]   14,6 %
- Arbeitslosenversicherung   3,0 %
- Rentenversicherung   18,9 %
- Pflegeversicherung   2,05 %

Kosten der Pflegeversicherung

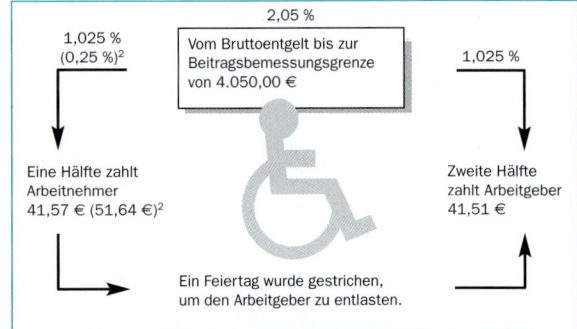

Merke: Man bezeichnet die Summe der oben genannten Beiträge für versicherungspflichtige Arbeitnehmer als Gesamtsozialversicherungsbeitrag. Arbeitgeber und Arbeitnehmer tragen diese Beitragslast je zur Hälfte.

Dieses Prinzip ist nicht mehr voll gültig, weil
– Arbeitnehmer zusätzlich mit Zusatzbeitrag der jeweiligen Kasse und 0,9 % Sonderbeitrag bei der Krankenversicherung[1] und
– kinderlose Arbeitnehmer ab 23 Jahre zusätzlich mit 0,25 % Beitragssatz bei der Pflegeversicherung[2] belastet werden.

Beispiel:

Beitragsleistung in die Kranken- und Pflegeversicherung eines kinderlosen Kassenmitgliedes; monatliches Gehalt 2 100,00 €; Krankenversicherungssatz der XY-Kasse 15,6 %:

		Arbeitgeber-Anteil	Arbeitnehmer-Anteil
Krankenversicherung	14,6 %	153,30 €	153,30 €
Zusätzlicher Beitrag	0,9 %	–	18,90 €
Pflegeversicherung	2,05 %	21,53 €	21,53 €
Zusätzlicher Beitrag für Kinderlose ab 23 J.	0,25 %	–	5,25 €
Beitrag gesamt:		174,83 €	199,98 €

[1] allgemeiner Beitragssatz, kassenindividuellen Zusatzbeitrag zahlt AN; Beispiel: AG-Anteil 7,3 % (fix) + AN-Anteil 7,3 % plus Zusatzbeitrag der jeweiligen Kasse

[2] kinderlose Arbeitnehmer ab 23 Jahre 1,025 % + 0,25 % = 1,275 %

In Sachsen gelten abweichende Beitragssätze bei der Pflegeversicherung durch Inanspruchnahme eines Feiertages.

Auszug Lohnsteuertabelle (Monat)

Quelle: www.bundesfinanzministerium.de/nn_54/DE/BMF_Statistik/
Service/Interaktiver_20Abgabenrechner/mode.html

Abzüge an Lohnsteuer (LSt), Solidaritätszuschlag (SOLZ) und Kirchensteuer (KiSt, 9 %) in den Steuerklassen (Stkl) I bis VI

Lohn/Gehalt bei in €	Stkl	Ohne Kinderfreibetrag			Mit 1 Kinderfreibetrag		
		LSt	SOLZ	KiSt	LSt	SOLZ	KiSt
900,00	I	–	–	–	–	–	–
	II	–	–	–	–	–	–
	III	–	–	–	–	–	–
	IV	–	–	–	–	–	–
	V	92,08	2,21	8,28	92,08	2,21	8,28
	VI	104,16	4,63	9,37	104,16	4,63	9,37
1150,00	I	26,91	–	2,42	26,91	–	–
	II	8,75	–	0,78	8,75	–	–
	III	–	–	–	–	–	–
	IV	26,91	–	2,42	26,91	–	–
	V	135,25	7,43	12,17	135,25	7,43	12,17
	VI	171,58	9,43	15,44	171,58	9,43	15,44
1185,00	I	32,16	–	2,89	32,16	–	–
	II	13,25	–	1,19	13,25	–	–
	III	–	–	–	–	–	–
	IV	32,16	–	2,89	32,16	–	–
	V	147,50	8,11	13,27	147,50	8,11	13,27
	VI	183,75	10,10	16,53	183,75	10,10	16,53
1190,00	I	32,91	–	2,96	32,91	–	–
	II	13,91	–	1,25	13,91	–	–
	III	–	–	–	–	–	–
	IV	32,91	–	2,96	32,91	–	–
	V	149,16	8,20	13,42	149,16	8,20	13,42
	VI	185,41	10,19	16,68	185,41	10,19	16,68
1195,00	I	33,75	–	3,03	33,75	–	–
	II	14,58	–	1,31	14,58	–	–
	III	–	–	–	–	–	–
	IV	33,75	–	3,03	33,75	–	–
	V	150,91	8,30	13,58	150,91	8,30	13,58
	VI	187,16	10,29	16,84	187,16	10,29	16,84
1200,00	I	34,50	–	3,10	34,50	–	–
	II	15,25	–	1,37	15,25	–	–
	III	–	–	–	–	–	–
	IV	34,50	–	3,10	34,50	–	–
	V	152,66	8,39	13,73	152,66	8,39	13,73
	VI	188,91	10,39	17,00	188,91	10,39	17,00
1345,00	I	59,50	–	5,35	59,50	–	–
	II	37,16	–	3,34	37,16	–	–
	III	–	–	–	–	–	–
	IV	59,50	–	5,35	59,50	–	0,53
	V	204,33	11,23	18,38	204,33	11,23	18,38
	VI	240,58	13,23	21,65	240,58	13,23	21,65
1365,00	I	63,75	–	5,73	63,75	–	–
	II	40,83	–	3,67	40,83	–	–
	III	–	–	–	–	–	–
	IV	63,75	–	5,73	63,75	–	0,78
	V	212,25	11,67	19,10	212,25	11,67	19,10
	VI	248,58	13,67	22,37	248,58	13,67	22,37
1490,00	I	91,50	2,10	8,23	91,50	–	–
	II	63,83	–	5,92	65,83	–	–
	III	–	–	–	–	–	–
	IV	91,50	2,10	8,23	91,50	–	2,57
	V	262,00	14,41	23,58	262,00	14,41	23,58
	VI	298,25	16,40	26,84	298,25	16,40	26,84
1550,00	I	105,33	4,86	9,47	105,33	–	–
	II	78,91	–	7,10	78,91	–	–
	III	–	–	–	–	–	–
	IV	105,33	4,86	9,47	105,33	–	3,53
	V	285,83	15,72	25,72	285,83	15,72	25,72
	VI	322,08	17,71	28,98	322,08	17,71	28,98
1622,50	I	122,33	6,72	11,00	122,33	–	0,14
	II	95,50	2,90	8,59	95,50	–	–
	III	–	–	–	–	–	–
	IV	122,33	6,72	11,00	122,33	–	4,79
	V	314,66	17,30	28,31	314,66	17,30	28,31
	VI	348,33	19,15	31,34	348,33	19,15	31,34
1680,00	I	135,91	7,47	12,23	135,91	–	0,87
	II	108,83	5,56	9,79	108,83	–	–
	III	–	–	–	–	–	–
	IV	135,91	7,47	12,23	135,91	–	5,85
	V	337,16	18,54	30,34	337,16	18,54	30,34
	VI	367,50	20,21	33,07	367,50	20,21	33,07
2720,00	I	385,16	21,18	34,66	385,16	12,01	19,65
	II	352,58	19,39	31,73	352,58	10,41	17,04
	III	160,50	–	14,44	160,50	–	3,67
	IV	385,16	21,18	34,66	385,16	16,46	26,94
	V	677,25	37,24	60,95	677,25	37,24	60,95
	VI	713,50	39,24	64,21	713,50	39,24	64,21
2995,00	I	457,75	25,17	41,19	457,75	15,59	25,51
	II	423,83	23,31	38,14	423,83	13,91	22,77
	III	219,50	11,50	19,75	219,50	–	7,72
	IV	457,75	25,17	41,19	457,75	20,25	33,14
	V	776,33	42,69	69,86	776,33	42,69	69,86
	VI	812,58	44,69	73,13	812,58	44,69	73,13

Beispielaufgabe:

Hotelmitarbeiter Erich erhält ein Bruttogehalt von 1 550,00 €. Er ist alleinstehend und hat keine Kinder. Er ist Mitglied einer Ersatzkasse mit dem Beitragssatz 15,5 %. Daraus ergeben sich folgende Abzüge:

Lohnsteuer lt. Tabelle (105,33 €)		Krankenversicherung	8,2 %
Solidaritätszuschlag	5,5 %	Rentenversicherung	9,45 %
(auf die Lohnsteuersumme)		Arbeitslosenversicherung	1,5 %
bzw. Lohnsteuertabelle[1]			
Kirchensteuer (von der Lohnsteuer) 9,0 %		Pflegeversicherung	1,275 %

Ermitteln Sie den Nettolohn.

Lösungsweg:

Lohnsteuer				105,33 €
Solidaritätszuschlag	5,5	% von	105,33 €	4,86 €
Kirchensteuer	9,0	% von	105,33 €	9,47 €
Krankenversicherung	8,2	% von	1 550,00 €	127,10 €
Rentenversicherung	9,45	% von	1 550,00 €	146,48 €
Arbeitslosenversicherung	1,5	% von	1 550,00 €	23,25 €
Pflegeversicherung	1,275	% von	1 550,00 €	19,76 €
Summe der Abzüge				436,25 €

Bruttolohn	1 550,00 €
– Abzüge	436,25 €
Nettolohn	1 100,89 €

Der Nettolohn beträgt 1 113,75 €.

Übungsaufgaben Steuer- und Sozialabgaben

1 Für einen Bruttolohn von 1 200 € sind 20,625 % Sozialversicherungsbeiträge vom Arbeitnehmer zu zahlen. Errechnen Sie die Höhe der Sozialversicherungsabzüge beim Arbeitnehmer in €.

2 Von einem Bruttolohn über 1 200 € werden die Lohn- und Kirchensteuer lt. Tabelle (34,50 € und 3,87 €) und die Sozialversicherungsbeiträge von 20,875 %, sowie 140 € für Kost und Logis abgezogen. Solidaritätszuschlag wird nicht erhoben.
Ermitteln Sie den ausgezahlten Nettolohn.

3 Einem Mitarbeiter mit einem Bruttolohn von 1 650 € werden 20,3 % Lohnsteuer und 9 % Kirchensteuer abgezogen.
Ermitteln Sie den gesamten Steuerabzug einschließlich Solidaritätszuschlag in € und in %.

4 Ein Koch verdient 1 460 € brutto. Davon entrichtet er einen Krankenkassenbeitrag von 8,2 %.
Errechnen Sie den Krankenversicherungsbeitrag des Kochs in €.

5 Gerda hat ein monatliches Bruttoeinkommen von 1 195,00 €.
Ermitteln Sie das Nettoeinkommen bei folgenden Abzügen: Lohnsteuer lt. Tabelle Steuerklasse V (150,91 €), Kirchensteuer 9 %, Sozialversicherung 20,875 %, Solidaritätszuschlag.

6 Portier Erich hat einen Monatslohn von 1 185 €. Er erhält 13,29 € vermögenswirksame Leistungen. Er zahlt 155,66 € Lohnsteuer Steuerklasse V, 9 % Kirchensteuer und 20,875 % Sozialversicherungsbeitrag.
6.1 Ermitteln Sie die Summe der gesamten Abzüge.
6.2 Ermitteln Sie den auszuzahlenden Nettolohn.

7 Einem Angestellten werden vom Bruttogehalt in Höhe von 1 150 € folgende Abzüge berechnet: Lohnsteuer 13,072 %, Kirchensteuer 9 %, Arbeitnehmeranteil der Sozialversicherung 20,875 % sowie Solidaritätszuschlag. Errechnen Sie die Höhe des ausgezahlten Gehaltes.

---

[1] *Da hier geringe Lohnsteuer zur Anwendung kommt, wird der Solidaritätsbeitrag direkt aus der Lonsteuertabelle abgelesen und ist geringer als 5,5 %. (siehe S.197).*

8 Ein Hotelmitarbeiter erhält monatlich 1 345,00 € brutto. Die Lohnsteuer (Stkl V) beträgt 204,33 €.
8.1 Ermitteln Sie den prozentualen Lohnsteueranteil.
8.2 Welcher Solidaritätszuschlag ist zu zahlen?
8.3 Errechnen Sie den Kirchensteueranteil in €, wenn der Arbeitnehmer in Bayern lebt.

9 Ein leitender Hotelmitarbeiter hat ein Gehalt von 2 720 €. Er zahlt 398,58 € Lohnsteuer, 31,22 € Kirchensteuer und einen Arbeitnehmeranteil von 20,875 % an die Sozialversicherung.
9.1 Errechnen Sie die gesamten Abzüge einschließlich Solidaritätszuschlag in €.
9.2 Welches Nettogehalt bekommt er ausgezahlt?

10 Ein Restaurantmeister erhält ein Gehalt von 1 622,50 €. Als Abzüge ergeben sich: Lohnsteuer Stkl V mit Kinderfreibetrag von 325,50 €, Kirchensteuer 26,04 €, Solidaritätszuschlag 17,90 € sowie der Arbeitnehmeranteil an der Sozialversicherung in Höhe von 20,625 %. Ermitteln Sie die Höhe der Gesamtabzüge.

11 Ein Angestellter mit einem Bruttogehalt von 1 190,00 € ist in Steuerklasse V eingeordnet. Ermitteln Sie Lohnsteuer, Solidaritätszuschlag und Kirchensteuer mit Hilfe der Tabelle auf S. 197.

12 Errechnen Sie den Solidaritätszuschlag (5,5 % zusätzlich zur Lohnsteuer) bei folgenden Lohnsteuerabzügen.
12.1 244,50 €   **12.2** 507,16 €   **12.3** 764,41 €   **12.4** 962,50 €   **12.5** 1 381,83 €

13 Ermitteln Sie die Lohnsteuer, die ein Arbeitnehmer bei den folgenden Solidaritätszuschlägen gezahlt hat:
13.1 13,06 €   **13.2** 6,38 €   **13.3** 31,99 €   **13.4** 20,07 €   **13.5** 36,11 €

14 Ein Hotelmitarbeiter hat laut Arbeitsvertrag einen Bruttolohn von 1 680,00 €. Als Lediger ist er in Steuerklasse I eingestuft und führt monatlich 135,91 € Lohnsteuer ab.
14.1 Ermitteln Sie den prozentualen Lohnsteuersatz.
14.2 Wie viel Kirchensteuer sind bei 9 % zu entrichten?

15 Ein Facharbeiter erhält einen Bruttolohn von 1 365,00 €. Folgende Abzüge sind zu berechnen:
Lohnsteuer   16,715 %
Kirchensteuer   9   %
Solizuschlag   5,5   %
SV-Beiträge   20,875 %
15.1 Wie hoch ist die Steuerlast?
15.2 Wie viel € beträgt die Gutschrift auf seinem Gehaltskonto?

16 Mit einem Mitglied der Unternehmensleitung wurde ein Monatsgehalt von 2 995,00 € brutto vereinbart. Dieser Mitarbeiter führt 776,33 € Lohnsteuer ab, da er sich in Lohnsteuergruppe V befindet.
16.1 Wieviel % entspricht der o. g. Lohnsteuerbetrag?
16.2 Ermitteln Sie die abzuführende Kirchensteuer (8 %) und den fälligen Solidaritätszuschlag.

17 Bei einem Nettolohn von 1 591,12 € eines kinderlosen Arbeitnehmers betrugen die gesamten Abzüge ohne Kirchensteuer 35,06 %.
Ermitteln Sie die Höhe des Bruttolohnes.

18 Die Summe der Steuer- und Beitragslast in Höhe von 395,60 € entspricht 35,1 %.
18.1 Wie hoch ist der Bruttolohn?
18.2 Ermitteln Sie die Nettolohnsumme.

19 Ein Auszubildender im 3. Lehrjahr erhält einen Bruttolohn von 1150,00 € und entrichtet nur einen geringen Lohnsteuerbetrag von 26,91 € (Steuergruppe I).
Wie viel % sind das?

Bankett- und Cateringaufträge

Gästen mit einem Bankett- oder Cateringwunsch sollte möglichst umgehend ein detailliertes Angebot gemacht werden. Durch die Vielfalt der verschiedensten Zutaten und deren Beschaffung bei den unterschiedlichsten Lieferanten mit ständigem Wechsel von Preisen und Preisaktionen sind langfristige Standard-Kalkulationen oftmals schwierig umsetzbar. Hier bietet sich die moderne Zielkostenkalkulation (Target Costing) an.

Bei dieser Kalkulation wird vom realisierbaren Marktpreis und dem gewünschten Gewinn auf die einzelnen Kostenteile zurückgerechnet. Es wird somit nicht berechnet, was ein Bankett oder Catering kosten soll, sondern wie viel es und seine Komponenten, hier speziell im Einkauf der Zutaten, kosten darf.

Damit kann bei der Produktionsplanung eine exakte Vorgabe der Preise beim Einkauf erfolgen und die oft unterschiedlichen Kosten bei Bankett- und Cateringveranstaltungen sehr genau eingehalten werden.

Zielkostenrechnung (Target Costing)		Beispielangaben	Rechenbeispiel
Verkaufserlöse brutto			6 800,00 €
− Erlösminderung (Rabatte, Kreditkarten)		3 %	204,00 €
= Verkaufserlöse inkl. Mehrwertsteuer			6 596,00 €
− Mehrwertsteuer		19 %	1 053,14 €
= Nettoerlöse			5 542,86 €
− kalkulatorischer Gewinn	vom Nettoerlös	15 %	831,43 €
− kalkulatorischer Fixkosten	vom Nettoerlös	10 %	554,29 €
− Ziel-Personalkosten		600,00 €	600,00 €
= Zielkosten Wareneinsatz			3 557,14 €

Übungsaufgaben Bankett- und Cateringaufträge:

1 Der Verkaufserlös eines Banketts soll 4 800 € betragen. Für Rabatte werden 2 % gerechnet. Der kalkulatorische Gewinn soll 18 %, die Fixkosten sollen 10 % betragen. Die Personalkosten werden mit 500 € angenommen. Wie hoch darf der Wareneinsatz in € sein?

2 Der Verkaufserlös eines Banketts soll nach 3%iger Erlösminderung durch Rabatte 22 795,00 € betragen. Der kalkulatorische Gewinn ist mit 4 214,20 € und die Festkosten sind mit 2 873,32 € ermittelt. Die Personalkosten werden mit 3 000 € berechnet.
   2.1 Ermitteln Sie den Bruttoerlös in €.
   2.2 Ermitteln Sie den kalkulatorischen Gewinn und die Fixkosten in Prozent.
   2.3 Wie viel € kann für den Wareneinsatz gerechnet werden?

3 Der Verkaufserlös eines Cateringauftrages soll nach 100 € Minderung durch Rabattgewährung 1 900,00 € betragen. Der kalkulatorische Gewinn wird mit 14 % angenommen. Die Festkosten betragen 143,70 € und die Personalkosten 250,00 €.
   3.1 Ermitteln Sie den Bruttoerlös in €.
   3.2 Ermitteln Sie den kalkulatorischen Gewinn in € und die Fixkosten in Prozent.
   3.3 Wie viel € kann für den Wareneinsatz des Cateringauftrages gerechnet werden?

22.1 Preisvergleiche mit dem Dreisatz

Beim Einkauf vergleicht der versierte Mitarbeiter die Preise, er berechnet Kosten und Aufwand. Das betrifft insbesondere Convenience-Erzeugnisse, die den Arbeitsaufwand mindern, aber die Kosten meist erhöhen.

Kosten- und Aufwandsvergleich bei Convenience-Erzeugnissen

Beispielaufgabe:

Kostenvergleich zwischen herkömmlich hergestelltem Blätterteig und der angebotenen Gefrierware in Platten am Beispiel des „Café am Rennsteig".

Lösungsweg: Deutscher Blätterteig wurde im „Café am Rennsteig" bisher selbst hergestellt. Dazu galt folgende Kalkulation:

Blätterteig deutsche Art

Menge in kg	Waren-bezeichnung	Einzelpreis €/kg	Mengenpreis in €
2,000	Mehl T. 550	0,33	0,66
0,030	Kochsalz	0,35	0,01
0,060	Zucker	0,90	0,05
1,100	Wasser	–	–
2,000	Ziehmargarine	2,15	4,30
5,190			5,02

Materialkosten: 0,97 €/kg Blätterteig. Hinzu kommen 26 Minuten Herstellungszeit für die Rezepturmenge Blätterteig, Lohn- und Betriebskosten/Min 0,74 €.

0,74 € x 26 Min = 19,24 €

5,190 kg ≙ 19,24 €

1,000 kg ≙ x €   x = 3,71 €

Materialkosten	0,97 €
Lohn- und Betriebskosten	3,71 €
Gesamtkosten je kg Blätterteig	4,68 €

Die Gesamtkosten für 1 kg Blätterteig in herkömmlicher Fertigung betragen 4,68 €.

Blätterteig wird als Convenience-Erzeugnis in Form von Gefrierplatten für 3,10 €/kg angeboten. Hinzu kommen folgende Kosten:

3,10 €/kg + 0,53 €/kg = 3,63 €/kg

Nebenrechnung:	Gefriereinrichtung (AfA)	0,25 €/kg
	Energiemehraufwand	0,10 €/kg
	Wegekosten	0,18 €/kg
	gesamt	0,53 €/kg

Die Gesamtkosten bei der Verwendung von Convenience-Blätterteig belaufen sich auf 3,63 €.

Der Preisunterschied zwischen 1 kg Blätterteig herkömmlicher Fertigung und 1 kg Convenience-Blätterteig gleicher Qualität beträgt 1,05 €.

Bei Konserven mit Aufgussflüssigkeit wird neben der Füllmenge (Nettogewicht) das Abtropfgewicht angegeben. Diese Angabe ist bedeutsam, um feststellen zu können, welche Menge festes Füllgut, das allein für den Verwendungszweck ausschlaggebend ist, enthalten ist. Danach lassen sich auch Preisvergleiche anstellen.

Bei den Materialkosten ist stets das Abtropfgewicht zu berücksichtigen.

Abtropfgewicht: Füllmenge (Nettogewicht) abzüglich **Aufgussflüssigkeit.**

Beispiele:

Champignons	Füllmenge 290 g	Abtropfgewicht 170 g
Delikatessbohnen	Füllmenge 545 g	Abtropfgewicht 315 g
Gewürzgurken	Füllmenge 670 g	Abtropfgewicht 370 g
Schattenmorellen	Füllmenge 680 g	Abtropfgewicht 370 g

Beispielaufgabe:

Der Patisserie werden Aprikosen als Dosenware in zwei Packungsgrößen angeboten:
1. 820 g (Abtropfgewicht 480 g) zu 0,88 €
2. 2 000 g (Abtropfgewicht 1250 g) zu 2,05 €
Ermitteln Sie das preisgünstigere Angebot.

Lösungsweg: 1.   480 g ≙ 0,88 €
    1 000 g ≙   x €   x = 1,83 €

2. 1 250 g ≙ 2,05 €
    1 000 g ≙   x €   x = 1,64 €

Das zweite Angebot in der größeren Packung ist günstiger.

Übungsaufgaben Preisvergleiche

1   Frischer Schweinekamm ohne Knochen wird zu 5,48 €/kg, Gefrierware zum Kilopreis von 5,40 € angeboten. Gefrierware verliert beim fachgerechten Auftauen etwa 2,4 % an Gewicht.
    Nennen Sie das preislich günstigere Angebot.

2   Berechnen Sie jeweils die Kilopreise bei folgenden Gemüsekonserven:

	Karotten				Grüne Erbsen				Grüne Bohnen		Spargel	
Nettoeinwaage in g	535	540	3 279	3 340	550	560	2 800	2 950	510	3 430	520	1 820
Stückpreis in €	1,30	1,53	3,57	3,68	1,25	1,40	2,67	3,33	1,37	4,06	3,20	6,23

3   Für Eisbecher werden Schattenmorellen benötigt. Zur Auswahl stehen zwei unterschiedliche Konservenangebote:
    1. Dose zu 2,05 € mit einem Abtropfgewicht von 1 110 g
    2. Dose zu 2,28 € mit einem Abtropfgewicht von 1 200 g
    Ermitteln Sie das günstigere Angebot und den Preisunterschied.

4   Frischer Spargel aus der Region wird für 5,80 €/kg angeboten. Der Putz- und Garverlust beträgt insgesamt 30 %. 28 garfertige Portionen mit einem Gewicht von je 400 g werden benötigt. Man könnte auch Spargelkonserven zu 3,00 €/Dose verwenden, aus denen man je zwei Portionen erhält.
    4.1 Errechnen Sie den Einkaufspreis für 28 Portionen aus Frischgemüse.
    4.2 Errechnen Sie den Einkaufspreis für 28 Portionen aus Dosenspargel.
    4.3 Vergleichen Sie die Verwendung von Frischgemüse und Konserven hinsichtlich Arbeitsaufwand, Preis, Nähr- und Genusswert.

5 Feine Erbsen werden in verschiedenen Packungsgrößen und Verarbeitungsformen angeboten:

Konserven	850-ml-Dose	1,28 €	255 g Aufguss
	400-ml-Dose	0,84 €	280 g Abtropfgewicht
Gefriererbsen	450 g netto	1,56 €	

Berechnen Sie die Einkaufspreise für eine Portion Feine Erbsen zu 150 g.

6 Champignons werden als Dosenware folgendermaßen angeboten:

Nettoeinwaage	460 g	Preis der Dose 1,60 €
Nettoeinwaage	230 g	Preis der Dose 0,90 €
Nettoeinwaage	1 840 g	Preis der Dose 6,60 €

6.1 Berechnen Sie die Kilopreise für die drei unterschiedlichen Packungsgrößen.
6.2 Ermitteln Sie den günstigsten Materialpreis für eine Beilage von 150 g.

7 Spinat aus heimischem Anbau wird als Frischgemüse für 1,45 €/kg auf dem Bauernmarkt gehandelt. Der Küchenchef kauft 15 kg davon ein. Der Vorbereitungsverlust beträgt 25 % und die Vorbereitungszeit insgesamt 80 Minuten. Garfertiger Gefrierspinat wird in 600-g-Packungen zu 0,68 € angeboten.

7.1 Berechnen Sie die Preise für jeweils 1 kg garfertigen Spinat aus Frischgemüse und aus Gefriergemüse.
7.2 Mit wie viel € muss die beim garfertigen Spinat eingesparte Arbeitszeit veranschlagt werden?

8 Junge Möhren kosten je kg 0,80 €. Der Zubereitungsverlust beträgt 20 %. 1/1-Dosenkonserven[1] werden für 0,93 €/Dose angeboten. Die Aufgussflüssigkeit wird mit 30 % veranschlagt.
Berechnen Sie den Einkaufspreis für 36 tafelfertige Portionen zu 150 g,

8.1 wenn Frischgemüse verwendet wird,
8.2 wenn Dosengemüse verwendet wird.
8.3 Beurteilen Sie den Nähr- und Genusswert der aus den unterschiedlichen Rohstoffen hergestellten Gemüsebeilagen.

9 In einem norddeutschen Speiserestaurant werden jährlich 57 dz Kartoffeln bestellt. Der Materialpreis beträgt je 100 kg 24,40 €. Die Schälverluste werden mit durchschnittlich 35 % veranschlagt.

9.1 Ermitteln Sie den Rechnungsbetrag ohne Mehrwertsteuer für die jährlich bestellten Kartoffeln.
9.2 Ermitteln Sie die jährlich zur Verfügung stehende Menge an geschälten Kartoffeln, wenn noch ein durchschnittlicher Lagerverlust von 15 % berücksichtigt werden muss.
9.3 Berechnen Sie den Materialpreis für die geschälten Kartoffeln je kg.

10 Sülzkoteletts wurden bisher nach folgender Rezeptur (10 Portionen) selbst hergestellt:

0,85 kg	Schweinekotelett, gekocht, o. K.	7,50 €/kg	6,38 €
10 mal	Garnierung und Aspik (Gurke, Karotte, Ei)	gesamt	6,25 €
10 Stück	Kunststoff-Formen	0,06 €/Form	0,60 €
	Energiekosten, Arbeitszeit	gesamt	17,50 €

Für eine Wandergruppe werden 28 Sülzkoteletts benötigt. Das benachbarte Fleischerfachgeschäft bietet dem Küchenchef 28 Stück Sülzkoteletts von bester Qualität zum Vorzugspreis von 48,30 € an. Ermitteln Sie die Kostenersparnis für ein Sülzkotelett, wenn die Ware vom Fleischerfachgeschäft bezogen wird.

11 Für eine Reisegesellschaft sind 50 Portionen Schnittbohnen zu je 200g bereitzustellen. Dafür steht Gefriergemüse oder Dosenware zur Verfügung. Grüne Bohnen werden als Gefriergemüse in Beuteln zu 3 kg zum Preis von 7,30 € verkauft. 5/1-Dosen[1] werden zu 2,90 € angeboten. Der Abtropfverlust beträgt 37 %.

11.1 Wie viel € kosten die Bohnen, wenn Gefriergemüse verwendet wird (auf ganze Beutel aufrunden)?
11.2 Wie viel € kosten die Bohnen bei Verwendung von Konservendosen?
11.3 Stellen Sie den Preisunterschied zwischen Gefriergemüse und Dosengemüse je Portion fest.

---

[1] DIN-Normdosen haben festgelegte Abmessungen. Basis für die DIN-Normung ist der Inhalt von 850 ml. Weitere Größen ergeben sich durch das Mehrfache oder durch Bruchteile der Grundgröße (z. B. 3/1. 1/2).

22.2 Preisvergleiche mit dem Einstandspreis

Bei der Suche nach **neuen Lieferanten** und dem **günstigsten Angebot** vergleicht der Einkäufer die **Einstandspreise**. Dabei beachtet er die **Bedarfsmengen**, die **Liefer- und Zahlungsbedingungen** (Kapitel 23) und andere vertragliche Konditionen.

Wichtige Begriffe zum Einstandspreis	
Zieleinkaufspreis:	Preis für das Bezahlen innerhalb der vereinbarten langen Frist, nach Abzug des Rabatts
Bareinkaufspreis:	Preis für das Bezahlen innerhalb einer vorgegebenen kurzen Frist, nach Abzug von Rabatt und Skonto
Einstandspreis:	Ist der Einkaufspreis unter Beachtung von Preisnachlässen und Bezugskosten ohne Mehrwertsteuer. Er wird beim Angebotsvergleich ermittelt.

Beispielaufgabe:

Das Restaurant „Weinland" benötigt 120 Burgunder-Gläser und sucht den kostengünstigsten Anbieter. Folgende Angebote liegen vor:

Firma Sachsenglas: Preis je Stück 4,00 €, 10 % Mengenrabatt ab 100 Stück Abnahme, Zahlung innerhalb von 30 Tagen rein netto, Lieferung ab Werk und sofort. Die Transport- und Verpackungskosten betragen 50,00 €.

Gastrogroßhandel KG: Preis je 6er-Karton 27,00 €, 5 % Sonderrabatt, 3 % Skonto bei Zahlung innerhalb von 14 Tagen, innerhalb von 30 Tagen ohne Abzüge, Lieferung frei Haus am 3. Werktag nach Bestellungseingang.

Lösungsweg:

	Firma Sachsenglas		Gastrogroßhandel KG	
	4,00 €/Stck	120 · 4,00 €	27,00 €/6 Stck	20 · 27,00 €
Listenpreis		100 % ≙ **480,00 €**		100 % ≙ **540,00 €**
– Rabatt	10 %	10 % ≙ 48,00 €	5 %	5 % ≙ 27,00 €
= Zieleinkaufspreis		90 % ≙ **432,00 €**		95 % ≙ **513,00 €**
		100 % ≙ 432,00 €		100 % ≙ 513,00 €
– Skonto	–	–	3 %[1]	3 % ≙ 15,39 €
= Bareinkaufspreis		**432,00 €**		97 % ≙ **497,61 €**
		100 % ≙ 432,00 €		100 % ≙ 497,61 €
+ Bezugskosten	50,00 €	50,00 €	–	–
= Einstandspreis		**482,00 €**		**497,61 €**[1]
Lieferfrist	Sofort		3. Werktag	
Zahlungsfrist	30 Tage		30 Tage; 14 Tage bei 3 % Skonto[1]	

Der kostengünstigere Anbieter ist die Firma Sachsenglas.

---

[1] In der Praxis entfällt der Skontoabzug, wenn die 14-Tage-Zahlungsfrist überschritten wird. Der Einstandspreis beträgt dann 513,00 €.

Übungsaufgaben Preisvergleiche mit dem Einstandspreis

1 Im Gasthof zur Eiche will man sich ein Kuchenbüfett anschaffen. Dazu holt der Wirt 2 Angebote ein. Die **Firma Gastromat** unterbreitet folgendes Angebot:

> **Kuchenbüfett:**
> von 2 150,00 €, 10 % Rabatt, Lieferung ab Werk. Die Transportkosten und die Transportversicherung betragen insgesamt 55,00 €. Wahlweise besteht die Möglichkeit, das Kuchenbüfett vom Lieferanten mit dem Kleintransporter des Hotels abzuholen. Die einfache Entfernung beträgt 36 km zu einem Kilometerpreis von 0,80 €.

Der **regionale Gastronomiehandel** unterbreitet folgendes Angebot:

> **Kuchenbüfett:**
> Preis von 1 800,00 €, Lieferung „frei Haus", 2 % Skonto bei Zahlung innerhalb von 10 Tagen.

1.1 Vergleichen Sie und entscheiden Sie sich für ein Angebot.

1.2 Begründen Sie Ihre Entscheidung.

2 Das Foyer des Touristenhotels Alpenblick soll einen neuen Teppichboden erhalten. Die Länge des Foyers beträgt 15,4 m und die Breite 8,3 m. Auf Anfrage unterbreiten 3 Fachbetriebe Angebote:

Angebote	1	2	3
Preis/m²	33,40 €	29,80 €	39,00 €
Rabatt	8 %	3 %	12 %
Skonto	2 %	3 %	–
Verlegekosten	6,80 €/m²	7,90 €/m²	–

Ermitteln Sie den preiswertesten Anbieter.

3 Ein Textilhändler bietet das Dutzend Handtücher zu 18,10 € an. Er gewährt 15 % Treuerabatt und 2,5 % Skonto. Der Einzelhändler aus der Region bietet Handtücher in gleicher Ausführung zum Stückpreis von 2,65 € und will bei einer Abnahme über 10 Stück 16 % Mengenrabatt gewähren.
Vergleichen Sie die Angebote und ermitteln Sie den günstigeren Stückpreis bei Abnahme von 120 Handtüchern.

4 Die Berechnung des Einstandspreis für 144 Stück $\frac{1}{2}$-Dosen Spargelstücke sieht wie folgt aus:

144 $\frac{1}{2}$-Dosen Spargelstücke

Preis je Dose 0,75 €	108,00 €
– Rabatt 20 %	21,60 €
= Zieleinkaufspreis	129,80 €
– Skonto 3 %	3,88 €
= Bareinkaufspreis	133,69 €
+ Bezugskosten:	
Verpackung	6,00 €
Frachtkosten	15,00 €
Transportversicherung	12,00 €
= Einstandspreis	1 56,69 €

4.1 Überprüfen Sie die Berechnung. Erläutern Sie die Fehler.

4.2 Erstellen Sie eine berichtigte Berechnung.

5 Benötigt werden für eine Aktionswoche 60 kg Spargel. Um wie viel € unterscheiden sich die beiden Angebote?
Angebot A: 13,50 €/3 kg, 15 % Rabatt, 2 % Skonto bei sofortiger Barzahlung, 20,00 € Lieferkosten.
Angebot B: 24,00 €/5 kg, 10 % Rabatt, Zahlung rein netto, Lieferung frei Haus.

6 Ermitteln Sie die fehlenden Werte.
Für die Bezugskosten entsprechend den Lieferbedingungen gilt:
1. Rollgeld 20,00 €, Fracht 50,00 €, 2. Rollgeld 10,00 €.

	6.1.		6.2.		6.3.		6.4.	
Listenpreis		240,00 €		5 800,00 €		€		28 500,00 €
Rabatt (% | €)	15 %	€	25 %	€		–	10 %	2 850,00 €
Zieleinkaufspreis		€		€	3 480,00 €			€
Skonto (% | €)		–	2 %	87,00 €	3 %	€	2 %	€
Bareinkaufspreis		€		€		€		€
Bezugskosten	frei Haus		ab Werk		ab Bahnhof dort		unfrei	
		€		€		€		€
Einstandspreis		€		€		€		€

7 Für die Beschaffung einer Geschirrspülmaschine liegen von 3 Lieferanten folgende Informationen vor.

	Elektrogeräte GmbH	Gastrogroßhandel KG	Küchenausstatter OHG
Listenpreis	3 010,00 €	3 130,00 €	2 850,00 €
Zahlungs-bedingungen	30 Tage Ziel, 3 % Skonto bei Sofortzahlung	5 % Rabatt 30 Tage Ziel, Zahlung ohne Abzüge	30 Tage Ziel, 2 % Skonto bei Zahlung innerhalb von 14 Tagen
Lieferbedingungen	Lieferung innerhalb von 10 Tagen, ab Werk (Rollgeld je 20,00 €, Fracht 50,00 €)	Lieferung sofort und frei Haus	Lieferung innerhalb von 3 Wochen 50,00 € für Transport und Aufstellung

7.1 Ermitteln Sie jeweils den Einstandspreis und den kostengünstigsten Lieferanten.
7.2 Wie ändert sich die Kostensituation, wenn die Skontofristen nicht eingehalten werden können?

8 Ermitteln Sie das preiswertere Angebot.
Angebot A: 100 kg zu 4,20 €/kg; 3 % Skonto bei Zahlung innerhalb von 10 Tagen, Ziel 20 Tage.
Angebot B: 50 kg zu 4,40 €/kg; 5 % Rabatt; Zahlung netto Kasse bei Warenerhalt.

9 Ein Flaschenkühlschrank muss dringend eingekauft werden.
9.1 Welches Angebot ist preiswerter?
9.2 Für welches Angebot entscheiden Sie sich, wenn der Preis nicht so wichtig ist?
Angebot X: Listenpreis 1 190,00 €; 10 % Rabatt; 2 % Skonto bei Barzahlung; Lieferung innerhalb 1 Woche nach Bestellungseingang.
Angebot Y: Listenpreis 1 205,00 €; 10 % Rabatt; Zahlung netto Kasse, Lieferung in 24 Stunden möglich mit 2 % Aufpreis (vom Listenpreis) oder Lieferung innerhalb von 10 Tagen.

10 Ermitteln Sie das preiswertere Angebot für einen Bedarf von 15 hl Fassbier.
Angebot A: 10 Fässer zu 30 l/57,00 €; 5 % Rabatt; 3 % Skonto bei Zahlung innerhalb von 7 Tagen, Ziel 30 Tage.
Angebot B: 5 Fass zu 50 l/95,00 €; 5 % Rabatt; 30 Tage Ziel netto Kasse.
Angebot C: 1 Fass zu 50 l/119,00 € inkl. MwSt; 10 % Rabatt; 3 % Skonto bei Barzahlung sofort, 2,00 € Lieferkosten je Fass.

Marktpreisveränderungen sind in der Einkaufspraxis ständig zu beachten. Es kann sich dabei sowohl um **Preissenkungen** als auch um **Preissteigerungen** handeln. Preisveränderungen sind abhängig von der Saison, von Veränderungen der Rohstoffpreise auf dem Weltmarkt, von Veränderungen der allgemeinen Kosten und nicht zuletzt vom Konkurrenzdruck.

Beim Ermitteln von Preisen und Kosten sind die **Liefer- und Zahlungsbedingungen** zu berücksichtigen, insbesondere **Rabatt**, **Skonto und die Bezugskosten**.

Rabatt

Rabatt ist ein Preisnachlass mit der Absicht, Kunden zu gewinnen oder zu halten. Für eine Rabattgewährung gibt es unterschiedliche Gründe.

Wichtige Begriffe zur Rabattgewährung	
Mengenrabatt:	Preisnachlass bei Abnahme größerer Warenmengen. Die Rabatthöhe ist meist nach der Abnahmemenge gestaffelt.
Treuerabatt:	Preisnachlass für ständige Abnehmer.
Naturalrabatt:	Unberechnete, mehr gelieferte Warenmenge führt effektiv zum Preisnachlass.
Wiederverkäuferrabatt:	Preisnachlass für Kunden, die wiederum Verkäufer sind, um ihnen einen größeren Spielraum für eigene Kalkulationen (Handelsspanne) zu geben.
Sonderrabatt:	Preisnachlass bei besonderen Aktionen.
Listen-, Materialpreis:	Nettopreis, Preis ohne Mehrwertsteuer, aufgeführt in den Listen der Lieferanten.

Den Rabatt weist man allgemein in Prozent aus.
Rabatt wird direkt vom Warenwert abgezogen, bevor der Mehrwertsteuerbetrag hinzukommt.

Beispielaufgabe:

Für eine Küchenmaschine im Wert von 4 380,00 € gewährt der Händler einen Messerabatt von 15 %. Wie hoch ist der Preis nach Abzug von Rabatt?

Lösungsweg:

$$
\begin{array}{rcl}
4\,380,00\ € & \triangleq & 100\ \% \\
& & -\ 15\ \% \\
\hline
x\quad € & \triangleq & 85\ \%
\end{array}
$$

$$x = \frac{4\,380 \cdot 85}{100}$$

$$\underline{x = 3\,723,00\ €}$$

Nach Abzug von Rabatt hat die Küchenmaschine einen Wert von 3 723,00 €.

Skonto

Skonto ist ein prozentualer Abzug vom Rechnungsbetrag (meist 3 %) und wird in der Praxis vom Bruttobetrag berechnet. Der Lieferant gewährt ihn dann, wenn die Bezahlung der Rechnung innerhalb einer vorgegebenen Skontofrist erfolgt. Dadurch soll der Schuldner veranlasst werden, ein längerfristiges Zahlungsziel nicht auszuschöpfen. Häufig wird Skonto bei sofortiger Barzahlung eingeräumt.
Steht auf der Rechnung der Vermerk „Zahlung rein netto", „Zahlung netto Kasse" oder „Zahlung ohne Abzüge", dann wird kein Skontoabzug gewährt.

Für den Lieferanten ergeben sich durch die Skontogewährung verschiedene Vorteile:
- Der Lieferant benötigt geringere Kredite, da er das Geld von Kunden schneller erhält.
- Der Lieferant kann dadurch bei Vorlieferanten ggf. ebenfalls Skonto in Anspruch nehmen.

Beispielaufgabe:

Auf einer Rechnung über 800,00 € ist vermerkt: „Zahlbar innerhalb von 30 Tagen ohne Abzüge, 3 % Skonto bei Zahlung innerhalb von 20 Tagen nach Rechnungserhalt, Verzugszinsen 12 % p. a."
Ermitteln Sie den Rechnungsbetrag, wenn
a) am 10. Tag
b) am 28. Tag
c) am 90. Tag nach Erhalt der Rechnung bezahlt wird.

Lösungsweg:

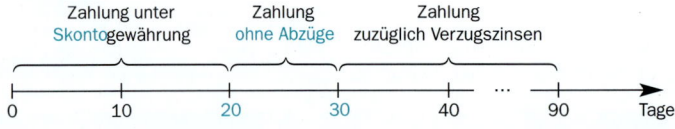

a) | Bruttobetrag | 800,00 € | ≙ | 100 % |
|---|---|---|---|
| **– Skonto** | | | **– 3 %** |
| = zu zahlen | x € | ≙ | 97 % |

$$x = \frac{800 \cdot 97}{100}$$

$$x = 776{,}00\ \text{€}$$

b) zu zahlen

$$x = 800{,}00\ \text{€}$$

c) Die Rechnung wird 60 Tage zu spät bezahlt. Für diesen Zeitraum ergibt sich folgender Zinssatz:

1 Jahr	360 Tage	≙	12 %
davon	60 Tage	≙	x %

$$x = 2\ \%$$

Bruttobetrag	800,00 €	≙	100 %
+ Verzugszins			+ 2 %
= zu zahlen	x €	≙	102 %

$$x = \frac{800 \cdot 102}{100}$$

$$x = 816{,}00\ \text{€}$$

Der Rechnungsbetrag ist bei Zahlung
a) am 10. Tag   **776,00 €**
b) am 28 Tag   **800,00 €**
c) am 90. Tag nach Rechnungserhalt   **816,00 €** hoch.

Bezugskosten

Zu den Bezugskosten gehören Aufwendungen für das Beschaffen von Waren, z. B. Kosten der Versandverpackung, Transportversicherung, Ent- und Verladekosten. Die Übernahme der Transportkosten ist in den **Lieferbedingungen** geregelt.

Wichtige Begriffe zu den Lieferbedingungen	
Lieferung „ab Werk/ab Fabrik":	Der Käufer übernimmt die Kosten für den gesamten Transportweg.
Lieferung „unfrei" oder „ab Bahnhof hier":	Der Käufer trägt die Kosten ab dem Versandort, d. h. Fracht und 2. Rollgeld.
Lieferung „frei" oder „ab Bahnhof dort":	Der Käufer trägt die Kosten ab dem Empfangsort, d. h. nur das 2. Rollgeld.
Lieferung „frei Haus":	Der Käufer übernimmt keine Transportkosten.

Beispielaufgabe:

Für den Transport einer Hotelzimmereinrichtung vom Hersteller zu einem Hotel entstehen folgende Kosten: 15 € für 1. Rollgeld, 35 € für Fracht, 10 € für 2. Rollgeld.
Wie viel € Transportkosten muss der Käufer abhängig von der Lieferbedingung übernehmen?

Lösungsweg:

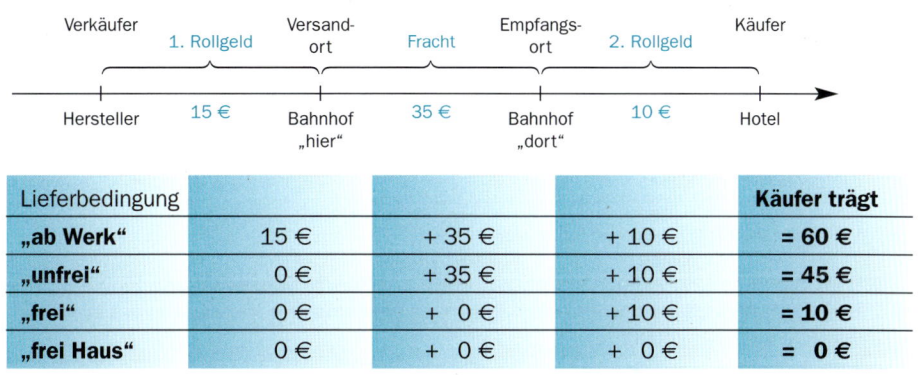

Lieferbedingung				Käufer trägt
„ab Werk"	15 €	+ 35 €	+ 10 €	= 60 €
„unfrei"	0 €	+ 35 €	+ 10 €	= 45 €
„frei"	0 €	+ 0 €	+ 10 €	= 10 €
„frei Haus"	0 €	+ 0 €	+ 0 €	= 0 €

Beim Bezahlen von Rechnungen ist auch die Mehrwertsteuer (Kapitel 19.3) zu beachten.

Beispielaufgabe:

Ein Magazinverwalter bestellt folgende Waren zu Listenpreisen:

12,5 kg	Tafelspitz	11,90 €/kg
2,5 kg	Roastbeef	16,10 €/kg
5,0 kg	Schweineschnitzel	7,30 €/kg.

Der Lieferant gewährt 12 % Rabatt und bei Zahlung innerhalb von 7 Tagen 3 % Skonto.
1. Ermitteln Sie den Bruttorechnungspreis.
2. Der Magazinverwalter bezahlt sofort bei Warenannahme und ermittelt den zu zahlenden Betrag.
   Wie viel € spart er?

Lösungsweg: Der Lieferant ermittelt:

12,5 kg Tafelspitz	11,90 €/kg	148,75 €		
2,5 kg Roastbeef	16,10 €/kg	40,25 €		
5,0 kg Schweineschulter	7,30 €/kg	36,50 €		
Listenpreis		225,50 €	≙	100 %
– Rabatt (12 %)		27,06 €	≙	12 %
= Nettorechnungspreis		198,44 €	≙	88 %
		198,44 €	≙	100 %
+ Mehrwertsteuer (7 %)[1]		13,89 €	≙	7 %
= Bruttorechnungspreis		212,33 €	≙	107 %

Der Magazinverwalter berechnet:

Bruttorechnungspreis	212,33 €	≙	100 %
– Skonto (3 %)[2]	6,37 €	≙	3 %
= Barzahlungsbetrag	205,96 €	≙	97 %

Der Bruttorechnungspreis beträgt 212,33 €.
Der Magazinverwalter hat 205,96 € zu zahlen und spart durch das Skonto 6,37 €.

Bezugskosten werden gesondert berechnet und erhöhen den Gesamtbetrag der Rechnung.

Übungsaufgaben Liefer- und Zahlungsbedingungen

1 Gegenüber dem Vormonat hat sich auf dem Markt eine Preiserhöhung für Spezialitäten von etwa 2,5 % durchgesetzt. Vom Lieferanten bekommt ein Feinschmeckerrestaurant die berichtigte Preisliste mit folgenden Angaben:

Artikel	Artikel-Nr.	€/kg
Schwarzwälder Schinken	400.00	15,50
Westfälischer Rohschinken	470.01	19,00
Parmaschinken	473.11	30,50
Bündnerfleisch	385.01	36,50

1.1 Berechnen Sie die Preiserhöhungen je Artikel in €.

1.2 Wie viel € hätte der Gastwirt gespart, wenn er einen Einkauf über 133,50 € noch vor der Preiserhöhung getätigt hätte?

2 Die Einkaufspreise (Ladenpreise) für Bananen haben sich seit 1993 um durchschnittlich 20 % erhöht. Für 10 kg Bananen werden im Einkauf gegenwärtig 12,30 € gezahlt.
Mit welchem Preis konnte man 1993 noch rechnen?

3 Berechnen Sie, welchen prozentualen Jahreszinsen (360 Tage) ein Skontoabzug von 3 % entspricht, wenn durch Wahrnehmung des Skontoabzuges die Rechnung 18 Tage vor dem Zahlungsziel bezahlt wird.

---

[1] Gegenwärtiger Mehrwertsteuersatz für Nahrungsmittel (im Gegensatz zu Genussmitteln mit 19 %) beträgt 7 %.

[2] Die Buchhaltung berechnet den Mehrwertsteueranteil nach Abzug von Rabatt und Skonto, also vom Nettopreis. Durch den Skontoabzug vom Bruttopreis wird in der Beispielaufgabe 0,62 € zu viel Mehrwertsteuer bezahlt. Der Skontobetrag wird dann um 0,42 € korrigiert.

4 Auf einer Verkaufsmesse wird eine Bestellung von Küchengeräten zum Listenpreis von 1 726,50 € aufgegeben. Auf den Listenpreis gewährt der Verkäufer 12 % Messerabatt, weiterhin werden 3 % Skonto bei Bezahlung innerhalb von 14 Tagen vereinbart.

4.1 Berechnen Sie den Überweisungsbetrag (Barpreis einschließlich MwSt).

4.2 Ermitteln Sie die Zinsen, die die Bank für den Überweisungsbetrag für 12 Tage als Darlehen zu 14 % berechnet.

4.3 Berechnen Sie die Ersparnis bei Barzahlung unter Inanspruchnahme des Bankdarlehens für 12 Tage.

5 Eine Betriebskantine kauft im benachbarten Fleischerfachgeschäft folgende Fleischwaren zu Netto-preisen:

40,5 kg	Rinderkeule	je kg 9,40 €
30,2 kg	Schweineschulter	je kg 7,20 €
37,5 kg	Schweinegulasch	je kg 6,95 €
150 Stück	Schweineschnitzel à 160 g	je kg 8,95 €

Die Kantine erhält einen Großabnehmerrabatt von 11 % sowie 3 % Skonto bei Bezahlung innerhalb von 7 Tagen. Die Rechnung wird bereits nach drei Tagen bezahlt. Wie hoch ist der Überweisungsbe-trag (einschließlich der gesetzlichen Mehrwertsteuer)? Beachten Sie, dass es sich um Lebensmittel handelt.

6 Ein Speiserestaurant erhält am 20. Oktober eine Rechnung über 1 178 €, zahlbar innerhalb von 7 Tagen bei 3 % Skonto, 30 Tage rein netto, Verzugszinsen 9 % p. a.

6.1 Errechnen Sie den zu zahlenden Betrag bei Inanspruchnahme des Skontos.

6.2 Die Rechnung wird erst am 20. März des Folgejahres bezahlt.
Wie hoch ist der zu zahlende Betrag?

7 Eine Küchenmaschine hat einen Listenpreis von 1 562,70 €. Der Verkäufer gewährt einen Messerabatt von 15 % und berechnet anschließend die gesetzliche Mehrwertsteuer.
Wie viel € sind für die Küchenmaschine auf der Messe zu zahlen?

8 Für einen Arbeitstisch ist der Listenpreis von 660 € zu zahlen. Mit welchem Bruttorechnungsbetrag muss bei nachstehend genannten Konditionen gerechnet werden?

8.1 Die Lieferfirma gewährt 20 % Treuerabatt.

8.2 Die Lieferfirma gewährt 25 % Treuerabatt und 2,5 % Skonto.

9 Ein Hotelier hat bei Quartalsende eine Rechnung mit einer Gesamtsumme von 4 115 € zu begleichen.

9.1 Welche Einsparung hätte der Hotelier verbuchen können, wenn er 3 % Skonto in Anspruch ge-nommen hätte?

9.2 Welche Gesamtsumme musste er bezahlen, wenn er nur 3 500 € skontiert hatte und den Rest später bezahlte?

10 Ein Weinlokal überweist einer Weinhandlung nach Abzug von 5 % Treuerabatt und 3 % Skonto einen Rechnungsbetrag von 1 069,50 €.
Wie hoch wäre der Rechnungsbetrag ohne Skonto und Rabatt?
Beachten Sie, dass die Mehrwertsteuer bei Wein, Bier und Spirituosen (= Genussmittel) 19 % be-trägt.

11 Bei der Bestellung eines Wärmeschrankes werden auf den Listenpreis von 38 500 € ein Messerabatt von 12 % und 2,5 % Skonto bei Barzahlung innerhalb von 10 Tagen vereinbart.

11.1 Berechnen Sie den Barpreis einschließlich MwSt.

11.2 Berechnen Sie die Zinsen, die von der Bank für die Zeit vom 1. April bis 15. Mai für die Über-weisung des Betrages als Darlehen zu 14 % gefordert werden.

11.3 Beurteilen Sie, ob sich die Inanspruchnahme des Skonto gelohnt hat.

12 Ein Großhändler bietet Gemüsekonserven für 0,72 €/Stück an. Ein Mitbewerber bietet die gleichen Gemüsekonserven für 0,85 € an, gewährt aber einen Mengenrabatt von 20 % bei der gewünschten Stückzahl.

12.1 Ermitteln Sie den günstigeren Nettopreis.

12.2 Wie viel € spart der Abnehmer bei 30 Stück Gemüsekonserven?

13 Der Böhmische Bierkeller erhält die Rechnung für die Lieferung von Budweiser im Gesamtwert von 23 655 Kr. (Tschechische Kronen). Die deutsche Hausbank verkauft 33,9 Kr je €.

Wie hoch ist der Rechnungsbetrag in €?

14 Bei der Bezahlung einer Getränkelieferung in Höhe von 1 455,00 € innerhalb von 10 Tagen erhält der Hotelier 2,8 % Skonto.

Wie viel € kann er einsparen?

15 Für die Bezahlung einer Lieferung Wildlachs im Werte von 455 € gelten folgende Bedingungen:

3 % Skonto bei Bezahlung innerhalb von 14 Tagen.

Wie viel € kann man dadurch einsparen ?

16 Das Weingut Bender bietet 96 Flaschen Spätburgunder zu je 5,15 € netto an. Es räumt einen Mengenrabatt von 15 % ein, des Weiteren 2,8 % Skonto bei Zahlung innerhalb von 10 Tagen.

16.1 Ermitteln Sie den Rechnungsbetrag?

16.2 Wie viel € erhält das Weingut, wenn zusätzlich 0,10 € Versandkosten je Flasche berechnet werden?

17 Für den Transport einer Kühlvitrine fallen folgende Kosten an:

23 € Rollgeld zum Versandort

42 € Frachtkosten

12 € Rollgeld ab dem Empfangsort

Wie hoch sind die Transportkosten, wenn folgende Bedingungen ausgehandelt wurden:

17.1 Lieferung erfolgt „frei Haus"?

17.2 Lieferung ab „Bahnhof hier"?

18 Ein Gastronomie-Ausstatter antwortet: Entsprechend Ihrer telefonischen Anfrage bieten wir Ihnen an:

120 Sektspitze Typ Freyburg

Preis: 4,35 € je Stück (netto)

Lieferbedingungen: frei Haus

Liefertermin: sofort

Zahlungsbedingungen: innerhalb von 10 Tagen 4 % Skonto

innerhalb von 15 Tagen 3 % Skonto

innerhalb von 30 Tagen netto

18.1 Der Gastwirt kauft 120 Sektspitze und überweist den Rechnungsbetrag innerhalb von 12 Tagen. Ermitteln Sie den Überweisungsbetrag ohne MwSt.

18.2 Wie viel € könnte er bei der Überweisung innerhalb von 10 Tagen sparen?

19 Ein Restaurant erhält 3 Fass Kloster-Pils zu je 28,00 € und 60 Flaschen Rotwein zu je 5,70 €. Folgende Liefer- und Zahlungsbedingungen gelten: 5 % Treuerabatt; 2 % Skonto bei Zahlung innerhalb von 10 Tagen, 30 Tage Ziel; Lieferkostenaufschlag 8 % vom Warenwert, ab 1 000,00 € Warenwert Frei-Haus-Lieferung.

19.1 Ermitteln Sie den Bruttorechnungspreis, wenn das Restaurant sofort bezahlt.

19.2 Wie viel € mehr bezahlt das Restaurant am 15. Tag?

19.3 Wie hoch ist der Bruttorechnungspreis bei der nächsten Getränkelieferung im Wert von 1 200,00 € (netto)?

20 „12 % Rabatt und 2 % Skonto ergeben 14 % Preisnachlass."

Wiederlegen Sie anhand von selbstgewählten Beispielen diese Aussage.

Bei verpackten Waren ist es von Bedeutung, ob die Gewichtsangabe sich nur auf den Inhalt bezieht oder ob die Verpackung mitgewogen wurde. Danach unterscheidet man:

Brutto Ware *mit Verpackung*
=
Netto Ware
+
Tara *Verpackung*

Brutto

Bruttogewicht:	Gewicht der Ware mit der Verpackung
Bruttogehalt, -lohn:	Gehalt/Lohn ohne Abzüge
Bruttopreis:	Preis einschließlich der Mehrwertsteuer

Netto

Nettogewicht:	Gewicht der Ware ohne Verpackung, also das reine Warengewicht
Nettogehalt, -lohn:	Gehalt bzw. Lohn abzüglich Sozialabgaben und Lohnsteuer, also der zur Verfügung stehende Betrag
Nettopreis:	Preis einer Ware ohne Mehrwertsteuer

Tara

Taragewicht:	Gewicht der Verpackung

Brutto für Netto (bfn)

Bei bestimmten Waren ist es üblich, dass eine Ware bfn angeboten wird. Der Begriff bezieht sich sowohl auf das Gewicht als auch auf den Preis. Brutto für Netto ist ein Preisverschnitt, der besagt, dass die Verpackung mitgewogen und mitberechnet wurde.

Beispielaufgabe:

Zuchtchampignons werden im Spankörbchen mit einem Gesamtgewicht von 1,5 kg angeboten und kosten je Körbchen 4,20 €. Das leere Spankörbchen wiegt 145 g. Wie viel € kostet 1 kg Zuchtchampignons?

Lösungsweg:

1,500 kg Brutto – 0,145 kg Tara = 1,355 kg Netto

1,355 kg Champignons ≙ 4,20 €

1,000 kg Champignons ≙ x €

x = 3,10 €

Die Zuchtchampignons kosten 3,10 €/kg.

Merke: Der Preis Brutto für Netto (bfn) bezieht sich auf Ware und Verpackung.

Übungsaufgaben Brutto, Netto, Tara

1 Bei einer Obstlieferung beträgt das Bruttogewicht 26 kg, die Tara 2 kg.
   Berechnen Sie den Verpackungsanteil in Prozent.

2 Eine Kiste Rosinen wiegt brutto 12,5 kg.
   Wie hoch ist das Nettogewicht, wenn erfahrungsgemäß mit 7 % Tara gerechnet wird?

3   Eine Liter-Flasche Weißwein wiegt 1 620 g.
Berechnen Sie das Gewicht (Wasser als Berechnungsgrundlage) der Flasche in g und %.

4   Süßkirschen im Körbchen kosten bfn 7,50 €. Das gefüllte Körbchen wiegt 3 kg, das leere Körbchen 450 g.
Berechnen Sie den Kilopreis der Kirschen, wenn bei Rückgabe des Körbchens 1 € vergütet wird.

5   Mandeln, in der Kiste verpackt, wiegen 10,320 kg. Die Tara beträgt 9 %. Durch fehlerhafte, zu trockene Lagerung entsteht ein Gewichtsverlust von 4,5 %.
Berechnen Sie die Nettomenge der gelagerten Mandeln.

6   Der Patissier bestellt zwei Eimer mit insgesamt 10 kg Aprikosenkonfitüre. Der Nettoinhalt wird mit 95 % angegeben.
6.1 Wie viel kg Konfitüre stehen zur Verfügung?
6.2 Wie viel Gramm wiegt ein Eimer?

7   Butterreinfett wird bfn zu einem Kilopreis von 4,25 € eingekauft. Bei den bezogenen 20 kg Butterreinfett fallen 600 g Verpackungsmittel an.
Errechnen Sie den Nettopreis von einem kg Butterreinfett.

8   Eine Kiste Äpfel kostet bfn 7,60 €. Das Bruttogewicht beträgt 12,5 kg.
Errechnen Sie das Nettogewicht und den Kilopreis, wenn die Tara mit 10 % angesetzt wird.

9   Eine Speisegaststätte kauft 350 kg Frühkartoffeln zum Einkaufspreis von 0,34 € je kg bfn vom einheimischen Erzeuger. Die Tara beträgt 2 %. Der Lieferant gewährt 2 % Skonto. Als Bezugskosten fallen je 100 kg 6,10 € an.
Wie hoch ist der Nettopreis für 5 kg Kartoffeln ohne Verpackung?

10   Als Hausschlachtungsspezialität soll Hausmacher Leberwurst in Dosen hergestellt werden. Das Bruttogewicht der Dose soll 250 g betragen, die Tara 12 %.
Ermitteln Sie das Nettogewicht für die Kennzeichnung,

11   Das Taragewicht einer Warensendung beträgt 2,7 kg oder 1,8 % des Gesamtgewichtes.
Ermitteln Sie das Gewicht der Ware (Nettogewicht).

12   Stachelbeeren werden für 2,40 €/kg bfn (brutto für netto) angeboten. Der Korb mit den Stachelbeeren wiegt 2,0 kg. Der leere Korb hat ein Gewicht von 0,380 kg.
Ermitteln Sie die tatsächlichen Kosten für 1 kg Stachelbeeren.

13   Es werden Mandarinen in der Kiste geliefert. Eine Kiste Mandarinen kostet 7,50 € und wiegt 6 kg, die Kiste wiegt 0,8 kg.
Wie viel € kostet ein kg Mandarinen?

14   Ermitteln Sie die fehlenden Werte:

	Brutto	Netto	Tara	€/kg bfn	€/ kg netto
14.1	12,4 kg	x kg	5 %	1,20	x
14.2	30,85 kg	26,2 kg	x kg/x %	2,75	x
14.3	x kg	8,25 kg	2,5 %	9,70	x
14.4	75,00 kg	92 %	x kg	6,80	x
14.5	x kg	x kg	6 kg ≙ 4,5 %	12,50	x

15   Es werden 6 Körbchen Erdbeeren mit je fünf Pfund Gesamtgewicht gekauft. Das kg wird mit 1,20 € bfn bezahlt. Die leeren Körbchen wiegen zusammen 1 200 g. Der Putzverlust beträgt 8 %.
15.1 Wie viel € kosten die Erdbeeren insgesamt?
15.2 Wie viel kg geputzte Erdbeeren erhält man?
15.3 Ermitteln Sie den Materialpreis für 150 g Erdbeeren.

16   Eine Dose Kaviar wiegt 19 Unzen (1 Unze = 28,35 g) und kostet 165 €. Die leere Dose wiegt 68 g.
Wie viel € kosten 50 g Kaviar netto?

Eine geordnete **Lagerhaltung** mit sachkundiger Warenpflege bildet die Grundlage für Erhaltung bzw. Erzielung guter Lebensmitteleigenschaften.

Lagerverfahren

In der Gastronomie werden die drei Lagerverfahren

- Normallagerung,
- Kühllagerung,
- Gefrierlagerung

angewandt, dabei können **Lagerverluste** auftreten.

Die Ursachen dafür sind hauptsächlich Wasserverdunstung und Reifungsvorgänge, Verpackungsschäden sowie auch Lebensmittelverderb.

Berücksichtigen muss man auch Abtropfverluste beim Auftauen gefrierkonservierter Lebensmittel.

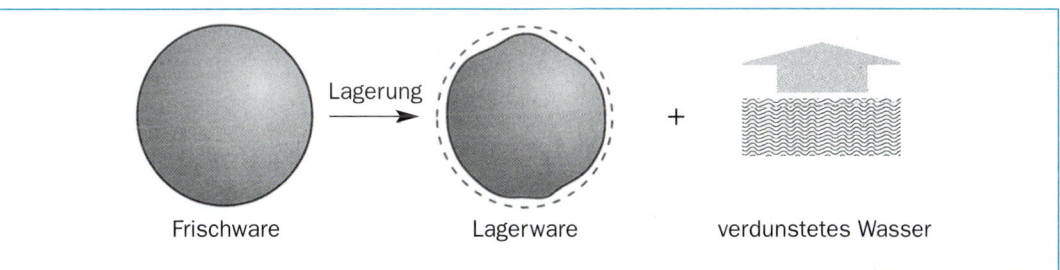

| Frischware | Lagerung | Lagerware | + | verdunstetes Wasser |

Beispielaufgabe:

Zwei Cervelatwürste wurden bei der Warenannahme vor einer Woche gewogen. Ihr Gewicht betrug 950 g und 1 150 g. Vor der Verwendung wurde nochmals gewogen und folgende Werte ermittelt: 855 g und 1 040 g.

1. Ermitteln Sie den gesamten Gewichtsverlust in Gramm.
2. Ermitteln Sie den durchschnittlichen Austrocknungsverlust in Prozent.

Lösungsweg: 1. 2 100 g – 1 895 g = **205 g Gewichtsverlust**

2. 2 100 g $\triangleq$ 100 %
   205 g $\triangleq$ x %   x = **9,8 % Gewichtsverlust**

Der Gewichtsverlust beträgt 205 g, das sind 9,8 %.

Übungsaufgaben Lagerverfahren, Lagerverluste

1   Durch falsche Lagerung von Winterbirnen (Gesamtgewicht bei Einlagerung 12 kg), kommt es zu Austrocknungsverlusten von 8,5 %.

Ermitteln Sie das Gewicht der noch zur Verfügung stehenden Winterbirnen in kg.

2   Ein Schinken mit einem Gewicht von 3 980 g wird kühl gelagert. Nach 4 Tagen hat er 4,4 % Masse verloren.
Berechnen Sie den Masseverlust in g.

3   Während der Reifung von Rinderfilet treten folgende Masseveränderungen auf:
Frischgewicht bei Anlieferung 2,750 kg
Gewichtsmessungen 1. Woche 2,722 kg   2. Woche 2,695 kg   3. Woche 2,641 kg
3.1 Berechnen Sie den Lagerverlust in kg.
3.2 Ermitteln Sie den prozentualen Lagerverlust für jede Woche.

4   Ein Betriebskasino erhält 5 ausgelöste und parierte Roastbeefs zu 3,200 kg, 2,860 kg, 3,050 kg sowie zwei zu je 3,780 kg.
4.1 Errechnen Sie die Gesamtmenge in kg.
4.2 Wie viele Tage reicht die Fleischmenge, wenn täglich im Durchschnitt 12 Rumpsteaks zu je 175 g und 5 doppelte Rumpsteaks zu je 360 g verkauft werden?

5   Ein Kalbsfrikandeau wog frisch 3,190 kg und verlor während der Kühllagerung 2,1 % des Gewichtes.
Berechnen Sie den Kühlverlust in kg.

6   Drei Roggenmischbrote wogen bei der Anlieferung ofenfrisch insgesamt 4,560 kg.
Berechnen Sie das tatsächliche Gewicht der Brote bei einem Austrocknungs- und Lagerverlust von 1,3 %.

7   Ein Weizenmischbrot wiegt nach 2 Tagen noch 998 g. Der durchschnittliche Austrocknungs- und Lagerverlust betrug 4 %.
Berechnen Sie das Frischgewicht des Brotes.

8   Eine Mischung feiner Trüffelpralinen verliert täglich etwa 0,5 % ihres Gewichtes.
Errechnen Sie die Einwaage, die das Nettogewicht von 250 g nach 10 Tagen noch gewährleistet.

9   Sultaninen werden zum Kilopreis von 2,65 € eingekauft.
Wie hoch ist der Warenwert je kg, wenn ein Auslese- und Lagerverlust von 5,3 % zu berücksichtigen ist?

10   Bei Einkellerungskartoffeln rechnet man mit einem Gesamtverlust von 12 % während der Lagerzeit.
Berechnen Sie den Gesamtverlust in kg bei der Einlagerung von 450 kg Kartoffeln.

11   4,6 kg tiefgefrorener Schweinebug verliert beim Auftauen 3,2 % seines Gewichtes und bis zur Verarbeitung weitere 1,8 %.
11.1 Ermitteln Sie die zur Verarbeitung vorhandene Menge an Schweinefleisch.
11.2 Berechnen Sie den Gesamtverlust in Prozent.

12   Bei der Warenannahme einer Lieferung Rotwein stellt der Lagerist fest, dass 3 der gelieferten 128 Flaschen (3,95 €/Flasche) zerbrochen sind.
12.1 Ermitteln Sie den Wert der Weinlieferung.
12.2 Berechnen Sie den prozentualen und wertmäßigen Bruchanteil.

13   Durch Verpackungs- und Transportschäden enstand einem Restaurant im abgelaufenen Geschäftsjahr ein Lagerverlust von 4 %. Berechnen Sie den Wertverlust bei einem durchschnittlichen Lagerbestand von 15 400,00 €.

Kontrollen im Magazin

Eine sinnvolle Lagerhaltung beeinflusst die Wirtschaftlichkeit. Hohe Lagerbestände binden Geld und erhöhen die Lagerkosten, zu geringe Lagerbestände gefährden den Betriebsablauf. Außerdem können zusätzliche Kosten durch erforderlichen ungünstigen Nachkauf entstehen. **Magazine** oder **Lager** sind Vorratsräume für Lebensmittel und für Gebrauchsgegenstände wie Wäsche, Geschirr oder Möbel. Die Größe der Magazine und die Menge der Lagergüter hängt von der Art und Größe des Betriebes ab. Eine korrekte **Magazinverwaltung** ist wirtschaftlich unumgänglich. Durch die **Lagerbuchführung** kann der Betrieb alle Warenbewegungen überprüfen und den aktuellen Warenbestand mengen- und wertmäßig feststellen.

Die Magazinverwaltung, die herkömmlich auf Papier oder mittels EDV geführt werden kann, umfasst:

- mengen- und wertmäßiges Erfassen der Lagerbestände in Lagerfachkarten und Lagerkarteikarten oder in Dateien
- Ermitteln optimaler Bestellmengen und Bestellzeitpunkte
- Führen von Wareneingangsbüchern
- jährliche Bestandsaufnahmen (Inventuren)
- Planen des Warenbedarf
- Kontrolle der Lagerkosten

26.1 Warenbestand, Warenbedarf

Wichtige Begriffe zur Magazinverwaltung	
Warenbestell- und Wareneingangsliste:	Auflistung der bestellten und gelieferten Waren in Menge und Preis
Lagerfachkarte:	Auflistung **am Lagergut** über Wareneingang, Warenentnahmen, den aktuellen Bestand sowie über Nachbestellung
Lagerkarteikarte:	Auflistung über Artikel, Lieferanten und Warenbewegungen mit Datum, Menge und Materialpreisen
Mindestbestand:	„eiserne Reserve", Warenbestand, der immer vorrätig sein muss
Höchstbestand:	maximale Lagerkapazität, hängt oft von der Größe des Lagerraumes und den technischen Möglichkeiten in Kühl- und Gefrierlagern ab
Meldebestand:	Bestand, bei dem nachbestellt werden muss
Anfangsbestand:	der erste Bestand in einem Abrechnungszeitraum bzw. in Lagerfach- und Karteikarten
Endbestand:	der letzte Bestand in einem Abrechnungszeitraum bzw. in Lagerfach- und Karteikarten

Lagerfachkarte

Lieferant: Meier
Anschrift: Winzergenossenschaft 6
Telefon:

Artikel: Riesling Auslese

Mindestbestand: 30
Lieferfrist: 4 Tage

Datum	Zugang Menge	Ausgabe Menge	Abteilung	Bestand
2.5.		6	3 Kü 3 Kd	40
10.5.		5	Bü	35
15.5.	50			85
2.6.		5	Bar	80

Bemerkung: Bei Anruf Herrn Edelhofer verlangen.

Lagerkarteikarte

Warengattung: Weißwein, Riesling Auslese
Lagerort: Weinkeller
Ausgabe:

Ware: Stettauer
Mengeneinheit: 1 Ltr.
Materialpreis: 9.90 €/l

Mindestbestand: 30

Datum	Menge			Wert					
	Zugang	Ausgabe	Bestand	Zugang	Abgabe				Bestand
					Küche	Kond.	Büfett	Bar	
2.5.		6	40		9,90	9,90	39,60	–	369,–
10.5.		5	35				49,50		346,50
15.5.	50		85	495,–					841,50
2.6.		5	80					49,50	792,–

Bemerkung: Direkt bestellen bei der Winzergenossenschaft S.

Beispielaufgabe 1:

Das Restaurant „Mediterran" verbraucht täglich im Durchschnitt 5 Flaschen Pinot Grigio. Der Mindestbestand beträgt 10 Flaschen, der Höchstbestand 55 Flaschen. Der Lieferant benötigt 4 Tage Lieferzeit. Ermitteln Sie den Meldebestand, den Bestelltermin, den Termin des nächsten Wareneingangs und die Bestellmenge, wenn das Lagerfach bis zum Höchstbestand aufgefüllt werden soll.

Grafischer Lösungsweg:

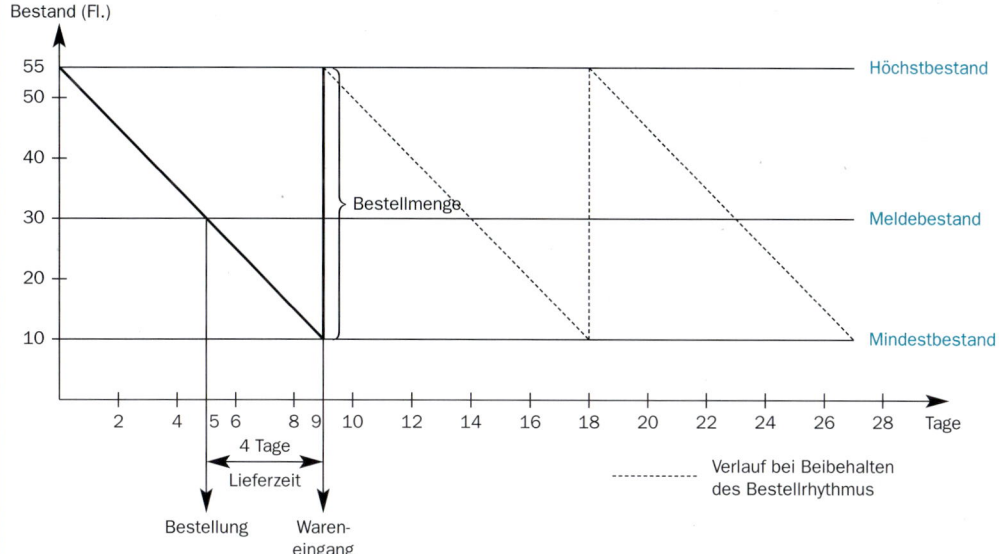

Rechnerischer Lösungsweg:

Meldebestand	=	täglicher Verbrauch x Lieferzeit + Mindestbestand

Meldebestand	=	5	x	4	+	10		= **30 Flaschen**
Bestellmenge	=	Höchstbestand	–	Mindestbestand	=	55 – 10 = **45 Flaschen**		
Bestelltermin	=	(Höchstbestand	–	Meldebestand)	:	täglicher Verbrauch		
Bestelltermin	=	(55	–	30	) :	5	= 5	→ **am 5. Tag**
Termin des Wareneingangs	=	Bestelltermin	+	Lieferzeit	=	5 + 4	= 9	→ **am 9. Tag**

Darstellung in der Lagerfachkarte:

Artikel: Pinot Grigio Lieferzeit: 4 Tage
Höchstbestand: 55 Meldebestand: 30 Mindestbestand: 10

Datum	Bemerkung	Zugang	Abgang	Bestand	
01.05.				55	Höchstbestand
01.05.	Restaurant		5	50	
02.05.	Restaurant		5	45	
03.05.	Restaurant		5	40	
04.05.	Restaurant		5	35	
05.05.	Restaurant; Bestellen!		5	30	Meldebestand
06.05.	Restaurant		5	25	
07.05.	Restaurant		5	20	
08.05.	Restaurant		5	15	
09.05.	Restaurant		5	10	Mindestbestand
09.05.	Lieferschein-Nr. 102	45		55	Höchstbestand

Bei einem Bestand von 30 Flaschen am 05.05. muss neue Ware bestellt werden. Am 09.05. erfolgt der Wareneingang mit 45 Flaschen.

Beispielaufgabe 2:

Der Magazinverwalter im Hotel „Goldener Löwe" plant den Bedarf an Räucherlachs. Die Kalte Küche verbraucht täglich im Durchschnitt 1,2 kg. Er bestellt wöchentlich.

Wie viel kg muss er bestellen, wenn er auf die errechnete Menge zur Sicherheit 10 % aufschlägt und auf ganze Kilogramm rundet?

Lösungsweg: 1,200 kg Räucherlachs x 7 Tage = 8,400 kg Räucherlachs

zuzüglich 10 % ≙ 0,840 kg = 9,240 kg Räucherlachs
aufgerundet auf volle kg = 10,000 kg Räucherlachs

Der Magazinverwalter bestellt wöchentlich 10 kg Räucherlachs.

Übungsaufgaben Warenbestand, Warenbedarf

1 **1.1** Erstellen Sie eine Lagerfachkarte für Tafelwasser, 1 l-Flasche mit folgenden Angaben: 1. April Bestand 45; Verbrauch lt. Bons 08. April 13, 15. April 10, 22. April 19, 29. April 3; lt. Lieferscheinnr. 448 Zugang 50 am 30 April.
Der Höchstbestand beträgt 100 Flaschen, der Meldebestand 25 Flaschen, der Mindestbestand 10 Flaschen. Der Hersteller liefert wöchentlich.
1.2 Beurteilen Sie die Arbeit des Magazinverwalters.

2 Eine Betriebskantine verbraucht täglich im Durchschnitt 10 Bohnenkonserven, 750 ml. Der Höchstbestand beträgt 100 Stück, der Mindestbestand 20 Stück. Der Großhändler liefert im 3-Tage-Rhythmus.
2.1 Ermitteln Sie den Meldebestand, den Bestelltermin und den Termin des Wareneingangs.
Wie viele Konserven sollten bestellt werden, wenn das Lagerfach bis zum Höchstbestand aufgefüllt werden soll?
2.2 Stellen Sie die Lagerdaten und die Warenbestandsänderungen in einer Lagerfachkarte dar. Die Karte beginnt am 15.07. mit dem Höchstbestand und der ersten Entnahme. Führen Sie die Karte bis zum nächsten Wareneingang.
2.3 Erstellen Sie eine entsprechende Lagerkarteikarte.
Der Materialpreis einer Konserve beträgt 0,85 €.

3 Der Lagerbestand am 01. des Monats beträgt 254 Flaschen Gutedel. Im Verlauf des Monats wurden 11, 13, 8, 12 und 21 Flaschen ausgegeben.
Ermitteln Sie die Anzahl an Weinflaschen, die sich noch im Weinkeller befindet.

4 Im Magazin befand sich zu Wochenbeginn ein Bestand von 51 kg Kalbsfrikandeau und 12 kg Rouladenfleisch. Im Verlauf der Woche konnten davon 38 kg Kalbsfrikandeau und 8 kg Rouladenfleisch verarbeitet werden.
Wie hoch ist der Restbestand im Magazin?

5 Aus der Lagerkartei ist folgende Bestandsbewegung bei Lageräpfeln zu entnehmen:
01. des Monats Bestand 135 kg
05. des Monats Abgang 8,5 kg
07. des Monats Abgang 9,0 kg
12. des Monats Abgang 4,5 kg
17. des Monats Abgang 8,5 kg
21. des Monats Abgang 3,5 kg
27. des Monats Abgang 8,3 kg
30. des Monats Abgang 5,4 kg
Ermitteln Sie den Lagerbestand am 30. des Monats.

6 Ermitteln Sie den Bestand an Zitronen mit Hilfe der folgenden Lagerbestandskarte:

Karte 21		Warenart: Zitronen			Mindestbestand: 2 kg
Datum	Firma/Abteilung	Zugang	Abgang	Bestand	Bestellung
02.3.	Obstmeier	10 kg	–	13,5 kg	
05.3.	Konditorei		2,5 kg		
08.3.	Küche		1,2 kg		
10.3.	Bar		2,3 kg		
12.3.	Küche		0,9 kg		
12.3.	Obstmeier				12 kg
13.3.	Konditorei		1,9 kg		
14.3.	Obstmeier	12 kg			
16.3.	Küche		1,5 kg		
18.3.	Bar		2,0 kg		

7 Im Konservenlager ergeben sich folgende Bestände:

Konservenart	Bestand am Ersten d. M.	Bestand am Letzten d. M.
Kaviar	64 Stück	25 Stück
Leberpastete	13 Stück	8 Stück
Trüffel	6 Stück	10 Stück

Ermitteln Sie die jeweiligen Bestandsänderungen in Stück.

8 Die Lagerkartei gibt einen Bestand von 180 kg Mehl an. Der Tagesbedarf ist wie folgt aufgegliedert:
Konditorei 21 kg   Gemüseposten 4 kg   Saucenposten 1,5 kg
Errechnen Sie den auf ganze kg abgerundeten Bestand am Tagesende, wenn ein Wiegeverlust von 1 % akzeptiert wird.

9 Für Sherry sind aus der Lagerkartei folgende Eintragungen zu entnehmen:

Anfangsbestand	54 Flaschen	Bruch	1 Flasche
Verbrauch/Büfett	16 Flaschen	Zugang	30 Flaschen
Privatentnahme	1 Flasche	Verbrauch	8 Flaschen
Verbrauch/Büfett	12 Flaschen		

Ermitteln Sie den Endbestand.

10 Ermitteln Sie den Bestand an jungen Erbsen mit Hilfe der folgenden Lagerbestandskarte:

Karte 91		Warenart: junge Erbsen			Mindestbestand: 15 Dosen
Datum	Firma/Abteilung	Zugang	Abgang	Bestand	Bestellung
03.9.	Konservenmüller	25 Dosen	–	55 Dosen	
08.9.	Küche 1		16 Dosen		
11.9.	Küche 2		12 Dosen		
14.9.	Konservenmüller	20 Dosen			
16.9.	Küche 1		18 Dosen		
18.9.	Küche 2		20 Dosen		20 Dosen
18.9.	Konservenmüller	20 Dosen			

11 Ein Clubrestaurant verbrauchte in einer Woche 94 cl Obstwasser, 74 cl Doppelkorn, 112 cl Weinbrand und 23 cl Apfelkorn sowie 113 cl Wodka.

11.1 Wie viel Liter jeder Spirituose werden bei Zugrundelegung des Wochenverbrauchs im Monat ausgeschenkt?

11.2 Wie viele Flaschen (0,7 l) jeder Sorte müssen bei gleichem Verbrauch für den nächsten Monat eingekauft werden, wenn je Sorte 2 Flaschen als Reserve bleiben sollen?

12 In einem Magazin lagern Lebensmittel im Werte von 2 660 €. Nach der Lagerkartei sind folgende Entnahmen ausgewiesen:

Sonntag	166,10 €	Dienstag	144,65 €	Donnerstag	160,99 €
Montag	213,09 €	Mittwoch	261,50 €	Freitag	216,05 €

12.1 Welchen Warenwert hat der Bestand am Sonntag, Montag, Dienstag, Mittwoch, Donnerstag und Freitag jeweils nach den Tagesentnahmen?

12.2 Welcher Lagerbestand in € ist am Samstag früh noch vorhanden?

13 In einer Ferienpension am Rhein nahe der Universitätsstadt Bonn reichen die Lebensmittelvorräte bei 32 Gästen 6 Tage.
Wie lange würden die Vorräte bei 12 Gästen reichen?

14 Der Warenvorrat eines Hotels reicht bei einer Kapazitätsauslastung von 50 % insgesamt 14 Tage.
Wie viele Tage kommt man mit diesem Vorrat aus, wenn die Kapazitätsauslastung auf 70 % steigt?

15 Der Tagesvorrat eines Gaststättenbetriebes reicht bei einer Kapazitätenauslastung von 60 % 14 Tage.
Wie viele Tage reicht der Vorrat, wenn mit einer Auslastung von 50 % gerechnet wird?

16 Ein Magazinverwalter überschlägt den Butterbedarf: Die Küche verbraucht in drei Tagen durchschnittlich 5,2 kg. Er bestellt alle 14 Tage.
Wie viel kg muss er bestellen, wenn er auf die errechnete Menge 20 % aufschlägt und auf ganze Kilogramm rundet?

17 Der Lagervorrat an Ananas in Dosen reicht im Hotel 14 Tage, wenn täglich durchschnittlich 3 Dosen verbraucht werden.
Wie lange reicht der Vorrat, wenn täglich 4 Dosen verbraucht werden?

18 Die 46 Bewohner eines Jugendheimes verbrauchen in 30 Tagen 345 kg Kartoffeln.
Wie viele Tage könnten 52 Bewohner mit 300 kg Kartoffeln auskommen?

19 Bei Worcestersauce ist ein Mindestbestand von 10 Flaschen festgelegt. Der durchschnittliche Tagesverbrauch liegt bei 2 Flaschen. Die Lieferzeit beträgt 14 Tage.
Berechnen Sie den Meldebestand.

20 Die Lagerkartei eines Magazins gibt am Ersten des Monats einen Bestand von 145 kg Haushaltszucker an. Von den einzelnen Abteilungen werden wöchentlich im Durchschnitt verbraucht:
Patisserie 22,3 kg   Gardemanger 1,6 kg   Bar 2,2 kg   Café 1,4 kg
Wie hoch ist der Lagerbestand am Ende des Monats (nach vier Wochen), wenn mit einem Wiegeverlust von 3 % gerechnet wird?

26.2 Lagerkennzahlen

Lagerkennzahlen dienen der Beurteilung von Lagerkosten. Mit ihrer Hilfe kann die Entwicklung von Kosten in unterschiedlichen Zeiträumen und Abteilungen eines Betriebes verfolgt werden. Auch Vergleiche innerhalb einer Branche zwischen verschiedenen Betrieben oder Filialen sind möglich.

Die erforderlichen Daten werden durch Inventuren ermittelt und den Aufzeichnungen der Buchhaltung bzw. Warenwirtschaftsprogrammen entnommen.

| Warenverbrauch / Wareneinsatz in € | = Anfangsbestand + Zugänge – Endbestand |

| Warenverbrauch / Wareneinsatz in % | $= \dfrac{\text{Warenverbrauch in €} \cdot 100}{\text{Nettoumsatz}}$ |

Durchschnittlicher Lagerbestand: gibt an, wie hoch der durchschnittliche Wert der Lagervorräte ist.

| Durchschnittlicher Lagerbestand | $= \dfrac{\text{Anfangsbestand + Summe der Endbestände}}{\text{Gesamtzahl der Bestände}}$ |

Umschlagshäufigkeit: gibt an, wie oft der durchschnittliche Lagerbestand im Jahr umgeschlagen wird.

| Umschlagshäufigkeit | $= \dfrac{\text{Wareneinsatz}}{\text{durchschnittlicher Lagerbestand}}$ |

Durchschnittliche Lagerdauer: gibt an, wie lange die Bestände durchschnittlich im Lager liegen.

| Durchschnittliche Lagerdauer | $= \dfrac{360 \text{ Tage}}{\text{Umschlagshäufigkeit}}$ |

Lagerzinssatz: gibt an, wie viel Prozent Zinsen das im durchschnittlichen Lagerbestand gebundene Kapital während der durchschnittlichen Lagerdauer kostet. Mit diesem Zinssatz kann der Wert dieser Lagerkosten berechnet werden (S. 224).

| Lagerzinssatz | $= \dfrac{\text{durchschnittliche Lagerdauer} \cdot \text{Marktzinssatz}}{360 \text{ Tage}}$ |

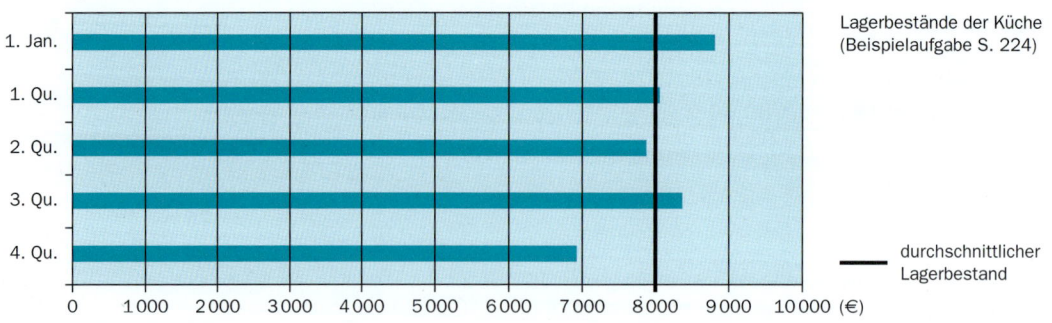

Lagerbestände der Küche
(Beispielaufgabe S. 224)

—— durchschnittlicher Lagerbestand

Beispielaufgabe:

Für die Küche im Hotel „Goldener Reiter" wurden folgende Werte im vergangenen Jahr ermittelt:

- Inventurbestände: 01.01. 8 800,00 €   30.09. 8 360,00 €
                     31.03. 8 050,00 €   31.12. 6 920,00 €
                     30.06. 7 870,00 €
- Wareneinkäufe lt. Eingangsrechnungen vom 01.01. bis 31.12.:
                     142 120,00 €
- Marktzinssatz: 18 %
- Nettoumsatz der Küche im gesamten Jahr: 576 000,00 €
- vorgegebener Wareneinsatz: 30 %.

1. Ermitteln Sie die Lagerkennzahlen: durchschnittlicher Lagerbestand, Wareneinsatz in €, Umschlagshäufigkeit, durchschnittliche Lagerdauer, Lagerzinssatz.
2. Beurteilen Sie die Arbeit der Küche im Vergleich zum vorgegebenen Wareneinsatz in %.

Lösungsweg:

1. durchschnittlicher Lagerbestand $= \dfrac{\text{Anfangsbestand } + \text{ Summe aus 4 Endbeständen}}{5}$

$$= \frac{8\,800 \;+\; 31\,200}{5} \;=\; \frac{40\,000}{5} \;=\; \textbf{8\,000,00 €}$$

Der durchschnittliche Wert der Lagervorräte betrug im vergangenen Jahr 8 000,00 €.

Warenverbrauch in € $=$ Anfangsbestand $+$ Zugänge $-$ Endbestand
$\phantom{\text{Warenverbrauch in €}} =$ 8 800 $+$ 142 120 $-$ 6 920 $=$ **144 000,00 €**

Insgesamt wurden für 144 000,00 € Waren aus dem Küchenlager verbraucht.

Umschlagshäufigkeit $= \dfrac{\text{Warenverbrauch}}{\text{durchschnittlicher Lagerbestand}} = \dfrac{144\,000}{8\,000} = \textbf{18 mal}$

Der durchschnittliche Lagerbestand wurde im Jahr 18 mal umgesetzt.

durchschnittliche Lagerdauer $= \dfrac{360 \text{ Tage}}{\text{Umschlagshäufigkeit}} = \dfrac{360}{18} = \textbf{20 Tage}$

Im Durchschnitt lag die Ware 20 Tage im Lager, bis sie verbraucht wurde.

Lagerzinssatz $= \dfrac{\text{durchschnittliche Lagerdauer } \cdot \text{ Marktzinssatz}}{360 \text{ Tage}} = \dfrac{20 \cdot 18}{360} = \textbf{1 \%}$

1 % kostet das im durchschnittlichem Lagerbestand gebundene Kapital während der 20 Tage Lagerdauer. Das heißt: um **80,00 €** verteuerten sich die Waren durch die Lagerung.
(1 % von 8 000,00 € = 80,00 €)

2. Wareneinsatz in % $= \dfrac{\text{Wareneinsatz in € } \cdot \text{ 100}}{\text{Nettoumsatz}} = \dfrac{144\,000 \cdot 100}{576\,000} = \textbf{25 \%}$

Der Wareneinsatz der Küche lag im vergangenen Jahr unter der Vorgabe von 30 %.
Damit hat die Küche einen geringeren Warenverbrauch erreicht als geplant.

Übungsaufgaben Lagerkennzahlen

1   Eine Lagerinventur im letzten Jahr weist folgende Bestandszahlen aus:
    Anfangsbestand 6 150 €, 12 Monatsbestände insgesamt 103 830 €, der jährliche Materialeinsatz
    betrug 118 440 €.
    1.1 Berechnen Sie den durchschnittlichen Lagerbestand in €.
    1.2 Ermitteln Sie die Lagerumschlagshäufigkeit.

2   Die Lagerumschlagshäufigkeit beträgt 18.
    Ermitteln Sie die durchschnittliche Lagerdauer in Tagen. Erläutern Sie das Ergebnis.

3   Ein Hotel macht Inventur und will den durchschnittlichen Lagerbestand für original englische Worces-
    tersauce ermitteln. Am Jahresbeginn waren 16 Flaschen vorhanden, am Jahresende waren es 22 Fla-
    schen. Der Materialpreis je Flasche beträgt 2,64 €.
    Ermitteln Sie den durchschnittlichen Lagerbestand in €.

4   Der monatliche Warenverbrauch eines Gastronomiebetriebes setzt sich wie folgt zusammen:
    Warenverbrauch Speisen   4 800,00 €
    Warenverbrauch Mitarbeiterverpflegung   160,00 €
    Warenverbrauch privat (Familie)   85,00 €
    Dem steht ein monatlicher Speisenerlös in Höhe von 16 200 € gegenüber.
    Ermitteln Sie den Wareneinsatz in % abzüglich Mitarbeiterverpflegung und Privatverbrauch.

5   Am 31. Oktober befanden sich im Magazin Weine im Wert von 11 705 €. Im November erfolgten
    Nachlieferungen für 1 725 € und 615 €. Ende November lagerten noch Weine im Wert von 7 160 €.
    Errechnen Sie den Einkaufswert der im November herausgegangenen Weine.

6   Für ein Restaurant wurden folgende Lagerbestände wertmäßig ermittelt:
    01.01. 6 700 €   31.03.   7 325 €   30.06.   6 990 €   30.09. 11 250 €
    31.01. 3 845 €   30.04. 12 390 €   31.07.   3 945 €   31.10.   9 765 €
    28.02. 5 770 €   31.05.   7 280 €   31.08. 11 725 €   30.11.   7 850 €
                                                                        31.12.   6 700 €

    6.1 Berechnen Sie den durchschnittlichen Lagerbestand in €.
    6.2 Stellen Sie die Lagerbestände in einem Säulen- oder Balkendiagramm dar.

7   Der Warenwert in einem Küchenmagazin betrug am 31. Oktober 10 880 €. Im November kamen Wa-
    ren im Werte von 6 273 € hinzu. Am 01. Dezember lagerten noch Waren im Werte von 10 150 € im
    Magazin.
    Berechnen Sie den Warenverbrauch (€) im Monat November.

8   Am 30. Juni betrug der Warenwert eines Küchenmagazins 9 700 €. Im Juli kamen Waren im Wert von
    2 350 € hinzu. Am 31. Juli lagerten noch Waren im Wert von 6 150 € im Magazin.
    Wie viel € betrug der Warenverbrauch im Monat Juli?

9   Der Gesamtwarenwert aller Tiefgefrierartikel im Speiserestaurant Kölner Hof beträgt 2 800 €. Davon
    werden durch einen Stromausfall 12,5 % vernichtet.
    Der tatsächliche Warenverbrauch in diesem Monat wird mit 5 900 €, der Monatserlös mit 16 500 €
    angegeben.
    9.1 Berechnen Sie den Wareneinsatz in %.
    9.2 Wie verändert sich der prozentuale Wareneinsatz, wenn der Schaden zu 80 % von der Versiche-
        rung übernommen wird?

10   Der Endbestand an Pfifferlingen im Monat Februar betrug 18 Dosen. Im März werden drei Lieferungen zu 20, 30 und 25 Dosen verbucht. Der Endbestand laut Monatsinventur März beträgt 85 Dosen Pfifferlinge zu je 450 g Abtropfgewicht.
Berechnen Sie den Verbrauch in kg.

11   Der Inventurbestand von Schwarzbier in einer fränkischen Ausflugsgaststätte beträgt zum 31. Januar 340 l. Es werden folgende Mengen zugekauft:
   4.2. 250 l Schwarzbier
10.2. 200 l Schwarzbier
15.2. 350 l Schwarzbier
19.2. 100 l Schwarzbier
Der Endbestand am 28. Februar beträgt 550 l Schwarzbier.
Ermitteln Sie den Bierverbrauch im Februar.

12   Das Hotel „Mediterran" ermittelt im vorletzten Kalenderjahr folgende Lagerkennzahlen:
durchschnittlicher Lagerbestand 89 000,00 €, Umschlagshäufigkeit 14, durchschnittliche Lagerdauer 30 Tage.
12.1 Ermitteln Sie die Lagerkennzahlen für das letzte Kalenderjahr mit folgenden Daten: Anfangsbestand 82 000,00 €, Summe von 12 Monatsendbeständen 1 348 000,00 €, Wareneinsatz 1 100 000,00 €.
12.2 Beurteilen Sie die Veränderungen gegenüber dem Vorjahr.

13   Folgende Werte von Inventurbeständen liegen vor:

01.01.	9 800,00 €	31.07.	8 900,00 €
31.01.	11 900,00 €	31.08.	11 400,00 €
28.02.	8 700,00 €	30.09.	12 500,00 €
31.03.	12 600,00 €	31.10.	7 000,00 €
30.04.	11 300,00 €	30.11.	11 600,00 €
31.05.	9 900,00 €	31.12.	12 500,00 €
30.06.	9 700,00 €		

13.1 Berechnen Sie den durchschnittlichen Lagerbestand.
13.2 Stellen Sie die Werte in einem Säulendiagramm dar. Beurteilen Sie die Höhe der Inventurbestände im Vergleich zum durchschnittlichen Lagerbestand.
13.3 Der Betrieb verbrauchte Waren im Wert von 159 000,00 €.
Wie hoch sind die Umschlagshäufigkeit und die Lagerdauer?
13.4 Der Marktzinssatz beträgt 12 %.
Um wie viel € verteuerten sich die Waren durch die Lagerung?
13.5 Der Betrieb erzielte einen Nettoumsatz von 456 000,00 €.
Berechnen Sie den Wareneinsatz in %.

14   Die Buchhaltung des Restaurants „Seeperle" ermittelte folgende Werte:

Kennzahl	vorletztes Jahr	letztes Jahr
Durchschnittlicher Lagerbestand	214 000,00 €	187 000,00 €
Umschlagshäufigkeit	10	13
Durchschnittliche Lagerdauer	35 Tage	30 Tage

14.1 Berechnen Sie die prozentualen Veränderungen vom vorletzten zum letzten Jahr.
14.2 Beurteilen Sie diese Veränderungen.

15   In einem Betrieb lagern die Waren im Durchschnitt 20 Tage. Der durchschnittliche Lagerbestand beträgt 150 000,00 €. Der Marktzinssatz steigt von 12 % auf 15 %. Um wie viel € wird die Warenlagerung dadurch verteuert?

Die **Inventur** ist die **mengen-** und **wertmäßige** Bestandsaufnahme aller **Vermögenswerte** und **Schulden** eines Betriebes zu einem bestimmten Zeitpunkt. Sie erfolgt in der Regel am Ende eines Geschäftsjahres. Bei dieser Tätigkeit wird u. a. für jeden Artikel durch Zählen, Messen, Wiegen, z. T. Schätzen die Bestandsmenge erfasst. Mit der Berechnung Menge · Einstandspreis wird anschließend der Wert jedes Artikels gebildet.

Durch die körperliche Bestandsaufnahme soll überprüft werden, ob die in der Buchführung erfassten Bestände (**Soll**bestände) mit den tatsächlich vorhandenen Beständen, die durch die Inventur ermittelt wurden (**Ist**bestände), übereinstimmen. Treten Differenzen auf, werden in der Buchführung Korrekturen vorgenommen und die Ursachen aufgedeckt. Damit übt die Inventur gegenüber der Buchführung eine **Kontrollfunktion** aus.

Die wertmäßigen Ergebnisse der Inventur werden übersichtlich im **Inventar** zusammengestellt. Das Inventar ist ein Verzeichnis über die tatsächlich vorhandenen Vermögens- und Schuldwerte (Istwerte) an einem bestimmten Tag. Es besteht aus 3 Teilen: **Vermögen**, **Schulden**, **Reinvermögen**

Vermögen: die im Betrieb vorhandenen Gegenstände

Schulden: langfristige und kurzfristige Verbindlichkeiten gegenüber Außenstehenden, z. B. Lieferanten, Kreditinstitute

Reinvermögen: Differenz aus Gesamtwert des Vermögens und Gesamtwert der Schulden, auch als Eigenkapital bezeichnet.

Zum Vermögen gehören:

Anlagevermögen: Gegenstände, die dem Betrieb langfristig zur Verfügung stehen. Sie sind die Grundlage der Betriebsbereitschaft, z. B. Gebäude, Grundstücke, Maschinen, Geschäftsausstattung.

Umlaufvermögen: Gegenstände, die sich durch die Geschäftstätigkeit laufend verändern, z. B. Lebensmittelvorräte, Kassenbestand, Bankguthaben, Forderungen aus erbrachten Leistungen des Betriebes gegenüber Außenstehenden.

Das Handelsgesetzbuch schreibt beim Jahresabschluss eines Unternehmens die Ausstellung einer **Bilanz**[1] vor. Während die Inventur mit dem Inventar dem Soll-Ist-Vergleich im Betrieb dient, informiert die Bilanz die Außenwelt (z. B. Finanzamt, Banken, Teilhaber, Mitarbeiter) über die Geschäftslage.

Die Bilanz ist eine verkürzte wertmäßige Gegenüberstellung aller Vermögens- und Schuldposten. Sie baut auf den Werten der Buchführung und denen der Inventur auf. Sie wird in **Kontoform** aufgestellt. Die linke Seite ist die Aktivseite mit den **Aktiva** (Vermögensposten). Sie gibt an, wie das verfügbare Kapital verwendet wurde. Die rechte Seite ist die Passivseite. Hier stehen die **Passiva** (Schulden und das Eigenkapital). Es ist zu erkennen, woher das Kapital kam bzw. wer das Kapital aufgebracht hat.

Eine Bilanz muss sich immer im Gleichgewicht befinden. Beide Seiten müssen wertmäßig gleich sein, also: **Aktiva = Passiva**.

---

[1] Bilanz (ital. „bilancia"), d. h. Gleichgewicht, Waage.

Inventar zum 31. Dezember 2...
Hotel „Goldener Reiter", Inh. Fritz Lehmann e. Kfm.

	€	€
A. Vermögen		
I. Anlagevermögen		
1. Grundstück		850 000,00
2. Hotelgebäude		1 450 000,00
3. Maschinen		10 400,00
4. Betriebs- und Geschäftsausstattung		
– Zimmereinrichtungen	240 000,00	
– Restaurant	93 000,00	
– Küche	45 300,00	
– Keller	4 700,00	
– sonstige Einrichtungen	15 000,00	398 000,00
5. Fuhrpark		83 600,00
II. Umlaufvermögen		
1. Warenvorräte		
– Lebensmittel	4 240,00	
– Getränke	9 840,00	
– Halb- und Fertigerzeugnisse	1 400,00	
– Handelswaren	520,00	16 000,00
2. Hilfsstoff- und Betriebsstoffvorräte		
– Fette	240,00	
– Kohlensäure	160,00	
– Heizöl	13 880,00	
– Propangas	220,00	14 500,00
3. Forderungen		
– Wilhelm Otto KG	2 210,00	
– DGE Berlin	3 490,00	5 700,00
4. Bargeld		2 100,00
5. Bankguthaben		24 700,00
Summe des Vermögens		2 855 000,00
B. Schulden		
I. Langfristige Schulden		
– Hypothek bei Sparkasse	750 000,00	
– Darlehen bei Deutscher Bank	250 000,00	1 000 000,00
II. Kurzfristige Schulden		
Verbindlichkeiten aus Lieferungen und Leistungen		
– Großhandel MIOS	14 800,00	
– Weingut Lippe	5 200,00	20 000,00
Summe der Schulden		1 020 000,00
C. Ermittlung des Reinvermögens		
– Summe des Vermögens		2 855 000,00
– Summe der Schulden		1 020 000,00
= Reinvermögen (Eigenkapital)		1 835 000,00

Dresden, 31. Dezember 2...

Fritz Lehmann

Beispielaufgabe:

Stellen Sie zum vorstehenden Inventar die Bilanz auf.

Übernehmen Sie aus dem Inventar nur die zusammengefassten Posten und die entsprechenden Werte in der rechten Spalte.

Lösung:

Bilanz zum 31. Dezember 2...
Hotel „Goldener Reiter", Inh. Fritz Lehmann e. Kfm.

Aktiva		Passiva	
I. Anlagevermögen		I. Eigenkapital	1 835 000,00
1. Grundstück	850 000,00		
2. Hotelgebäude	1 450 000,00	II. Fremdkapital	
3. Maschinen	10 400,00	1. Verbindlichkeiten gegen-	
4. Betriebs- und		über Kreditinstituten	1 000 000,00
Geschäftsausstattung	398 000,00	2. Verbindlichkeiten aus	
5. Fuhrpark	83 600,00	Lieferungen und Leistungen	20 000,00
II. Umlaufvermögen			
1. Warenvorräte	16 000,00		
2. Hilfsstoff- und			
Betriebsstoffvorräte	14 500,00		
3. Forderungen	5 700,00		
4. Kassenbestand	2 100,00		
5. Guthaben bei			
Kreditinstituten	24 700,00		
	2 855 000,00		2 855 000,00

Dresden, 31. Dezember 2...

Fritz Lehmann

Übungsaufgaben:

1 Kontrollieren Sie die Bestandsangaben des Büfetts, und weisen Sie mögliche Differenzen aus.

	Anfangs-bestand	Zuliefe-rung	Verbrauch lt. Bons	Ist-Bestand		Anfangs-bestand	Zuliefe-rung	Verbrauch lt. Bons	Ist-Bestand
Flaschen					**Flaschenweine**				
Pilsner	120	30	83 (0,33 l)	67	Nr. 1	13	–	4	9
Cola	53	–	12 (0,25 l)	41	Nr. 2	11	–	2	9
Mineral-wasser	83	20	16 (0,33 l)	87	Nr. 3	8	–	1	7
					Nr. 4	20	20	16	24
Apfelsaft	28	50	23 (0,2 l)	55	**Spirituosen**	Fl. (0,7 l)/Gl.		Gläser (0,02 l)	
Traubensaft	27	15	26 (0,2 l)	8	Doppelkorn	2/17	–	28	1/23
Johannis-beersaft	24	15	8 (0,2 l)	32	Weinbrand	4/0	–	17	3/17
Orangensaft	36	30	27 (0,2 l)	25	Wodka	2/21	3/0	24	4/31
					Aperitifs	Fl. (0,75 l)/Gl.		Gläser (0,05 l)	
Offene Weine					Campari	3/4	–	7	2/14
Nr. 1 (l)	36	10	80 (0,25 l)	26	Wermut, weiß	4/16	3	20	6/12
Nr. 2 (l)	28	20	72 (0,25 l)	29					

2

Inventurliste Nr. 6				30.12.2...
Lager: Obst-, Gemüsekühlraum, Regal Nr. 2				
Warengruppe: Zitrusfrüchte				
Menge	Gewicht	Artikelbezeichnung	Einzelwert	Gesamtwert
13	kg	Zitronen	1,85 €	
14	kg	Orangen	2,15 €	
8	kg	Blutorangen	2,55 €	

Berechnen Sie den Gesamtwert jedes Artikels und der Warengruppe.

3 Das Restaurant „Mediterran" in Dresden erarbeitet den Jahresabschluss zum 31. Dezember 2...

Folgende Inventurergebnisse liegen vor:

200 ℓ	Pilsener Bier	0,65 €/ℓ		14	6-er Pack Rießling	15 €/Karton
4	Büroeinrichtungen gesamt	4 200,00 €		1	Grundstück	810 000,00 €
2	PKW gesamt	14 300,00 €		1	Restaurantgebäude	450 000,00 €
60	Restaurantstühle und 15 Tische gesamt	11 000,00 €			Geräte in Küche und Restaurant, gesamt	44 000,00 €
80	Rotweingläser	2,10 €/Stück		200	Biergläser	0,60 €/Stück
14	Flaschen Eiswein	10,80 €/Flasche		22	Stück Blumenkohl	1,05 €/Stück
4 kg	Bananen	1,05 €/kg		15 kg	Rehkeule	10,25 €/kg
11 ℓ	Weinbrand	17,50 €/ℓ		22 kg	Mehl	0,55 €/kg
2	Zentner Kartoffeln	16,00 €/Zentner		13 kg	Kabeljau	6,50 €/kg
13 ℓ	Allzweckreiniger	1,75 €/ℓ		27 kg	Schweinekeule	4,05 €/kg
6 kg	Putenschnitzel	6,95 €/kg		25	Beutel Fertigsuppen	0,35 €/Beutel
5	10-er Pack Vanillin-zucker	0,40 €/Pack		8 kg	Butter	3,80 €/kg

3.1 Ordnen Sie die Gegenstände den Gliederungspunkten und Posten eines Inventars zu.

3.2 Ermitteln Sie den Wert des Anlagevermögens und der Warenvorräte.

3.3 Desweiteren sind folgende Inventurwerte bekannt:
Forderungen an Fa. Winter 2 300,00 €, an Familie Büttner 1 412,00 €, Bankguthaben bei Deutscher Bank 4 330,00 €, bei Sparkasse 11 352,70 €, Bargeld 789,00 €, Hypothekendarlehen 250 000,00 €, 10-Jahres-Kredit bei Sparkasse 50 000,00 €, Verbindlichkeiten aus Lieferungen und Leistungen gegenüber Bäckerei Schmidt 430,00 €, Reinigungsfirma Sachse 2 300,00 €.
Stellen Sie alle Inventurergebnisse in einem Inventar dar.

3.4 Erstellen Sie die Bilanz zum Inventar aus **3.3**.

4 Erstellen Sie mit folgenden Daten eine Bilanz.
Eigenkapital 242 400,00 €, Hotelausstattung 250 000,00 €, Bankguthaben 2 700,00 €, kurzfristige Bankverbindlichkeiten 3 500,00 €, Kassenbestand 1 200,00 €, langfristige Darlehen 25 000,00 €, Warenvorräte 15 400,00 €, Forderungen 1 600,00 €.

5 Im Weinkeller werden die Bestände überprüft. Die Buchführung weist folgende Werte aus:
Anfangsbestand am 01.01.: 5 523,00 €
Einkäufe gemäß den Lieferscheinen Nr. 1 114 bis 1 145: 2 438,00 €
Ausgaben an Bar, Restaurant und Etage: 4 730,00 €. Die Inventur zum 31.12. ergab einen Bestand von 2 945,00 €.

5.1 Ermitteln Sie den Sollbestand.

5.2 Um wie viel Prozent weicht der Ist- vom Sollbestand ab?

6 Dargestellt ist die noch unvollständige Bilanz vom Hotel „Goldener Reiter" zum 31. Dezember des Folgejahres.

Aktiva			Passiva	
I. Anlagevermögen			I. Eigenkapital	d) _____
1. Grundstück	840 000,00			
2. Hotelgebäude	a) _____		II. Fremdkapital	
3. Maschinen	b) _____		1. Verbindlichkeiten gegen-	
4. Betriebs- und			über Kreditinstituten	e) _____
Geschäftsausstattung	c) _____		2. Verbindlichkeiten aus	
5. Fuhrpark	80 000,00		Lieferungen und Leistungen	5 000,00
II. Umlaufvermögen				
1. Warenvorräte	18 000,00			
2. Hilfsstoff- und				
Betriebsstoffvorräte	11 500,00			
3. Forderungen	3 700,00			
4. Kassenbestand	1 820,00			
5. Guthaben bei				
Kreditinstituten	13 500,00			
	f) _____			f) _____

6.1 Ergänzen Sie die fehlenden Werte unter Beachtung folgender Aussage: Durch Investitionen stieg der Wert der Hotelgebäude, Maschinen und der Betriebs- und Geschäftsausstattung um 20 %, die Verbindlichkeiten gegenüber Kreditinstituten um 15 % im Vergleich zum Vorjahr (S. 229).

6.2 Um wie viel Prozent stieg oder sank die Höhe des Eigenkapitals?

7

Inventurliste Nr. 13				30.12.2...
Lager: Wäsche, Regal Nr. 5			Artikelgruppe: Restauranttischwäsche	
Menge	Artikelbezeichnung		Einzelwert	Gesamtwert
53	Tischtuch	130 x 130	20,00 €	
108	Tischtuch	130 x 190	24,50 €	
56	Napperon	80 x 80	12,00 €	
103	Napperon	100 x 100	14,50 €	
23	Molton	80 x 80	3,95 €	
47	Molton	80 x 140	4,55 €	
1 511	Servietten, Stoff	50 x 50	1,20 €	

7.1 Berechnen Sie den Gesamtwert der Restauranttischwäsche.

7.2 Bei der letzten Inventur hatte die Restauranttischwäsche einen Wert von 8 312,60 €.
Ermitteln Sie den prozentualen Wertverlust. Nennen Sie mögliche Ursachen für diesen Verlust.

8 Stellen Sie ein Inventar auf und dazu die Bilanz.

Kücheneinrichtung	62 460,00 €	Warenvorräte der Küche	1 950,00 €
Einrichtung Restaurant	41 640,00 €	von IHK für Empfang	3 040,00 €
Bankguthaben	27 450,00 €	Küchenmaschinen	15 370,00 €
Einrichtung Büro	12 530,00 €	Schulden an Brauerei	4 000,00 €
Grundstück	380 490,00 €	Lebensmittelvorräte	16 000,00 €
Kassenbestand	17 180,00 €	Verbindlichkeiten gegenüber Fleischerei	2 470,00 €
Gebäude	945 640,00 €	Hypothekenschulden	45 000,00 €
Getränkevorräte	16 830,00 €	von Fa. Siemens-Blau	10 120,00 €

Werkstoffe, Textilien, Ausrüstungen

Ein Gastronom muss die in seinem Arbeitsbereich **eingesetzten Werkstoffe** kennen, um angebotene oder verfügbare Gebrauchsgegenstände zum fachgerechten **Einsatz** richtig auszuwählen und zu behandeln. **Serviceausrüstungen** bestimmen den Gesamteindruck eines Gastronomiebetriebes maßgeblich mit. Fachleute sollen die Kosten beim Erwerb und beim Einsatz beurteilen können.

Beispielaufgabe:

Bei Sonderveranstaltungen werden für das Festmenü häufig versilberte Bestecke verwendet, welche einen Metallkern mit Silberauflage haben. Ein Stempel sagt aus, wie viel g Silber für das Versilbern von 24 dm² Besteckoberfläche (entspricht 12 Essgabeln und 12 Esslöffeln) verwendet wurden.

Wie viel g Silber verbrauchte man bei der Versilberung von 250 Teilen des für das Festmenü eingedeckten Besteckes mit dem Stempelaufdruck „90"?

Lösungsweg: $\dfrac{90 \text{ g Silber}}{24 \text{ Teile}} = \dfrac{x \text{ g Silber}}{250 \text{ Teile}}$

$= \dfrac{90 \text{ g} \cdot 250 \text{ Teile}}{24 \text{ Teile}} = \underline{937{,}5 \text{ g Silber}}$

937,5 g Silber benötigte man für die Versilberung des Besteckes.

Übungsaufgaben Werkstoffe, Textilien, Ausrüstungen

1 Ein Restaurator will 250 g Gold mit einem Feingoldgehalt von 920 verarbeiten.
Wie viel g Gold mit einem Feingoldgehalt von 750 müssen zu einer Goldlegierung gegeben werden, die einen Feingoldgehalt von 900 haben soll?

2 Für die Renovierung eines Ölgemäldes in der Hotelhalle wird Blattgold verwendet. Es werden 4 Briefchen zu netto 13,05 € benötigt.
Ermitteln Sie den Bruttopreis des verwendeten Blattgoldes.

3 Ein Silberlöffel mit dem Stempel 835 hat ein Gewicht 108 g.
3.1 Wie viel reines Silber enthält der Löffel?
3.2 Wie viel mehr Silber ist in einem Löffel mit dem Stempel 925?
3.3 Ermitteln Sie jeweils den Materialwert des Silbers, wenn 1 g Silber im Handel mit 0,45 € angeboten wird.

4 Sie erhalten von der Textilfirma Müller ein Angebot über Tischdecken und Servietten.
Erklären Sie folgende Inhalte:
4.1 3 % Skonto innerhalb von 10 Tagen.
4.2 Rabatt 10 %.

5 Ein schwedischer Küchenausrüster liefert 2 Schockfroster zum Einzelpreis von 2 800,00 sKr. Der Umrechnungskurs beträgt 8,7.
Für Bankgebühren werden 1,5 % berechnet.
5.1 Wie hoch ist der Rechnungsbetrag in €?
5.2 Ermitteln Sie die Gebühren in €.

6 Auf einem Waschvollautomaten sind folgende Daten für eine Beschickung mit 7 kg Wäsche angegeben: Waschmittel 180 g, Elektroenergieverbrauch 1,1 kWh, Wasserbedarf 68 l.

> Preise
> Elektroenergie 0,17 €/kWh,
> Waschmittel 2,55 €/kg,
> Wasser einschließlich Abwasser 2,43 €/m³.

Die Waschmaschine wird 837mal jährlich beschickt. Die Anschaffungskosten liegen bei 1 830 €. Als Reparaturrücklage werden 6 % der Anschaffungskosten festgelegt.
6.1 Ermitteln Sie die Betriebskosten je Beschickung.
6.2 Errechnen Sie die jährlichen Betriebskosten.

7 Eine neue Kaffeemaschine wird angeschafft. Sie hat einen Listenpreis von 3 150 €. Es werden 12 % Rabatt und 3 % Skonto gewährt.
Ermitteln Sie den Überweisungsbetrag.

8 Eine Schweizer Firma für Hotel- und Restaurantbedarf bietet dem Hotel Edelweiß fünf rustikale Hotelzimmer-Ausstattungen frei Haus an, zu einem Gesamtpreis von netto 28 500 sfr.
Ermitteln Sie den Bruttopreis in €, wenn die deutsche Hausbank 1 sfr für 0,65 € verkauft.

9 Im Weinkeller wird eine neue Klimaanlage zum Listenpreis von 2 995,00 € eingebaut.
Ermitteln Sie den Überweisungsbetrag, wenn 12 % Treuerabatt und 3 % Skonto gewährt werden.

10 8 neue Restaurantstühle wurden bestellt. Der Einzelpreis eines Stuhles beträgt 235 €.
10.1 Ermitteln Sie den Gesamtpreis der Lieferung in €, wenn ab dem 5. Stuhl ein Mengenrabatt von 12 % gewährt wird.
10.2 Auf Grund einer Reklamation räumt Ihnen Ihr Lieferant eine Preisminderung um 8 % ein. Ermitteln Sie die Ersparnis in €.

11 Ein Staubsauger mit 1 250 Watt wird durch ein neues, ebenso leistungsfähiges Gerät mit 800 Watt ersetzt.
Berechnen Sie die Zeit, die das neue Gerät länger laufen kann, bis eine kWh verbraucht ist.

12 Ein Wäschetrockner mit 3,8 kW ist 2 Stunden und 15 Minuten in Betrieb.
12.1 Wie viele kWh Strom werden verbraucht?
12.2 In welcher Zeit wird eine kWh verbraucht?
12.3 Wie viele kW werden in 10 Stunden Betriebszeit eingespart, wenn durch umsichtige Bedienung eine um 5 % kürzere Betriebszeit erreicht wird?

13 Das Gourmetrestaurant „Carl-Friedrich von Rumohr" hat 24 Tische mit je 4 Sitzplätzen. Je Tisch stehen 8 Tischdecken und je Stuhl 16 Stoffservietten zur Verfügung.
13.1 Ermitteln Sie den Gesamtbestand an Tischwäsche.
13.2 Wie viele Stücke Tischwäsche müssen im Jahr durchschnittlich ersetzt werden, wenn man bei Tischdecken mit einer Verschleißquote von 5,5 % und bei Stoffservietten mit 1,5 % rechnet?

14 Ein Hotelbetrieb im Kieler Hafen benötigt täglich 143 Bettbezüge.
Ermitteln Sie die wöchentlich benötigte Anzahl Bettbezüge.

15 Das Hotel „Domowina" in Bautzen bezieht die Wäsche vom Wäschedienst als Leihwäsche. Bei Barzahlung wird dem Hotel ein Barzahlungsrabatt von 2 % gewährt. Monatlich benötigt das Hotel 580 Bettlaken, 560 Kopfkissen, 560 Bettbezüge und 2 105 Tischdecken. Je Wäschestück beträgt die Leihgebühr 1,05 €. Bei über 100 Stück Wäsche wird ein Preisnachlass von 8 % gewährt.
Errechnen Sie die Kosten, die dem Hotel wöchentlich bei Barzahlung entstehen.

Eine gut **organisierte und gründliche Raumpflege** gewährleistet, dass sich die Gästezimmer stets in einwandfreiem Zustand befinden. Zu den Pflegearbeiten gehört nicht nur die hygienische Reinigung, sondern auch die Kontrolle und Erledigung von Wartungs- und Reparaturarbeiten. Für alle diese Aufgaben stellen die verschiedenen Hotels eine Prüfliste mit folgenden Rubriken auf: Beleuchtungskontrolle, Lüften, Gardinen, Kleiderbügel, Fundgegenstände, defekte Einrichtungsgegenstände usw.

Eine **sachgerechte Wäschepflege** trägt dazu bei, die Lebensdauer von Textilien und Wäsche zu verlängern und dadurch Kosten einzusparen. Die Hotelwäsche muss stets sauber und ohne andere Mängel sein. Für die Wäschepflege sind die Trockengewichte der zu pflegenden Wäschestücke wichtig. Man muss sie bei Verwendung eigener Waschmaschinen kennen, sie sind aber auch die Grundlage für die Preisberechnung von Wäschediensten und Leihwäschefirmen.

Wäschepflege gehört auch zu den Serviceleistungen im Hotel.

Durchschnittliche Trockengewichte für Hotelwäsche

Bettlaken	730 g	Kochjacke	420 g
Bettbezug	880 g	Kochmütze	200 g
Kopfkissenbezug	280 g	Vorstecker	130 g
Handtuch	120 g	Schürze	180 g
Frottiertuch	170 g	Kopftuch	100 g
Badelaken	1 550 g	Kochhose	550 g
Badetuch	1 550 g	Halstuch	100 g
Badeteppich	740 g	Kittel	730 g
Tischtuch	600 g	Wischtuch	80 g
Serviette	90 g	Kellnerjacke	430 g
Deckserviette	170 g		

Beispielaufgabe:

In einem Harzer Kurhotel sind 7 Zimmermädchen beschäftigt. Jedes Zimmermädchen benötigt wöchentlich im Durchschnitt 5 Schürzen und 6 Wischtücher.

Ermitteln Sie die Menge an Trockenwäsche des Etagenpersonals in kg, die je Quartal zu waschen ist.

Lösungsweg: 1 Zimmermädchen: 5 Schürzen und 6 Wischtücher

7 Zimmermädchen: 35 Schürzen und 42 Wischtücher

1 Schürze	$\triangle$	0,180 kg	
35 Schürzen	$\triangle$	x kg	x = 6,300 kg
1 Wischtuch	$\triangle$	0,080 kg	
42 Wischtücher	$\triangle$	x kg	x = 3,360 kg

wöchentliche Trockenwäsche   9,660 kg

1 Quartal = 3 Monate = 12 Wochen

9,660 kg x 12 Wochen = 115,920 kg

Im Quartal sind durchschnittlich 115,920 kg Trockenwäsche des Etagenpersonals zu waschen.

Übungsaufgaben Reinigung und Pflege

1 1 Liter gebrauchsfertige Reinigungslösung wird aus 0,6 l Reinigungskonzentrat hergestellt, der Rest ist Wasser.
Wie viel Liter verdünnte Reinigungslösung erhält man aus einer 3-l-Flasche mit Konzentrat?

2 Ein Desinfektionsmittel soll im Verhältnis 1:500 verdünnt werden. Wie viel ml sind für einen
2.1 5-l-Eimer, **2.2** 10-l-Eimer, **2.3** 23-l-Behälter zuzusetzen?

3 Drei Mitarbeiterinnen der Hausdamenabteilung benötigen zum Ausbessern der Hotelwäsche vier Arbeitstage.
Wie viele Tage hätten vier Mitarbeiterinnen gebraucht?

4 In einem kirchlichen Erholungsheim werden die Zimmer bei Belegungswechsel durch das Etagenpersonal, bestehend aus 8 Mitarbeiterinnen, innerhalb von 5 Stunden wieder bezugsfertig hergerichtet.
Wie lange benötigen sie, wenn zusätzlich zwei Praktikantinnen zur Verfügung stehen?

5 Die bestellte Lieferung Bett- und Tischwäsche kostet 1 728,25 €. Darin enthalten ist ein Treuerabatt von 8 %.
Ermitteln Sie den Rechnungsbetrag ohne Rabattgewährung.

6 Zum Waschen in der Waschmaschine werden für einen Waschgang mit 8 kg Trockenwäsche 200 g Waschpulver veranschlagt.
6.1 Wie viel kg Wäsche kann man mit einer 15-kg-Packung Waschpulver waschen?
6.2 Wie viele 3-teilige Bettgarnituren können in einem Waschgang gewaschen werden?

7 Der Hotelgast Erich Müller, Zimmer 301, bittet das Zimmermädchen Hella darum, zwei Oberhemden zu waschen und bügeln, weiterhin eine Anzughose sowie eine Krawatte per Express reinigen bzw. waschen zu lassen. Die Reinigungsgebühr beträgt für Krawatten 3,60 €, für Anzughosen 4,90 € und die Waschgebühr mit Bügeln für Oberhemden 2,45 €. Der Expresszuschlag liegt bei 30 %. Der Gast gibt Hella 20 € und meint, den Rest könne sie als Trinkgeld behalten.
Wie viel Trinkgeld erhält sie?

Name des Gastes __Erich Müller__   Zimmer Nr. _301_

Wäsche- und Reinigungsliste

Stück	Herrenwäsche	€	Stück	Damenwäsche	€	Stück	Reinigung	€
2	Oberhemden	4,90		Blusen		1	Hose	4,90
	Unterhemden			Büstenhalter			Jacket	
	Unterhosen			Slips			Anzug	
	Paar Socken			Strümpfe			Kostüm	
	Pyjamas			Nachthemden			Rock	
	Taschentücher			Pyjamas			Kleid	
				Taschentücher		1	Krawatte	3,60
							Pullover	

Gäste-Rechnung

Kontroll-Nr.: 181/96   Name des Gastes: Erich Müller
                             Zimmer Nr.: _301_

Expresszuschlag 30 %
Entsprechend Ihrem Auftrag erlauben wir uns, Ihnen
den Betrag von   Barzahlung
in Rechnung zu stellen.

Ihr Hotelkonto haben wir mit diesem Betrag belastet.   Hannover   , den _13.12. .._

8   Das Usedomer Hotel „Zum Seebären" mit 56 Betten hat eine vierfache Bettwäscheausstattung (je Bett 4 Garnituren).
Ermitteln Sie den Gesamtbedarf an Bettwäsche in Garnituren.

9   In einem Hotel mit 76 Betten hat man die vierfache Bettwäscheausstattung zur Verfügung. Im Vorjahr lag die Erneuerungsquote bei 15,6 %.
Wie viele Garnituren musste man ersetzen?

10   Die jährliche Verschleißquote für Bettwäsche ist je nach Wäscheart verschieden:
Kopfkissen 14 %   Bezüge 9 %   Laken 23 %
Wie viele Stücke jeder Wäscheart müssen jährlich im Durchschnitt in einem 88-Betten-Hotel mit dreifacher Bettwäscheausstattung erneuert werden?

11   Ein Hotel mit 120 Betten rechnet mit einer 75%igen Belegung und 240 Waschvorgängen je Bett und Jahr. Als Wäschekosten werden 1,35 € je Garnitur gerechnet.
Welche Wäschekosten ergeben sich jährlich insgesamt und je Bett?

12   Ein Hotel mit 250 Betten und einer 82%igen Auslastung arbeitet mit Leihwäsche. Im Jahr wird mit 260 Wäschewechseln gerechnet. Die Leihwäsche kostet je Garnitur 1,70 €.
Ermitteln Sie die jährlichen Wäschekosten insgesamt und je Bett.

13   In einem Seniorenheim werden in 28 Einzelzimmern zweimal je Woche die Bettwäschegarnituren (Kopfkissen, Bettlaken, Bettbezug) gewechselt. Ermitteln Sie die wöchentliche Gesamttrockenwäschemenge in kg.

14   Im Speisesaal eines badischen Kurhauses mit 21 Tischen wird durchschnittlich täglich einmal neu eingedeckt. Gewechselt werden Tischdecken und Deckservietten.
Berechnen Sie die gesamte Trockenwäsche in kg, die jährlich anfällt.

15   In der Betriebskantine eines Dessauer Flugzeugwerkes sind folgende Mitarbeiter beschäftigt: 1 Küchenchef, 3 Abteilungsköche, 2 Commis, 1 weibliche Küchenhilfe. Die männlichen Köche benötigen wöchentlich im Durchschnitt jeweils 3 Kochjacken, 2 Kochmützen, 7 Vorstecker, 2 Kochhosen, 4 Halstücher. Die Küchenhilfe braucht durchschnittlich 5 Schürzen, 7 Vorstecker und 5 Kopftücher.
Ermitteln Sie die Trockenwäsche in kg, die in dieser Küche wöchentlich anfällt.

16   In einer schwäbischen Gartenwirtschaft fallen für die 3 Bedienungskräfte wöchentlich je 3 Kellnerjacken und 4 Servietten zum Waschen an. Der Büffetier braucht außerdem 4 weiße Arbeitskittel.
Ermitteln Sie die wöchentlichen Wäschekosten, wobei 1 kg Trockenwäsche mit 1,15 € berechnet wird.

17   Berechnen Sie die wöchentlichen Wäschekosten in einer 12-Betten-Pension, in der durchschnittlich zweimal wöchentlich je Einzelzimmer die dreiteiligen Bettwäschegarnituren, 2 Handtücher, 1 Badetuch und 1 Badeteppich gewechselt werden. Die schrankfertige Bearbeitung von einem kg Trockenwäsche kostet durchschnittlich 1,13 €.

18   Ein Fußboden-Reinigungskonzentrat wird im 5-l-Kanister geliefert.
Der Nettopreis beträgt 28 €.
25 ml des Konzentrats werden mit einem Eimer Wasser (8 l) verdünnt.
Der Wasserpreis beträgt je m³ 2,50 €.
Berechnen Sie den Preis für einen Eimer Reinigungslösung.

19 Ein Hotel bestellt 200 l Allzweckreiniger-Hochkonzentrat für 1 120,00 €. Die Lieferung beinhaltet außerdem 4 Dosierkannen für insgesamt 12 €.

19.1 Errechnen Sie die Menge Reinigungslösung in l, wenn 40 ml des Konzentrats mit 10 Litern Wasser verdünnt werden sollen.

19.2 Ermitteln Sie die Dauer in Tagen, die die Lieferung reicht, wenn täglich 38 Eimer (je 8 l) verbraucht werden.

19.3 Errechnen Sie den Preis je Eimer, wenn der Kubikmeter Wasser mit 2,50 € zu berechnen ist.

19.4 Ermitteln Sie die Kosten für die tägliche Reinigung, wenn die Dosierkannen als Verbrauchsmaterial jeweils neu bestellt werden müssen.

20 Im Hotel „Zur deutschen Eiche" wird durch eine Fensterputzfirma eine Fensterfläche von 1 335 m^2 gereinigt. Die Reinigungsfirma berechnet netto 0,85 €/m^2. Ab 1 000 m^2 räumt sie einen Rabatt von 20 % ein. Ermitteln Sie den Überweisungsbetrag.

21 Das Hotel „Goldener Löwe" hat 120 Zimmer. Im April berechnet eine Reinigungsfirma 1 856 Zimmerreinigungen.
Ermitteln Sie die Anzahl der täglich gereinigten Zimmer, wenn vom 13. bis 15.4. 12 Zimmer mehr als an den anderen Tagen belegt waren.

22 Eine zusätzlich benötigte Hausdame stellt für 4 Stunden Zimmer-Endkontrolle 72,60 € in Rechnung. Berechnen Sie den Stundenlohn der Hausdame.

23 Ein Reinigungsmittelkonzentrat soll von einer 1-l-Handelspackung (40 %) auf 3 % verdünnt werden.

23.1 Wie viel Liter anwendungsfertige Reinigungslösung erhalten Sie?

23.2 Wie viele Reinigungen können damit durchgeführt werden, wenn 1 l Reinigungslösung für 3 Reinigungen reicht?

24 Auszubildende Carmen arbeitet zur Zeit in der Hausdamenabteilung und hat den Auftrag, die Bettwäschegarnituren von siebzehn abgereisten Gästen zu waschen.
Wie viele Mal muss Carmen die Waschmaschine, die je Ladung 7 kg Wäsche (Trockengewicht) fasst, beschicken, wenn folgende Wäscheteile zu einer Garnitur zählen und die angegebenen Gewichte gelten:

Bettbezug	800 g
Kopfkissen	200 g
Betttuch	600 g

25 Nach einer festlichen Sonderveranstaltung für 60 Personen fallen folgende zu waschende und pflegende Wäschestücke an:

 – 12 Tischtücher (groß; je 900 g) – 5 Tischtücher (klein; je 600 g)
 – 60 Mundservietten – 12 Deckservietten

25.1 Berechnen Sie die gesamte anfallende Trockenwäsche in kg.

25.2 Wie viele Mal ist der Waschautomat zu laden, wenn je Waschgang 8 kg Wäsche (Trockengewicht) gereinigt werden können?

26 Die Nutzung einer betriebsfremden Quelle (*Outsourcing*) ist im Hausdamenbereich besonders verbreitet, jedoch muss das Hotel evtl. mit erhöhten Kosten rechnen.
Ermitteln Sie den von der Fremdreinigungsfirma in Rechnung gestellten Betrag für das 1. Quartal, wenn je gereinigtem Zimmer 6,00 € veranschlagt wurden und folgende Auslastungsgrade zu verzeichnen waren:

 – Januar 38 % – Februar 32 % – März 49 %

Das Hotel verfügt über 210 Zimmer und ist bis auf 10 Schließtage ganzjährig geöffnet.

27 Für die Dampfreinigung des textilen Teppichbodens im gesamten Hotelbereich benötigen vier Mitarbeiter einer Reinigungsfirma 5,5 Stunden.
Welche Zeitersparnis in Minuten bringt der zusätzliche Einsatz von zwei Mitarbeitern?

Personaleinsatz, Kostenvergleiche

Begriff: Leistungsmaßstab ist die Anzahl der zu reinigenden Zimmer während der regulären täglichen Arbeitszeit.

Der Leistungsmaßstab wird in den Betrieben durch eigene Messungen (Zeitstudien) und Bildung von Durchschnittswerten festgelegt.

Beispielaufgabe:

Für eine Zimmerfrau beträgt der Leistungsmaßstab bei einer täglichen Arbeitszeit von 8 Stunden die Reinigung von 28 Bleibezimmer.
Ermitteln Sie die Reinigungszeit für 1 Bleibezimmer.

Lösungsweg:

8 x 60 min = 480 min : 28 = 17,1 min

Die Reinigung eines Bleibezimmers darf 17 min dauern.

Übungsaufgaben Personaleinsatz, Kostenvergleiche

1   Bei einer täglichen Arbeitszeit von 8 Stunden reinigt eine Zimmerfrau 15 Zimmer. Ermitteln Sie die durchschnittliche Reinigungszeit für ein Zimmer.

2   Ermitteln Sie den Leistungsmaßstab, wenn zwei Zimmerfrauen an 5 Arbeitstagen (je 8 Std. Arbeitszeit) 260 Zimmer reinigen.

3   Die Reinigungszeit für ein Bleibezimmer beträgt 8 min und für ein Abreisezimmer 15 min. Um wie viel Prozent höher ist die Reinigungszeit eines Abreisezimmers gegenüber der des Bleibezimmers?

4   Für die Generalreinigung eines Gästezimmers benötigen 2 Zimmerfrauen insgesamt 70 min.
    Für die Reinigung eines Abreisezimmers benötigen 2 Zimmerfrauen je 25 min.
    Wie viel % liegt die Zeit für die Generalreinigung über der des Abreisezimmers?

5   Für die Generalreinigung einer Etage benötigen 2 Zimmerfrauen 6 Tage. Berechnen Sie, wie viele Zimmerfrauen eingeteilt werden müssen, wenn die Generalreinigung der Etage nur drei Tage dauern soll.

6   Während der Saison wird eine Hausdame zusätzlich beschäftigt. Für 6 Stunden Zimmerkontrolle stellt sie insgesamt 118,20 € in Rechnung. Zur Kontrolle eines Zimmers benötigt sie jeweils 5 min. Ermitteln Sie die Kontrollkosten je Zimmer.

7   Eine Fremdfirma berechnet für die monatliche Zimmerreinigung im 60-Betten-Hotel 6 € je Einzelzimmer. Im Monat April waren die Zimmer zu 40 %, im Mai zu 55 % und im Juni zu 65 % ausgelastet. Wie hoch waren die Kosten für die Zimmerreinigung im zweiten Quartal?

8 Für ein Tagungshotel mit 257 Betten werden folgende Kennzahlen zugrunde gelegt:
Durchschnittliche Auslastung 70 %
Zimmerreinigung 24 min täglich
Arbeitszeit der Zimmerfrauen 8 Std
Wie viele Zimmerfrauen benötigt das Hotel täglich, wenn Urlaubszeiten unberücksichtigt bleiben?

9 Ermitteln Sie den Bedarf an Zimmerfrauen für ein Hotel mit 60 Zimmern und einer durchschnittlichen Auslastung von 68 %. Der Leistungsmaßstab je Zimmerfrau beträgt 16 Zimmer, die Arbeitszeit 5 Tage/Woche. Das Hotel ist ohne Schließzeit durchgehend geöffnet.

10 Ermitteln Sie den Bedarf an Zimmerfrauen für ein durchgehend geöffnetes Hotel mit 80 Zimmern bei einer durchschnittlichen Auslastung von 75 %. Der Leistungsmaßstab beträgt 17 Zimmer und die wöchentliche Arbeitszeit der Zimmerfrauen beträgt 5 Tage.

11 Ein Ferienhotel mit 600 Zimmern und täglicher Öffnung hat durchschnittlich eine 80%ige Auslastung im Jahr (365 Tage). Eine Zimmereinigung ist mit 25 min festgelegt. Urlaub und Krankenstand bleiben unberücksichtigt.
11.1 Wie viele Zimmer sind jährlich zu reinigen?
11.2 Wie viele Zimmer reinigt eine Zimmerfrau bei einer Arbeitszeit von 8 Stunden/Tag und einer Vorbereitungszeit von 30 min?
11.3 Wie viele Zimmerfrauen werden täglich benötigt?

12 In einem Hotel mit täglicher Öffnungszeit werden 6 Zimmerfrauen beschäftigt. Jede Frau arbeitet 5 Tage/Woche. Der Leistungsmaßstab beträgt 20 Zimmer, die durchschnittliche Auslastung 75 %. Über wie viel Zimmer verfügt das Hotel?

13 Ein Ferienhotel hat 600 Zimmer und ist im Jahr (365 Tage) durchschnittlich zu 80 % ausgelastet. Im Arbeitsvertrag der Zimmerfrauen ist vereinbart: 5-Tage-Woche, 25 Tage (5 Wochen) Urlaub. Der durchschnittliche Krankenstand wird mit 12 % eingeplant.
13.1 Ermitteln Sie, wie viele Zimmerfrauen das Hotel beschäftigen muss, wenn der Leistungsmaßstab 18 beträgt?
13.2 Das Haus beschäftigt die Zimmerfrauen ohne Urlaub. Der Krankenstand ist ebenfalls mit 12 % geplant.
Wie viele Zimmerfrauen müssen beschäftigt werden?
Wie viele werden täglich benötigt?

14 Ein Sporthotel mit 300 Zimmern hat vom 1. Mai bis 1. Januar ohne Ruhetage geöffnet. Die Auslastungsquote liegt bei 80 %. Die beschäftigten Zimmerfrauen arbeiten in einer 5-Tagewoche mit 40 Std. Das Hotel beschäftigt die Zimmerfrauen ohne Urlaub, aber ein Krankenstand ist mit 8 % einkalkuliert. Der Leistungsmaßstab je Zimmerfrau liegt bei täglich 20 Zimmern.
Wie viele Zimmerfrauen müssen für die tägliche Reinigung beschäftigt werden?

15 Ein Seehotel mit 120 Zimmern hat eine durchschnittliche Auslastung von 65 %. Das Hotel arbeitet ohne Ruhetag. Die Zimmerreinigung soll einer Fremdfirma übergeben werden. Die Reinigung je Zimmer ist mit 20 Minuten veranschlagt. Für Vor- und Nacharbeiten im Office werden je 8 Reinigungsstunden 30 Minuten geplant.
15.1 Wie viele Arbeitskräfte benötigt die Fremdfirma täglich, wenn alle Arbeitskräfte täglich 8 Stunden arbeiten (gerundet auf 0,5 Arbeitskräfte)?
15.2 Wie viele Zimmer reinigt eine Zimmerfrau täglich?

16 Ein Hotel mit 35 Zimmern hat eine Auslastung von 72 %. Im Hotelbetrieb werden Arbeitskräfte gestaffelt eingesetzt und zu je 8 Stunden beschäftigt, davon sind sie zu jeweils 2 Stunden im Frühstücksservice sowie für Vor- und Nacharbeiten auf der Etage eingesetzt. Je Arbeitskraft beträgt der Leistungsmaßstab 17 Zimmer.
16.1 Wie viel Zeit hat eine Arbeitskraft für die Reinigung eines Zimmers?
16.2 Wie viele Arbeitskräfte werden benötigt?

Zimmerpreiskalkulation

31.1 Beherbergungskosten

Der Betriebsabrechnungsbogen (BAB) enthält die gesamten Kosten, die für die Beherbergung entstehen, also beispielsweise anteilige Raumkosten, Wäsche- und Einrichtungskosten. Diese Kosten fallen, unabhängig von der Hotelauslastung, ständig in etwa gleicher Höhe an. Gleiches trifft auf die Personalkosten zu. Die Beherbergungskosten stellen demnach überwiegend **feste Kosten** dar.

Kosten-Umsatz-Verhältnis bei der Beherbergung

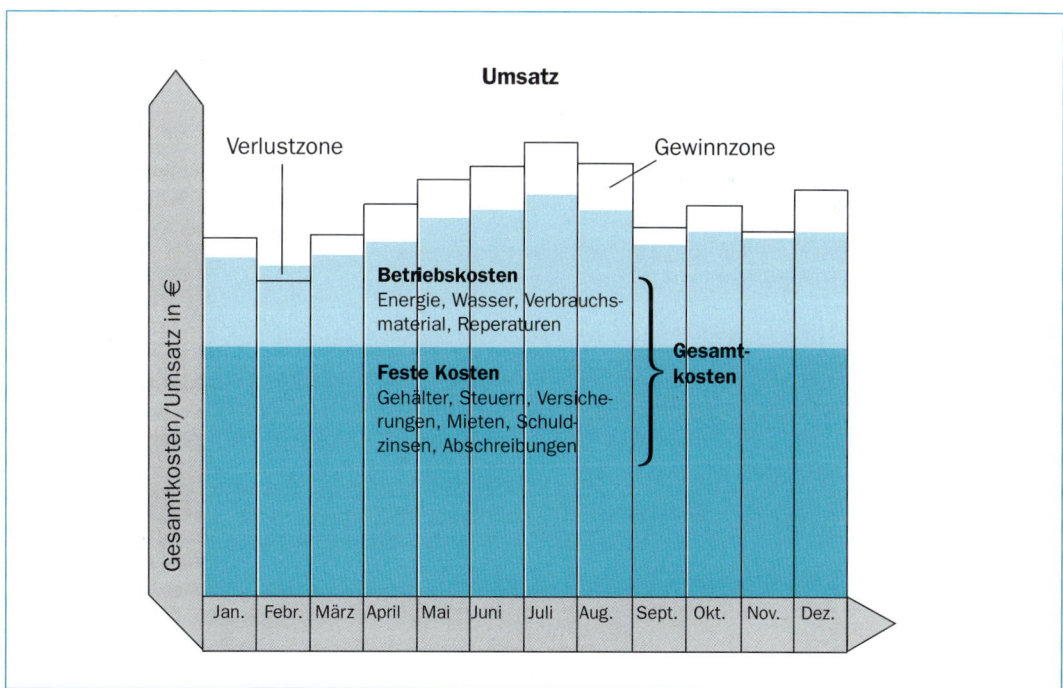

Die **Betriebskosten** (veränderliche Kosten) dagegen variieren mit der Beherbergungsleistung und sind im Vergleich zu den festen Kosten geringer. Zu den Betriebskosten zählen beispielsweise Energiekosten oder Reparaturkosten, die sich mit steigender Auslastung erhöhen.

Die **gesamten Beherbergungskosten (Gesamtkosten)** ergeben sich aus diesen beiden Kostenteilen.

Selbstkosten

Dividiert man die **Gesamtkosten durch die Übernachtungsanzahl,** erhält man die Selbstkosten je Übernachtung. Da die Gesamtkosten auf die Übernachtungsanzahl verteilt (dividiert) werden, erhielt diese Berechnung den Namen **Divisionskalkulation.**

$$\text{Selbstkosten je Übernachtung} = \frac{\text{Gesamte Beherbergungskosten}}{\text{Übernachtungsanzahl}}$$

Beispielaufgabe:

Im Monat Juli hatte das Chemnitzer Hotel „König Anton" 521 Übernachtungen zu verzeichnen. Die Gesamtbeherbergungskosten beliefen sich in diesem Zeitraum auf 27 871 €.
Berechnen Sie die Selbstkosten je Übernachtung.

Lösungsweg: Gesamtbeherbergungkosten 27 871 € : 521 Übernachtungen
= 53,50 € Selbstkosten je Übernachtung.

Die Selbstkosten lagen im Juli je Übernachtung bei 53,50 €.

Merke: Selbstkosten errechnen sich aus den **gesamten Beherbergungskosten dividiert durch die Übernachtungsanzahl.** Die Selbstkosten je Übernachtung sinken demzufolge mit steigender und erhöhen sich bei sinkender Übernachtungsanzahl.

Für die Preisbildung stellt die **Ermittlung der Selbstkosten** nicht den alleinigen Gesichtspunkt dar. Einerseits muss jeder erfolgreiche Hotelier über einen längeren Zeitraum die erforderlichen **Selbstkosten zur Grundlage** seiner Preisbildung machen. Er muss zumindest die Selbstkosten vom Gast bekommen. Andererseits würde eine konsequente Anwendung dieses Prinzips bedeuten, dass bei geringerer Auslastung die kalkulierten Übernachtungspreise höher angesetzt werden müssten. Kein Gast wäre bereit, solche Preise zu bezahlen.

Üblich ist daher, **Preispolitik** zu betreiben: In der Nebensaison wird durch herabgesetzte Preise versucht, die Auslastung zu erhöhen. In der Hauptsaison, ggf. auch bei Messen, Kongressen o. ä., werden die Preise demgegenüber überproportional erhöht.

Eine im Jahresdurchschnitt höhere Auslastung, wenn auch bei niedrigeren Preisen, versuchen viele Betriebe durch Vertragsabschlüsse mit Reisebüros zu erzielen.

Das **unternehmerische Risiko** ist im Beherbergungsbereich wegen der hohen Festkosten größer als bei der Preisbildung für Speisen und Getränke. Deshalb ist auch die kalkulierte Gewinnspanne höher als bei dieser.

Übungsaufgaben Beherbergungskosten

1 Im Landgasthof zum Lilienstein wurden im Monat Juni 104 Übernachtungen verzeichnet. Die gesamten Beherbergungskosten betrugen in diesem Zeitraum 4 478,00 €.
Berechnen Sie die Selbstkosten je Übernachtung.

2 Ein Nordseehotel mit 60 Betten hat 305 Öffnungstage. Die Bettenauslastung lag bei 65 %, die gesamten Selbstkosten beliefen sich auf 507 500 €.
Ermitteln Sie die durchschnittlichen Selbstkosten je Übernachtung.

3 In einem Ludwigsburger Stadthotel mit 86 Betten betrugen die Gesamtkosten 744 170 € für die Beherbergung. Die Auslastung an den 355 Öffnungstagen lag bei 75 %.
Berechnen Sie die Selbstkosten je Zimmer.

4 Das Ferienhotel „Edelweiß" im Bayerischen Wald hat 45 Betten und ist ganzjährig geöffnet. Im Vorjahr war es zu 65 % ausgelastet und hatte für die Beherbergung Gesamtkosten von 484 000 €. Für das laufende Jahr rechnet man bei gleicher Auslastung mit einer Kostensteigerung von 4 %.
Berechnen Sie die Sollkosten für das laufende Jahr.

5 Das Dessauer Touristenhotel mit 60 Betten hat 360 Öffnungstage. Die Bettenauslastung lag bei 70 %.
Die gesamten Selbstkosten beliefen sich auf 434 200 €.
Ermitteln Sie die durchschnittlichen Selbstkosten je Übernachtung.

6 Ein Ferienhotel im Erzgebirge hat für die gesamten Beherbergungskosten je Übernachtung 10,95 € ermittelt. Die Bettenauslastung betrug 86 %. Nachdem die Übernachtungsfrequenz nur auf 68 % kam, musste der Selbstkostensatz je Übernachtung neu berechnet werden.
Stellen Sie den neuen Selbstkostensatz je Übernachtung fest.

7 In einem Hotel mit 115 Betten betrugen die Gesamtbeherbergungskosten im vergangenen Jahr 1 090 215 €. Das Hotel hatte 360 Tage geöffnet und die Übernachtungsfrequenz lag bei 75 %.
Ermitteln Sie die Selbstkosten je Übernachtung.

8 In einem 60-Betten-Hotel betrugen die Selbstkosten für die Abteilung Beherbergung im vergangenen Jahr 399 310 €. Das Hotel war an 290 Tagen geöffnet und zu 63 % ausgebucht.
8.1 Ermitteln Sie die Selbstkosten je Übernachtung.
8.2 Ermitteln Sie die Selbstkosten je Übernachtung bei ganzjähriger Öffnung (365 Tage).

9 Ein Hotelbetrieb arbeitet mit einem festen Kapital von 878 000 €. Der Gewinn beträgt nach Abzug der Unternehmervergütung 71 996 €.
Welchem Zinssatz entspricht der erzielte Gewinn?

10 Ein Jungunternehmer hat einen Betrieb übernommen, aus dessen Buchführung ihm für den letzten Abrechnungszeitraum bekannt wurde:
Warenkosten 111 500 €, Gemeinkosten 173 650 €, Gewinn 71 600 €.
Berechnen Sie die prozentualen Gemeinkosten, die der Vorgänger zu zahlen hatte.

11 In einem Gastronomiebetrieb betragen die Kosten des Materialverbrauchs 59 035,67 €. Die Selbstkosten belaufen sich auf 114 824,37 €. Die Höhe der Gemeinkosten soll in € und Prozent ermittelt werden.

12 Die Hotelbuchhaltung ermittelt einen Warenverbrauch von 144 228,50 €. Die Betriebskosten betragen 175 604 €. Das Finanzamt errechnet daraus den prozentualen Gemeinkostensatz.
Zu welchem Ergebnis muss das Finanzamt kommen?

13 Der Gesamtumsatz eines Hotels beträgt 128 350 €, der Restaurantumsatz ist daran mit 63,5 % beteiligt.
Wie hoch ist der Umsatz für Logis in €?

14 Das Nordseehotel „Meereswoge" verfügt über 90 Betten, war ganzjährig geöffnet und verzeichnete eine durchschnittliche Auslastung von 72 %. Die Selbstkosten der Beherbergungsabteilung beliefen sich auf 632 760,00 €.
14.1 Ermitteln Sie die Selbstkosten je Übernachtung.
14.2 Wie verändern sich die Selbstkosten/Übernachtung, wenn wegen baulicher Maßnahmen das Hotel in den Monaten März und April geschlossen wird und deshalb mit einer Verminderung der durchschnittlichen Übernachtungsfrequenz um 10 % gerechnet wird (evtl. Kostenveränderungen bleiben unberücksichtigt)?

31.2 Ausgewählte Hotelkennziffern

Die Bettenauslastung wird mit einer einfachen Divisionskalkulation oder durch die Divisionskalkulation mit Wertigkeitsfaktoren berechnet.

Die **Bettenauslastung,** auch als **Übernachtungsfrequenz** bezeichnet, gibt die **tatsächliche** Bettenbelegung wieder.

Die maximal **mögliche** Auslastung ergibt sich aus der **Übernachtungskapazität.** Sie errechnet sich aus der Bettenzahl multipliziert mit den Öffnungstagen des Hotels. Bei einer vollständigen Auslastung des Hotels an allen Öffnungstagen wäre die Bettenauslastung mit der Übernachtungskapazität gleich. In der Praxis wird es diesen Fall leider kaum geben.

Übernachtungskapazität = Bettenzahl x Hotelöffnungstage

Die prozentuale Übernachtungsfrequenz errechnet sich, indem man die Übernachtungskapazität gleich 100 % setzt und die tatsächlichen Übernachtungen gleich x %.

$$\text{Übernachtungsfrequenz} = \frac{100\ \% \text{ x tatsächliche Übernachtungen}}{\text{Übernachtungskapazität}}$$

$$\text{tatsächliche Übernachtungen} = \frac{\text{Übernachtungsfrequenz x Übernachtungskapazität}}{100\ \%}$$

$$\text{Durchschnittliche Aufenthaltsdauer/Gast} = \frac{\text{Tatsächliche Übernachtungen}}{\text{Jährliche Gästeankünfte}}$$

$$\text{Logisumsatz/belegtes Zimmer} = \frac{\text{Netto-Logisumsatz}}{\text{belegte Zimmer}}$$

Beispielaufgabe:

Ein Winterurlaubshotel mit 32 Betten hat 200 Tage im Jahr geöffnet. In der vergangenen Öffnungsperiode konnten 5 440 Übernachtungen registriert werden.
Ermitteln Sie Übernachtungskapazität und Übernachtungsfrequenz.

Lösungsweg: Übernachtungskapazität = 32 Betten x 200 Hotelöffnungstage = 6 400 Übernachtungen

$$\text{Übernachtungsfrequenz} = \frac{100\ \% \text{ x } 5\,440 \text{ Übernachtungen}}{6\,400 \text{ Übernachtungen}} = 85\ \%$$

Das Hotel hat eine Kapazität von 6 400 Übernachtungen, die Übernachtungsfrequenz betrug 85 %.

Beispielaufgabe:

Ein Hotel Garni verbuchte im vergangenen Jahr 18 317 Gästeankünfte bei 64 110 Übernachtungen. Wie lang war die durchschnittliche Aufenthaltsdauer je Gast in Tagen?

$$\text{Aufenthaltsdauer je Gast} = \frac{\text{Übernachtungen}}{\text{Jährliche Gästeankünfte}}$$

Lösungsweg: $\text{Aufenthaltsdauer/Gast} = \frac{64\,110 \text{ Übernachtungen}}{18\,317 \text{ Gästeankünfte}} = 3,5 \text{ Tage}$

Die durchschnittliche Aufenthaltsdauer beträgt 3,5 Tage.

Beispielaufgabe:

Ermitteln Sie den Logisumsatz je vermieteten Zimmer bei einem Netto-Logisumsatz von 132 568,00 € und 3 399 vermieteten Zimmern.

$$\text{Logisumsatz/vermietetes Zimmer} = \frac{\text{Netto-Logisumsatz}}{\text{vermietete Zimmer}}$$

Lösungsweg: $\text{Logisumsatz/vermietetes Zimmer} = \frac{132\,568,00 \text{ €}}{3\,399 \text{ Zinmmer}} = 39,00 \text{ €}$

Der Logisumsatz je vermietetem Zimmer beträgt 39,00 €.

Merke:  Als **Übernachtungskapazität** wird das Produkt aus Bettenzahl und Hotelöffnungstagen bezeichnet. Darunter ist die höchstmögliche Bettenauslastung zu verstehen.

Übernachtungsfrequenz ist die tatsächliche Bettenbelegung in Prozent.

Der **Logisumsatz** je belegtem Zimmer (Zimmerdurchschnittsrate) gibt an, wie viel Umsatz je vermietetem Zimmer durchschnittlich erzielt wurde.

Übungsaufgaben Ausgewählte Hotelkennziffern

1 Ein Hotel verfügt über 38 Betten. Im Vorjahr war es ganzjährig geöffnet (365 Tage). In dieser Zeit wurden 10 125 Übernachtungen registriert.
Ermitteln Sie die Frequenz des Hotels in Prozent.

2 Das Würzburger Hotel „Zur Burschenschaft" verfügt über 132 Betten und hatte im September 1 357 Übernachtungen.
Ermitteln Sie die Bettenauslastung in Prozent.

3 In einem Hotel sind im Durchschnitt täglich 85 Betten belegt, was einer Übernachtungsfrequenz von 68 % entspricht.
Ermitteln Sie die Übernachtungskapazität.

4 Ein Ferienhotel mit 56 Betten war im vergangenen Jahr an 320 Tagen geöffnet und konnte in dieser Zeit 12 902 Übernachtungen registrieren.
Ermitteln Sie die Übernachtungsfrequenz.

5 Die Übernachtungskapazität eines Leipziger Familienhotels lag bei 18 250. Die Übernachtungsfrequenz betrug 80 %.
Ermitteln Sie die Anzahl der tatsächlichen Übernachtungen.

6 Ein ganzjährig (365 Tage) geöffnetes Zweibrückener Hotel mit 105 Betten verzeichnete im letzten Jahr 30 660 Übernachtungen.
Ermitteln Sie die Übernachtungsfrequenz.

7 Seitdem das Hotel Fichtelgebirgshof mit einem Reiseveranstalter zusammenarbeitet, ist die Übernachtungszahl um 12,5 % gestiegen, was 524 Übernachtungen entspricht.
Ermitteln Sie die ursprüngliche Übernachtungszahl.

8 Ein Touristenhotel konnte durch Werbung die Übernachtungszahl um 5,5 % steigern, was 124 Übernachtungen entspricht.
Ermitteln Sie die ursprüngliche Übernachtungszahl.

9 Ein Urlaubshotel verfügt über 45 Betten. Im vergangenen Geschäftsjahr (340 Tage) wurden 9 486 Übernachtungen registriert.
Ermitteln Sie die Übernachtungsfrequenz.

10 Ein Hotel am Nordseestrand hatte im vergangenen Geschäftsjahr 250 Tage geöffnet. Es wurden in dieser Zeit 13 750 Übernachtungen gebucht. Das Hotel verfügt über 65 Betten.
Ermitteln Sie die Übernachtungsfrequenz.

11 Ein Sporthotel mit 46 Betten ist 210 Tage im Jahr geöffnet. In dieser Zeit wurden 8 223 Übernachtungen registriert.
11.1 Ermitteln Sie die Bettenkapazität.
11.2 Ermitteln Sie die Übernachtungsfrequenz.

12 Ein Kurhotel hat an 320 Öffnungstagen durchschnittlich 56 Betten belegt. Das entspricht einer Übernachtungsfrequenz von 58 %.
Ermitteln Sie die Bettenzahl des Hotels.

13 Ein Stralsunder Hafenhotel mit 28 Doppel- und 12 Einzelzimmern erzielte im Vorjahr bei 365 Öffnungstagen insgesamt 19 360 Übernachtungen, davon 16 761 Übernachtungen in Doppelzimmern.
8.1 Ermitteln Sie die gesamte Übernachtungsfrequenz des Hotels sowie die Frequenz der Doppel- und Einzelzimmer.
8.2 Berechnen Sie die Selbstkosten je Übernachtung, wenn die Gesamtkosten mit 848 850 € errechnet wurden.

14 Wie viele Tage hielt sich ein Gast durchschnittlich in einem Kurhotel an der Ostsee auf, wenn im Vorjahr 3 400 Gästeanreisen und 47 600 Übernachtungen registriert wurden?

15 Ermitteln Sie die durchschnittliche Aufenthaltsdauer in Tagen in einem City-Hotel, welches bei 13 800 Übernachtungen 5 520 Gästeankünfte verbuchte.

16 Das Heidehotel „Zur Mühle" ermittelt 1 635 Gästeankünfte bei 11 445 Übernachtungen. Berechnen Sie die durchschnittliche Aufenthaltsdauer je Gast.

17 Wie hoch ist der Netto-Logisumsatz je vermietetem Zimmer, wenn der Umsatz der Beherbergungsabteilung (brutto) 78 952,00 € beträgt und 1 389 Zimmer vermietet wurden?

18 Der Brutto-Logisumsatz im Europa-Hotel betrug 1 095 760,00 €. Berechnen Sie den Netto-Logisumsatz je vermietetem Zimmer, wenn 17 175 Zimmer verkauft wurden.

19 Bei 9 765 belegten Zimmern erzielte ein Tagungshotel einen Beherbergungsumsatz (netto) von 580 850,00 €. Ermitteln Sie den Brutto-Logisumsatz eines vermieteten Zimmers.

20 Ein ganzjährig geöffnetes Tagungshotel mit 290 Betten erzielte bei der Beherbergung unten dargestellte Umsätze und Kennzahlen.

20.1 Ergänzen Sie.

Gesamtumsatz; brutto	....
Gesamtumsatz; netto	2 730 214,00 €
Übernachtungskapazität	....
Verkaufte Zimmer	....
Frequenz	79 %

20.2 Wie lang hielt sich ein Gast durchschnittlich im Hotel auf, wenn 26 131 Gästeanreisen gezählt
wurden?

21 Ermitteln Sie die fehlenden Kennzahlen und vervollständigen Sie somit den Umsatzbericht eines Kur-
hotels, welches über 90 Einzelzimmer verfügt und mit Ausnahme von 12 Tagen über Weihnacht und
Neujahr ganzjährigen Kurbetrieb unterhält.

Brutto-Umsatz	....
Netto-Umsatz	918 455,96 €
Zimmerkapazität	....
Gebuchte Zimmer	18 744
Frequenz	....

21.1 Darüber hinaus registrierte man im vergangenen Jahr 1 136 Gästeankünfte. Berechnen Sie die
durchschnittliche Aufenthaltsdauer je Gast in Tagen.

21.2 Wie hoch ist der Netto-Logisumsatz eines belegten Zimmers?

22 Der nachfolgende Auszug des Tagesberichtes eines ganzjährig geöffneten Ferienhotels mit 469 Zimmern gibt Auskunft über wichtige Kennziffern:

16.03.20...		
	Beherbergungsumsatz	8 840,00 €
	Netto-Tagesumsatz; gesamt:	...
	Mehrwertsteuer; gesamt:	...
	Übernachtungskapazität	...
	Reservierte Zimmer	...
	Auslastung	30,2 %

Vervollständigen Sie den Tagesbericht.

23 Ein ganzjährig geöffnetes Wellness-Hotel im Spreewald verbuchte im vergangenen Jahr einen Gesamtumsatz von 5,5 Mill. €, wobei 62 % auf die Beherbergungsabteilung entfiel.
Wie hoch war der Beherbergungsumsatz brutto und netto?

31.3 Zimmer-Inklusivpreise

Bei der **Zimmerpreiskalkulation** wird allgemein die Divisionskalkulation angewandt, wobei die **Kosten je Leistungseinheit** (hier je Bett) zu ermitteln sind. Bedingung für diese Kalkulationsart ist, dass die erbrachten Leistungen in Art und Umfang stets gleich sind, was bei Beherbergungsleistungen in der Regel der Fall ist.
Grundlage der Berechnung sind die Übernachtungen.

Merke: Die Bezeichnung Übernachtung bezieht sich stets auf einen Gast und ein beanspruchtes Bett je Nacht.

Zimmerpreiskalkulation

Zimmerpreiskalkulation

Selbstkosten	(SK)
+ Gewinn	(G)
Nettoverkaufspreis	(NVP)
+ Mehrwertsteuer	(MwSt)
Inklusivpreis (Bruttoverkaufspreis)	(IP)

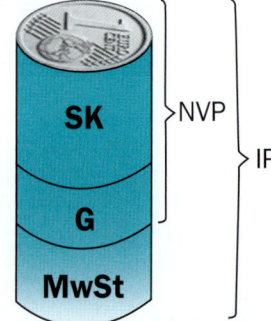

Merke: Die Preisbildung wird wesentlich vom Markt mitbestimmt.

Beispielaufgabe:
Ein Thüringer Wellnesshotel hatte im vergangenen Jahr 10 416 Übernachtungen. Die Beherbergungskosten betrugen 397 811,75 €.
Ermitteln Sie den durchschnittlichen Übernachtungspreis je Bett, wenn mit 27 % Gewinn und der Mehrwertsteuer gerechnet wird.

Lösungsweg: 397 811,75 € : 10 416 Übernachtungen
= 38,19 € durchschnittliche Selbstkosten je Übernachtung

38,19 € x 1,27 x 1,07 = 51,90 € durchschnittlicher Übernachtungspreis

Der durchschnittliche Übernachtungspreis betrug 51,90 €.

Zimmerpreiskalkulation mit Wertfaktoren (Äquivalenzzahlen)

Bisher wurde bei der Kalkulation davon ausgegangen, dass alle Zimmer die gleiche Güte aufweisen. Das ist tatsächlich selten der Fall. Deshalb kann die Zimmerpreiskalkulation auch **differenziert** nach der **Zimmergüte** erfolgen. Die anfallenden Kosten werden dazu nach der Güteklasse aufgeschlüsselt.

Bei der Festlegung der Zimmergüte kann die unterschiedliche Größe, Ausstattung oder Lage der Gästezimmer einbezogen werden.

Durch **Wertfaktoren (Äquivalenzzahlen)** lassen sich verschiedene Zimmerkategorien unterscheiden. Die Zuordnung erfolgt auf Grund von Erfahrungen.

Beispiel:

Güteklasse I Einzelzimmer, Landseite : Wertfaktor 1
Güteklasse II Einzelzimmer, Seeseite : Wertfaktor 1,5
Güteklasse III Einzelzimmer, Seeblick : Wertfaktor 2

Güteklasse	Wertfaktor (Äquivalenzzahl)	Kosten je Güteklasse
I	1	100 000 €
II	1,5	150 000 €
III	2	200 000 €
	4,5	450 000 €

Beispielaufgabe:

Ein Kurhotel mit 24 Zimmern verfügt über 8 Zimmer mit der Kategorie A (Wertfaktor 1,0). 10 Zimmer haben die Kategorie B (Wertfaktor 1,5) und 6 Zimmer die Kategorie C (Wertfaktor 1,8). Die monatlichen Beherbergungskosten belaufen sich auf insgesamt 30 960 €.
Durchschnittliche Belegungen im Monat:
Kategorie A: 220   Kategorie B: 190   Kategorie C: 150

Ermitteln Sie die Selbstkosten je Übernachtung in der jeweiligen Kategorie.

Lösungsweg:
1 Wertfaktoren addieren.
2 Gesamtselbstkosten durch Wertfaktoren-Summe dividieren, um Gesamtselbstkosten je Wertfaktor zu erhalten.
3 Quotienten mit dem jeweiligen Wertfaktor der Zimmerkategorie multiplizieren, um Gesamtselbstkosten je Güterklasse zu erhalten.
4 Gesamt-Selbstkosten je Güteklasse dividieren durch Übernachtungszahl

Zimmer-kategorie	Zimmer-art	Wertfaktor	Gesamtselbstkos-ten je Güteklasse	Übernach-tungszahl	Selbstkosten je Übernachtung (€)
A	8 EZ	1,0	7 200 €	220	= **32,73 €**
B	10 EZ	1,5	10 800 €	190	= **56,84 €**
C	6 EZ	1,8	12 960 €	150	= **86,40 €**
Summe		4,3	30 960 €	560	→ Ø = **55,29 €**

Gesamtselbstkosten je Wertfaktor: 30 960 € : 4,3 = 7 200 €

Probe: 220 x 32,73 € = 7 200,60 €
190 x 56,84 € = 10 799,60 €
150 x 86,40 € = 12 960,00 €

30 960,20 €   gegenüber 30 960 €
(0,20 € Abweichung durch Rundungen)

Die Selbstkosten je Übernachtung betragen in der Kategorie A 32,73 €, in der Kategorie B 56,84 € und in der Kategorie C 86,40 €.

Zimmerpreiskalkulation mit Kostenteilung

Die Beherbergungskosten lassen sich in **feste und veränderliche Kosten** einteilen. **Feste Kosten** entstehen unabhängig von der Belegung, während **veränderliche Kosten** von den Gästezahlen abhängig sind.

Feste Kosten: Pacht, Mieten, Zinsen, Personalkosten u. a.

Veränderliche Kosten: Wäsche, Energie, Warenkosten für Frühstück, Wartung und Pflege der Gästezimmer u. a.

Beispielaufgabe:

Ein Stadthotel in Görlitz mit 55 Betten hat bei ganzjähriger Öffnung (365 Tage) eine voraussichtliche Belegung von 70 %. Die jährlichen Fixkosten betragen 690 000 €. Die variablen Kosten je Übernachtung sind mit 15 € veranschlagt.

1 Kalkulieren Sie den durchschnittlichen Inklusivpreis je Übernachtung, gerundet auf volle €, bei einem Gewinnaufschlag von 20 %.

2 Ermitteln Sie den jährlichen Gewinn oder Verlust in € (Betriebsergebnis) aus der Beherbergung, wenn eine 55 %ige Belegung und ein durchschnittlicher Inklusivpreis von 71,94 € erreicht wurden.

Lösungsweg: 1: 55 Betten x 365 Tage = 20 075 Übernachtungen
davon 70 % = 14 052 tatsächliche Übernachtungen

Fixkosten je Übernachtung.
690 000 € : 14 052 tatsächliche Übernachtungen = 49,10 €

	Fixkosten	49,10 €
+	Variable Kosten	15,00 €
=	Selbstkosten je Übernachtung	64,10 €
+	Gewinn 20 %	12,82 €
=	Nettopreis	76,92 €
+	MwSt 7 %	5,38 €
=	Inklusivpreis je Übernachtung	82,30 €
	gerundet	82,00 €

Der Inklusivpreis beträgt 98 €.

2: Kapazität: 20 075 Übernachtungen
davon 55 % = 11 041 tatsächliche Übernachtungen

Fixkosten je Übernachtung:
690 000 € : 11 041 tatsächliche Übernachtungen = 62,49 €

	Fixkosten	62,49 €	(Vorwärtskalkulation)
+	Variable Kosten	15,00 €	
=	Selbstkosten je Übernachtung	77,49 €	
–	Verlust	10,26 €	(77,49 € – 67,23 €)
=	Nettopreis	67,23 €	
+	MwSt 7 %	4,71 €	
=	Inklusivpreis je Übernachtung	71,94 €	(Rückwärtskalkulation)
	gerundet	72,00 €	

11 041 tatsächliche Übernachtungen x 10,26 € = 113 280,66 € Verlust

Das Betriebsergebnis lautet 113 281 € Verlust.

Übungsaufgaben Zimmerpreiskalkulation

1 Die durchschnittlichen Selbstkosten für ein Zimmer im Hotel „Heinrich von Kleist" in Frankfurt (Oder) liegen bei 37 €. Gerechnet wird mit 30 % Gewinn und der Mehrwertsteuer.
Ermitteln Sie den Zimmerpreis, aufgerundet auf ganze €.

2 Die jährlichen Gesamtselbstkosten (360 Tage) für die Beherbergungsabteilung des Hotels „Grüner Baum" betragen 517 935 €. Das Hotel verfügt über 112 Betten. Die Auslastung lag bei 70 %, der Gewinn bei 30 %. Die Kalkulation erfolgt unter Berücksichtigung der Mehrwertsteuer.
Berechnen Sie den kalkulierten Zimmerpreis (Durchschnittspreis) je Übernachtung.

3 Der ungerundete Inklusivpreis beträgt in einem Erfurter Hotel 40,37 € je Übernachtung.
Ermitteln Sie den Nettoverkaufspreis.

4 Ein Hotel garni in Osnabrück hatte entsprechend der betrieblichen Abrechnung Selbstkosten je Übernachtung von 21 €.
Errechnen Sie den auf ganze € gerundeten Inklusivpreis, wenn mit 32 % Gewinn und der Mehrwertsteuer kalkuliert wird.

5 Ein Waldhotel im Taunus verfügt über 34 Betten und hat eine Übernachtungsfrequenz von 66 %. Die Gesamtselbstkosten beliefen sich im vergangenen Jahr (365 Tage) auf 169 646,40 €.
Ermitteln Sie den durchschnittlichen Bettenpreis bei 34 % Gewinn unter Einbeziehung der Mehrwertsteuer.

6 Das Hotel „Stadt Bremen" mit 50 Betten hat 345 Tage geöffnet und verzeichnet eine Belegung von 75 %. Jährliche Beherbergungskosten fallen in Höhe von 540 000 € an.
Errechnen Sie den Inklusivpreis je Übernachtung, wenn der Gewinn mit 25 % kalkuliert und die gesetzliche Mehrwertsteuer berücksichtigt wird.

7 Im Hotel „Alpenkrone" mit 40 Betten werden die Gästezimmer in 3 Kategorien eingeteilt. Dafür betragen die monatlichen Beherbergungskosten 140 000 €. Für Kategorien und Belegung liegen folgende Daten vor:

Zimmerkategorie	Wertfaktor	Durchschnittliche Belegung
A 25 EZ	1,0	220
B 10 EZ	1,7	190
C 5 EZ	2,8	150

Ermitteln Sie die Selbstkosten je Übernachtung.

8 Das Hotel „Zur Burg Eisenhart" verzeichnet im Durchschnitt je Jahr 10 120 Übernachtungen. Die gesamten Beherbergungskosten belaufen sich jährlich auf 480 350 €.
Mit welchem Preis kann ein Einzelzimmer veranschlagt werden, wenn neben der üblichen Mehrwertsteuer ein Gewinn von 24 % kalkuliert wird?

9 Ein Stadthotel in Gera mit 120 Betten ist jährlich an 310 Tagen geöffnet, wobei 60 Tage auf Messezeiten (Hauptsaison) und der Rest auf Vor- und Nachsaison entfallen. Während der Messezeiten ist das Haus zu 100 %, sonst durchschnittlich zu 65 % ausgelastet. Die durchschnittlichen Selbstkosten betragen je Übernachtung 41,60 €. Als Gewinn werden während der Hauptsaison 20 % veranschlagt.
9.1 Ermitteln Sie die Kapazität und die durchschnittliche Übernachtungsfrequenz.
9.2 Berechnen Sie den Inklusivpreis für eine Übernachtung in der Hauptsaison. Auf volle €-Beträge aufrunden.

10 Das ganzjährig geöffnete Schwarzwaldhotel „Markgräfler Hof" verfügt über 63 gleichwertige Betten. Bei einer Auslastung von 68 % erzielte das Hotel im letzten Jahr aus der Beherbergung einen Umsatz von 632 265 € inklusive Mehrwertsteuer.

10.1 Berechnen Sie die Jahreskapazität.

10.2 Ermitteln Sie die Anzahl der Vorjahresübernachtungen.

10.3 Ermitteln Sie die Beherbergungskosten (Selbstkosten) insgesamt und je Übernachtung bei Berücksichtigung der Mehrwertsteuer und einem erzielten Gewinn von 32 %.

10.4 Welcher Übernachtungspreis ergibt sich für das folgende Jahr, wenn das Hotel mit einer Erhöhung der Selbstkosten um 5,8 % rechnen muss, die anderen Kalkulationswerte jedoch beibehält und von gleicher Belegung (Auslastung) ausgeht?

11 Das Tagungszentrum Havelland mit insgesamt 28 Doppelzimmern hatte im letzten Jahr an 310 Tagen geöffnet. Im Abrechnungszeitraum wurde buchhalterisch Folgendes erfasst:

Übernachtungen 13 454 Betriebskosten 13,00 €/Übernachtung
Feste Kosten 210 000 € Inklusivpreis 42,50 €/Übernachtung

11.1 Ermitteln Sie die Übernachtungsfrequenz.

11.2 Errechnen Sie den Gewinn je Übernachtung in € und in %.

11.3 Ermitteln Sie den auf volle € gerundeten Inklusivpreis, der verlangt werden kann, wenn wegen der Mitbewerber ein Gewinn von nur 10 % kalkuliert werden muss.

12 Das ganzjährig (360 Tage) geöffnete Kölner Gästehaus Rheinblick verfügt über 134 gleichwertige Betten. Es konnte im vorigen Jahr durch Vertragsabschluss mit einer Firma eine Spitzenauslastung von 90 % erreichen. Der Bruttoumsatz (einschl. Mehrwertsteuer) aus der Beherbergung belief sich auf insgesamt 1 372 672 €.

12.1 Ermitteln Sie die Übernachtungskapazität.

12.2 Ermitteln Sie die Anzahl der tatsächlichen Übernachtungen im genannten Zeitraum.

12.3 Errechnen Sie den Nettoumsatz bei den Beherbergungsleistungen.

12.4 Ermitteln Sie die Selbstkosten bei einem Gewinn von 30 %.

12.5 Ermitteln Sie den Übernachtungspreis (Inklusivpreis), der gezahlt werden muss, wenn das Hotel im folgenden Jahr mit 5,6 % höheren Selbstkosten rechnen muss, die anderen kalkulatorischen Werte sich jedoch nicht ändern.

13 Ein Touristenhotel mit 160 Betten ist an 320 Tagen geöffnet. Für eine Übernachtung ergeben sich an Selbstkosten 39,20 €. In der Hauptsaison, das sind 100 Tage, ist mit einer vollständigen Bettenauslastung zu rechnen. In dieser Zeit wird mit 32 % Gewinn gerechnet. In der Vor- und Nachsaison sinkt der Gewinn um 10 %.

13.1 Berechnen Sie den Inklusivpreis je Übernachtung während der Hauptsaison.

13.2 Ermitteln Sie den Inklusivpreis während der Vor- und Nachsaison.

14 Ein 50-Betten-Hotel in Emden hatte im vergangenen Jahr (365 Tage) 13 125 Übernachtungen. Im Winter war das Hotel 21 Tage geschlossen. Die festen Kosten (Fixkosten) für die Beherbergung betrugen 426 545 €. Die variablen Kosten (Betriebskosten) betrugen je Übernachtung 13 €.

14.1 Berechnen Sie die Übernachtungsfrequenz.

14.2 Ermitteln Sie den auf volle € aufgerundeten Übernachtungspreis, wenn mit 12 % Gewinn und der Mehrwertsteuer gerechnet wird.

14.3 Errechnen Sie den Selbstkostenpreis je Übernachtung für das kommende Jahr, wenn die dreiwöchige Schließzeit entfällt. Desweiteren wird im kommenden Jahr mit einer Kostensteigerung von 5 % und einer Verringerung der Übernachtungsfrequenz um 5 % gerechnet.

14.4 Ermitteln Sie den neuen Übernachtungspreis, wenn der Gewinn unverändert bleiben soll.

15 Ein Hotel am Aachener Dom hatte im vergangenen Jahr 325 Tage geöffnet und verzeichnete in dieser Zeit 15 028 Übernachtungen. Das entspricht einer Übernachtungsfrequenz von 68 %. An Beherbergungskosten fielen 0,736 000 Millionen € an.

15.1 Ermitteln Sie die Bettenanzahl des Hotels.

15.2 Berechnen Sie den durchschnittlichen Inklusivpreis für eine Übernachtung, wenn mit 22 % Gewinn und der Mehrwertsteuer kalkuliert wurde.

16 Das ganzjährig (365 Tage) geöffnete Pole-Poppenspäler-Hotel in Husum mit 30 Betten hat eine 60 %ige Auslastung. Die festen Kosten (Fixkosten) betragen 171 245 € und die variablen Kosten (Betriebskosten) 17 755 €.

16.1 Ermitteln Sie die Selbstkosten je Übernachtung.

16.2 Berechnen Sie den Inklusivpreis je Übernachtung einschließlich Frühstück, wenn der Gewinn mit 20 % und das Frühstück im Hotelangebot mit 7,50 € kalkuliert werden. Beachten Sie die Mehrwertsteuer. Runden Sie den Preis auf volle €.

17 Das Hotel „Preußischer Adler" in Bielefeld mit 90 Betten war im letzten Jahr 350 Tage geöffnet und hatte in dieser Zeit 23 624 Übernachtungen. Die festen Kosten (Fixkosten) der Beherbergungsabteilung beliefen sich auf 767 780 €. Die variablen Kosten (Betriebskosten) betrugen je Übernachtung 28 €.

17.1 Berechnen Sie die Übernachtungsfrequenz.

17.2 Ermitteln Sie den auf volle € aufgerundeten Übernachtungspreis, wenn mit 12 % Gewinn gerechnet wurde.

17.3 Errechnen Sie den Selbstkostenpreis je Übernachtung für das nächste Jahr, wenn der Betrieb ganzjährig geöffnet hat (365 Tage) und mit einer Kostensteigerung von 8 % bei den variablen Kosten (Betriebskosten) zu rechnen ist. Die Übernachtungsfrequenz soll bei 70 % liegen.

17.4 Ermitteln Sie den auf volle € aufgerundeten neuen Übernachtungspreis bei gleichbleibendem Gewinn.

18 Ein Thüringer Familienhotel mit 38 Betten hat an 340 Tagen im Jahr geöffnet. Für das kommende Jahr wird mit einer Bettenbelegung von 70 % und mit Beherbergungskosten von insgesamt 381 917 € gerechnet.

18.1 Ermitteln Sie den geplanten Gesamtumsatz für das kommende Jahr, in dem 75 000 € Gewinn erwirtschaftet werden sollen.

18.2 Ermitteln Sie den Gesamtwert an der Mehrwertsteuer, der im Gesamtumsatz enthalten ist.

18.3 Berechnen Sie den Inklusivpreis je Übernachtung und runden Sie den Preis auf volle €.

18.4 Berechnen Sie den Gewinn je Übernachtung in € und in %.

19 Das Hotel „Kurpfalz" hatte im vergangenen Jahr bei 305 Öffnungstagen 17 385 Übernachtungen und damit eine Bettenauslastung von 64 % zu verzeichnen. Die gesamten Beherbergungskosten beliefen sich auf 591 090 €.

19.1 Ermitteln Sie die zur Verfügung stehende Bettenzahl.

19.2 Errechnen Sie den durchschnittlichen Übernachtungspreis je Bett bei 28 % Gewinn und bei Berücksichtigung der Mehrwertsteuer.

19.3 Das Hotel schließt für das folgende Jahr mit einem Reisebüro einen Belegungsvertrag ab. Dadurch kann mit einer Auslastung von 89 % gerechnet werden. Allerdings muss der durchschnittliche Übernachtungspreis auf 45 € gesenkt werden. Mit welchem Gewinn ist zu rechnen, wenn außerdem die gesamten Beherbergungskosten im folgenden Jahr um 15,5 % ansteigen?

20 Ein Brandenburger First-Class-Hotel mit 36 Doppelzimmern und 18 Einzelzimmern erzielte im vergangenen Jahr bei 355 Öffnungstagen insgesamt 24 282 Übernachtungen, davon 6 134 in Einzelzimmern. Die gesamten Beherbergungskosten betrugen 1 193 175 €.

20.1 Ermitteln Sie die Übernachtungsfrequenz insgesamt und für die Einzel- und Doppelzimmer getrennt.

20.2 Berechnen Sie die Selbstkosten je Übernachtung.

21 Ein Stadthotel mit 170 Betten hat bei ganzjähriger Öffnung (365 Tage) eine geplante Auslastung von 65 %. Die Fixkosten betragen 1 250 000,00 €. Die variablen Kosten werden mit 14 € je Übernachtung angenommen.

21.1 Kalkulieren Sie den durchschnittlichen Inklusivpreis je Übernachtung (aufgerundet auf ganze €), wenn 20 % Gewinn berücksichtigt werden.

21.2 Ermitteln Sie das Betriebsergebnis (jährlicher Gewinn oder Verlust in €) aus der Beherbergung, wenn nur 60 % Belegung erreicht wurden und durch den Preisdruck nur ein durchschnittlicher Inklusivpreis von 57 € zu erzielen war.

22 Die Beherbergungsabteilung des „Heidehotels" ermittelt einen Betrag der Gesamtkosten in Höhe von 1 317 280 €. Es verfügt über 125 Betten, diese sind zu 68 % ausgelastet.
Ermitteln Sie den Bettenpreis je Nacht, wenn ein Gewinn von 30 % unter Beachtung der Mehrwertsteuer erwirtschaftet wird.

23 Mit welchem Übernachtungspreis muss ein Gast in einem Tagungshotel rechnen, dessen Beherbergungskosten sich auf 1 915 740 € belaufen, wenn mit 170 Betten eine durchschnittliche Belegung von 81 % erreicht und mit 22 % Gewinnspanne gearbeitet wird? Beachten Sie, dass dieses Hotel über den Jahreswechsel fünfzehn Tage geschlossen war.

24 Ein kleines Familienhotel verfügt über 28 Betten und plant bei ganzjähriger Öffnung eine Auslastung von 55 %. Die gesamten Übernachtungskosten werden mit 198 450 € veranschlagt.
24.1 Ermitteln Sie die durchschnittlichen Selbstkosten pro Übernachtung.
24.2 Welcher Inklusivpreis wäre bei einem Gewinn von 18 % und der gesetzlichen Mehrwertsteuer in die Preisliste zu setzen?
24.3 Um wie viel € preiswerter könnte das Einzelzimmer angeboten werden, wenn die Frequenz auf 63 % gesteigert werden könnte?

25 Bei 8 120 Übernachtungen im Kalenderjahr rechnet ein Hotel garni mit gesamten Übernachtungskosten von 363 640 €.
Ermitteln Sie die Höhe des Gewinnes je Übernachtung in € und %, wenn der entsprechende Inklusivpreis 65,00 € beträgt.

26 Errechnen Sie die Höhe des Gewinns in € und %, die ein Hotelier erzielt, wenn eine Übernachtung im Doppelzimmer je Person zum Inklusivpreis von 49,00 € angeboten wird, jedoch die entsprechenden Selbstkosten bei 32,50 € liegen.

27 Eine Pension in der Sächsischen Schweiz bietet in den letzten sechs Jahren eine Übernachtung zum unveränderten Preis von 29,00 € an. Der durchschnittliche Selbstkostenanteil/Übernachtung stieg dennoch konsequent.
Er belief sich im 1. Jahr auf 18,00 €
im 2. Jahr auf 18,50 €
im 3. Jahr auf 19,20 €
im 4. Jahr auf 19,90 €
im 5. Jahr auf 20,40 €
im 6. Jahr auf 20,80 €.

27.1 Ermitteln Sie für jedes Jahr den erzielten Gewinn unter Beachtung der gesetzlichen Mehrwertsteuer. Beurteilen Sie diese Gewinnentwicklung und ziehen Sie Schlussfolgerungen.
27.2 Zu welchem Inklusivpreis müsste die Übernachtung verkauft werden, um die ursprüngliche Gewinnspanne wieder zu erzielen?

28 Das Alpenhotel „Zugspitze" muss wegen eines drastischen Heizkostenzuschlages die Selbstkosten je Übernachtung anpassen, sie steigen von 39,00 € auf 41,50 €.
28.1 Ermitteln Sie den prozentualen Kostenanstieg.
28.2 Berechnen Sie den auf volle € aufgerundeten Inklusivpreis für eine Übernachtung bei einem Gewinnzuschlag von 28 %.

29 Ein Hotel erhält von der Unternehmenszentrale die Vorgabe, den Gewinn der Beherbergungsabteilung im kommenden Geschäftsjahr um 4 % zu steigern. Im vergangenen Jahr galten folgende Kennzahlen und Zuschlagssätze:

Selbstkosten/Übernachtung 48,50 €
Gewinn 16 %
Gesetzliche Mehrwertsteuer

Wie verändert sich auf Grund dieser Vorgabe der Inklusivpreis für eine Übernachtung (€, %)?

Bei seiner **Anreise** erhält jeder Gast ein **Konto im Hoteltagebuch,** das vom Hotelpersonal handschriftlich oder mittels Computer (Buchungsautomaten) geführt wird. Darin sind alle vom Gast in Anspruch genommenen **Leistungen** erfasst. Das zuständige Hotelpersonal, üblicherweise Empfangsmitarbeiter/innen, sammelt und ordnet die in einzelnen Hotelbereichen **angefertigten Belege,** um sie täglich auf das Gästekonto buchen zu können.

Der **Restaurantverzehr** im Arrangement wird ebenfalls im Hoteljournal erfasst. Entsprechende Belege liefert das Servicepersonal. Die Übernahme ins Hoteltagebuch erfolgt zusammen mit der Mehrwertsteuer und etwaigen Bedienungszuschlägen (z. B. für Hotelzimmerservice bei Frühstück 15 %, bei anderen Mahlzeiten 10 %).

Das Hoteljournal muss täglich abgeschlossen werden. Der Kontostand der noch bleibenden Gäste wird auf den folgenden Tag übertragen. Die **Spalten Logis, Restaurant, Bedienung usw.** müssen bei täglichem Abschluss summiert und die Endsummen übertragen werden.

Hoteljournal   Seite 4

1.5.	Datum		2.5.	Datum
23	Zimmernummer		23	Zimmernummer
Eva Hansen	Vor- und <u>Zuname</u>		Eva Hansen	Vor- und <u>Zuname</u>
1	Personenzahl		1	Personenzahl
	Anzahl Frühstücke		1	Anzahl Frühstücke
79,-	Übernachtungen			Übernachtungen
12,-	Garage			Garage
	Etage/Frühstückszi.		5,40	Etage/Frühstückszi.
91,-	Summe			Summe
223,-	Restaurant			Restaurant
	Bar			Bar
	Café			Café
6,45	Etage (10 %)			Etage (10 %)
320,45	Summe			Summe
	Getränke (steuerpfl.)			Getränke (steuerpfl.)
	Getränke (steuerfrei)			Getränke (steuerfrei)
	Summe			Summe
	Bäder/Sauna		8,-	Bäder/Sauna
	Reinigung/Wäsche			Reinigung/Wäsche
2,60	Telefon			Telefon
	Tabakwaren			Tabakwaren
	Summe			Summe
323,05	Tagesrechnung			Tagesrechnung
	Übertrag Vortag		323,05	Übertrag Vortag
	Total			Total
	Kasse		336,45	Kasse
	Debitoren			Debitoren
	Abzüge			Abzüge
323,05	Übertrag für Folgetag			Übertrag für Folgetag
	Merke:			Merke: Bar

Beispielaufgabe:

Im „Mainzer Hof" übernachtet Frau Eva Hansen aus Husum 1 Nacht vom 01. bis 02. 05. Für das Einzelzimmer Nr. 23 bezahlt sie 79 €, für die Garage 12 €. Zum inklusiven Frühstück bestellt sie extra Spiegeleier mit Schinken zu 5,40 €. Außerdem hat sie 1-mal die Sauna zu 8 € besucht. Telefon- und Faxgebühren ergeben 13 Einheiten zu je 0,20 €. Der Restaurantverzehr beläuft sich auf insgesamt 223 €. Davon lässt sie sich am Anreisetag das Abendbrot im Werte von 64,50 € im Zimmer servieren. Erstellen Sie die Abrechnung im Hoteljournal.

Lösungsweg: **Auszug aus dem Hoteljournal**

Zimmer Nr.	23
Gästename	Eva Hansen
Logis	79,00 €
Garage	12 €
Telefon/Fax	2,60 €
Sauna	8,00 €
Hotelzimmerbedienung 10 %	6,45 €
Frühstück	5,40 €
Restaurant, gesamt	223,00 €
Endsumme	**336,45 €**

Der Auszug gibt die Einträge im Hoteljournal wieder, die für Frau Hansen gebucht wurden.

Berechnungen mit dem Hoteljournal

1 Herr Andreas Huber aus Südtirol, der im Künstlerhotel „art de saxe" vom 29. 10. bis 01. 11. logierte, nahm die folgenden Leistungen in Anspruch:

Übernachtungspreis	63,00 €	Garage je Tag	6,00 €
1 Karte für die Sächsische Staatsoper	29,00 €	Telefon/Fax	23,95 €
1 Karte für die Sächsische Staatsoperette	12,00 €	Restaurantverzehr	138,00 €

Welcher Betrag wird am 01.11. in die Spalte „Total" im Hoteljournal eingetragen?

2 Herr Schepperle aus Stuttgart kommt ins Hotel „Schwejk" zur Gastroprag in die tschechische Hauptstadt Prag, um seine Feinkostfirma zu vertreten. Übernachtungs- und Verpflegungskosten bis zu einem Umfang von 30 € täglich übernimmt die Firma. Das Hotel als Vertragspartner seiner Firma rechnet mit Stuttgart bis zu dieser vereinbarten Höhe direkt ab. 3 Übernachtungen kosten 3 600 CZ-Kronen. Er bezahlt dafür einen Anteil von 120 €. Weiterhin lässt er sich Karten im Werte von 33,50 € einschließlich Vermittlungsgebühr für die Laterna Magica besorgen. Schließlich ist noch eine Taxirechnung für die Fahrt zum Hotel über 17,50 € offen, die er wegen Verständigungsschwierigkeiten durch den Portier begleichen ließ.

Nehmen Sie die entsprechenden Eintragungen in einem selbst angelegten Hoteljournal vor.

3 Herr Karl Czyz aus Breslau hat sein bestelltes Zimmer mit einem Übernachtungspreis von 47 € zu spät storniert. Das Hotel berechnet ihm dafür eine Ausfallrechnung über 37,50 €.

Beurteilen Sie, ob diese Rechnungshöhe korrekt ist.

4 Familie Gerlach aus Koblenz ist im Hotel „Bauhaus" in Dessau abgestiegen. Sie bucht das Zimmer 19 (Dreibett-Zimmer D/WC) für 3 Nächte zu je 71 € inklusive Frühstück. Ein Garagenplatz für 10 €/Tag wird in Anspruch genommen. Telefongebühren errechnen sich aus 9 Einheiten zu 0,20 €.

4.1 Nehmen Sie bei der Anreise die Eintragungen im Hoteljournal vor.

4.2 Schließen Sie am Abreisetag das Hoteljournal ab und überprüfen Sie die Richtigkeit der Angaben.

Hotelrechnung

Die Rechnung wird allgemein durch den **Gast beglichen.** Aber es ist auch möglich, dass die Abrechnung von einem Reisebüro oder einer Firma übernommen wird.

Als **Zahlungsmittel** kommen Bargeld, Kreditkarten und EC-Karten in Frage. Reiseschecks (Travelers Cheques) haben in Europa nur noch eine geringe Bedeutung, sind in den USA aber noch verbreitet.

EC-Karte

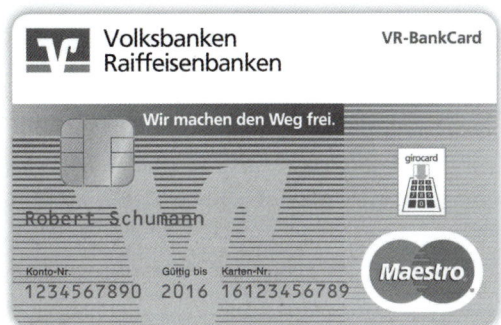

Kreditkarte

© Bundesverband der Deutschen Volksbanken und Raiffeisenbanken e.V. (BVR), Berlin

© Amerivan Express Company

Nach der Bezahlung wird dem Gast die **Rechnung ausgehändigt.** Auf Wunsch vergleicht das Hotelpersonal in Anwesenheit des Gastes die angefallenen Belege mit der Rechnung, falls der Gast Unklarheiten über die Einzelbeträge hat.

Als **Ausfallrechnungen** werden den Gästen Zimmerreservierungen in Rechnung gestellt, bei denen durch zu späte Stornierung dem Hotel Kosten entstanden sind und das Zimmer nicht anderweitig vermietet werden konnte. Übliche Berechnungssätze sind bei Übernachtungen mit Frühstück 80 % der Kosten, bei Halb- 70 % oder Vollpension 60 % des gebuchten Übernachtungspreises.

Beispielaufgabe 1:

Herr Karl Stein aus Mainz, Karnevalsgasse, hat eine Übernachtung im Hotel Bergeshöhe vom 13.02. bis 14.02. wegen Erkrankung durch Fax storniert.

Das reservierte Zimmer 123 zum Nettopensionspreis von 37,63 € konnte nicht anderweitig vergeben werden. 80 % des Nettopreises (DEHOGA-Empfehlung) werden dem Gast in Rechnung gestellt. Die im Auftrag gekaufte Karte für den Volksmusikantenabend zum Preis von 12,50 € wurde vom Veranstalter nicht zurückgenommen. Die Ausstellung einer Ausfallrechnung (no show guest) ist erforderlich.

Lösungsweg 1:

Hotel Bergeshöhe
10113 Tiefwald • Haus im Walde
Telefon 0101-123123 • Fax 0101-123125

Ausfallrechnung

Umsatzsteuer-Id.-Nr. DE 18 27 13 45 11
Hotelrechnung   Nr. 03121
für: Herrn Karl Stein, Mainz

Zimmer-Nr. 123
Personen   1
❑ Bad/WC
❑ Dusche/WC

Monat	Tag 13.02.				
	€	€	€	€	€
Übernachtung inkl. Frühstück					
Übernachtung ohne Frühstück	30,10				
Restaurant					
Sauna/Solarium					
Garage					
Telefongebühren					
Sonstiges					
Veranstaltungskarten	12,50				
Übertrag Vortag	– –				
Übertrag/Total	42,60				
Leistungen inkl. MwSt.					
MwSt. 19 %	– –				
MwSt. 7 %	– –				
Leistungen netto	– –				
Total	42,60				

Wir bitten um Überweisung auf unser Kto.   IBAN   DE860504004324276843 SWIFT-BIC OSDDDE81XXX.

Betrag dankend erhalten

Unterschrift

Beispielaufgabe 2:

Erstellen Sie für Herrn **Karl Müller aus Berlin** eine ordnungsgemäße Hotelrechnung:

Einzelzimmer Nr. 12 (29.10. bis 30.10.)
Zimmerpreis   60,00 €
Garage/Tag   à 10,00 €
Telefon/Fax
am 30.10.: 25 Einheiten   à   0,25 €
Sauna 1-mal   à   6,00 €
Restaurant, gesamt   77,00 €

Lösungsweg 2:

Ostseehotel
Hotelbetrieb Familie Meier
08157 Seehagen · Telefon 031/4711 · Fax 031/4811
Umsatzsteuer-Id.-Nr. DE 13 13 14 56 78

Rechnung
für Herrn/Frau/Fa.   Zimmer-Nr. _____ 12 _____

Karl Müller
Berlin

Jan. Feb. Mär. Apr. Mai Jun. Jul. Aug. Sep. Okt. Nov. Dez.

	Zimmer	Garage	Telefon	Sonstiges		Zimmer	Garage	Telefon	Sonstiges
1					17				
2					18				
3					19				
4					20				
5					21				
6					22				
7					23				
8					24				
9					25				
10					26				
11					27				
12					28				
13					29	60,– €	10,– €	6,25 €	6,– € Sauna
14					30				77,– € Restau.
15					31				
16									
Sa.					Sa.				

Leistungen inkl. MwSt.	159,25 €
MwSt. 19 %	15,85 €
MwSt. 7 %	3,93 €
Leistungen netto	139,47 €
Total	159,25 €

Bankverbindung: IBAN DE860504004324276843, SWIFT-BIC OSDDDE81XXX

Übungsaufgaben Erstellen der Hotelrechnung

1 Stellen Sie für Herrn Huber aus Südtirol (Aufgabe S. 255/1) eine Hotelrechnung aus.

2 Stellen Sie für Herrn Schepperle aus Stuttgart (Aufgabe S. 255/2) eine Hotelrechnung aus.

3 Stellen Sie für Herrn Karl Czyz aus Breslau (Aufgabe S. 255/3) eine Ausfallrechnung aus.
Herr Czyz möchte die Rechnung in Dollar bezahlen (siehe Kurstabelle Seite 185).

4 Stellen Sie für Familie Gerlach aus Koblenz (Aufgabe S. 255/4) eine Hotelrechnung aus.

5 Die Tageseinnahmen der Familienpension „Bergeshöhe" setzen sich folgendermaßen zusammen:

Bareinnahmen für Beherbergung	1 040 €
Barschecks (Beherbergung)	920 €
Dienstleistungen für Gäste (bar)	238 €
Kreditkarten (Restaurant)	980 €
Restaurantbelege	764 €
Devisen, Verkaufskurs 1,55	120 sfr

5.1 Ermitteln Sie die Höhe der Tageseinnahmen.
5.2 Ermitteln Sie den prozentualen Anteil der Barzahlung.

6 **Preistafel**

Hotel „Zur Windmühle"		Parkhotel	
Einzelzimmer	25,00 €	Einzelzimmer/Dusche	55,00 €
Einzelzimmer/Bad	39,00 €	Doppelzimmer/Dusche	85,00 €
Doppelzimmer/Dusche	45,00 €	Suite	130,00 €
Doppelzimmer/Bad	59,00 €		
Frühstück	4,90 €	Frühstück	9,90 €
Ortsgespräch/Einheit	0,20 €	Ortsgespräch/Einheit	0,29 €
Tiefgarage/Tag	4,00 €	Tiefgarage/Tag	12,00 €

6.1 Die Rezeptionistin des Hotels „Zur Windmühle" hat für einen Gast folgende Leistungen zu berechnen:
1 Einzelzimmer, 6 Tage
6 Frühstücke
8 Ortsgespräche
Wie hoch ist die Hotelrechnung des Gastes?

6.2 Der Vertreter einer Versicherungsgesellschaft übernachtet im Parkhotel.
Erstellen Sie Rechnung, die als Debitor an die Versicherungsgesellschaft geht.
1 Einzelzimmer/Dusche; 3 Tage
3 Frühstücke
12 Ortsgespräche
3 x Tiefgarage
2 x Mittags-Menü je 17,90 €
2 Flaschen Mineralwasser (0,75 l) je 6,90 €

6.3 Ein Ehepaar mit zwei Kindern verbringt 10 Tage im Parkhotel und mietet eine Suite.
Des Weiteren nehmen diese Gäste folgende Leistungen in Anspruch:

18 x Frühstück	je	9,50 €	Getränke (gesamt)	126,00 €
18 x Frühstück	je	5,50 €	10 x Tiefgarage	
9 x Mittagessen	je	12,30 €	2 Kabarett-Karten je	13,00 €
6 x Mittagessen	je	15,90 €		
3 x Mittagessen	je	8,90 €		
18 Kindergedecke	je	6,90 €		

Erstellen Sie die Rechnung für diesen Aufenthalt.

Kontrollberechnungen

In **gastgewerblichen Betrieben** sind eine ganze Reihe innerbetrieblicher Kontrollen erforderlich. Sie gewährleisten eine **wirtschaftliche Betriebsführung,** tragen gesetzlichen Bestimmungen Rechnung und dienen nicht zuletzt der Sicherheit und Gesundheit von Gästen und Mitarbeitern.

Kontrollen haben das Ziel, den **Istzustand** zu ermitteln und daraus **Schlussfolgerungen** für das zukünftige Verhalten zu ziehen. Nachfolgend interessieren solche Kontrollen, die rechnerisch durchgeführt werden. Das sind Kontrollen der Warenmengen und des Geldverkehrs. Überprüft wird hierbei der gesamte **Warenweg** von der Bestellung bis zur Begleichung der Gästerechnung. Im Einzelnen sollen behandelt werden:

- Mengen- und Lagerkontrollen (Wareneingangs-, Warenbestands- und Warenausgangskontrollen),
- Preiskontrollen (Kontrolle von Kartenpreisen).

Wichtige Begriffe zu den Kontrollberechnungen sind:

- **Abrechnungskontrollen:** Kontrolliert wird die ordnungsgemäße Abrechnung: z. B. die Übereinstimmung von Belegen, Bondurchschriften und Originalbons.
- **Umsatzkontrollen:** Kontrolliert wird der Umsatz bestimmter Warengruppen oder Waren, ausgedrückt durch den Geldwert. Durch Bestandskontrollen können die Umsätze in bestimmten Zeiträumen ermittelt werden.

34.1 Mengen und Umsätze

Beispielaufgabe:

In einem Bistro wird zu Wochenbeginn ein Pilsnervorrat von 465 l festgestellt. Die Bonkontrolle am Wochenende ergibt, dass 392 l Pilsner ausgeschenkt wurden. Es sind noch 61 l vorhanden. Berechnen Sie den Zapfverlust in Litern und Prozent.

Lösungsweg:

Pilsnervorrat	465 l	392 l Pilsner ≙ 100 %	
− Pilsnerverbrauch lt. Bons	392 l	12 l Pilsner ≙ x %	x = 3,06 %
− nicht verkaufter Rest	61 l		
Differenz	12 l	**Der Zapfverlust betrug 12 l, das sind rund 3,1 %.**	

Übungsaufgaben Mengen und Umsätze

1 In einem Speiserestaurant wird zu Wochenbeginn ein Biervorrat von 826 l festgestellt. Bei der Bonkontrolle am Wochenende errechnet man, dass 712 l Bier ausgeschenkt wurden. Der nicht verkaufte Rest beträgt 61 l.
Berechnen Sie den Zapfverlust in Prozent.

2 Eine Bonkontrolle weist Folgendes aus: 216 Glas Bier mit 0,3 l, 42 Glas Bier mit 0,4 l und 26 Glas Bier mit 0,5 l.
Berechnen Sie die Gesamtmenge des verkauften Bieres in Litern.

3 Ein Café im Chemnitzer Stadtzentrum kalkuliert die Tasse Kaffee mit 7 g gemahlenem Kaffeepulver. Durch Nachwiegen ermittelt man einen Tagesverbrauch von 620 g gemahlenem Kaffee.
3.1 Wie viel Tassen Kaffee wurden verkauft?
3.2 Ermitteln Sie die Differenz zur Rezepturmenge in g.

4 Vergleichen Sie drei unterschiedliche gastronomische Einrichtungen eines Unternehmens, indem Sie die verschiedenen Inklusivpreise bei einem gleichen Materialeinsatz von 5 € ermitteln.

Wohngebietsgaststätte	Stadthotelrestaurant	Gourmetrestaurant
Gesamtzuschlag 160 %	Gesamtzuschlag 195 %	Gesamtzuschlag 270 %

5 Prüfen Sie die Richtigkeit der Verbrauchsmeldungen.

Rohstoffeinsatzmengen:	Kaffee	Tasse	6,25 g	Kakao	Tasse	1 Beutel
		Portion	12,50 g		Portion	2 Beutel
	Tee	Glas	1 Beutel			oder 1 Beutel, groß
		Portion	2 Beutel	Kondensmilch	Tasse	30,00 g
		oder 1 Beutel, groß			Portion	60,00 g

Absatzzeit: Frühstück		Anzahl	Kaffee (g)	Tee (Beutel)	Kakao (Beutel)	Kondensm. (g)
Kaffee	Tasse	8	50			240
	Portion	68	850			4 080
Tee	Glas	2		2		
	Portion	7		14		
Kakao	Tasse	4			4	
	Portion	5			10	
Gesamt		–	?	?	?	?

Die Tages-Verbrauchsmeldung der Kaffeeköchin lautete: Kaffee 1,000 kg, Tee 16 Beutel, Kakao 16 Beutel, Kondensmilch 4,5 l.

6 Kontrollieren Sie die Erlöse aus dem Verkauf an Küchengetränken. Rechnen Sie jeweils die Einzelerlöse und anschließend den Gesamterlös nach und berichtigen Sie.

Küchengetränk	Verkaufseinheit	Verkaufsmenge	Preis je Verkaufseinheit	Erlös
Kaffee	Portion	61	2,25 €	137,25 €
	Tasse	17	1,40 €	23,80 €
Kaffee Hag	Portion	8	2,20 €	17,60 €
	Tasse	5	1,35 €	6,75 €
Kakao	Portion	10	2,60 €	12,15 €
	Tasse	3	1,30 €	3,90 €
Tee	Portion	23	2,05 €	45,10 €
	Glas	14	1,10 €	15,40 €
Gesamt				261,95 €

7 Gesamtverkauf an den unterschiedlichen Küchengetränken nach Portionsmengen.

Küchengetränk		Frühstücksverkauf	Sonstiger Verkauf	Anfangsbestand	Zulieferung
Kaffee	Portion	152	143	5 820 g	2000 g
	Tasse	67	80	–	–
Kaffee Hag	Portion	4	7	120 g	500 g
	Tasse	1	3	–	–
Tee	Portion	6	12	110 Beutel, groß	–
	Glas	–	8	82 Beutel, klein	–
Kakao	Portion	10	5	45 Beutel, groß	60 Beutel, groß
	Tasse	2	2	10 Beutel, klein	

7.1 Ermitteln Sie den Gesamtverbrauch in g (Kaffee), in Beutel (Tee, Kakao) unter Beachtung der in Aufgabe 5 genannten Rohstoffeinsatzmengen (Menge bei Kaffee Hag wie bei Kaffee).

7.2 Errechnen Sie die Endbestände.

7.3 Ermitteln Sie die Erlöse, wenn Sie die in Aufgabe 6 genannten Preise verwenden.

8 Überprüfen Sie die Frühstücksabrechnung. Weisen Sie Differenzen aus.

Zimmer-Nr.	1	2	3	7	8	11	14	15	20	21	23	29	30	41	42	43	48	49	52	53	
Personen	1	1		2	2	2	2	1	2	2				1	1	1	1	1	3	1	24
Gäste des Hauses							1														1
Frühstück im Restaurant			2			2	2			2				1	1	1	1	1	3		16
Frühstück auf Etage							1	2												1	4

Übernachtungen   24   Frühstücke im Restaurant   16
(mögliche Frühstücksanzahl)   Frühstücke auf Etage   4

Frühstücke auf Etage   4
tatsächliche Frühstücke   20

tatsächliche Frühstücke   21   Frühstücke auf Etage   4
– Gäste des Hauses   1   – Gäste des Hauses   1

          20 x 6,25 € = 125,00 €   3 ⧍ 5,75 €
                                                    Etagenzuschlag (15 %)

9 Der Speisenumsatz ist gegenüber dem Vormonat um 9,5 % gestiegen und betrug 71 300 €. Wie hoch war der Umsatz in € im Vergleichsmonat?

10 Die Elektroenergiekosten eines Touristenhotels sind bei etwa konstantem Verbrauch gegenüber dem gleichen Monat des Vorjahres von 283,50 € auf 293,43 € gestiegen. Ermitteln Sie die prozentuale Energiekostensteigerung.

11 In einem Ausflugsrestaurant sind 2 Reisebusse mit insgesamt 93 Kaffeegästen angemeldet, für die jeweils eine Portion Kaffee (0,28 l) zubereitet werden soll. Aus 500 g gemahlenem Kaffee können lt. Kalkulation 9 l Kaffee hergestellt werden. Die Kaffeeköchin fordert für die Reisegesellschaft zusätzlich 3 Packungen Kaffee zu 500 g an. Ist diese Mengenforderung in Ordnung?

12 Eine Restaurantbrigade hat entsprechend der Bonkontrolle folgende Umsätze erzielt:

81 Hühnersuppen	3,25 €/Portion	56 Mineralwasser	1,60 €/Flasche
93 Wiener Schnitzel	11,25 €/Portion	513 Pilsner	1,80 €/Glas
87 Szegediner Gulasch	7,40 €/Portion	65 Weinbrand	1,90 €/Glas
24 Grillhähnchen	5,60 €/Portion	26 Weißwein	9,80 €/Flasche
61 Warme Schinken	4,35 €/Portion	17 Rotwein	8,35 €/Flasche
28 Rumpsteaks	11,90 €/Portion		

12.1 Ermitteln Sie den Gesamtumsatz.

12.2 Ermitteln Sie die Anzahl an Speisen und Getränken.

12.3 Ermitteln Sie den wertmäßigen Anteil an Speisen und Getränken in Prozent.

13 Nach der Wiedereröffnung ist der Umsatz eines Ausflugslokals um 34 % gestiegen und beträgt nun im Monatsdurchschnitt 84 400 €. Um wie viel € hat sich der Tagesumsatz durchschnittlich erhöht?

14 Nach einer Modernisierung ist der Umsatz eines Betriebes um 28 % gestiegen und beträgt jetzt monatlich im Durchschnitt 131 475 €. Um wie viel € ist der durchschnittliche Tagesumsatz gestiegen?

15 Die Hotelbuchhaltung ermittelt für das abgelaufene Geschäftsjahr einen Warenverbrauch in Höhe von 126 945 € und damit eine Steigerung gegenüber dem Vorjahr um 3,8 %. Errechnen Sie den Warenverbrauch des Vorjahres in €.

16 Für frittierte Speisen rechnet man je Portion 20 g Frittierfett. Welchen wöchentlichen Fettverbrauch muss die Küche einplanen, wenn täglich durchschnittlich 30 Bestellungen von frittierten Speisen zu erwarten sind?

34.2 Kartenpreise

Kalkulieren bedeutet den **Preis** berechnen. Wichtig ist nicht nur die **rechnerische und fachliche Richtigkeit** solcher Preisberechnungen, sondern gleichermaßen, dass die kalkulierte Materialmenge eingehalten wird.

Beispielaufgabe:

Ein Tagesgedeck stand mit 48 € auf der Speisekarte. Der Materialpreis dafür betrug 15 €. Inzwischen hat man wegen Erhöhung der Materialkosten den Preis auf 49,20 € angehoben. Bei einer Überprüfung der Kalkulation wurde eine Erhöhung der Materialkosten um durchschnittlich 3,2 % festgestellt. Ist die Preiserhöhung richtig?

Lösungsweg:

Bei der Kalkulation wurde mit einem Kalkulationsfaktor von 3,2 (48 € Kartenpreis: 15 € Materialpreis) gerechnet. Die neuen Materialkosten betragen 103,2 %, also 15,48 €
15,48 € x Faktor 3,2 = 49,54 €

Der Inklusivpreis müsste 49,54 € betragen.

Übungsaufgaben Kartenpreise

1 Wiener Schnitzel steht mit 11,80 € auf der Speisekarte. Der Materialeinsatz beträgt 3,65 €.
Berechnen Sie den Materialeinsatz in %.

2 Für ein Gourmetessen wird dem Besteller ein Inklusivpreis von 235,90 € genannt. Zu berücksichtigen sind 19 % Mehrwertsteuer, 14 % Umsatzbeteiligung für das Servicepersonal, 20 % Gewinn und 112 % Gemeinkosten. Dem Küchenchef wird von der Buchhaltung mitgeteilt, dass er mit einem Materialpreis von 150 € für das Essen rechnen kann.
Stimmt das? Begründen Sie Ihre Meinung.

3 Für ein Touristenmenü in der Selbstbedienung werden 6 € an Materialkosten gerechnet. Kalkuliert wird weiterhin mit 135 % Gemeinkosten, 8 % Gewinn und der gesetzlichen Mehrwertsteuer.
3.1 Ermitteln Sie den Inklusivpreis, der auf halbe € abgerundet werden soll.
3.2 Nach einer Marktbeobachtung möchte man das Menü für 17 € anbieten. Ermitteln Sie den verbleibenden Gewinn in € und in %.

4 Der Materialpreis für ein Menü beläuft sich auf 3,20 €. Es steht mit 12 € auf der Karte.
Berechnen Sie den Wareneinsatz in Prozent.

5 Die Materialkosten für ein Gedeck betragen 6,40 € und es wird mit 21 € in der Speisenkarte angeboten.
Ermitteln Sie den Wareneinsatz in Prozent.

6 Ausgehend von 4,50 € Materialpreis für ein Mixgetränk wurde mit einem Kalkulationsfaktor von 4,9 kalkuliert, und es steht jetzt mit 22,05 € auf der Karte. Eine Überprüfung der Rezeptur ergab, dass jedoch die Materialkosten auf 4,80 € gestiegen sind.
6.1 Welcher Wareneinsatz in Prozent war ursprünglich geplant?
6.2 Wie hoch ist der tatsächliche prozentuale Wareneinsatz?

7 Ein Gaststättenbetrieb rechnet mit 145 % Betriebskosten, 22 % Gewinn, 14 % Serviceaufschlag und der gesetzlichen Mehrwertsteuer.
Wie hoch können die Materialkosten sein, wenn der Inklusivpreis für ein Festtagsmenü 35 € beträgt?

Werbung

Durch verkaufswirksame **Produktinformationen** und andere Werbeformen sollen Bedürfnisse bei den Kunden oder Gästen geweckt werden. So können Gäste gewonnen bzw. Stammgäste erhalten werden. Werbung muss **planmäßig erfolgen** und **kostet Geld,** wobei Aufwand und Nutzen im richtigen Verhältnis stehen sollen. Deshalb beziehen sich Werbeberechnungen auf zwei Gebiete:

• Durchführen von Werbemaßnahmen,
• zweckmäßiges Verwenden der Geldmittel.

Beispielaufgabe:

Das auf Original Thüringer Wurstwaren spezialisierte Geraer Feinkostgeschäft hat einen jährlichen Umsatz von 632 437,50 €. Für Werbemaßnahmen werden insgesamt 3 150 € ausgegeben.
Wie viel % des Umsatzes werden für die Werbung verwendet?

Lösungsweg: 632 437,50 € ≙ 100 %
  3 150 € ≙ x %   x = 0,498 %

Das Feinkostgeschäft verwendet rund 0,5 % des Jahresumsatzes für Werbemaßnahmen.

Übungsaufgaben Werbung

1 Das im Vorjahr neu eröffnete Ferienhotel „Ostseewelle" auf Hiddensee hatte seit seiner Eröffnung einen Umsatz von 388 800 €. Für Werbemaßnahmen wurden in dieser Zeit 7 780 € ausgegeben.
Errechnen Sie den Prozentsatz vom Umsatz, der für die Werbung bereitgestellt wurde.

2 Ein Ausflugscafé an der Berliner Seenplatte gab vom Jahresumsatz, der 465 000 € betrug, rund 0,75 % für Werbung aus.
Welche Werbesumme stand monatlich zur Verfügung, wenn die Beträge gleichmäßig, nur Juni und Juli mit der doppelten Summe, berücksichtigt wurden?

3 Eine Sammelwerbeaktion von drei Potsdamer Hotels kostet 2 750 €. Diese Summe soll entsprechend den letzten Monatsumsätzen verteilt werden. Die Monatsumsätze betrugen:
Hotel A: 65 000 €   Hotel B: 223 000 €   Hotel C: 115 000 €
Errechnen Sie den Anteil in €, mit dem jedes Hotel an der Werbeaktion beteiligt ist.

4 Die Kosten für Werbung eines Münchner Stadthotels betrugen im letzten Quartal 57 320 €. Sie wurden im Verhältnis von 3 : 2 auf Beherbergung und Restaurant verteilt.
Wie hoch war der Werbeaufwand für Berherbergung und Restaurant während des Berechnungszeitraumes in €?

5 Acht niederschlesische Gaststättenbetriebe führen eine gemeinsame Werbeaktion mit Farbprospekten der Region durch. Die Gesamtherstellung der 80 000 farbigen Faltblätter kostet 87 800 €. Hinzu kommen 125 € Versandkosten.
Betriebe 1, 3 und 6 bestellen je 10 000 Stück   Betriebe 5 und 7 bestellen je 13 000 Stück
Betriebe 2 und 8 bestellen je 8 000 Stück   Betrieb 4 übernimmt den Rest
Berechnen Sie die anteiligen Kosten jedes beteiligten Gaststättenbetriebes in €.

6 Ein Brandenburger Hotel führt eine gemeinsame Werbeaktion mit einem ortsansässigen Reisebüro durch. Dafür soll der Hotelbetrieb Werbekosten von insgesamt 3 500 € übernehmen. Das Reisebüro schätzt, dass dadurch mindestens 780 zusätzliche Übernachtungen gebucht werden.
Wie hoch sind die Werbekosten prozentual zu den Kosten je Übernachtung, die mit 52 € angesetzt werden?

7 Der neu gegründete Hotelbetrieb „Berolina" in der Hauptstadt Berlin hat einen jährlichen Gesamtumsatz von 4 785 000 €. Davon sind 12 600 € Werbekosten. Für das kommende Jahr rechnet man mit Werbekosten von 5 % des Jahresumsatzes.
Welche Steigerung in den Aufwendungen für Werbung gegenüber dem Vorjahr ist zu verzeichnen?

8 Für eine Gemeinschaftswerbung verausgaben fünf Pensionen eines Kurortes im Harz 5 380 €.
Ermitteln Sie die Kostenverteilung in €, wenn

Hotel 1 $\frac{1}{3}$

Hotel 2 und 3 je $\frac{1}{8}$

Hotel 4 $\frac{1}{6}$ und

Hotel 5   den Rest der Kosten übernehmen.

9 Ein renommiertes Pfälzer Ausflugsrestaurant führte eine Gäste-Befragung durch. 2 500 Gäste gaben folgende Auskünfte über die Gründe ihres Gaststättenbesuchs:

Wir kommen immer wieder wegen der guten Bewirtung.	28 %
Wir sind auf die Gaststätte durch Ihre Zeitungsannonce aufmerksam geworden.	22 %
Uns hat das äußere Bild der Gaststätte angesprochen.	18 %
Wir erhielten Hinweise von Verwandten bzw. wurden von ihnen eingeladen.	8 %
Wir erhielten Hinweise von Freunden bzw. wurden von ihnen eingeladen.	8 %
Wir haben durch Ihre Rundfunkwerbung von der Gaststätte erfahren.	7 %
Wir wurden durch Berichte in Medien, Testessen, durch Hinweise der Verbraucherberatung (ohne Mitwirkung des Betriebes) aufmerksam.	5 %
Prospekte, Reiseführer, Kataloge (ohne bezahlte Werbung des Betriebes) haben uns hierher geführt.	4 %

9.1 Ermitteln Sie die Anzahl der Gäste, die durch gezielte Werbemaßnahmen in die Gaststätte kamen.

9.2 Für wie viele Gäste war die Qualität von Service und Küche die wirksame Werbung?

9.3 Wie viele Gäste kamen im Ergebnis von extra bezahlten Werbemaßnahmen des Ausflugsrestaurants?

9.4 Beurteilen Sie das Befragungsergebnis hinsichtlich der eigenen Berufsarbeit.

10 Für einen Werbespot von 30 Sekunden im Regionalfunk soll ein Frankfurter Messerestaurant 1 950 € bezahlen. Wegen der Kosten beschränkt man sich auf einen kürzeren Werbespot, für den noch 780 € zu bezahlen sind.
Ermitteln Sie die Länge des Werbespots in Sekunden.

11 Eine Fremdenverkehrsgemeinde im Berchtesgadener Land mit 5 200 Einwohnern verfügt über insgesamt 8 000 Gästebetten in Hotels, Gasthäusern, Pensionen und Privatquartieren. Die Bettenauslastung betrug im Jahresdurchschnitt 78 %.

11.1 Ermitteln Sie die Anzahl der Gästebetten, die auf einen Einwohner kommt (eine Stelle nach dem Komma runden).

11.2 Drücken Sie das Verhältnis von Einwohnern zu Gästebetten durch ganze Zahlen aus.

11.3 Durch eine gezielte Gemeinschaftswerbung der Gemeinde erhöhte sich die Bettenauslastung im folgenden Jahr um 4,3 %. Wie viele Übernachtungen wurden im Durchschnitt mehr gebucht?

12 Für die gemeinsame Werbeaktion des Fremdenverkehrsverbandes in einem fränkischen Ferienort hat das Hotel „Bergfrieden" einen Anteil von 1 750 € übernommen. Es wird eingeschätzt, dass dadurch 780 Hotelübernachtungen zu verzeichnen waren.
Wie hoch ist der Werbekostenanteil prozentual je Übernachtung, die mit durchschnittlich 30 € angenommen wurde?

13 Bei einer freiwilligen Befragung von 623 Gästen gaben 122 Gäste an, sie kämen das erste Mal. Jeder zweite dieser Gäste wollte unbedingt wiederkommen. 223 Gäste waren schon einmal Gäste im Restaurant. Alle anderen Befragten bezeichneten sich selbst als Stammgäste.
Berechnen Sie die prozentualen Anteile der angegebenen Gästegruppen.

14 Auf dem direkten internen Verkaufsweg werden 250 Werbebriefe verschickt. Ermitteln Sie die aktuellen Portokosten
14.1 für Standardbriefe, Inland.
14.2 für Infopost, Standard, Inland.
14.3 für Infobriefe, Standard, Inland.

15 Ein Hotel hat seit der Eröffnung einen Umsatz von 280 900 €. In dieser Zeit wurden 6 180 € für Werbemaßnahmen ausgegeben.
Ermitteln Sie den prozentualen Anteil, der vom Hotel für Werbung ausgegeben wurde.

16 Durch erfolgreiche Verkaufsförderung hat sich der jährliche Umsatz um 5 380 € oder um 2,8 % erhöht.
Ermitteln Sie die Höhe des ursprünglichen Umsatzes.

17 Das Hotel am Rande der Stadt hat für die verkaufsschwache Zeit eine Aktion „3 Tage wohnen – 2 Tage bezahlen" gestartet.
Ermitteln Sie die prozentuale Preissenkung je Übernachtung durch Kopfrechnen.

18 Der Bremer Hotelbetrieb „Hansa" hatte im abgeschlossenen Jahr einen jährlichen Gesamtumsatz von 3 763 000 € zu verzeichnen.
Davon wurde der regionale Fußballklub mit 7 500 € gesponsert.
Erfolgsabhängig sind dem Klub im laufenden Jahr eine Förderung mit 0,3 % des Vorjahresumsatzes zugesagt.
Mit welchen Sponsorengeldern kann der Fußballklub insgesamt rechnen?

19 Das Künstlerhaus „Rheinaue" hat eine Vernissage (Eröffnung einer Kunstausstellung mit geladenen Gästen) mit Volkskünstlern des Ortes durchgeführt. Der Kunstmaler Ehrlich stellte 12 Bilder zur Verfügung. Von dem Holzschnitzer Bayer kamen 8 Kunstwerke. Der Grafiker Sachse steuerte 18 Bilder bei. Die Erlöse der Tombola in Höhe von 6 235 € sollen den drei Ausstellern entsprechend der Anzahl der zur Verfügung gestellten Kunstwerke übergeben werden.
Wie viel € erhält jeder der drei Künstler?

20 Durch Erweiterung des Streukreises für eine Einzelwerbeaktion erhöhen sich die Kosten auf 87 320 €. An den Aufwendungen beteiligen sich vier Beherbergungsbetriebe entsprechend ihrer Bettenanzahl:
Hotel 1: 30 Betten
Hotel 2: 10 Doppelzimmer, 28 Einzelzimmer
Hotel 3: 15 Twins, 22 Einzelzimmer
Hotel 4: 65 Betten
Mit wie viel € Werbekosten muss jedes Hotel rechnen?

21 Verschiedene Hoteliers eines Kurortes und damit beliebten Ausflugszieles starten eine Sammelwerbung, um den Tourismus anzukurbeln. Sie planen dafür die Bereitstellung finanzieller Mittel in Höhe von insgesamt 210 000 €. Die Splittung der Summe soll der Übernachtungskapazität entsprechen.
Verteilen Sie die Kostenanteile für Hotel A mit 120 Betten,
Hotel B mit 190 Betten und
Hotel C mit 260 Betten.

22 Das im Vorjahr neu eröffnete Steakhaus auf Usedom hatte seit seiner Eröffnung einen Umsatz von 875 800 €. Für Werbemaßnahmen wurden in dieser Zeit 17 500 € aufgewendet.
Errechnen Sie den Prozentsatz vom Umsatz, der für die Werbung ausgegeben wurde.

23 Restaurants eines Freizeitparks gaben vom Jahresumsatz, der 2 465 000 € betrug, rund 0,5 % für Werbung aus.
Über welche Werbesumme verfügte man monatlich, wenn die Beträge gleichmäßig, nur Mai und Juni mit der doppelten Summe, berücksichtigt wurden?

24 Eine gemeinsame Werbeaktion von drei Franchise-Partnern kostet 5 750 €. Diese Summe soll entsprechend den letzten Monatsumsätzen verteilt werden. Die Monatsumsätze betrugen:
Franchise-Nehmer A: 85 000 €
Franchise-Nehmer B: 293 000 €
Franchise-Nehmer C: 118 000 €.
Berechnen Sie die Summe, mit der jeder Franchise-Nehmer an der Aktion beteiligt ist.

25 Mit dem Start des aktuellen Kriminalfilmes kommt auch ein neuer Werbespot einer Systemgastronomiekette in die Kinos, dessen Entwurf und Herstellung 1/8 des gesamten Werbeetats in Anspruch nahm.
Ermitteln Sie die Kosten des Spots in €, wenn ein Gesamtetat von 300 000,00 € zur Verfügung stand.

26 Das Werbebudget eines Fast-Food-Unternehmens betrug im vergangenen Geschäftsjahr 60 000,00 €. Durch Sonderwerbeaktionen wurde diese Plangröße um 6,6 % überschritten.
Ermitteln Sie die geplanten und tatsächlichen monatlichen Werbeausgaben.

27 Der Beherbergungsumsatz eines Hotels hat sich im vergleichbaren Zeitraum vom Vorjahr durch erfolgreiches Marketing um 7,4 %, das entspricht 10 250,00 €, erhöht. Die Werbekosten betrugen 6 925,00 €.
27.1 Wie hoch war der Vorjahresumsatz?
27.2 Welchem Prozentsatz entsprach der Werbekostenbetrag?

28 Die gesamten Aufwendungen für Werbung in Höhe von 43 750,00 € sollen auf die verschiedenen gastronomischen Outlets aufgeteilt werden. Verteilungskriterium ist der geplante Umsatz.
Folgende konkrete Umsatzzahlen sind ausgewiesen:
Restaurant	145 000,00 €
Bar	75 000,00 €
Lobby	20 000,00 €
Pool-Bar	35 000,00 €
Terrasse	40 000,00 €

Nehmen Sie die Aufteilung vor und geben Sie die jeweiligen Kostenbeträge an.

Prüfungsaufgabensätze für alle gastgewerblichen Berufe

Situation 1: Wareneinsatz

Bankett Firma Kuhle GmbH, 20. 12. 20..
Blauer Salon, 20.00 bis 22.00 Uhr, runde Tische, 85 Personen

Menü:
Melone mit Parmaschinken
*
Putenschnitzel, Curry-Sahne-Sauce, Stangenspargel, neue Kartoffeln
*
Reis Trauttmansdorff

1.1 Je Person sollen 150 g geputzter Spargel zur Verfügung stehen.
Wie viel kg geputzter Spargel werden für das Bankett benötigt?

1.2 Bei der Vorbereitung des Spargels fällt ein Schälverlust von 25 % an.
Wie viel kg Spargel müssen eingekauft werden?

1.3 1 kg Spargel kostet 7,20 € netto. Vom Großhändler erhalten Sie 5 % Sonderrabatt.
Wie viel € sind unter Berücksichtigung der Mehrwertsteuer von 7 % zu bezahlen?

1.4 Ein Gemüsebauer bietet für eine Steige Spargel bfn 7,00 €/kg. Eine gefüllte Steige wiegt 12,5 kg.
Das Leergewicht beträgt 8 % des Gesamtgewichts.
Berechnen Sie die tatsächlichen Kosten für 1 kg Spargel.

1.5 Zwei andere Lieferanten haben folgende Angebote unterbreitet:
Gemüse OHG: 7,50 €/kg, 2 % Skonto für Barzahlung sofort, 30 Tage Ziel,
10,00 € Lieferung ab Lager
Spreeland e.G: 38,00 €/5 kg, 5 % Neukundenrabatt, Zahlung rein netto bei Lieferung
frei Haus.
1.5.1 Ermitteln Sie jeweils den Einstandspreis für die einzukaufende Menge Spargel bei sofortiger
Barzahlung.
1.5.2 Um wie viel € unterscheiden sich beide Angebote?

Situation 2: Lagerhaltung

Die Buchführung eines Hotels hat für den Küchenbereich folgende Werte erfasst:

Jahresanfangsbestand am 1. Januar	105 000,00 €
Quartalsendbestand am 31. März	101 000,00 €
Quartalsendbestand am 30. Juni	109 000,00 €
Quartalsendbestand am 30. September	97 000,00 €
Jahresendbestand am 31. Dezember	95 000,00 €

Im laufenden Jahr hat die Küche Waren und Lebensmittel im Wert von

2.1 Berechnen Sie folgende Lagerkennzahlen:
2.1.1 durchschnittlicher Lagerbestand
2.1.2 Lagerumschlagshäufigkeit
2.1.3 durchschnittliche Lagerdauer

2.2 Ermitteln Sie die Zinsen, wenn die Hausbank den durchschnittlichen Lagerbestand mit 9 % finanzierte.

2.3 Wie viel € Zinsen hätte das Hotel bei einem Zinssatz von 8 % und einem durchschnittlichen Lagerbestand von 88 000,00 € sparen können?

2.4 Der Küchenumsatz (abzüglich MwSt.) betrug im laufenden Jahr 5 432 000,00 €.

2.4.1 Berechnen Sie den Wareneinsatz in %.

2.4.2 Beurteilen Sie die Arbeit der Küche, wenn für das laufende Jahr ein Wareneinsatz von 32 % vorgegeben war.

2.5 Für das vorangegangene Kalenderjahr liegen folgende Werte vor:

Jahresanfangsbestand am 1. Januar	85 000,00 €
Summe von 12 Monatsbeständen	1 350 200,00 €
Wareneinsatz	1 104 000,00 €

2.5.1 Berechnen Sie den durchschnittlichen Lagerbestand, die Lagerumschlagshäufigkeit und die durchschnittliche Lagerdauer.

2.5.2 Vergleichen Sie die Kennzahlen mit denen des laufenden Jahres und beurteilen Sie die Veränderungen.

Situation 3: Warenanforderungen

Für eine Großveranstaltung haben sich 450 Personen angemeldet. Es soll Szegediner Gulasch gereicht werden. Das Rezept für 10 Portionen lautet:

1,5 kg Schweinebug, 1 kg Zwiebeln, 200 g Schweineschmalz, 200 g Tomatenmark, 1 kg Sauerkraut, 100 g Saure Sahne (10 % F.), 1 l Fleischbrühe, Würzmittel (Salz, Paprika edelsüß).

Im Küchenlager sind noch vorhanden:

5 kg Schweinebug, 10 kg Zwiebeln, 4 kg Schweineschmalz, 3 Packungen zu je 1,5 kg Tomatenmark, 5 l Fleischbrühe, 10 l Saure Sahne, Salz, Paprika edelsüß.

Fordern Sie die fehlenden Waren bei der Magazinverwaltung an.

Situation 4: Warenverluste

Ein Magazinverwalter hat folgende Verluste im Lager erfasst:

bei 15 kg tiefgefrorenem Schweinefleisch nach dem Auftauen 3,2 % Gewichtsverlust,

5 Weißweinflaschen Art.-Nr. 3146 zerbrochen,

8 kg kühlgelagerter Schinken hat nach 5 Tagen 4,5 % Masse verloren,

Einkellerungskartoffeln 12 % Lagerverlust,

1 Palette á 20 Stück Blattsalat verdorben.

4.1 Berechnen Sie das Gewicht des aufgetauten Schweinefleisches,

4.2 Berechnen Sie den Wert der zerbrochenen Flaschen. Ein 6-er-Karton kostet im Einkauf 18,00 €.

4.3 Berechnen Sie den prozentualen Wertverlust der letzten Weißweinlieferung von 15 Kartons Art.-Nr. 3 146.

4.4 Berechnen Sie den Masseverlust des Schinkens in g.

4.5 Berechnen Sie den Lagerverlust in kg und € von 50 kg Kartoffeln zum Einkaufspreis von 1,50 €/kg.

4.6 Berechnen Sie den Verlust in % und € von gelieferten 120 Stück Kopfsalat zum Stückpreis von 0,45 €.

Situation 5: Warenannahme

Sie nehmen eine Lieferung Gläser an. Dabei vergleichen Sie die Waren mit den Angaben auf dem Lieferschein. Außerdem kontrollieren Sie die Rechnung.
Die Liefer- und Zahlungsbedingungen lauten:

• 5 % Kundenrabatt

• 3 % Skonto bei Sofortzahlung in bar oder 30 Tage Ziel ohne Abzüge

Lieferschein (Auszug)					**Rechnung** (Auszug)					
Art.-Nr.	Bezeichnung	Menge	Einheit	Preis/Einheit (netto in €)	Art.-Nr.	Bezeichnung	Menge	Einheit	Preis/Einheit (netto in €)	Total (netto in €)
103	Biergläser	25	12er Karton	9,60 €	103	Biergläser	25	12er Karton	9,60 €	240,00 €
211	Rotweingläser	20	6er Karton	9,00 €	211	Rotweingläser	20	6er Karton	9,60 €	192,00 €
354	Weißweingläser	20	6er Karton	7,80 €	354	Weißweingläser	20	6er Karton	7,80 €	156,00 €

Ware übergeben:	14. 10. 2...	*P. Titus*	
übernommen:	14. 10. 2...	*Maria Hut*	
5 Kartons Art.-Nr. 103 fehlen			

Warenwert (netto)		588,00 €
5 % Kundenrabatt		
Rechnungspreis (netto)		558,60 €
7 % Mehrwertsteuer		
Rechnungspreis (brutto)		**597,70 €**

5.1 Vergleichen Sie die Rechnung mit dem Lieferschein. Welche Fehler enthält die Rechnung?

5.2 Ermitteln Sie den korrekten Brutto-Rechnungspreis unter Beachtung des Mangels.

5.3 Sie bezahlen die gelieferten Gläser bei der Warenübergabe in bar. Wie hoch ist der Barzahlungsbetrag?

5.4 Wie viel € sparen Sie im Vergleich zur Aufgabe 5.2?

5.5 Um wie viel Prozent niedriger ist der Netto-Warenwert der gelieferten Gläser im Vergleich zu dem der bestellten Gläser?

Situation 6: Lagerkontrollen

Lagerfachkarte   Monat: November

Rotwein   0,7-l-Fl.   Art.-Nr. RW12   4,15 €/Fl.

Höchstbestand: 120   Mindestbestand: 10   Meldebestand: 25   Lieferzeit: 3 Tage

Datum	Lieferant/Abteilung	Zugang	Abgang	Bestand
01.	Übertrag Oktober			67
05.	Restaurant		25	42
06.	Bar		5	37
...				...

Sie übernehmen die Bestandskontrollen im Lager.

6.1 Am 8. November geben Sie 10 Fl. an das Restaurant aus. Am 11. November liefert der Weinhandel Traube 60 Fl. Ermitteln Sie den Bestand an beiden Tagen.

6.2 Wie hoch ist der tägliche Verbrauch im Durchschnitt?

6.3 Der Weinhandel Traube teilt am 11. November mit, dass er nur noch innerhalb von 5 Tagen liefern kann. Berechnen Sie den sich daraus ergebenden Meldebestand.

6.4 Durch die Inventur am Monatsende wird ein Bestand von 77 Fl. festgestellt. Am 23. November registrierten Sie eine Lieferung von 100 Fl. Ermitteln Sie den Wert des Rotwein-Verbrauchs von Art.-Nr. RW12 im Monat November.

Prüfungsaufgabensätze – Hotelfachleute/Restaurantfachleute

Situation 1: Budgetierung

Sie werden beauftragt, die Budgetierung im Bereich Logis für das kommende Geschäfts-jahr vorzunehmen.

Ihr Hotel, welches ganzjährig geöffnet ist und über 220 Betten verfügt, verbucht im Durchschnitt eine Belegung von 63 % und 16 863 Gästeankünfte.

Weitere Daten aus der Beherbergungsabteilung stehen Ihnen zur Erfüllung Ihres Ar-beitsauftrages wie folgt zur Verfügung:

Bruttojahresumsatz:	3 712 050,00 €
Feste Kosten:	1 505 000,00 €
Variable Kosten/Übernachtung:	26,00 €
Anzahl der Mitarbeiter:	68

Aus preispolitischen Gründen wird sich der Inklusivpreis/Bett nicht erhöhen, jedoch ist mit einem Anstieg der Fixkosten um 4 % zu kalkulieren.

1.1 Erläutern Sie an je zwei Beispielen den Unterschied zwischen festen Kosten und variablen Kosten.

1.2 Zeigen Sie drei Möglichkeiten der Kostenreduzierung im Empfangs- und Hausdamenbereich auf.

1.3 Ermitteln Sie den Gesamtgewinn in € und %.

1.4 Auf welche Höhe (€ und %) wird sich der Gewinn trotz Kostensteigerung belaufen?

1.5 Ermitteln Sie die durchschnittliche Aufenthaltsdauer je Gast in Tagen.

1.6 Wie hoch ist der Umsatz je Mitarbeiter?

Situation 2: Angebot

Sie sind in der Verkaufsabteilung des Hotels „Sonnland" tätig und bearbeiten täglich Gästeanfragen bzw. Reservierungen von Individualreisenden und Firmen.

Unter anderem plant eine Reisegruppe mit 28 Personen einen Aufenthalt inklusive Halb-pension in Ihrem Hotel vom 6. November (Anreise 15:00 Uhr) bis 9. November 20... (Abreise 10:00 Uhr).

Des Weiteren wünscht man ein Rahmenprogramm, welches unter anderem eine Grill-party und eine Kutschfahrt beinhaltet.

Entsprechend den oben genannten Wünschen unterbreiten Sie folgendes Angebot:

Leistungen:	1 x Übernachtung im Einzelzimmer 49,00 €
	1 x Halbpension 20,00 €
Preis/ Person:	69,00 €
Kutschfahrt:	12,00 €/Gast
Grillparty:	22,00 €/Gast

2.1 Ermitteln Sie den Gesamtbetrag des zu erwartenden Umsatzes.

2.2 In welcher Höhe (€) wäre die Mehrwertsteuer abzuführen?

2.3 Bei der Annahme des Angebotes ist die Zahlung eines DEPOSITS in Höhe von 80 % notwendig. Weisen Sie diesen Betrag in € aus.

2.4 Ab 30 Personen verringert sich der Inklusivpreis des Arrangements (Übernachtung/Halbpension) um 4,5 %.
Berechnen Sie die Höhe des Bruttoumsatzes für Übernachtung mit Halbpension, wenn sich die Anzahl der Gruppenreisenden um 25 % erhöht.

2.5 Mit der Annahme des Angebotes akzeptiert der Vertragspartner die Allgemeinen Geschäftsbedingungen, die u. a. Stornierungsfristen und -gebühren regeln. Bei einem durch kurzfristige Absage entgangenen Bruttoumsatz in Höhe von 12 750 € beträgt der Anspruch Ihres Hotels gegenüber dem Vertragspartner 7 650 €.
Welche prozentuale Stornierungsgebühr liegt zugrunde?

Situation 3: Hotelrechnung
Ihr Tätigkeitsbereich an der Rezeption umfasst u. a. die Erfassung der erbrachten Leistungen und die entsprechende Rechnungserstellung.
Frau Trautmann wohnte eine Woche in Ihrem Hotel und nahm folgende Leistungen in Anspruch:

7 x Übernachtung	68,00 €/Übernachtung
7 x Frühstück 11,00 €/Übernachtung	
Minibar	37,50 €
Telefon	8,20 €
7 x Tiefgarage	12,00 €/Tag
Theaterkarte	18,00€

3.1 Erstellen Sie für Frau Trautmann eine Informationsrechnung.

3.2 Bei Abreise bittet Sie Frau Trautmann, die Rechnung zu splitten, da die Firma von Frau Trautmann nur die Übernachtungskosten inkl. Tiefgarage übernimmt und den hälftigen Anteil der Telefongebühren trägt.
3.2.1 Weisen Sie den korrekten Bruttorechnungsbetrag, Mehrwertsteueranteil (€) und den Nettorechnungsbetrag aus.
3.2.2 Geben Sie den Fachbegriff dieser Rechnungsart an.

3.3 Den übrigen Betrag übernimmt Frau Trautmann als Selbstzahler bar oder per Kreditkarte.
Geben Sie den Restrechnungsbetrag und den Mehrwertsteueranteil (€) an.

3.4 Kreditkarten
3.4.1 Die Annahme von Kreditkarten ist von einer Bedingung abhängig. Nennen Sie diese.
3.4.2 Bei Kreditkartenzahlung ist eine Provisionsaufwendung an das jeweilige Kreditkarteninstitut notwendig.
Frau Trautmann zahlt mit Visa-card, und es sind 2,5 % des Bruttorechnungsbetrages fällig.
Ermitteln Sie die Höhe der Provision in €.

3.5 Die amerikanische Geschäftskollegin von Frau Trautmann hält sich nur drei Tage in Ihrem Hotel auf und begleicht die Hotelrechnung in US-Dollar. (Kurs: 1 € = 1,23 US-Dollar).
Folgende Leistungen sind erbracht:

3 x Übernachtung/Frühstück á	79,00€
Minibar	11,90€
Telefon	26,20€
Shuttle	14,00€

3.5.1 Wie hoch ist die Rechnung in €?
3.5.2 Wieviel US-Dollar muss die Kollegin bezahlen?

Situation 4: Sonderveranstaltung

Ein Reiseunternehmen möchte anlässlich des 15-jährigen Bestehens eine Jubiläumsfeier für etwa 60 Gäste in Ihrem Restaurant durchführen.

4.1 Der Veranstalter trägt die Kosten in Höhe von 4 500,00 €, wobei 1/3 für Getränke und 2/3 für Speisen verwendet werden sollen.

4.1.1 Mit welchem Budget (€) je Gast kann der Küchenleiter arbeiten?

4.1.2 Wie hoch ist der Materialeinsatz für Speisen, wenn mit einem Gesamtaufschlag von 233 % gerechnet wird?

4.2 Zum Menü werden korrespondierende Getränke gereicht. Beim Ausschank von offenen Wein rechnet man mit einem Verlust von 4 %.

Wie viele 0,75-l-Flaschen sind bereit zu stellen, wenn für jeden Gast je 2 Gläser á 0,1 l Inhalt geplant sind.

4.3 Zur Vorbereitung im Restaurant gehört u. a., die Tafel zu stellen und einzudecken. Für dieses Event sind drei Blocktafeln mit je 20 Personen (Platzbedarf je 80 cm) geplant, verwendet werden Tische mit den Maßen 80 cm x 160 cm.

4.3.1 Wie viele Tische dieser Größe werden benötigt?

4.3.2 Für die lange Festtafel, an deren Stirnseite je zwei Gäste platziert werden, lässt man ein Tafeltuch in Sonderanfertigung herstellen.

Wie groß muss das Tafeltuch sein, wenn man mit jeweils 25 cm Überhang rechnet?

4.4 Zur Nachbereitung gehören neben dem Aufräumen und Reinigen des Gastraumes auch das Waschen der gebrauchten Tischdecken, Servietten u. s. w.

Beim Gebrauch des hoteleigenen Waschvollautomaten sind folgende Daten zu beachten:

Für eine Beschickung mit 7 kg Wäsche gilt:

Waschmittelbedarf:	180 g
Elektroenergieverbrauch	1,4 kWh
Wasserbedarf	60 l
Preise: Waschmittel	3,15 €/kg
Elektroenergie	0,20 €/kWh
Wasser/Abwasser	4,02 €/m³
Anschaffung Waschmaschine	1 760,00 €
Reparaturrücklage	6 % des Anschaffungswertes

Ermitteln Sie die Betriebskosten je Beschickung.

4.5 Der Veranstalter bedankt sich beim Serviceteam für das gelungene Bankett mit einem Trinkgeld in Höhe von 300,00 €, welches nach einem Punktesystem wie folgt verteilt wird:

1 Bankett-Chef	9 Punkte
2 Chefs de rang	je 6 Punkte
3 Commis de rang	je 3 Punkte

Ermitteln Sie den Trinkgeldbetrag der einzelnen Mitarbeiter.

Anhang 1: Nährwerttabelle

(Auszug aus Elmadfa u. a., „Die große GU Nährwerttabelle",
Verlag Gräfe + Unzer, München

LEBENSMITTEL je 100 g verzehrbarer Anteil	Grundnährstoffe						Mineralstoffe					Vitamine			
	Eiweiß (Protein) g	Fett g	Kohlen-hydrate g	Ballaststoffe (Cellulose) g	Wasser g	Cholesterin mg	Natrium mg	Kalium mg	Calcium mg	Phosphor mg	Eisen mg	A µg	B₁ mg	B₂ mg	C mg
BACKTEIGE, BACKWAREN															
Blätterteig	5,0	25,0	33,0	•	37,0	•	•	•	•	•	•	•	•	•	•
Hefeteig	7,0	6,0	47,0	•	40,0	•	•	•	•	•	•	•	•	•	•
Pizzateig	7,1	6,4	43,0	•	43,5	•	1	•	•	•	•	•	•	•	•
BROTE															
Roggenbrot	7,5	1,4	47,5	5,4	40,0	(0)	552	169	29	140	2,5	0	0,18	0,12	0
Roggenmischbrot	7,0	1,4	45,4	6,2	41,0	(0)	537	185	23	183	2,3	0	0,18	0,08	0
Roggenschrot- und Vollkornbrot	7,5	1,4	41,0	7,1	43,0	(0)	527	291	43	220	3,0	80	0,18	0,15	0
Weißbrot	7,5	1,8	48,0	3,0	39,0	(0)	540	130	58	90	0,9	0	0,09	0,06	0
Weizenmischbrot	7,5	1,5	50,0	3,5	40,0	(0)	553	177	17	110	1,7	0	0,14	0,07	0
Weizenschrot- und Vollkornbrot	7,5	1,5	41,0	7,5	43,0	(0)	380	270	63	265	2,0	•	0,23	0,15	0
Weizenbrötchen (Semmeln)	8,0	1,5	53,0	3,0	34,0	(0)	553	115	25	110	1,2	0	0,10	0,03	0
Weizentoastbrot	7,5	4,5	48,0	3,6	36,0	(0)	551	160	25	90	2,2	•	0,08	0,05	0
Knäckebrot	10,0	1,5	66,0	14,0	7,0	(0)	463	436	55	318	5,0	0	0,20	0,18	0
Pumpernickel	5,0	1,0	41,0	9,8	45,0	(0)	569	454	84	229	2,4	•	0,05	0,08	0
EIER UND TROCKENEI-ERZEUGNISSE															
Hühnerei, gesamt	12,9	11,7	0,6	0	73,8	604	127	144	58	221	2,7	202	0,13	0,35	+
Hühnereigelb	16,1	31,9	0,3	0	50,0	1650	50	138	141	569	7,2	550	0,29	0,40	0
Hühereiklar	10,9	0,2	0,7	0	87,5	0	170	148	11	21	0,2	+	0,02	0,32	+
Hüherei, 58 g (Schale 6 g)	6,7	6,2	0,3	0	38,2	314	66	75	30	115	1,4	105	0,07	0,18	+
48 g (Schale 5 g)	5,5	5,2	0,2	0	31,6	264	54	62	26	97	1,3	88	0,06	0,15	+
Eidotter, mittelgroß, 19 g	3,1	6,1	0,1	0	9,5	314	0	26	27	08	1,4	105	0,06	0,08	0
Eiklar, mittelgroß 33 g	3,6	0,1	0,2	0	28,9	0	56	49	4	7	0,1	+	0,01	0,11	+
Hühnervollei, getrocknet	46,2	41,9	2,2	0	6,1	2200	455	56	208	792	9,7	800	0,44	1,38	0
Hühnereigelb, getrocknet	31,1	61,6	0,6	0	3,4	3100	97	267	272	1099	13,9	1,1mg	0,50	0,66	0
Hühnereiklar, getrocknet	79,4	1,5	5,1	0	9,0	0	1238	1077	80	153	1,5	0	0,04	2,10	0
FEINE UND DAUERBACKWAREN															
Biskuit (Löffel-)	8,5	5,0	82,0	+	4,0	•	49	144	31	184	1,3	87	0,04	0,14	•
Blätterteiggebäck	8,0	30,0	30,0	+	31,0	7,3	166	84	56	177	0,7	167	0,03	0,10	+
Butterkeks	8,0	10,0	75,0	3,0	4,0	80,0	387	139	47	109	1,8	135	0,04	0,09	+
Christstollen, Dresdner	8,0	7,0	48,0	2,0	25,0	•	•	•	•	•	•	•	•	•	•
Hefegebäck, einfach	8,5	6,6	39,0	3,0	42,0	26,1	31	139	35	71	0,9	49	0,04	0,08	1
Kleingebäck, gemischt	6,7	26,7	62,0	+	4,0	•	•	•	•	•	•	•	•	•	•
Obstkuchen	2,0	7,0	37,0	3,0	50,0	45,9	79	118	20	89	0,6	59	0,03	0,04	2
Obsttortenboden, verzehrfertig	8,0	5,0	68,0	3,0	15,0	•	•	•	•	•	•	•	•	•	•
Rührkuchen	6,0	22,0	49,0	3,0	20,0	133,9	70	118	40	116	1,1	124	0,04	0,09	+
Salzstangen, Salzbrezeln	11,0	5,0	75,0	+	8,0	•	1800	124	147	•	0,7	•	0,01	0,04	0
Vollkorngebäck, Fladenbrot	10,0	3,0	75,0	6,0	5,0	•	•	•	•	•	•	•	•	•	•
Keks i. D.	10,0	20,0	55,0	10,0	4,0	•	•	•	•	•	•	•	•	•	•
Vollkornzwieback	17,0	8,0	56,0	10,0	8,0	•	•	•	•	•	•	•	•	•	•
Zwieback, eifrei	10,0	4,0	73,1	3,5	8,5	•	265	160	40	120	1,5	•	•	•	•
FETTE UND ÖLE, PFLANZLICHE															
Baumwollsamenöl	0	99,7	0	0	0,3	0,2	1	0	•	•	•	•	•	•	•
Erdnussöl	0	99,4	0,2	0	0,4	1	0	0	0	•	0,1	0	•	•	•
Kokosfett, gereinigt	0,8	99,0	+	•	0,1	1	2	2	2	1	+	+	0	0	•
Leinöl	0	99,5	0	•	0	7	•	•	•	•	•	•	•	•	•
Maiskeimöl	0	99,5	0	0	0	2	1	1	15	•	1,3	23	•	•	•
Magerine	0,2	80,0	0,4	0	19,1	7	101	7	10	10	+	ᵃ608	+	+	+
Diätmagerine	0,2	80,0	0,2	•	19,1	1	39	•	•	•	•	ᵃ533	•	•	•
Halbfettmagerine	1,6	40,0	0,4	•	57,9	4	•	•	•	•	•	•	•	•	•
Olivenöl	0	99,6	0,2	0	0,2	1	1	+	1	•	0,1	120	0	0	0
Palmöl	0	99,8	0	0	+	2	•	•	•	•	•	•	9,4mg	•	•
Distelöl	0	99,9	0	•	+	0	•	•	•	•	•	•	•	•	•
Sesamöl	0	99,5	•	•	•	1	•	•	•	•	•	•	•	•	•

+ = in Spuren   • = keine Daten   ᵃ = je nach Höhe der Vitamisierung

	Grundnährstoffe						Mineralstoffe					Vitamine			
LEBENSMITTEL je 100 g verzehrbarer Anteil	Eiweiß (Protein) g	Fett g	Kohlen-hydrate g	Ballaststoffe (Cellulose) g	Wasser g	Cholesterin mg	Natrium mg	Kalium mg	Calcium mg	Phosphor mg	Eisen mg	A µg	B₁ mg	B₂ mg	C mg
Sojaöl	0	99,0	0	●	+	1	●	●	●	●	●	583	●	●	●
Sonnenblumenöl	0	99,8	●	0	0,2	5	●	1	●	●	●	4	0	●	●
Walnussöl	0	99,5	0	●	+	1	●	●	●	●	●	●	●	●	●
Mayonnaise, 80 % Fett	1,1	78,9	3,0	●	15,1	142	702	53	18	28	0,5	84	0,02	0,04	0
50 % Fett	0,5	52,0	5,0	●	●	52	●	●	●	●	●	●	●	●	●
FETTE UND ÖLE, TIERISCHE															
Butter (Süß- und Sauerrahm)	0,7	83,2	0,7	0	15,3	240	5	16	13	21	0,1	653	0,01	0,02	+
Milchhalbfett	4,8	40,5	0,3	0	54,0	113	10	10	20	20	0,1	●	0,01	0,02	●
Butterschmalz	0,3	99,5	0	0	0,3	340	●	●	●	●	●	890	●	●	0
Gänseschmalz	+	99,5	0	0	●	100	●	●	●	●	●	●	●	●	●
Rindertalg	0,8	96,5	0	0	2,0	100	11	6	0	7	0,3	280	0	0	1
Schweineschmalz	0,	99,7	0	0	0,2	86	1	1	+	2	0,1	0	0	0	0
FLEISCHBRÜHEN															
Fleischextrakt	55,6	0,9	3,0	0	19,8	●	1760	7200	163	2380	39,0	●	●	●	0
Gekörnte Brühe, Trockenprod.	24,0	8,5	5,0	0	1,5	●	●	●	●	●	●	●	●	●	0
Klare Brühe, Instant	23,5	12,0	10,0	0	1,3	●	●	●	●	●	●	●	●	●	0
FISCHE (SEEFISCHE)															
Flunder	16,5	0,7	+	●	81,4	50	92	332	27	200	0,5	10	0,22	0,21	●
Heilbut	20,1	2,3	+	●	76,1	50	67	446	14	202	0,6	32	0,08	0,07	●
Hering	16,8	14,9	+	●	66,7	85	117	360	34	250	1,1	38	0,04	0,22	+
Filet	18,0	15,0	+	●	●	60	120	315	35	250	1,1	40	0,05	0,25	+
Kabeljau (Dorsch)	17,4	0,4	+	●	81,1	50	72	350	24	190	0,4	10	0,06	0,05	2
Filet	17,0	+	+	●	●	30	85	350	11	190	0,5	●	0,05	0,05	2
Leber	6,0	65,0	+	●	27,1	●	●	●	●	●	●	●	●	●	●
Makrele	18,8	11,6	+	●	68,2	70	95	396	12	238	1,0	100	0,14	0,35	+
Ostseehering	18,1	9,2	+	●	71,2	44	74	370	60	240	1,2	20	0,06	0,24	●
Rotbarsch	18,2	3,6	+	●	76,9	38	80	308	22	201	0,7	12	0,11	0,08	1
Sardine	19,4	5,2	+	●	73,8	●	100	●	85	258	2,5	20	0,02	0,25	●
Schellfisch	17,9	0,1	+	●	80,0	60	116	301	18	176	0,6	17	0,05	0,17	●
Scholle	17,1	0,8	+	●	80,7	55	104	311	61	198	0,9	3	0,21	0,22	2
Seehecht	17,2	0,9	+	●	80,8	●	101	294	41	142	●	●	0,10	0,20	●
Seelachs	18,3	0,8	+	●	80,2	33	81	374	14	300	1,0	10	0,09	0,35	●
Seezunge	17,5	1,4	+	●	80,0	60	100	309	29	195	0,8	+	0,06	0,10	0
Steinbutt	16,7	1,7	+	●	80,4	●	114	290	17	159	0,5	+	0,02	0,15	+
FISCHE (SÜßWASSERFISCHE)															
Aal, Flussaal	15,0	24,5	+	●	59,3	142	65	217	17	223	0,6	980	0,18	032	2
Barsch (Flussbarsch)	18,4	0,8	+	●	79,5	72	47	330	20	198	1,0	7	0,08	0,12	●
Felchen (Renke)	17,8	3,2	+	●	77,7	●	36	318	60	290	0,5	●	●	●	●
Forelle (Bachforelle)	19,5	2,7	+	●	76,3	55	40	465	18	242	0,7	45	0,08	0,08	●
Hecht	18,4	0,9	+	●	79,6	●	63	250	20	192	1,1	15	0,09	0,06	●
Karpfen	18,0	4,8	+	●	75,8	●	46	306	52	216	1,1	44	0,07	0,05	1
Lachs	19,9	13,6	+	●	65,5	35	5	37	20	266	1,0	66	0,18	0,16	1
Schleie	17,7	0,7	+	●	76,5	●	80	245	31	156	0,8	1	0,08	0,18	1
Zander	19,2	0,7	+	●	78,4	●	81	237	27	194	1,4	●	0,16	0,25	1
FISCHDAUERWAREN															
Aal, geräuchert	17,9	26,8	+	●	52,9	164	500	243	19	250	0,7	940	0,19	0,37	●
Brathering	16,8	15,2	+	●	62,0	87	569	182	36	240	1,1	20	0,01	0,13	0
Bückling	21,2	15,5	+	●	62,0	90	156	320	35	256	1,1	28	0,04	0,25	0
Flunder, geräuchert	23,3	1,9	+	●	71,9	●	481	410	22	●	●	●	●	●	●
Hering, mariniert (Bismarck-)	16,5	16,0	+	●	62,2	60	1030	98	38	149	●	36	0,05	0,21	●
Heringsfilet in Tomatensoße	14,8	15,0	2,4	●	65,6	42	526	352	49	190	1,9	240	0,06	0,18	1
Kaviar, echt (russ. Kaviar)	26,1	15,5	+	●	47,1	300	1940	164	51	300	1,4	560	0	●	●
-Ersatz (dtscher Kaviar)	14,0	6,5	+	●	71,2	●	2120	101	51	●	●	●	●	●	●
Krabben in Dosen	17,4	2,5	+	●	77,2	100	1000	110	45	182	0,8	18	0,08	0,08	+

+ = in Spuren   ● = keine Daten

Grundnährstoffe　　　Mineralstoffe　　　Vitamine

LEBENSMITTEL je 100 g verzehrbarer Anteil	Eiweiß (Protein) g	Fett g	Kohlen-hydrate g	Ballaststoffe (Cellulose) g	Wasser g	Cholesterin mg	Natrium mg	Kalium mg	Calcium mg	Phosphor mg	Eisen mg	A µg	B₁ mg	B₂ mg	C mg
Krebsfleisch in Dosen	18,0	1,7	+	●	78,4	●	356	296	45	180	0,8	●	0,14	0,05	●
Lachs, geräuchert	28,5	19,4	+	●	50,0	42	64	475	23	308	1,0	89	0,20	1,80	●
Makrele geräuchert	20,7	5,5	+	●	62,3	83	261	275	5	240	1,2	60	0,14	0,35	0
Matjeshering	16,0	22,6	+	●	54,4	60	2500	235	43	200	1,3	●	0,02	0,6	0
Ölsardinen i. D. (ganzer Inhalt)	20,6	24,4	+	●	50,6	120	510	560	354	434	3,5	54	0,02	0,6	0
Salzhering	19,8	15,4	+	●	48,8	●	5930	240	112	341	2,0	48	0,04	0,29	0
Schellfisch, geräuchert	22,1	0,5	+	●	75,3	●	557	300	20	262	1,0	+	0,05	0,0	+
Schillerlocken	21,3	24,1	+	●	52,5	●	704	219	18	230	1,1	●	●	●	●
Seelachs in Öl (Lachsersatz)	19,5	8,0	+	●	62,8	●	2900	55	31	240	●	●	●	●	●
Thunfisch in Öl	23,8	20,9	+	●	52,5	32	361	343	7	294	1,2	370	0,05	0,06	0
MEERESTIERE															
Austern	9,0	1,2	+	●	83,0	260	289	184	82	157	5,8	93	0,16	0,20	+
Garnele (Speisekrabbe)	18,6	1,4	+	●	78,4	138	146	266	92	224	1,8	+	0,05	0,03	2
Hummer	15,9	1,9	+	●	79,8	182	270	220	61	234	1,0	0	0,13	0,09	5
Krebs (Flusskrebs)	15,0	0,5	+	●	83,1	●	253	254	43	224	2,0	●	0,15	0,10	●
Miesmuschel (Blau- od. Pfahlm.)	9,8	1,3	+	●	83,2	150	290	315	88	250	5,8	54	0,16	0,22	●
GEFLÜGEL															
Ente	18,1	17,2	+	●	63,7	70	140	292	11	187	2,1	●	030	0,20	7
Gans	15,7	31,0	+	●	52,4	75	86	420	12	184	1,9	65	0,12	0,26	●
Huhn, Brathuhn	20,6	5,6	+	●	72,7	81	83	359	12	200	1,8	10	0,08	0,16	3
Brust	22,8	0,9	+	●	75,0	60	66	264	14	212	1,1	●	0,70	0,90	0
Keule	20,6	3,1	+	●	74,7	74	95	250	15	188	1,8	●	0,10	0,24	0
Suppenhuhn	18,5	20,3	+	●	60,0	75	●	190	11	178	1,4	260	0,06	0,17	●
Herz	17,3	5,3	1,8	●	74,3	170	111	262	22	164	1,7	9	0,43	1,24	6
Leber	22,1	4,7	1,2	●	70,3	555	68	218	18	240	7,4	11,6mg	0,32	2,49	28
Puter (Truthahn), ausgewachsen	19,2	15,0	+	●	60,4	74	63	300	25	226	1,4	●	0,10	0,18	●
Brust	24,1	1,0	+	●	73,7	60	46	333	●	●	1,0	●	0,05	0,08	●
Keule	20,5	3,6	+	●	74,7	75	86	289	●	●	2,0	●	0,09	0,18	●
Jungtiere	22,4	6,8	+	●	69,7	75	66	315	26	238	1,5	+	0,08	0,14	●
GEMÜSE UND GEMÜSEERZEUGNISSE															
Artischocke, roh	2,4	0,1	2,9	10,8	82,5	0	47	350	53	130	1,5	17	0,14	0,01	8
gekocht	2,3	0,1	11,4	3,0	82,5	0	33	273	53	101	1,2	15	0,12	0,04	6
Auberginge, roh	1,2	0,2	2,7	1,4	92,6	0	4	240	12	20	0,4	5	0,04	0,05	5
gekocht	1,0	0,2	3,2	●	92,0	0	6	150	12	21	0,3	5	0,03	0,03	●
Blattsellerie, roh	1,1	0,2	4,3	2,0	92,3	0	96	291	50	40	0,5	●	0,03	0,04	7
Bleichsellerie, (Stauden-), roh	1,2	0,2	2,2	3,6	92,9	0	132	344	80	48	0,5	3	0,05	0,08	7
Blumenkohl, roh	2,4	0,3	2,7	2,9	91,7	0	16	311	22	72	1,1	21	0,10	0,11	69
gekocht	2,1	0,2	2,0	2,0	93,0	0	11	217	18	41	0,7	21	0,09	0,08	45
gekocht, aus tiefgefrorenem	1,7	0,2	2,2	1,0	93,0	0	12	218	14	49	0,5	14	●	●	●
tiefgefroren	1,8	0,2	3,3	1,0	92,0	0	13	237	16	54	0,6	14	0,06	0,06	46
Bohnen, grün, roh	2,4	0,2	5,3	1,9	90,0	0	2	243	56	44	0,8	60	0,08	0,11	19
gekocht	1,6	0,3	4,4	3,0	92,4	0	●	151	50	37	0,6	53	0,07	0,09	12
getrocknet	20,7	1,4	47,4	16,9	13,1	0	●	1770	197	419	7,0	●	0,50	0,40	24
in Dosen	1,2	0,1	3,9	1,0	92,8	0	275	148	34	24	1,3	33	0,07	0,04	4
Brennnessel	3,0	●	●	●	92,0	(0)	18	316	190	61	41,0	800	●	●	200
Brokkoli	3,5	0,2	2,8	3,0	89,4	(0)	14	410	114	78	1,3	316	0,10	0,20	110
Chicorée, roh	1,3	0,2	2,3	1,3	94,4	(0)	4	192	26	26	0,7	216	0,05	0,03	10
Chinakohl, roh	1,2	0,3	1,3	1,7	95,4	(0)	7	202	40	30	0,6	13	0,03	0,04	36
Endivien, roh	1,7	0,2	0,3	1,5	93,7	(0)	53	320	68	54	1,6	333	0,06	0,10	10
Erbsen, grün, roh	5,8	0,4	10,6	5,2	78,5	(0)	1	340	15	100	1,9	50	032	0,15	25
gekocht, abgetropft	5,4	0,5	10,4	4,1	81,5	(0)	2	192	22	91	1,3	53	0,23	0,16	17
in Dosen, Gesamtinhalt	3,6	0,4	9,4	4,0	84,2	(0)	236	99	20	62	1,5	43	0,10	0,06	9
Feldsalat	1,8	0,4	0,7	1,5	93,6	(0)	4	420	32	49	2,0	650	0,07	0,08	35
Fenchel, roh	2,4	0,3	2,8	3,3	86,0	(0)	86	494	109	51	2,7	783	0,23	0,11	93
Gartenkresse, roh	4,2	1,4	1,8	3,5	87,2	(0)	5	550	214	38	2,9	365	0,15	0,19	60

+ = in Spuren　　(0) = praktisch nicht vorhanden　　● = keine Daten

Grundnährstoffe   Mineralstoffe   Vitamine

LEBENSMITTEL je 100 g verzehrbarer Anteil	Eiweiß (Protein) g	Fett g	Kohlenhydrate g	Ballaststoffe (Cellulose) g	Wasser g	Cholesterin mg	Natrium mg	Kalium mg	Calcium mg	Phosphor mg	Eisen mg	A µg	B₁ mg	B₂ mg	C mg
Grünkohl (Braunkohl), roh	4,3	0,9	3,0	4,2	87,7	(0)	44	490	230	90	1,9	833	0,10	0,20	105
gekocht	4,5	0,8	0,8	3,0	87,8	(0)	36	310	160	55	1,6	666	0,05	0,10	75
Gurken, roh	0,6	0,2	2,2	0,9	95,4	(0)	8	141	15	23	0,5	28	0,02	0,03	8
Salz-Dill-Gurken	1,0	0,2	3,8	0,4	90,7	(0)	960	●	30	30	1,6	●	0,03	0,02	2
Ingwer	2,5	0,8	11,0	●	81,0	●	34	910	97	140	17,0	●	●	●	●
Kartoffel, roh, frisch geerntet	2,0	0,1	15,4	2,5	77,8	(0)	3	443	9	50	1,0	2	0,10	0,05	22
Chips	5,5	39,4	40,5	6,0	●	(0)	450	000	52	147	2,3	10	0,02	0,01	8
gekocht	2,0	+	15,4	2,5	77,8	(0)	3	400	12	45	0,8	2	0,10	0,05	4
geröstet	3,1	1,0	25,0	2,0	65,0	(0)	●	785	24	78	1,6	●	●	●	25
Pommes frites, verzehrfertig	4,2	14,5	35,7	4,0	43,6	(0)	6	926	20	112	1,9	●	0,14	0,09	30
Trockenkartoffeln	7,1	0,9	75,0	20,0	7,2	(0)	3	2100	25	103	3,7	63	0,25	0,14	26
Knoblauch, roh	6,1	0,1	27,5	●	64,0	(0)	●	●	38	134	1,4	●	0,20	0,08	14
Knollensellerie, roh	1,7	0,3	2,3	4,2	88,0	(0)	77	310	55	105	0,5	3	0,06	0,06	10
gekocht	1,4	0,3	2,8	4,0	90,0	(0)	60	240	51	90	0,4	●	0,04	0,05	5
Kohlrabi, roh	2,0	0,1	4,1	1,4	90,3	(0)	10	3,72	68	51	0,9	2	0,06	0,04	66
gekocht	1,7	0,1	3,5	1,5	92,2	(0)	7	260	45	41	0,5	2	0,06	0,03	43
Kohlrübe, roh	1,1	0,2	1,0	2,7	87,0	(0)	10	239	47	39	0,4	58	0,07	0,07	43
gekocht	0,9	0,2	6,0	2,7	90,2	(0)	7	167	39	31	0,3	55	0,06	0,06	26
Kopfsalat, roh	1,3	0,2	1,1	1,5	94,7	(0)	10	224	37	31	1,0	150	0,06	0,08	10
Kürbis, roh	1,0	0,1	5,0	0,5	91,3	(0)	1	383	22	44	0,8	100	0,05	0,07	9
Löwenzahnblätter, roh	2,6	0,6	9,1	2,0	85,8	(0)	76	435	173	70	3,1	1,3mg	0,20	0,10	33
Mais in der Dose	3,2	1,5	21,0	2,0	72,9	(0)	209	230	●	●	●	●	●	●	●
Mangold, roh	2,1	0,3	0,7	2,0	92,2	(0)	90	376	103	39	2,7	583	1,10	0,20	39
Meerrettich, roh	2,8	0,3	11,7	3,6	76,6	(0)	9	554	105	65	1,4	4	0,14	0,11	114
Möhren (Karotten), roh	1,1	0,2	5,2	3,4	88,2	0	60	290	37	36	2,1	1,1mg	0,06	0,05	8
gekocht	0,9	0,2	3,4	3,0	91,2	0	50	180	33	31	0,6	1,1mg	0,05	0,03	6
getrocknet	6,8	1,4	41,0	27,0	9,4	0	495	2640	256	103	4,7	●	0,30	0,30	19
in Dosen	0,6	0,3	3,6	3,0	91,4	0	61	140	24	22	0,7	●	0,02	0,02	3
Paprikafrüchte, roh (grün-gelb)	1,2	0,3	3,1	2,0	92,0	0	2	213	10	26	0,7	100	0,07	0,05	140
gedünstet	1,0	0,3	3,1	1,5	93,3	0	1	149	9	20	0,5	100	0,05	0,04	105
Pastinake, roh	1,3	0,4	3,3	11,6	80,2	0	8	469	51	73	0,6	4	0,08	0,13	18
Petersilienblatt, roh	4,4	0,4	1,3	4,3	81,9	0	33	1000	245	128	8,0	1,2mg	0,14	0,30	166
Petersilienwurzel, roh	2,0	0,5	3,6	4,0	82,0	0	28	880	190	80	3,2	5	0,10	0,10	41
Porree (Lauch), Blätter, roh	1,8	0,4	3,4	2,0	91,7	0	5	260	120	34	2,0	333	0,12	0,06	25
Knolle, roh	2,4	0,3	3,5	3,0	90,8	0	5	200	87	54	1,1	●	0,10	0,06	30
Portulak, roh	1,5	0,3	4,3	2,0	92,5	0	2	390	95	35	3,6	177	0,03	0,10	22
Radieschen, roh	1,1	0,1	2,0	1,0	95,5	0	17	255	35	28	1,2	4	0,04	0,04	27
Rettich, roh	1,0	0,2	1,9	1,2	94,0	0	18	322	32	30	0,9	+	0,03	0,03	29
Rhabarber, roh	0,6	0,1	2,7	3,2	96,9	0	2	270	52	24	0,5	12	0,02	0,03	10
Rhabarber, gekocht (o. Zutaten)	0,5	0,1	1,0	2,0	97,0	0	1	182	48	18	0,4	10	0,01	0,02	6
Rosenkohl, roh	4,9	0,3	3,8	4,4	87,0	0	7	390	36	80	1,5	55	0,10	0,16	102
gekocht	4,2	0,3	3,0	3,0	87,0	0	5	273	32	72	0,8	52	0,08	0,14	87
Rote Rübe (Bete), roh	1,6	0,1	8,5	2,5	88,5	0	62	335	29	45	0,7	2	0,03	0,04	10
gekocht	1,1	0,1	5,0	2,0	92,0	0	48	208	22	36	0,5	2	0,03	0,03	6
Saft	1,0	●	8,0	●	88,4	0	200	242	2	29	●	●	●	●	3
Rotkohl, roh	1,5	0,2	3,2	2,5	93,0	0	4	267	38	32	0,5	5	0,07	0,05	50
Sauerkraut, abgetropft, roh	1,5	0,3	2,4	2,2	91,8	0	355	288	48	43	0,6	20	0,03	0,05	20
Schnittlauch, roh	3,6	0,7	1,6	6,0	84,8	0	3	434	129	75	1,9	50	0,14	0,15	48
Schwarzwurzel, roh	1,4	0,4	1,6	17,0	87,0	0	5	320	58	76	3,3	3	0,15	0,03	4
gekocht	1,3	0,4	2,0	16,0	87,5	0	3	260	52	64	2,8	●	0,08	0,02	2
Spargel, roh	1,9	0,1	2,2	1,5	93,5	0	4	220	22	46	1,0	50	0,14	0,16	28
gekocht	1,7	0,1	1,2	1,5	95,0	0	3	114	18	38	1,0	45	0,09	0,0	16
in Dosen	1,9	0,1	1,2	1,5	93,5	0	355	104	17	38	0,9	50	0,08	0,09	15
Spinat, roh	2,5	0,3	0,6	1,8	92,7	0	54	633	126	51	4,1	816	0,10	0,20	51
gekocht	2,3	0,3	0,5	1,8	94,0	0	46	324	126	38	2,2	816	0,07	0,14	28
in Dosen	2,5	0,3	0,5	1,8	94,0	0	25	250	85	26	2,1	533	0,02	0,10	14

+ = in Spuren   (0) = praktisch nicht vorhanden   ● = keine Daten

Lebensmittel je 100 g verzehrbarer Anteil	Grundnährstoffe						Mineralstoffe					Vitamine			
	Eiweiß (Protein) g	Fett g	Kohlen-hydrate g	Ballaststoffe (Cellulose) g	Wasser g	Cholesterin mg	Natrium mg	Kalium mg	Calcium mg	Phosphor mg	Eisen mg	A µg	B₁ mg	B₂ mg	C mg
Spinat, tiefgefroren	2,3	0,3	0,1	2,3	94,5	0	40	320	120	45	2,1	500	0,09	0,16	29
Tomaten, roh	1,0	0,2	3,5	1,8	93,8	0	6	297	13	27	0,5	133	0,06	0,04	24
gekocht	1,0	0,2	3,5	1,0	93,0	(0)	4	206	11	24	0,5	117	0,05	0,04	17
in Dosen	1,1	0,2	3,6	1,0	93,9	(0)	5	204	10	22	0,5	117	0,05	0,04	18
Mark, gesalzen	2,3	0,5	9,0	0,5	86,0	(0)	590	1160	60	34	●	207	0,09	0,06	9
Saft	0,8	0,1	3,4	0,1	94,2	(0)	5	230	9	15	0,6	117	0,05	0,04	17
Weiße Rübe, roh	1,0	0,2	4,7	3,0	91,7	(0)	58	240	50	28	0,4	0	0,04	0,05	25
gekocht	0,7	0,3	2,3	2,0	94,5	(0)	28	160	45	19	0,4	0	0,03	0,04	17
Weißkohl, roh	1,3	0,2	4,6	2,5	92,4	(0)	13	233	49	29	0,4	10	0,05	0,05	47
gekocht	1,1	0,2	3,5	3,0	93,9	(0)	●	163	44	20	0,3	10	0,04	0,04	33
Wirsing, roh	3,0	0,4	2,4	1,5	90,0	(0)	9	275	47	55	0,9	12	0,05	0,07	50
gekocht	2,2	0,4	3,1	2,0	92,5	(0)	6	210	45	40	0,6	12	0,04	0,06	35
Zuchini	1,6	0,4	2,2	1,1	93,0	(0)	●	200	30	25	1,5	58	0,50	0,09	16
Zuckermais, roh	3,0	1,2	15,8	4,0	78,2	(0)	+	300	7	116	0,5	120	0,15	0,12	12
gedämpft	2,7	1,2	8,0	4,0	83,0	(0)	+	176	7	116	0,5	120	0,11	0,10	7
Zwiebel, roh	1,3	0,3	6,2	3,1	88,0	(0)	9	175	27	42	0,5	33	0,03	0,03	10
Getränke, Alkoholfreie															
Cola	●	●	11,0	●	88,0	●	6	1	4	14	●	0	●	●	●
Fruchtsaftgetränke	●	●	12,0	●	92,5	●	●	●	●	●	●	●	●	●	●
energiearme Erfrischungsgetränke															
Zitrone, ca. 5 % Saftgehalt	+	+	1,5	●	98,5	●	●	●	●	●	●	●	●	●	●
Orange, ca. 8 % Saftgehalt	+	+	2,0	●	96,0	●	●	●	●	●	●	●	●	●	●
Orange, ca. 30 % Saftgehalt	0,2	+	2,8	●	95,0	●	●	●	●	●	●	●	●	●	●
Limonaden	●	●	12,0	●	92,5	●	●	●	●	●	●	●	●	●	●
Getränke, Alkoholische															
Alkoholf. Schankbier (0,04–0,06%)	0,3	0	●	●	93,2	0	●	32	7	20	+	0	+	0,02	0
Apfelwein (5 % vol)	+	●	0,5	●	93,0	●	1	120	10	7	0,5	●	●	●	●
Bockbier, hell (7 % vol)	0,7	0	●	0	88,6	0	3	72	4	50	+	0	+	0,04	0
Branntwein (32 % vol)	●	●	●	●	68,0	●	+	●	●	●	●	●	●	●	●
(38 % vol)	●	●	●	●	62,0	●	●	●	●	●	●	●	●	●	●
Dessertweine (16–18 % vol)	0,1	●	15,0	●	75,0	●	2	100	10	10	0,5	●	●	●	●
Kohlenhydratred. Bier (5 % vol)	0,4	0	●	0	94,4	0	4	45	4	3	+	0	+	0,03	0
Einfachbier (1–2 % vol)	0,1	0	2,5	0	96,5	0	4	35	20	20	0,1	0	+	●	0
Exportbier, hell (5 % vol)	0,5	0	●	0	91,5	0	2	51	3	36	+	0	+	0,04	0
Fruchtdessertwein (13–14 % vol)	+	●	12,0	Ü	80,0	●	2	100	10	6	0,5	●	●	●	●
Fruchtwein (8–10 % vol)	+	●	5,0	●	88,0	●	2	100	10	6	0,5	●	●	●	●
Lagerbier (Vollbier), hell (5 % vol)	0,5	0	●	0	92,2	0	2	46	2	32	+	0	+	0,03	0
Liköre (30 % vol)	●	●	30,0	●	50,0	●	●	●	●	●	●	●	●	●	●
Obstbranntwein (40–50 % vol)	●	●	●	●	55,0	●	●	●	●	●	●	●	●	●	●
Pilsener Lagerbier (5 % vol)	0,5	0	●	0	92,0	0	3	50	4	31	+	0	+	0,03	0
Qualitätswein, weiß (10–12 % vol)	0,1	●	3,0	●	85,0	●	1	110	10	12	0,5	0	●	●	●
rot (10–12 % vol)	0,1	●	0,5	●	88,0	●	1	120	10	15	0,5	0	●	●	●
Sekt (11–12 % vol)	0,1	●	3,5	●	85,0	●	3	50	10	10	0,5	●	●	●	●
Tafelwein, weiß (9–10 % vol)	0,1	●	2,5	●	88,0	●	1	90	10	10	0,5	●	●	●	●
Weinbrand (38 % vol)	●	●	1,0	●	62,0	●	●	●	●	●	●	●	●	●	●
Weizenvollbier, hefefrei (5 % vol)	0,5	0	●	0	91,6	0	3	49	3	31	+	0	+	0,04	0
Weizenvollbier, hefehaltig (5 %vol)	0,5	0	c	0	91,7	0	2	44	3	32	+	0	+	0,04	0
Whisky, Korn (43 % vol)	●	●	●	●	57,0	●	●	●	●	●	●	●	●	●	●
Getreide, Mehle, Stärke und sonstige Mahlerzeugnisse															
Buchweizen, Korn, geschält	10,0	1,7	71,3	3,7	12,8	(0)	2	324	21	254	3,2	0	0,26	0,15	0
Grütze	8,1	1,6	72,6	3,2	13,2	(0)	1	218	12	150	2,0	0	0,28	0,08	0
Gerste, Korn	10,6	2,1	63,3	9,8	11,7	(0)	18	444	38	342	2,8	0	0,43	0,18	0
Graupen	10,4	1,4	71,0	4,6	12,2	(0)	5	190	14	189	2,0	0	0,10	0,08	0
Grütze	8,5	1,5	66,0	10,3	13,0	(0)	3	160	16	189	2,0	0	0,20	0,08	0
Mehl, Vollkorn	10,6	1,9	72,0	●	12,8	(0)	5	458	39	390	3,0	0	0,16	0,08	0

+ = in Spuren   (0) = praktisch nicht vorhanden   ● = keine Daten

Grundnährstoffe   Mineralstoffe   Vitamine

Lebensmittel je 100 g verzehrbarer Anteil	Eiweiß (Protein) g	Fett g	Kohlenhydrate g	Ballaststoffe (Cellulose) g	Wasser g	Cholesterin mg	Natrium mg	Kalium mg	Calcium mg	Phosphor mg	Eisen mg	A µg	B₁ mg	B₂ mg	C mg
Grünkern (Dinkel), Korn	11,6	2,7	62,4	8,8	12,5	(0)	3	447	22	411	4,2	0	0,30	0,10	0
Mehl	10,4	2,0	76,8	●	10,0	(0)	3	349	20	300	3,0	0	0,30	0,10	0
Hafer, Korn	12,6	7,1	59,8	5,6	13,0	(0)	8	355	79	342	5,8	●	0,52	0,17	+
Flocken (Vollkorn)	12,3	8,0	58,1	9,5	10,3	(0)	5	320	65	350	4,0	●	0,65	0,15	0
Grütze	13,9	5,8	69,7	3,6	9,5	(0)	6	300	67	349	3,9	0	0,52	0,12	0
Hirse, Korn	10,6	3,9	69,0	3,8	12,5	(0)	3	430	20	310	9,0	0	0,26	0,14	0
Kartoffelstärke	0,6	0,1	83,1	+	15,5	(0)	7	15	35	6	1,8	0	0	0	0
Mais, Korn	9,2	3,8	65,0	9,2	12,5	(0)	6	330	15	256	1,5	90	0,36	0,20	0
Popcorn	12,7	5,0	68,0	10,0	4,0	(0)	3	240	11	281	1,7	0	0,30	0,12	0
Grieß (gelb)	8,8	1,1	73,5	●	11,0	(0)	1	80	4	73	1,0	120	0,15	0,05	0
Vollmehl (gelb)	9,0	4,0	75,7	9,2	12,0	(0)	1	280	19	260	2,3	150	0,37	0,11	0
Mais-Stärke	0,4	0,1	85,9	+	12,6	(0)	3	7	+	30	0,5	0	+	0,0	0
Reis, Korn, Naturreis	7,4	2,2	73,4	2,9	13,1	(0)	10	150	23	325	2,6	0	0,41	0,09	0
poliert, roh	7,0	0,6	78,4	1,4	12,9	(0)	6	103	6	120	0,6	0	0,06	0,03	0
poliert, parboiled, roh	6,5	0,5	78,4	1,4	12,0	(0)	6	92	6	120	0,6	0	0,06	0,03	0
poliert, parboiled, gekocht	2,0	0,2	24,0	0,3	73,0	(0)	2	28	10	28	0,9	0	0,11	0,01	0
Mehl	7,2	0,7	79,1	●	12,3	(0)	4	104	7	90	0,4	0	0,06	0,03	0
Reis-Stärke	0,8	0,0	85,0	+	13,8	(0)	61	8	20	10	+	0	●	●	0
Roggen, Korn	8,7	1,7	60,7	13,2	13,7	(0)	40	510	64	373	4,6	60	0,35	0,17	0
Roggenflocken	12,0	1,7	61,0	10,0	15,3	(0)	2	450	30	350	4,0	2	0,35	0,20	●
Mehl, Type 815	6,9	1,0	71,0	6,5	14,3	(0)	1	170	22	135	2,1	41	0,18	0,09	0
Mehl, Type 997	7,4	1,1	68,0	8,6	14,6	(0)	1	240	31	200	2,2	41	0,19	0,11	0
Mehl, Type 1150	8,9	1,3	67,8	8,0	13,6	(0)	1	297	20	234	2,4	41	0,22	0,11	0
Vollkornm./Backschrot, T. 1800	10,8	1,5	59,0	13,7	15,0	(0)	2	439	23	362	3,0	59	0,30	0,14	0
Keime	42,0	11,2	32,7	●	12,0	(0)	10	400	40	1000	9,0	340	1,00	0,84	0
Speisekleie	18,0	4,3	16,3	47,5	14,0	(0)	●	●	●	●	●	●	●	●	0
Weizen, Korn	11,4	2,0	61,0	10,4	15,0	(0)	8	502	44	406	3,3	70	0,50	0,14	0
Grieß	10,8	1,0	69,0	7,1	14,8	(0)	1	112	17	87	1,0	●	0,12	0,04	0
Mehl, Type 405	10,6	1,0	71,0	4,0	14,1	(0)	2	108	15	90	1,0	15	0,06	0,03	0
Mehl, Type 550	10,9	1,1	70,8	4,1	14,5	(0)	3	126	16	95	1,1	25	0,11	0,08	0
Mehl, Type 1050	11,6	1,8	67,0	5,2	14,9	(0)	2	203	18	232	2,8	+	0,43	0,07	0
Vollkornm./Backschrot, T. 1700	11,7	2,0	59,7	12,9	12,6	(0)	2	290	40	392	3,0	50	0,30	0,15	0
Keime	28,0	10,0	23,6	24,7	15,0	(0)	20	1065	53	1100	7,5	160	2,00	0,55	0
Speisekleie	17,0	4,0	18,0	48,0	11,5	(0)	2	1400	43	1240	4,0	5	0,65	0,51	0
Weizen-Stärke	0,4	0,1	86,1	+	12,3	(0)	2	16	0	20	0	0	0	0	0
FRÜSTÜCKSFLOCKEN															
Cornflakes	8,0	1,0	85,0	4,0	6,0	(0)	91	85	22	35	2,0	●	1,40	1,6	75
Müsli-Mischung, Trockenprodukt	9,0	10,0	67,0	5,5	10,0	(0)	15	420	75	140	3,0	27	0,25	0,15	+
Früchte-Müsli, ohne Zucker	10,0	5,0	66,0	6,0	12,0	(0)	19	450	87	170	3,0	38	0,30	0,18	+
HÜLSENFRÜCHTE															
Bohnen, weiß	22,0	1,6	47,8	17,0	11,6	●	2	1300	105	4,0	6,1	67	0,60	0,20	2
Erbsen, gelb, geschält	23,0	1,4	56,7	16,6	10,6	●	26	930	51	378	5,2	13	0,76	0,27	1
Linsen	23,5	1,4	52,0	10,6	11,8	●	4	810	74	412	6,9	17	0,43	0,26	●
Sojabohnen	26,8	23,5	23,5	11,9	7,0	●	4	1750	260	590	8,6	95	1,00	0,30	0
Sojakäse (Tofu)	8,0	4,0	0,5	0,5	85,0	●	15	212	128	98	1,8	4	0,03	0,03	0
Sojasprossen	5,0	1,2	4,6	1,1	70,0	●	17	250	42	58	0,8	4	0,20	0,12	7
Sojamehl, halbfett	43,4	6,7	25,3	14,3	8,0	●	●	2025	●	244	9,1	25	0,83	0,36	13
vollfett	36,8	23,5	3,1	10,9	7,0	●	4	1870	195	553	12,1	20	0,77	0,28	0
KÄSE															
Brie, 50 % ᶜ (Rahmbrie)	22,6	27,9	+	0	44,3	100	ᵇ1170	152	400	188	0,5	156	0,05	0,35	+
Camenbert, 60 % ᶜ	17,9	34,0	+	0	43,9	●	ᵇ944	105	400	310	0,6	630	0,04	0,37	+
45 % ᶜ	21,0	22,3	+	0	52,0	71	ᵇ970	109	570	350	0,2	362	0,05	0,60	+
Camembert, 30 % ᶜ	21,9	13,2	+	0	59,3	38	ᵇ954	120	600	540	0,5	217	0,05	0,67	+
Chester (Cheddar), 50 % ᶜ	25,4	32,2	+	0	36,3	100	675	102	810	530	0,6	440	0,04	0,44	+
Doppelrahmkäse, 60 % ᶜ	11,3	31,5	+	0	52,8	103	375	95	79	137	●	325	0,05	0,23	0

+ = in Spuren   (0) = praktisch nicht vorhanden   ● = keine Daten   ᵃ = entpelzt   ᵇ = variabel, je nach Salzzusatz   ᶜ = Fett i. Tr.

	Grundnährstoffe						Mineralstoffe					Vitamine			
LEBENSMITTEL je 100 g verzehrbarer Anteil	Eiweiß (Protein) g	Fett g	Kohlenhydrate g	Ballaststoffe (Cellulose) g	Wasser g	Cholesterin mg	Natrium mg	Kalium mg	Calcium mg	Phosphor mg	Eisen mg	A µg	B₁ mg	B₂ mg	C mg
Edamer, 45 % c	24,8	28,3	+	0	39,0	95	c654	67	678	403	0,6	220	0,06	0,35	+
30 % c	26,4	16,2	+	0	49,1	54	b800	95	800	570	0,6	150	0,06	0,35	+
Edelpilzkäse, 50 % c	21,1	29,8	+	0	42,8	68	b1450	138	526	362	0,2	290	0,04	0,55	0
Emmentaler, 45 % c	28,7	29,7	+	0	35,7	92	b450	107	1020	636	0,3	343	0,05	0,34	1
Feta, 45 % c	17,0	18,8	+	0	60	45	b1300	200	600	400	0,3	300	0,04	0,50	●
40 % c	18,4	16,0	+	0	63	38	b1300	200	650	400	0,3	250	0,04	0,50	●
Fruchtquark, 20 % c	10,0	3,7	12,7	●	70,0	13	30	100	70	150	0,2	●	0,03	0,28	2
Gouda, 45 % c	25,5	29,2	+	0	36,4	114	b869	76	820	443	0,5	260	0,03	0,20	1
Harzer, Korbkäse	30,0	0,7	+	0	64,0	7	b1520	106	125	266	0,3	●	0,03	0,36	●
Körniger Frischkäse, 20 % c	12,3	4,3	3,6	0	78,5	●	230	88	95	150	0,3	17	0,03	0,25	●
Limburger Käse 40 % c	22,4	19,7	+	0	51,7	90	b1300	128	534	256	0,6	380	0,05	0,35	+
20 % c	26,4	9,6	+	0	58,5	31	b1280	116	534	278	0,4	40	0,04	●	+
Parmesan, 35 % c	35,6	25,8	+	0	29,6	68	b704	131	1290	840	1,0	340	0,02	0,62	0
Romadur, 30 % c	23,7	13,7	+	0	57,2	●	b1230	117	374	316	●	●	●	●	+
20 % c	23,9	9,2	+	0	60,3	31	●	●	448	325	●	●	●	●	+
Schichtkäse, 20 % c	11,9	5,0	3,2	0	78,0	14	35	120	79	200	0,4	30	0,05	0,30	+
10 % c	12,7	2,4	3,2	0	78,6	●	39	125	77	163	●	●	●	●	+
Schmelzkäse, 45 % c	14,4	23,6	+	0	51,3	80	b1260	65	547	944	1,0	300	0,03	0,38	●
Speisequark, 40 % c	11,1	11,4	3,3	0	73,5	37	34	82	95	187	0,3	99	0,03	0,24	1
20 % c	12,5	5,1	3,4	0	78,0	17	35	87	85	165	0,4	44	0,04	0,27	1
Speisequark, mager	13,5	0,3	4,0	0	81,3	1	40	95	92	160	0,4	2	0,04	0,30	1
Tilsiter, 45 % c	26,3	27,7	+	0	40,6	95	b773	60	858	500	0,2	120	0,06	0,36	1
30 % c	28,7	17,2	+	0	46,2	58	b1000	●	830	580	●	120	●	●	+
Ziegenkäse, 45 % c	21,0	21,8	+	0	54	36	b800	230	430	400	0,4	250	0,05	0,50	●
Ziegenkäse, halbfest, 45 % c	28,0	27,0	+	0	42	45	b600	290	550	510	0,5	310	0,06	0,60	●
MILCH															
Rohmilch, Vorzugsmilch	3,3	3,8	4,8	0	87,5	12	48	157	120	92	0,1	33	0,04	0,18	2
Trinkmilch, 3,5 % Fett	3,3	3,5	4,7	9	87,5	11	48	157	120	92	0,1	31	0,03	0,18	1
Trinkmilch, fettarm, 1,5 % Fett	3,4	1,5	4,9	0	89,3	5	49	161	123	94	0,1	13	0,03	0,18	1
Trinkmilch, entrahmt	3,5	0,	4,9	0	90,5	+	50	163	125	96	0,1	1	0,03	0,19	1
MILCHERZEUGNISSE															
Buttermilch	3,5	0,5	4,0	0	91,2	4	57	147	109	90	0,1	9	0,03	0,16	1
Joghurt, 3.5 % Fett	3,3	3,5	4,0	9	87,5	11	48	157	120	92	0,1	31	0,03	0,18	1
mit Früchten, gezuckert	2,9	3,1	13,5	●	85,0	10	40	130	100	90	+	20	0,03	0,15	2
Joghurt, 1,5 % Fett	3,4	1,5	4,1	0	89,4	5	49	161	123	94	0,1	13	0,03	0,18	1
mit Früchten, gezuckert	3,0	1,3	13,6	●	80,7	4	40	130	100	90	+	10	0,03	0,15	2
Joghurt aus Magermilch	3,5	0,1	4,2	0	90,8	+	50	163	125	96	0,1	1	0,03	0,19	1
Kakaotrunk aus Magermilch	3,5	0,3	8,9	●	85,7	1	50	170	120	110	0,3	●	0,04	0,18	1
Kondensmilch, 4 % Fett	9,4	4,0	13,3	0	71,2	13	137	448	3368	262	0,1	29	0,10	0,51	3
Kondensmilch, 7,5 % Fett	6,5	7,5	9,6	0	74,7	25	98	322	242	189	0,1	53	0,07	0,37	2
10 % Fett	8,8	10,0	12,5	0	66,7	39	128	420	315	246	0,1	72	0,09	0,48	3
gezuckert, 8 % Fett	8,2	8,0	51,9	0	26,1	29	88	360	238	236	0,3	114	0,09	0,39	4
Kondensmagermilch															
ungezuckert	8,2	0,2	12,1	0	77,9	2	●	●	●	●	●	●	●	●	+
gezuckert	10,0	0,2	56,7	0	29,0	1	180	500	340	270	0,3	4	0,12	0,41	2
Sahne, 10 % Fett	3,1	10,0	4,1	0	81,7	34	40	132	101	85	0,1	74	0,03	0,16	1
30 % Fett (Schlagsahne)	2,4	30,0	3,4	0	62,0	109	34	112	90	63	+	275	0,03	0,15	1
Schlagsahne, extra	2,2	36,0	3,2	0	58,1	124	32	105	75	59	+	312	0,03	0,14	1
Saure Sahne	3,1	10,0	3,7	0	81,8	83	58	158	110	88	0,1	●	0,04	0,16	1
24 % Fett	2,5	24,0	3,2	0	69,0	79	49	133	93	74	0,1	●	0,04	0,14	1
Crème fraîche, 40 % Fett	2,0	40,0	2,5	0	54,5	131	39	105	73	59	+	●	0,03	0,11	1
Trockenpulver aus Vollmilch	25,5	27,0	37,1	●	3,5	85	371	1212	926	710	0,8	253	0,27	1,40	11
aus Magermilch	35,3	1,0	49,4	0	4,3	3	504	1642	1259	967	1,0	12	0,34	2,18	2

+ = in Spuren   (0) = praktisch nicht vorhanden   ● = keine Daten   b = variabel, je nach Salzzusatz   c = Fett i. Tr.

Lebensmittel je 100 g verzehrbarer Anteil	Grundnährstoffe: Eiweiß (Protein) g	Fett g	Kohlenhydrate g	Ballaststoffe (Cellulose) g	Wasser g	Cholesterin mg	Mineralstoffe: Natrium mg	Kalium mg	Calcium mg	Phosphor mg	Eisen mg	Vitamine: A µg	B_1 mg	B_2 mg	C mg
Obst und Obsterzeugnisse															
Ananas, roh	0,4	0,2	13,5	1,5	87,7	(0)	2	172	16	9	0,4	10	0,08	0,03	20
in Dosen	0,4	0,2	23,0	1,0	75,9	(0)	1	75	12	6	0,3	7	0,08	0,02	7
Saft, ungesüßt	0,4	0,1	12,0	+	85,6	(0)	1	149	15	9	0,3	8	0,05	0,02	9
Apfel, dünn geschält, roh	0,3	0,4	12,4	2,0	84,0	(0)	2	144	7	11	0,4	8	0,03	0,03	12
ungeschält, roh	0,2	0,6	10,9	3,0	84,4	(0)	1	144	7	10	0,3	•	0,03	0,02	12
Gelee	•	•	60,0	+	35,0	(0)	15	49	10	3	•	•	•	•	•
Mus, ungezuckert	0,2	0,2	19,2	2,0	84,3	(0)	2	114	4	6	0,4	6	0,01	0,02	2
Saft	0,1	+	11,7	+	88,0	(0)	2	109	7	8	0,3	7	0,02	0,03	1
Apfelsine, roh	1,0	0,2	9,5	2,0	85,9	(0)	1	189	42	22	0,4	15	0,09	0,04	50
Konfitüre	0,4	0	60,4	0,5	38,7	(0)	11	53	32	5	•	•	•	•	4
Saft, frisch gepresst	0,7	0,2	10,5	•	88,23	(0)	1	157	11	16	0,2	12	0,10	0,03	52
Saft, ungesüßte Handelsware	0,7	0,2	11,0	•	87,6	(0)	1	186	13	17	0,3	12	0,08	0,02	42
Aprikosen, roh	1,0	0,2	10,3	2,0	86,3	(0)	2	280	17	22	0,6	298	0,04	0,05	10
getrocknet (geschwefelt)	5,0	0,5	55,7	8,0	26,0	(0)	11	1370	82	111	5,0	770	0,01	0,11	12
in Dosen	0,6	0,1	17,0	2,0	80,5	(0)	13	215	11	15	0,7	195	0,02	0,02	4
Konfitüre	0,4	0	64,0	•	35,0	(0)	•	104	8	11	•	•	0,01	0,02	•
Nektar, ca. 40 % Fruchtanteil	0,3	0,1	14,4	•	84,6	(0)	+	151	9	12	0,2	105	0,01	0,01	3
Avocado, roh	1,9	23,5	0,4	3,3	68,0	(0)	3	503	10	38	0,6	12	0,08	0,15	13
Banane, roh	1,1	0,2	21,4	30	75,9	(0)	1	382	8	27	0,7	38	0,05	0,06	11
Birne, roh	0,6	0,4	12,7	2,0	85,0	(0)	2	128	9	13	0,3	5	0,03	0,04	5
in Dosen	0,3	0,2	18,3	2,0	80,4	(0)	4	75	6	8	0,3	2	0,01	0,02	2
Nektar, 40 % Fruchtanteil	0,3	0,2	12,9	0,5	86,2	(0)	1	39	3	5	0,1	+	+	0,02	+
Brombeere, roh	1,2	1,0	7,2	3,5	84,6	(0)	2	180	44	30	0,9	53	0,03	0,04	19
Konfitüre	0,5	0	58,7	2,0	38,0	(0)	•	•	•	14	•	•	•	•	•
Saft	0,3	0,6	7,8	0	90,9	(0)	1	170	12	12	0,9	•	0,02	0,03	10
Dattel, getrocknet	2,0	0,5	65,2	9,0	22,3	(0)	18	649	61	60	2,5	5	0,07	0,09	2
Erdbeere, roh	0,8	0,5	6,3	2,0	89,9	(0)	2	156	24	25	1,0	13	0,03	0,06	62
in Dosen, gesüßt	0,6	0,2	18,1	1,0	78,2	(0)	4	59	12	16	1,9	•	0,01	0,03	30
in Dosen, ungesüßt	0,4	0,1	5,0	1,0	93,7	(0)	1	111	14	14	0,7	9	0,01	0,03	20
Konfitüre	0,4	0	58,2	0,5	40,8	(0)	•	62	9	10	•	•	0,01	0,01	9
tiefgefroren	0,8	0,4	6,5	2,0	89,7	(0)	2	156	24	25	1,0	13	0,03	0,06	60
Feige, roh	1,3	0,4	12,9	2,0	81,0	(0)	2	217	54	32	0,6	8	0,06	0,05	3
getrocknet	3,9	1,3	54,0	10,0	28,0	(0)	37	850	190	108	3,2	8	0,11	0,10	2
Grapefruit, roh	0,6	0,2	9,0	0,6	88,9	(0)	2	180	18	16	0,4	3	0,05	0,03	41
Saft, frischer	0,6	0,1	9,0	•	89,8	(0)	2	129	8	13	0,3	+	0,04	0,02	40
Saft in Dosen, ungesüßt	0,5	0,1	11,3	•	89,2	(0)	1	149	8	13	0,5	2	0,03	0,02	35
Saft in Dosen, gesüßt	0,5	0,1	13,7	•	85,3	(0)	+	149	8	13	0,4	+	0,03	0,02	35
Heidelbeeren, roh	0,7	0,6	7,4	4,9	73,2	(0)	1	73	13	11	0,9	26	0,02	0,02	22
in Dosen, ungesüßt, Gesamtinhalt	0,5	0,3	4,8	4,0	85,6	(0)	1	60	11	8	0,7	8	0,01	0,01	10
in Dosen, gesüßt, Gesamtinhalt	0,7	0,5	18,3	3,0	71,8	(0)	2	63	9	11	1,5	6	0,03	0,04	8
Konfitüre	0,3	0	60,4	2,0	36,0	(0)	•	64	•	14	•	•	•	•	•
tiefgefroren, ungesüßt	0,7	0,5	19,0	5,0	73,8	(0)	1	70	10	11	0,8	18	0,03	0,06	7
Himbeeren, roh	1,3	0,4	6,9	4,5	87,0	(0)	1	169	40	44	1,0	7	0,03	0,07	25
Gelee	•	•	63,5	+	35,0	(0)	•	72	•	5	•	•	•	•	•
in Dosen, gesüßt	0,7	0,3	20,3	4,0	73,2	(0)	7	92	18	13	1,8	•	0,01	0,06	5
in Dosen, ungesüßt	0,7	0,1	5,5	4,5	88,3	(0)	1	114	15	15	0,6	5	0,01	0,04	9
Konfitüre	0,6	0	61,3	2,0	34,0	(0)	•	•	•	16	•	•	•	•	3
Saft, frisch gepresst	0,3	0	7,1	•	91,0	(0)	3	153	18	13	2,6	7	0,03	•	25
Sirup	+	0	65,8	(0)	31,3	(0)	2	90	16	15	2,0	•	0,06	0,03	16
tiefgefroren	1,2	0,4	5,7	4,5	87,2	(0)	1	165	40	44	1,0	10	0,03	0,07	25
Holunderbeeren, schwarz, roh	2,6	0,5	7,4	4,0	82,1	(0)	1	303	37	57	1,6	180	0,07	0,07	18
Saft	2,0	•	7,5	•	86,5	(0)	1	288	5	45	•	•	0,03	0,06	26
Honigmelone, roh – Fruchtfleisch	0,6	0,1	12,4	1,0	86,2	(0)	20	330	6	21	0,2	100	0,05	0,03	25
Johanisbeeren, rot	1,1	0,2	7,9	3,5	84,7	(0)	1	238	29	27	0,9	7	0,04	0,03	36
schwarz	1,5	0,2	10,3	6,8	80,4	(0)	3	341	53	40	1,2	23	0,05	0,05	189

+ = in Spuren (0) = praktisch nicht vorhanden • = keine Daten

	Grundnährstoffe						Mineralstoffe					Vitamine			
LEBENSMITTEL je 100 g verzehrbarer Anteil	Eiweiß (Protein) g	Fett g	Kohlen-hydrate g	Ballaststoffe (Cellulose) g	Wasser g	Cholesterin mg	Natrium mg	Kalium mg	Calcium mg	Phosphor mg	Eisen mg	A µg	B₁ mg	B₂ mg	C mg
Johannisbeeren, weiß	0,9	●	9,2	3,0	84,2	(0)	2	268	30	23	1,0	0	0,08	0,02	35
Konfitüre	0,5	0	58,9	3,0	35,0	(0)	●	●	●	20	●	●	●	●	21
Kirschen, süß, roh	1,1	0,4	14,2	2,0	81,6	(0)	3	210	20	20	0,4	14	0,04	0,04	15
sauer, roh	1,1	0,4	11,7	1,1	84,3	(0)	2	114	8	13	0,5	50	0,05	0,06	12
im Glas	0,7	0,2	19,6	1,5	78,8	(0)	2	131	12	14	0,5	70	0,03	0,02	4
Konfitüre	0,4	0	62,2	1,0	32,5	(0)	90	9	●	9	●	●	●	●	1
Kiwi	0,9	0,6	10,3	3,9	83,5	●	4	295	40	31	0,5	●	0,02	0,05	100
Korinthen, schw. u. rot, getrockn.	1,7	●	63,1	7,0	22,0	(0)	20	710	95	40	1,8	●	0,03	0,08	0
Mandarinen, roh	0,6	0,2	10,2	2,0	86,7	(0)	2	210	37	19	0,4	57	0,06	0,03	32
Saft	0,6	0,2	10,1	●	89,1	(0)	1	158	19	15	0,2	42	0,06	0,03	32
Saft, ungesüßte Handelsware	0,5	0,2	10,1	●	88,8	(0)	1	158	18	14	0,2	42	0,06	0,02	22
Mango, roh	0,5	0,3	12,8	1,7	83,0	(0)	7	190	10	13	0,5	●	0,05	0,04	30
in Dosen	0,3	●	20,3	1,0	74,8	(0)	3	100	10	10	0,4	●	0,02	0,03	10
Melone, grün, rund, roh ᵃ	1,0	●	5,3	1,0	93,6	(0)	14	320	19	30	0,8	●	0,05	0,03	25
Mirabellen, roh ᵇ	0,7	0,2	15,0	●	82,4	(0)	+	230	12	33	0,5	35	0,06	0,04	7
Nektarine, roh, ohne Stein	0,9	●	12,4	2,0	80,2	(0)	9	270	4	24	0,5	●	0,02	0,05	8
Olive, grün, mariniert	1,4	13,3	1,5	2,4	76,5	(0)	2250	49	96	17	1,7	55	0,03	0,08	0
schwarz, „griechische Art"	2,2	35,8	4,9	●	43,8	(0)	3288	●	●	29	●	●	●	●	●
Papaya	0,6	0,1	2,4	1,9	95,0	●	3	200	23	15	0,4	125	0,03	0,04	70
Pfirsich, roh	0,7	0,1	9,4	1,7	87,5	(0)	1	204	8	21	0,5	73	0,03	0,05	10
getrocknet	3,1	0,7	57,4	10,2	23,0	(0)	13	1145	46	122	6,5	83	0,01	0,14	17
in Dosen, heavy sirup	0,4	0,1	16,5	1,1	81,5	(0)	3	130	4	13	0,3	45	0,01	0,02	4
Pflaumen, roh ᵇ	0,6	0,1	11,9	1,7	84,2	(0)	2	221	14	18	0,4	35	0,07	0,04	5
getrocknet	2,3	0,6	53,2	9,0	24,0	(0)	8	824	41	73	2,3	112	0,15	0,12	4
in Dosen	0,5	0,1	18,1	1,5	80,4	(0)	12	118	10	14	1,1	23	0,03	0,03	2
Konfitüre	0,3	●	60,0	1,0	31,0	(0)	●	●	●	9	●	●	●	●	●
Preiselbeeren, roh	0,2	●	58,8	3,0	37,0	(0)	2	77	14	10	0,5	3	0,02	0,02	12
in Dosen, gesüßt	0,5	0,3	44,4	2,1	51,7	(0)	16	69	11	8	2,7	●	●	●	●
in Dosen, ungesüßt	0,7	0,6	6,5	2,5	88,1	(0)	9	72	13	14	1,5	●	●	●	●
Quitten, roh	0,4	0,3	8,3	6,0	83,5	(0)	3	199	11	19	0,7	6	0,03	0,03	14
Konfitüre	0,2	0	58,8	3,0	37,0	(0)	●	●	●	9	●	●	●	●	●
Reineclauden, roh ᵇ	0,8	●	13,5	2,3	80,7	(0)	1	243	13	25	1,1	30	●	●	6
Rosinen, getrocknet, ohne Kerne	2,6	0,6	66,2	5,4	23,0	(0)	21	860	31	110	0,3	30	0,10	0,08	1
Stachelbeeren, roh	0,8	0,2	8,5	3,0	87,3	(0)	1	179	24	30	0,6	35	0,02	0,02	34
in Dosen, heavy sirup	0,5	0,1	21,8	2,5	74,6	(0)	1	98	11	9	0,3	23	●	●	10
Sultaninen, getr., ganze Frucht	1,8	●	64,7	5,4	26,0	(0)	53	860	52	95	1,8	30	0,10	0,08	0
Wassermelone	0,6	0,2	8,3	0,2	90,3	(0)	1	158	15	15	0,4	58	0,05	0,05	10
Weintrauben, roh	0,7	0,3	16,1	1,6	80,3	(0)	3	183	15	20	0,5	5	0,05	0,03	4
getrocknet (Rosinen)	2,3	0,5	66,2	5,6	24,2	(0)	144	630	31	100	2,7	5	0,10	0,10	1
Saft	0,2	+	17,1	●	82,5	(0)	3	132	12	12	0,4	●	0,04	0,02	1
Zitrone, roh geschält	0,9	0,5	8,0	0,3	89,3	(0)	3	144	19	16	0,6	3	0,05	0,02	53
Saft	0,4	0,2	8,0	●	91,0	(0)	2	142	11	12	0,2	2	0,04	0,01	51
PILZE UND PILZERZEUGNISSE															
Birkenpilz	2,5	0,6	0,2	7,3	92,0	(0)	2	346	9	115	1,6	●	0,1	0,44	7
Butterpilz	1,7	0,4	0,3	5,9	91,1	(0)	●	190	25	●	1,3	●	●	●	8
Champignons (Zucht-)	2,7	0,3	0,7	1,9	93,6	(0)	12	418	10	120	1,1	●	0,10	0,45	4
in Dosen	2,1	0,3	0,6	7,0	94,0	(0)	360	162	19	69	0,7	●	0,02	0,22	2
Morchel (Speise-)	1,7	0,3	0,5	7,0	89,0	(0)	2	390	11	162	1,2	●	0,13	0,06	5
Pfifferling	1,5	0,5	0,2	5,6	91,5	(0)	3	507	8	44	6,5	●	0,02	0,23	6
getrocknet	16,5	2,2	1,8	60,5	10,0	(0)	32	5370	85	581	17,2	●	●	●	2
in Dosen	1,4	0,7	0,2	6,5	88,0	(0)	165	155	5	33	1,0	●	●	●	3
Steinpilz	2,8	0,4	0,5	6,9	87,6	(0)	6	485	23	115	1,0	●	0,03	0,37	3
Steinpilz, getrocknet	19,7	3,2	4,1	55,3	11,6	(0)	14	2000	34	642	8,4	●	●	●	●
Trüffel	5,5	0,5	7,4	16,0	69,0	(0)	77	526	24	62	3,5	●	●	●	●

+ = in Spuren   (0) = praktisch nicht vorhanden   ● = keine Daten
ᵃ = ohne Schale und Kern   ᵇ = mindestens 85 % der Ware verzehrbar

	Grundnährstoffe						Mineralstoffe					Vitamine			
LEBENSMITTEL je 100 g verzehrbarer Anteil	Eiweiß (Protein) g	Fett g	Kohlenhydrate g	Ballaststoffe (Cellulose) g	Wasser g	Cholesterin mg	Natrium mg	Kalium mg	Calcium mg	Phosphor mg	Eisen mg	A µg	B₁ mg	B₂ mg	C mg
SAMEN UND NÜSSE															
Cashewnuss	17,2	42,0	30,5	2,9	4,0	●	15	552	31	375	2,8	30	0,63	0,25	●
Erdnuss, frisch	26,0	48,1	12,2	7,1	5,2	●	5	706	59	372	2,1	●	0,90	0,15	10
geröstet	26,4	49,4	13,4	7,4	1,6	●	5	777	65	410	2,3	110	0,25	0,13	●
Erdnussbutter	28,0	50,0	17,0	●	1,8	●	●	670	65	410	2,0	●	0,13	0,13	●
Haselnuss	13,0	61,0	11,4	7,4	5,6	●	2	630	225	330	3,8	4	0,40	0,20	3
Kastanie, Marone	3,4	1,9	41,2	1,0	48,0	●	2	707	33	87	1,4	0	0,23	0,22	27
Kokosnuss, reif	4,2	34,0	4,8	9,0	48,0	●	35	379	20	94	2,0	●	0,05	0,02	2
Kokosraspel	4,6	62,0	6,4	24,0	●	●	28	750	22	160	3,6	●	0,04	0,60	●
Leinsamen, ungeschält	24,0	35,0	6,0	4,0	●	●	●	●	●	●	●	●	●	●	●
Lupinensamen (bitter), ungeschält	38,8	18,9	25,6	6,0	62	●	1210	1630	180	880	7,6	15	0,51	0,42	●
Mandel	19,0	54,0	9,3	10,0	5,0	●	20	835	252	454	4,7	23	0,25	0,60	3
Pistazienkerne	20,8	51,6	17,5	6,5	5,3	●	●	1020	130	500	7,3	70	0,65	0,20	7
Sonnenblumenkerne, geschält	27,0	49,0	12,3	6,3	6,6	●	2,0	725	100	618	7,0	●	1,90	0,20	●
Walnuss	15,0	62,0	12,1	4,6	5,0	●	2	570	87	410	2,1	10	0,35	0,10	3
SCHLACHTFLEISCH VOM HAMMEL															
Muskelfleisch, mager	20,4	3,4	+	●	75,0	70	94	289	12	185	1,8	0	0,18	0,25	0
Brust	12,0	37,0	+	●	48,0	●	93	294	9	155	2,3	0	0,14	0,19	0
Filet	20,4	3,4	+	●	75,0	70	94	289	12	162	1,8	0	0,18	0,25	0
Keule (Schlegel)	18,0	18,0	+	●	64,0	70	78	380	10	213	2,7	0	0,16	0,22	0
Hammel-u. Lammfleisch, Kotelett	14,9	32,0	+	●	52,0	70	90	345	9	138	2,2	0	0,13	0,18	0
Lende	18,7	13,2	+	●	66,7	65	75	295	9	140	2,0	0	0,16	0,23	0
Schnitzel	19,1	6,1	+	●	73,5	●	80	417	●	●	2,0	0	●	●	0
SCHLACHTFLEISCH VOM KALB															
Muskelfleisch, mager	21,9	0,8	+	●	75,8	●	94	388	13	198	2,1	+	0,14	0,27	●
Brust	18,6	6,3	+	●	73,7	●	105	329	11	237	3,0	+	0,14	0,24	1
Filet	20,6	1,4	+	●	76,7	90	95	348	12	200	●	+	0,15	0,30	1
Haxe	20,9	1,6	+	●	76,1	90	115	300	12	200	3,0	+	0,15	0,23	●
Keule	20,7	1,6	+	●	76,2	90	86	343	13	198	2,3	+	0,15	0,27	+
Kotelett	21,2	3,1	+	●	74,5	70	93	369	13	195	2,1	+	0,14	0,26	1
Schnitzel	20,7	1,81	+	●	76,1	●	83	355	15	206	3,0	+	0,18	0,30	1
Leber	19,2	4,1	4,0	●	71,2	360	87	316	9	306	7,9	3,9mg	0,28	2,61	35
Niere	16,7	6,4	0,8	●	75,0	380	200	290	10	260	11,5	210	0,37	2,50	13
Zunge	17,1	6,2	0,9	●	76,4	40	84	200	9	190	3,0	0	0,15	0,29	0
SCHLACHTFLEISCH VOM RIND															
Muskelfleisch, mager	21,3	1,7	0,1	●	74,6	70	57	385	4	194	1,9	20	0,23	0,26	+
Filet	19,2	4,4	+	●	75,1	70	51	340	3	164	●	●	0,10	0,13	●
Hochrippe	18,6	16,5	+	●	63,7	●	95	348	12	149	2,1	15	0,08	0,15	●
Kamm (Hals)	19,4	6,21	+	●	73,0	●	76	362	13	200	3,2	3	0,09	0,19	●
Keule	21,0	7,1	+	●	71,0	120	80	357	13	195	2,6	10	0,09	0,17	●
Ochsenschwanz	20,1	11,5	+	●	66,8	●	107	206	13	●	●	●	●	●	●
Cornedbeef (deutsches)	21,7	6,0	0	●	69,8	70	833	131	33	128	●	0	0,03	0,10	0
Rindfleisch in Dosen	18,5	13,6	+	●	65,3	70	600	●	●	●	●	21	0,02	0,15	0
Leber	19,7	3,1	1,7	●	69,9	320	116	292	7	352	6,5	8,3mg	0,30	2,90	31
Zunge	16,0	15,9	0,4	●	66,8	108	100	255	10	229	3,0	0	0,14	0,29	0
SCHLACHTFLEISCH VOM SCHWEIN															
Muskelfleisch, mager	21,1	3,0	+	●	74,6	70	60	387	3	204	1,0	6	090	0,23	2
Backe	9,9	55,5	+	●	34,1	●	●	●	●	●	●	●	●	●	●
Bauch	14,0	32	+	●	53,3	●	59	157	1	55	●	●	●	●	●
Bug (Schulter)	17,0	22,5	+	●	59,6	70	74	291	9	149	1,8	●	0,89	022	●
Eisbein (Haxe)	11,6	16,4	+	●	72,0	70	78	320	2	78	●	●	●	●	●
Filet	21,5	2,5	+	●	77,5	●	74	348	2	173	3,0	●	1,10	0,31	●
Kamm	18,5	15,2	+	●	65,1	100	76	252	5	139	2,2	●	0,92	0,18	2
Keule	21,2	5,6	+	●	72,18	85	72	292	9	172	1,7	0	0,80	0,19	●
Kotelett	21,6	5,6	+	●	72,10	70	62	326	11	150	1,8	0	0,80	0,19	0

+ = in Spuren (0) = praktisch nicht vorhanden ● = keine Daten

Nährwerttabelle

LEBENSMITTEL je 100 g verzehrbarer Anteil	Eiweiß (Protein) g	Fett g	Kohlenhydrate g	Ballaststoffe (Cellulose) g	Wasser g	Cholesterin mg	Natrium mg	Kalium mg	Calcium mg	Phosphor mg	Eisen mg	A µg	B₁ mg	B₂ mg	C mg
Rückenspeck, frisch	4,1	82,5	+	●	13,1	100	21	14	2	13	0,3	0	0,10	0,02	●
Schnitzel	21,6	2,5	+	●	74,9	●	56	373	2	194	2,3	●	0,80	0,19	●
Kasseler	20,9	17,0	+	●	58,7	70	958	324	6	160	2,5	+	●	●	0
Leber	20,4	5	0,5	●	72,2	●	77	350	10	362	22,1	5,8mg	0,31	3,17	23
Niere	16,0	3,5	0,8	●	78,5	●	173	242	11	260	10,0	39	0,34	1,80	16
Zunge	13,7	17,5	0,5	●	69,1	●	93	234	9	187	3,3	●	0,49	0,50	4
SCHLACHTFLEISCHERZEUGNISSE															
Bierschinken	15,5	19,2	+	●	62,8	85	753	261	15	152	1,5	0	0,31	0,18	0
Bockwurst	12,3	25,3	+	●	59,1	100	700	●	●	67	●	●	●	●	●
Bratwurst	12,7	32,4	+	●	52,7	100	520	140	5	190	1,0	●	0,28	0,22	●
Cervalatwurst	16,9	43,2	+	●	34,8	85	1260	300	24	155	1,7	0	0,10	0,20	0
Dosenwürstchen	13,0	19,6	+	●	65,7	100	711	165	10	185	2,7	●	0,03	0,08	●
Fleischkäse (Leberkäse)	11,5	30,4	+	●	54,4	85	599	299	4	●	2,0	●	0,05	0,15	●
Fleischwurst	13,2	27,1	0	●	57,3	85	829	199	14	129	1,7	●	0,20	0,25	●
Frankfurter Würstchen	13,1	24,4	+	●	57,7	65	778	180	8	107	1,8	3	0,18	0,19	0
Geflügelwurst, mager	16,2	4,8	+	●	78,5	●	●	●	●	●	●	●	●	●	●
Gelbwurst, Lyoner	11,8	32,7	+	●	53,1	●	640	285	●	●	●	●	●	0,12	●
Jagdwurst	12,4	32,8	+	●	53,3	85	818	260	14	144	2,9	0	0,11	0,12	●
Kalbsbratwurst	10,3	25,0	+	●	63,0	100	●	●	●	●	●	●	●	●	●
Leberpastete	14,2	28,6	+	●	53,9	150	738	173	10	191	6,4	950	0,03	0,60	2
Leberwurst	12,4	41,2	+	●	42,9	85	810	143	41	154	5,3	1,5mg	0,20	0,92	●
Leberwurst, mager	17,0	21,0	+	●	●	85	400	140	9	240	5,5	1,7mg	0,15	1,10	●
Mettwurst (Braunschweiger)	12,6	45,0	+	●	37,8	85	1090	213	13	160	1,6	●	0,20	0,15	●
Mortadella	12,4	32,8	+	●	52,3	85	668	207	42	143	3,1	0	0,20	0,15	●
Münchner Weißwurst	11,1	27,0	+	●	59,9	100	620	122	25	●	●	●	0,04	0,13	●
Rotwurst (Blutwurst)	13,3	38,5	+	●	45,5	85	680	38	7	22	6,4	3	0,07	0,13	●
Salami, deutsche	17,8	49,7	+	●	27,7	85	1260	302	35	167	2,1	+	0,18	0,20	●
Schinken	16,9	35,0	+	●	42,0	110	1400	248	10	207	2,3	0	0,55	0,20	0
Speck, durchwachsen	9,1	65,0	+	●	20,0	90	1770	225	9	108	0,8	0	0,43	0,14	0
Wiener Würstchen	14,9	24,4	+	●	58,4	85	941	204	13	170	2,4	●	0,10	0,12	●
WILDFLEISCH															
Hase	21,6	3,0	+	●	73,3	65	50	400	9	220	2,4	0	0,09	0,06	●
Hirsch	20,6	3,3	+	●	74,7	110	61	330	7	249	●	●	●	0,25	●
Reh, Keule (Schlegel)	21,4	1,3	+	●	75,7	110	60	309	5	220	3,0	0	●	0,25	0
Rücken	22,4	3,6	+	●	72,2	110	84	342	25	220	3,0	●	●	0,25	●
SÜßWAREN															
Bienenhonig im Durchschnitt	0,3	0	81,0	●	17,0	(0)	7	45	5	20	1,0	+	0,03	0,05	1
Brotaufstrich auf Nussbasis	7,0	90,0	54,0	●	0,8	●	44	442	130	201	3,9	75	●	0,20	●
Gummibärchen, 100 g	6,0	●	76,0	●	18,0	●	●	●	●	●	●	●	●	●	●
1 Stück zu 1,6 g	0,1	●	1,2	●	0,3	●	●	●	●	●	●	●	●	●	●
Kakaopulver, fettarm	24,0	12,0	17,0	●	4,0	(0)	60	1500	190	740	12,0	+	0,40	0,40	0
Kaugummi, 100g	0	0	78,5	●	1,5	●	●	●	●	●	●	●	●	●	●
1 Stück zu 3,3 g	0	0	2,6	●	+	●	●	●	●	●	●	●	●	●	●
Kokosflocken	2,0	18,0	68,5	4,0	7,0	(0)	18	195	10	50	1,2	0	0,03	+	1
Konfitüre im Durchschnitt	0,6	+	66,0	3,0	29,0	(0)	10	15	10	15	+	●	+	+	2
Marzipan	8,0	25,0	49,0	1,0	9,0	(0)	50	210	90	220	2,0	0	0,08	0,45	2
Nugat	5,0	24,0	66,0	+	1,0	(0)	3	155	75	125	3,0	0	0,12	0,06	1
Schokolade, halbbitter	5,3	30,0	54,0	+	1,0	(0)	15	450	60	220	3,0	+	0,08	0,08	0
Vollmilchschokolade	8,0	30,0	56,0	+	1,0	2	95	400	245	235	3,0	+	0,10	0,35	+
mit Haselnüssen (20 %)	9,5	36,5	47,5	●	1,0	1	80	440	240	250	3,0	+	0,15	0,32	1
Zucker	0	0	100,0	●	+	(0)	+	2	2	+	+	0	0	0	0
TEIGWAREN															
Eier-Teigwaren (Nudeln)	13,0	3,0	70,0	3,4	10,0	94	17	164	27	195	1,6	60	0,20	0,10	0
Spaghetti, eifrei	12,5	1,2	75,2	●	10,0	(0)	5	●	22	165	1,5	0	0,09	0,06	●
Vollkornnudeln	15,0	3,0	64,0	8,0	10,0	(0)	32	165	25	172	3,8	●	031	0,13	●

+ = in Spuren   (0) = praktisch nicht vorhanden   ● = keine Daten

Sachregister

Literaturverzeichnis

Herrmann	Das große Lexikon der Speisen	Haan-Gruiten 2011
Herrmann (Hrsg)	Herings Lexikon der Küche	Haan-Gruiten 2012
Herrmann	CD-ROM Küchenprofi – Rezepturverwaltung	Hamburg 2013
Herrmann (Hrsg)	Gastgewerbe, Restaurantfachleute Fachstufen 1 und 2	Hamburg 2009
Herrmann (Hrsg)	Die Lehrküche	Hamburg 2013
Herrmann (Hrsg)	Gastgewerbe Hotelfachleute Fachstufen 1 und 2	Hamburg 2014
Herrmann (Hrsg)	Gastronomie Grundstufe	Hamburg 2011